本丛书由北京大学哲学系与北京大学外国哲学研究所支持和资助

北京大学外国哲学研究丛书（第二辑）

从文本到思想

FROM TEXTS TO THOUGHTS

韩水法 主编

北京大学出版社
PEKING UNIVERSITY PRESS

图书在版编目 (CIP) 数据

从文本到思想 / 韩水法主编 .—北京 ：北京大学出版社 ，2015.11
（北京大学外国哲学研究丛书 · 第 2 辑）
ISBN 978-7-301-26325-9

Ⅰ. ①从… Ⅱ. ①韩… Ⅲ. ①哲学 – 研究 – 德国 Ⅳ. ① B516

中国版本图书馆 CIP 数据核字 (2015) 第 225368 号

书　　名	从文本到思想
著作责任者	韩水法　主编
责任编辑	王晨玉
标准书号	ISBN 978-7-301-26325-9
出版发行	北京大学出版社
地　　址	北京市海淀区成府路 205 号　100871
网　　址	http://www.pup.cn　　新浪微博：@ 北京大学出版社
电子信箱	pkuwsz @ 126.com
电　　话	邮购部 62752015　发行部 62750672　编辑部 62750577
印 刷 者	北京中科印刷有限公司
经 销 者	新华书店
	650 毫米 ×980 毫米　16 开本　25.75 印张　310 千字
	2015 年 11 月第 1 版　2015 年 11 月第 1 次印刷
定　　价	68.00 元

序　言

韩水法

放在读者面前的这本著作是由德国和中国学者研究几位最重要的德国哲学家的文本、思想及其两者之间关系的若干论文组成的文集。这里所谓的文本不单指通常那种结构完整的印刷出来的著作，还指最原始的文本，这些伟大哲学家亲笔书写下的手稿和字迹，以及他们的学生为他们的课堂讲授所做的笔记。这些原始的思想印迹与成稿之间经历了什么样的过程，有哪些复杂的关系，正是这本著作所要研究的主要对象，所要探讨的主要内容。

在个人学术史上，人们几乎总是首先从系统的成稿开始其阅读、学习和研究的生涯，在一段不短的时间之后，尤其是在进入正式的学术研究之后才会接触、阅读并研究那些不系统的、结构不完整的非成稿的文本；而与此同时，以学术为业的人们也会开始撰写自己的各种草稿或手稿。于是，人们开始能够理解，多数哲学家和思想家的观念和思想，事实上，总是处在发展的状态之中，哲学思维及其学说的完成通常不是理论的行为，而是自然的结果。当然，这并不意味，哲学家们甚至不可能在其生前完成某一个观点、原理或理论的系统阐述和论证。

在中国，由于近年来德语哲学研究的展开和深入，德语哲学家那些非成稿的文本越来越成为阅读和研究的重要资源和参考；而那些原本被视为或表现为成稿的著作的未完成状态和性质及其重要性也越来越为人所认识,加之德国哲学典籍大量迻译成汉语,如何翻译和编排非成稿的哲学文本——如尼采的《权力意志》,马克思的《德意志意识形态》等等——的问题也逐渐成为德语哲学思想研究的现实问题。同时,由于与德语哲学界之间的交流越来越经常和专门,这类性质的文本也就逐渐成为交流和讨论的基本内容,一些重要的德语哲学家和学者也非常愿意与中国学者交流这方面的研究和进展,向中国同行介绍他们在这一领域所取得的成果。

面对这样一种形势,在北京大学哲学系与复旦大学哲学学院、浙江大学人文学院、武汉大学哲学学院和中山大学哲学系的联合邀请之下,德国柏林-勃兰登堡科学院联合德国其他科学院组成“2009年德国科学院哲学学科旗舰项目访问团”,包括柏林科学院波茨坦莱布尼茨全集编辑部主任、康德全集编辑部主任、马恩全集编辑部主任、尼采著作和书信全集编辑部主任与黑格尔档案馆馆长等九位著名教授和学者,在时任德国科学院联盟科研委员会主任、洪堡大学哲学教授格哈特(Volker Gerhardt)带领之下,访问北京大学和上述兄弟学校,并与中国同行一起在北京大学举办了“德国哲学:文本与文献”国际会议。这个文集就是本次会议的成果。

这次会议以及中德学者之间的交流和讨论,无疑拓展和深化了文本研究的观点和视野,而德国学者所介绍的他们编纂这些经典作家文稿的经验、方法和原则,更是让人们了解到了文本与思想之间的复杂关系。

思想固然要由各种文字表达出来,然而,当人们面对那些天才且勤奋的作家的无数手稿,甚至连年代都难以辨别而唯有片语只字的各种字迹时,思想就成为将它们如何编排起来、串连起来的关键,而这种思想不仅源自作家本人的理论,也包含如何理解手稿与哲学家思想活动之间关系的观念和原则。这样,文本与思想,文本研究与思想研究之间关系的多个层次就被揭示了出来,而人们也就被引进了思想活动过程之中,而被要求从这种处于持续活动中的运思来领会和理解那些伟大哲学家的各种理论。

这本文集之所以命名为"从文本到思想",乃是因为当我们在领会那些经典哲学家的理论时,无论我们赞成还是反对,或部分赞成部分反对,或者质疑,或者仅仅以其为火石激起自己的灵感,我们都需要明白,这些观念和思想是经过复杂并且漫长的哲学运思之后才达到的,而如果着眼于个人思想史,更不用说放眼社会思想史,那么它们只是观念和理论运动的一个中间阶段,不是终结,而是暂时的结论和新的起点。因此,在下面的文字中,我要考察如下一个问题:文本研究究竟在什么层面、什么意义上调整、补充和改变了我们对思想和理论的理解。

文本编纂的方法论

将记录和储存于各种介质之上的原始文字资料编纂成书籍,以供保存、阅读和研究,在最早使用文字的文明中总是最重要的一件事情。不必远征其他文明的例子,在中国历史上,人们所熟知的就有孔子删诗书和编《尚书》的故事,至于这位夫子的韦编三绝,则更是由编纂而进至于自撰的事迹了。不过,作为中国历史上最早记录在册的经典的最早编纂者,孔子的工作及其榜样意义在后世是颇有争议的,他按自己的观念来筛选原始的资料,固然保存了他所看中的精华,但却也使绝大多数的原始文字资料湮灭不见了。诚然,这种既保存又毁灭的事件并非仅仅发生在中国,在其他文明中也出现过。不过,孔子的编纂行为就已经说明了一个事实:任何编纂都是依照一定的观念和原则进行的,并依赖于一定的方法。就此而论,今天的编纂与古代并没有什么不同。但是,当代编纂的观念、原则和方法与古代相比却发生了翻天覆地的变化。

今天，忠实地再现作者既有的一切文字资料既是一条原则，也是一项艰难的工作和巨大的挑战，而其艰巨性已不在于原始资料的取舍，而在于编纂的方式和手段的采用，体例和格式的确定。任何编纂都会更动原始资料的呈现方式，那么忠实再现的原则又体现在什么方面呢？由约翰内斯·温克尔曼主持编辑而成的《经济与社会》为传播韦伯的学说发挥了重大的作用，但这本将韦伯不同的手稿和已出版的文字整合在一起的巨著受到了学术界的许多批评，因为韦伯的文字被纳入了一个由编辑者构造出来的体系之中，尽管书中的那些标题大多来自韦伯自己用过的学科范畴和研究题目。这次会议及这本文集没有谈及韦伯著作的编辑，但德国同行却向大家介绍了更为复杂的、在忠实的本义上更难以实现的工作和任务，如《莱布尼茨全集》的编纂、《黑格尔讲演录》的编纂和《尼采文集》的编纂，他们的实践和经验。

一、完整而系统地再现所有文字

就如李文潮教授和鲁道夫教授在他们合写的文章中所介绍的那样，《莱布尼茨著作与书信全集》的目标是要把现在完整保存下来的莱布尼茨总数达 20 多万页手稿中的每一句话，乃至每一个字都以现代读者能够阅读的方式编排起来并印刷出来。这是一个真正令人惊奇的庞大工程，它要花费几代人的努力和巨大的财力。这项庞大工程虽然可以归纳为如下三类工作："对每篇文稿（长到数百页的专著，小到一句话）进行严格的历史批判性的编辑、校勘、注释。"[①]但是，这里所述的每一项工作都牵涉到相当复杂的系统工程。譬如，为了进行分类和确定莱布尼茨手稿的年代次序等，《莱布尼茨著作与书信全集》编辑部一百多年来建立了四套交叉的目录系统，以备随时记录和查对。

---

① 参见本书正文第 12 页。

将所有这些资料以一种合理的方式汇集成册,印刷出版,其意义主要在于保存人类文明的精神财富。莱布尼茨文稿对德国社会来说当然是极其珍贵的精神财富,但他的学术活动和思想其实是欧洲的,在相当大的程度上也是世界的:在他的那些手稿和文献中也保存了有关当时中国的丰富资料。这些材料能够从一个侧面勾勒出当时欧洲人对中国的理解和认识,他们对中国的态度;同时,它们也能够拼贴出中国当时现实状况的部分图景,并可与存在于中国的资料对照。当然,就我们这个文集的任务来说,这些精神财富中最相关的部分就是当时人类的哲学观念和思想,而哲学在那个时代,则是囊括人类所有知识的体系。因此,在《莱布尼茨著作与书信全集》中,哲学至少体现为三重意义。第一,人类的知识体系,第二,作为人类知识基本原则的哲学,第三,今天编纂者所理解的哲学,比如《全集》第六系列中的《哲学文集》。莱布尼茨文献的完整保存,让人们能够拥有充分的原始文献资料来理解这几种哲学观念是如何变迁的,尤其前两种哲学观念是如何在那个时代人们的学术活动之中彼此关联和转化的——这在今天是否依然具有启示性的意义,是人们可以并且需要继续思考的问题。

当人们由此出发再来考察同样正在编纂中的《马克思恩格斯全集》历史考证版(MEGA²),甚至已经大体编成的尼采著作和书信全集时,就会更加深入和全面地看到哲学思想在历史中的流动和变迁——观念和思想在这种过程中也演化得流派纷繁。

我们通常会觉得,一方面,前人留下的文献资料太过浩瀚,难以竟读;另一方面,当深入研究某一领域的时候,我们又会觉得,原始材料是那么的缺乏和不足,尤其是有价值的资料的不足。事实上,许多反映人类精神活动和历程的资料在历史上有意无意地毁灭和损失了,除了不可抗拒的自然事件和野蛮的行为之外,最常见的原因就是人们常常擅自主张,某些东西是不重要的、不正确的——不符合当时的道德观念。

大量的文献资料这样丧失之后，在人们回过头再来回顾和考察那个时代的人类观念和精神历史以及一般历史时，就会发现关于那个时代的知识是如此的支离破碎，以至于要凭借留存下来的文献资料勾勒出观念的一个大体的框架都难以做到。即便这些保留下来的经典著作，给人们提供的事实上也只是一些局部的观念和理论，而不足以提供整体——或如人们所设想那样完整——的思想，以及这些观念和理论的源流，它们与其他各种观念之间的具体的关系，如此等等。正是出于这样的理由，诸如柏拉图不成文的学说，莱布尼茨隐秘的体系等假说也就产生出来了。

诚然，所有的资料都适当地保存下来，经过编纂之后合理地印刷出来，这也并不意味，人们就能够轻易地把握和理解那个时代的观念的所有联系，同样人们也并不一定就能够掌握和把握某一个哲学家理论的全部结构，但是，它们确实提供了必不可少的条件和基础。

二、在繁复乃至杂乱无章的真实资料上，建立起真实的时间和逻辑次序

人们无法假定，所有哲学家都是以计划周密和清晰的思路来从事研究和写作的，所有记录下来的文字都保持了一贯的、连续的关系。即使如此的假定成立，关于计划和方案的思考不仅记录了下来，也保存了下来，它们同样也可能是头绪多出或漫无头绪的。事实上，哲学家论证自己的观点、构造自己理论的过程就是寻求各种观念和思想之间联系的过程，因此，倘若这些联系没有被寻找出来，那么相关的资料就只是缺乏关联的片言断语的堆积。人们通过研究可能找到某种联系的线索——无论属于哲学家本人的想法，还是属于研究者的假设和重构，后者能够在一定程度上为文稿的编纂提供纲要和指导，但并不足以成为将片断连缀成章的充分理由，就如尼采的妹妹编辑《权力意志》的事例

所表明的那样。但是，只要是编纂，就要使原来的手稿恢复和建立起各种关系，不仅为了理解和阅读，甚至单单为了印刷和出版。

比如，莱布尼茨文稿的编纂就涉及文稿类型和时间次序如何安排和兼容的问题：显然人们并不能够把所有的手稿都只按时间这一个维度来纂辑。依照文稿以及知识的类型等的分类是必不可少的，而时间次序同样也是必需的。但分类的原则就如前面所说的那样，既要顾及莱布尼茨那个时代的知识体系的观念，尊重莱布尼茨本人的理解，也取决于现代人对知识门类的理解。这些规则如何协调起来，使得文稿以最为合理的次序公之于众，就是一项颇为困难的统筹事务。德国同行杰出的工作让我们领略了一百多年以来他们在这个领域的出色的筹划和安排。

从杰奎琳·卡尔的文章我们看到，德国学者对康德手稿的研究本身就充满了方法论的考虑，因而也极具哲学的意义。卡尔女士说，“发生学的结构分析使得一系列事情成为可能：查清一个附释的各个部分之间的内在关联及确定它们对文本理解的不同的基本功能。此外通过这一方法还可以逐步地弄清楚写作的过程和总体上理解在同一页面之上不同的附释的时间先后。这一时间先后顺序又使得对于文本本身的思想的理解并由此使得对于时间先后顺序来说合适的解读成为可能。”他们依照发生学的观念，采用这种结构分析的方法，不仅揭示了康德手稿上不同时期添加、补充和修改的文字的顺序以及关系，而且也就揭示了康德思想变化和发展的具体线索。这项工作充分利用了电脑的技术——我们由此也很可以联想到，由于电脑写作的普及，以后人类的手写稿只能是罕见的例外，遗留下来的文稿都是电子文本，这自然就需要新的手段和方式来处理了。

三、真实地再现进行中的哲学思维

这本文集中所论及的五部全集的作者除了尼采，都是体系性理论的构造者。然而,接下来的问题是,是否体系性理论构造者的每一项文字活动,每一次讲演,都有机地构成了体系中的部分?这是一个颇有争议的问题。然而,无论如何,系统地理解这些经典哲学家的思想始终是一个强大的传统,也是研究者易于形成的习惯性的思维,在这些德国的编纂专家那里,情况也是如此。耶施克在谈如何处理黑格尔讲演的记录稿时就持如下一种鲜明的观点:黑格尔遗留下来的文字,包括讲演的记录,都是体系方案的一个部分,当然是有机的部分:“黑格尔遗留下来的手稿——这些并非次要的文本,并不等于就是黑格尔不想出版又忘记丢掉的东西。黑格尔也没有撰写什么‘遗作’(Nachlaß),而是写下了他的体系方案。这些是——在较好的情况下——相互接续的不断通向体系之成型的一级级阶梯。并且,只有经过较低的几个阶段,才能达到思想认识的较高阶段。因此,在黑格尔《全集》中放弃那种常见的做法,即将‘作品’和‘遗作’分别辑入不同的系列,而是首先考虑思想相互连贯的发展过程而非包含它的媒介,是一个正确的决定。《全集》的独特性既在于文本的完整陈列,还在于以发展史为导向的、对已面世和未面世作品的同等对待。由此,《全集》对于黑格尔工作方式的特殊性来讲是恰适的,因而对其文本的理解做出了重要的贡献。”[①]

毫无疑问,对黑格尔手稿和讲演记录稿这样处理和编纂的观念有两个支点,第一,黑格尔本人思想极强的体系性:将一切都纳入他所构造的那个绝对精神包罗一切,靡有孑遗的体系之中;第二,编纂者对黑格尔这样的哲学家的思想体系的理解,这个理解的特征也是相当鲜明的:凡属于黑格尔的思想的记录和遗迹,就既无敝帚,亦无随意之思。

耶施克的观点当然体现了典型的黑格尔的风格,也可以称为黑格尔主义的编纂学——这种观点在德国学术界并不少见:“遗留的手稿常

① 参见本书第142页。

常比已出版作品更加有说服力,因为它还带有加工的痕迹,因而令人能够把握到思想发展的活力。"[①]如果人们由此推断出,正式出版的文字甚至不及遗留下来的手稿重要,那么这究竟在什么意义上是正确的呢?这一点无疑是非常难以判断的,我们自然也会起疑:耶施克先生这段正式写就的文字的活力是否也不如它的原稿呢?倘若是这样,那么,这里就涉及一个确实至关重要的问题:人的思想是在什么样的状况下才表达得最好?无疑,这个问题还会牵涉一系列进一步的问题,比如最好的定义,好是准确,还是活力,还是全面?如此等等。

当然,耶施克所表达的《黑格尔全集》编纂者的思想,是要生动地展现黑格尔思想规定的不断推进或变化,从而避免造成《全集》给人带来黑格尔思想固定和僵化的阅读效果。这一点是否也体现了编纂者尝试在编辑黑格尔的课堂记录上面遵循黑格尔思想的原则,即思想是具体而运动的,真实或真理就是一个如此运动的思想的全体?

成稿的著作所呈现的是作者完成了的系统思考,或者是其复杂思考过程的一个清楚而有结构的结果;相对于导致这个结果的那个过程来说,它要简单得多。而那些手稿,包括各种形式的文字,所体现的是思想家的实时的运思,是思想的行为本身——当然是能够以文字表达出来,以及愿意以文字表达出来的部分,是思想能够记录下来并且被记录下来的过程。在这些原始文献当中,固然有许多是重复的、混乱的和多余的东西,但它们确实也让人们理解了实际的思想是如何进行的,以及一种结构分明、逻辑清楚的理论是通过什么样的过程产生出来的。

对中国今天的读者而言,了解哲学家和思想家的原创性的思想过程,以及这个过程所包含的艰苦的思想运作和辛勤的精神劳动,不单单是有启发的,而且也是相当困难的。僵化的、直觉的、顿悟的和一劳永

① 参见本书第141页。

逸的思维方式在几十年间已经形成为强大的惯性，而项目式的制度常常使学术研究沦为附庸，然后又令人可以方便地堆砌和组织起各种毫无关联的文字以充任学术成果。在这种情形之下，许多所谓的学术研究的目的和内容就不是追求真理，发现新的知识，提出新的观点，而是不体现任何精神原创活动的无意义的文字堆砌。

四、任何编纂都是一种解释，但原则受到严格的限制

耶施克认为《黑格尔全集》编纂要体现黑格尔思想的活力和体系的进展，这一观点的主要根据是黑格尔自己早年的申明：他要建立一个体系，从逻辑学和形而上学开始，经过自然哲学和精神哲学，在艺术哲学和宗教哲学中臻于完成。[①] 因此，耶施克编纂学的原则是要最大限度地接近黑格尔本人哲学运思的实际形态。这是现代编纂学的一个基本原则。最大限度地呈现作者本人思想的实际形态也就意谓要展现那些不确定的、矛盾的和跳跃的思想，残缺的、片断的观念，甚至不知所云的文句，就如康德生命末期所写下的那些字迹，而毫无掩饰。

不过，《黑格尔全集》所要呈现的不是这样的真实。耶施克认为，遗留下来的黑格尔为讲演准备的手稿只是非常凌乱的残篇[②]，这些并没有全面体现黑格尔的真正思想，它们有大量的遗漏，而其中所遗漏的思想，可以由保存下来的一百多部质量可靠的课堂笔记来补足。这样的做法初看来似乎符合第一个原则，但事实上已经在相当大的程度上添加进了编纂者自己的解释：因为编纂者要从这些笔记中遴选出最符合他们所理解的黑格尔思想发展轨迹的原本，而且也不是原样重印，还要参照其他笔记予以改动。[③]

---

① 参见本书第137—138页。
② 参见本书第148页。
③ 参见本书第151页。

这些伟大而勤奋的哲学家留下了巨量的手稿文献，即使他们时时清楚地意识到他们一生有足够的时间来完成他们思想体系的构造方案和任务，他们也缺乏足够的精力和兴趣把所有与此相关的准备性资料予以归类整理——韦伯就曾经说过，他自己通常不会再去阅读他写下的文字——更不用说，他们的观念和思想处在不断的演变——如果我这里不用发展这个颇具肯定色彩的词语的话——之中，有许多既已写就的内容在他们看来是不成熟的，没有价值的，或者至少没有准确地表达他们自己的思想。如果一位哲学家，比如黑格尔，认为自己个体思想的发展就如绝对精神的发展一样，每一个阶段，每一篇文字，每一次课程，都是自己体系的有效的展开，那么他也就不会觉得有必要反复地修改自己的思想，也不必在课堂上——亦如黑格尔那样——一再重述自己的思想，以求得最为准确的表达。因此，黑格尔在他三十一岁时宣布了他建立体系的宏大计划，但是，这一点儿也不意味这个体系在一开始就是完成——如果用成熟这个概念易于造成误解的话——的，它不仅逐渐被构建起来，而且还经历了持续的修正和改写，而这种变化虽然是“真实”，具有“真性”，但却不是一个完成了的体系的自在展开，而是一个持续构成的过程。于是，《黑格尔全集》为了实现其宗旨就要展现与黑格尔思想相关的双重进展：一方面，黑格尔体系的不断的构造和展现，另一方面黑格尔对既已构成的部分的不断修改，以及对筹划中的或筹划好的方案的未来部分的修改。通过对照，当然可以了解黑格尔就自己的体系所做的改进，也可以知道黑格尔最后表达出来的体系是如何的。但是，仅仅通过对这两个部分的考察，人们依然难于确定黑格尔体系的最完善的、成熟的表达记录在哪一个文本。

这样的困难在编纂其他哲学家的手稿时也同样存在，但应该没有在处理黑格尔手稿时那样突出和尖锐。因此，任何的编纂都包含一种现代的解释，关键在于如何使这种解释在那些被编纂的文稿里面以及在其作者的其他著作之中寻得最为充分和合理的根据和支持。

五、哲学思想及其表达的多样性

这个文集所论及的五部全集充分表明,不同的哲学思想可以具有十分不同的运思方式和表达风格。在人们阅读哲学家的成稿著作时,这种方式和风格上的差异有时并不太鲜明。但是,当那些原始的手稿和文献展现在人们眼前时,这些差异就会表现得相当分明。

但是,另一方面,通过文本编辑,在这些巨大的差异之外,人们也会了解和认识这些伟大思想家的一些共同特征。比如莱布尼茨与尼采这样两个风格、行为和观点迥然有别的思想家具有若干共同的特点:勤奋地记录下自己的各种想法和思想,并把所有书写下来的文字都保存起来。有关哲学活动的社会学研究对理解哲学思想本身是否有意义,是一个颇有分歧的问题,但是,这些与思考和文字表达直接相关的特征,对于考察和理解哲学思维的演进,则不能不说具有相当大的意义,尽管究竟有多大一时难以评估。①

不同作者的不同著作和文稿都有其自身的鲜明特征,而要使这些特征呈现出来,就不仅需要一些共同的编纂原则和方法,而且还需要不同的原则和编辑方法,这一点前面的论述或许已经说清楚了。

哲学文本的编纂既要照顾到不同思想及其表达方式和风格的多样性,也要照顾到共同性。通过阅读文集中简要介绍莱布尼茨、康德、黑格尔、马克思和尼采著作集编辑情况的文章,人们可以发现,编辑一部著作集同时要遵循多项原则,而各项原则之间如何协调和兼容就关涉次序,而这确实也反映了思想家们实际思想活动的复杂性和多样性。无疑,编者和读者在阅读、理解和纂辑这些材料时也会和需要以同样复

---

① 参见本书第 293 页。

杂的和多样的思路和方式进行。——这告诉我们,大凡一种思想必是处在活动的过程之中,要达到一个最终而确实的结论是非常困难的,倘若不是不可能的话。在这里,我们可以得出这样一个结论:这些伟大的哲学家和思想家的哲学运思一直进行到他们理智清明的最后阶段,从总体上来说,他们的理论体系都是未完成的。[①]

通过了解这些著作集编纂——或阅读了其中已经纂就的部分著作——的情况,我们了解和认识到了这些哲学家思想的不同内容和结构,也了解和认识到哲学表达的不同方式和风格。但是,我们尤其需要了解到的是,这些都是通过编纂之后展现出来的面目,而不是这些文字存在的本来状态。而所谓本来状态之本来,在这里至少有三重意思:第一,那些手稿和文献在编纂之前的状态和存在方式,第二,这些哲学思想表达的本来状态,第三,这些文稿与这些哲学思想表达之间的本来关系。恢复和再现这些本来状态乃是哲学文稿编纂的最高宗旨,但准确地把握和理解这种状况并非哲学阅读和研究的最高宗旨。

文本研究的哲学指向

一、文本研究

现代的哲学研究主要在大学和研究机构里面进行,文本阅读和研究构成了哲学研究和教学的重要组成部分。但是,这里所论及的文本及其研究,不仅包括成稿的文本,主要还包括哲学家的未成稿、它们彼此之间的关系、它们被编纂起来的原则和方式。从字迹辨认到其年代及其所托迹的介质的年代的辨认,都是这里讨论的文本研究所包括的

① 参见本书第138页。

内容和对象，诚然，这些也被归入编纂学的范畴，不过，我们也不妨将之归入广义的文本研究的领域。

研究哲学著作的思想结构和哲学学说的理论结构，一定会承带和导致文本的结构研究。倘若研究者的兴趣并不限于基础理论的探讨和考察，还要进一步追溯这种学说的渊源，这位哲学家思想的发展史，那么就会或需要——在条件许可的情况下，比如存在不同版本以及各种更加原始的手稿——阅读、考察和研究这些不同版本的著作和手稿。这就从狭义的文本研究进入广义的文本研究的领域。

当人们要编纂一个哲学家的著作全集，诸如将莱布尼茨和尼采的全部手稿字迹辨认出来，按一定的规则和体例编排起来和印刷出来时，从时间的顺序来说，就是从最初的手稿和文本进入到时间在后的手稿和文本，以此再现个人思想发展的历史。不过，任何现实的研究都不会是完全按照作为被研究对象的文稿写就的时间次序来进行的，无论是从开端到结尾，还是从结尾到开端。通常，人们是从哲学家在个人思想史意义上比较成熟和完整的思想部分切入，开始阅读和研究。即便专业从事编纂的学者，也要从对象的比较完整的文本和理论体系开始其专业的生涯。但是，一旦进入那样的专业领域，那么它就一定会拓展和呈现出先前未曾入眼的其他维度的空间来。

除了尼采，莱布尼茨、康德、黑格尔和马克思都是百科全书式的学者，所以他们的手稿和全集的编纂就必定涉及相关的学科范围，以处理这样一类手稿和文本，比如，莱布尼茨和马克思的数学研究——这种数学是以当时的形态书写下来的。这些知识是我们理解这些伟大哲学家思想的背景条件。不过，编纂学所要涉及和研究的内容和对象实际上远远超出了思想的范围，而伸展到社会物质生产的领域，比如莱布尼茨著作集的编纂就要考察那些没有标明日期的手稿的纸张和墨水的生产年代。这些物质产品与思想的关系是任意的，但是，对这些产品的研究和考察却是考订那些哲学家个人思想发展史和手稿年代的重要依据。

如果把这些编纂中的纯粹技术问题撇开，那么文本研究主要关涉如下几个方面的内容。

第一，语文学的研究。对与文本相关的文字及其拼写的考察、校勘、文体研究、各种语言的研究和翻译等。

第二，内容和结构分析。广义的结构分析主要是指对哲学著作所表达的哲学观念和理论体系的分析和研究，包括它们与其他领域的知识关系的分析和研究。就此而论，它与一般理论研究的界限不那么分明。如果着重于著作内容、结构和参照等方面的比较和考证等，那么它就偏向于文本研究，如果着重于思想观念和理论的研究，就超出文本研究的范围，而偏向于基础理论的研究。狭义的内容和结构分析是指把内容和结构限于特定的文本研究，许多哲学史及哲学家的专业研究，诸如康德专家等的研究，就属于这一类工作。这种狭义的文本研究所要达到的目的，乃是澄清和解释作为对象的哲学著作的观点、理论原则和体系结构。斯密的康德研究就属于这种专业的哲学家思想的研究，比如通常所说的康德研究或胡塞尔研究。而海德格尔的尼采研究，P. F. 斯特劳逊的康德研究则属于广义的文本研究。

第三，比较研究及其他研究。不同的哲学著作之间的比较研究，哲学著作中所涉及的其他学科的学说和理论的源流等的比较和考证等，如对康德《纯粹理性批判》所讨论的数学、物理学和逻辑学等学科的历史考证等，也属于哲学史和哲学家的专业研究范畴。

第四，关于理解和解释文本的理智活动本身的理论研究，而不是对文本本身的研究，在现代通常被归入诠释学的范畴，在相当大的程度上已经超出了文本研究的范围。不过，人们确实也难以在文本研究和诠释学之间划出一条清楚的界限。诠释学理论一半与文本理解有关，另有一半旨在于说明创造性的阅读和理解的行为及其可能性。

二、思想的本来状态

就如这本文集的标题所表明的那样,文本研究的目的和意义就在于理解哲学思想和理论,或者更进一步,一切文本研究的根本结果就是观念和思想的创造。因此,在这里,当我们面对经典哲学家无数的手稿和著作时,就不禁要生发出许多疑问,而其中最主要的一个就是:思想的本来状态是如何的?就如海德格尔在追问此在(Dasein)的意义时,是要追问人的本来状态是如何的一样。

哲学思维的实际活动与其文字表达之间的关系究竟是怎样的?如此追问会牵涉和揭示许多问题。因为这个追问起初常常包含一种假设,即思想以其成熟的方式体现在成稿的著作里面,而为这类成稿所做的准备性的文字就展现了思想的形成过程,因其接近直接运思中的思想的实际状况。但是,即便手稿记录下来的思想印迹,它的形式也是固定的,因此人们依然还可以继续追问:这些文本与实际的思维活动之间的关系是如何的?耶施克为《黑格尔全集》讲演记录稿编纂所制定的原则,就是要追溯黑格尔实际的哲学运思,而其所依凭的文献就是他课堂授课的实时记录,即学生笔记。这或许是最接近于哲学家实际运思的文字了。但它依然不是哲学运思本身,比如有些念头和观念之间的连接,产生于特定的灵感,而这种灵感的基础是先前许多思考的累积,在某一个特定的情境中,这些累积起来的思考之间的某个或某些关联突然被激活了,连通了,一种新的观念和思想形成了。新的观念和思想,即灵感的结果固然容易记录下来,但那些先前的思考及其过程则是很难记录下来的,尽管课堂笔记有时也可能记录下导致讲演者不同思考之间突然关联起来的准备性的思想活动。

尽管如此,各种各样的手稿和文本,更广泛地,哲学家的那些阅读和批注过的藏书,确实也为人们提供了哲学思想和理论是在怎样的精神环境和观念关联之下产生的原始文献。如果不了解莱布尼茨广博知识所覆载的领域，人们就无法真正理解他的那些哲学观念和信念何以产生、从何处获得根据。

还有相当重要的一点是，从这些手稿和未成稿，人们看到，即使在那些哲学体系的构造者那里，在实际的运思之中，观念也不是那么有序和合理地关联着的，相反，思想的当下状态常常表现为一个又一个片断，牵强的、不那么合理的关联，牵强的联系，强制的过渡，如此等等。由此，人们可以进一步发现，其实在成文的著作里，各种观念和思想之间的关联也具有这样的性质，虽然不如在未成稿和课堂授课中那样明显和原本。

三、持续进行中的思想

那么，思想的真实状态是什么？现在可以给出的答案就是，呈现在形形色色的手稿和未成稿中的思想，如果将它们以一定的方式关联起来，也就是编排起来，那么当人们逐页开始阅读时，就会发现思想在这样的阅读——包括反思——过程之中活动了起来，观念、原理和思想之间的开展、过渡、论证，包括跳跃、中断，最后建立起各种各样或强或弱的联系，形成一个有如建筑的思想体系。

一个乍看令人吃惊，稍后却也不难理解的事实是，现在流传于世的重要哲学家和其他思想家的著作多数都是由后人从手稿、遗稿和讲演录等整理而成的，比如德·索绪尔的《普通语言学教程》。有些哲学家的重要著作生前已经出版，但未经整理的手稿、讲稿和笔记等，再加上学生课堂的笔记，依然占据其文字的大部，康德和黑格尔是如此，胡塞尔和海德格尔也是如此。许多哲学家生前出版的成稿只占他们全部书写下来的文字中的极小一部分。至于莱布尼茨，在生前他除发表了若干文章之外，没有出版过什么著作，他的重要著作诸如《单子论》和《人类理智新论》都是身后出版的。康德或许是一个例外，他最重要的著作都是生前出版的。不过，由于手稿保存状况不善，人们并不十分清楚，康德身后究竟遗留下了多少手稿。总之，这是一个普遍的现象，而它告诉我们，这些思想家都清楚地认识到，他们的思想或理论处于持续的运思之中，诚然，对自己的思想和理论的持续活动每个哲学家会有不同的反思和判断。康德哲学体系的方案虽然是在进入批判期之前就已经大体拟定了的，但是，这并没有妨碍他的理论体系在构造的过程中扩展出新的部分和学说，比如自然和自由两个领域之间的过渡理论。而黑格尔的体系，在耶施克看来，是在双重的意义上运动着的：一方面他的体系不断地构成和扩展，另一方面，他对这些既已写下的体系的不断重新表述。马克思的情况也与此相同。

因此，一般而言，本文集论及的五种著作集所呈现的都是变动中的哲学思想，思想真实的发展史——当然是通过那些不断改变中的手稿记录下来的思想史。人们从中也可以领会，这些伟大思想家对其思想产物持有认真严肃的态度。需要认识的更为基础的一个层面乃是，体系性的原创思想的产生是如何的艰难，而那些直到今天依然具有生命力的思想除了其积极意义之外，人们还要充分关注它们正在进行之中的特征，它们的未完成性。因此，这些思想，即使像康德那样在今天具有巨大现实性的思想，也是在持续发展这样一个意义上为人接受的。像马克思这样富于实践精神的思想家，也充分意识到自己思想处在发展之中的性质，而并不像那些推崇教条的人所想象和描写的那样，有如一个发布独断教条的宣教师。在理论上，他是一位持续的探索者，就如罗特说，“马克思留给我们的遗产的特性更确切地说其实是一种未完成性，或者说是残缺性（fragmentarischer Charakter）。”[1]

---

① 参见本书第232页。

四、思想的结构与多重的关系

在前面，我们强调了思想的运动性和持续发展的特点，而且强调了思想运动过程中的片断性、滞碍和跳跃等现象。但是，这样的判断正好突出了如下一个事实：这些哲学思想都有构造体系的目的，正是因为这样的目标，所谓片断、滞碍、跳跃的评价才有其意义。尼采就是因为他人对其缺乏体系的批评才要努力建立起一个体系以证明自己的能力，而正是在这个背景之上，尼采妹妹才会尝试把《权力意志》编纂成一本体系性的著作，由此而不惜改动尼采的原稿。

1. 哲学理论或思想是否能够构成一个庞大的结构或体系在今天是一个颇有争议的问题，但在莱布尼茨至马克思的时代，人们几乎毫无疑义地对此持肯定的态度。康德喜欢用建筑术来比喻和指称哲学的理性体系。德国古典哲学那些杰出的代表都在体系的观点之下来思考哲学理论，不同哲学理论之间的差异不在于体系的有无，而在于体系的不同原则，以及不同的构成方式。他们认为，人类知识是通过一些普遍有效的原则连接起来的统一体，而哲学与这个知识体系或者是一体的，或者哲学构成了其基础的部分。即使到了胡塞尔时代，亦即 20 世纪之初，还有相当多的人认为，哲学至少还能够构成、论证和解释人类知识的基本原则。

因此，人们就不难理解，在诸如黑格尔和马克思一类哲学家的文本中，体系的方案和大纲早已有了设计方案，最终的结论或至少前景也已经大体描绘出来了。哲学的劳作就是在两者之间建立起有效的、令人信服的联系。无论方案、大纲和最终结论，还是中间联系，都可能是成问题的。但是，对这些伟大的哲学家来说，最大的困难却在于这些中间的联系，而这也是他们的哲学运思持续进行难以停止，而他们也始终行走在哲学途中的主要原因。在读者眼中，这就表现为片断的文字，不连贯的文本,牵强的理由,强行的跳跃,如此等等。

2. 当哲学家认为哲学能够建立和证明知识的一般原则时,那么这类原则在他们的哲学运思之中就不仅成了一切得以运转起来的枢机,而且也成为其他观念得以产生的源泉。因此,关于原则的探讨就成了多数哲学家的本务,在他们那里,观念和思想因原则的确立而会衍生出来。但是,一旦论及具体的知识和事物,一旦全称判断受到实证知识的阻遏,哲学运思就会变得步履蹒跚,蹀躞难行。正是文本研究为我们提供了理解哲学运思这种实际状况和境遇的丰富的原始资料。

与此相关,哲学家事实上也尝试以不同的方式从各种不同的角度切入哲学,努力实现他们所设计的思想体系。有一种方式就是通过各种各样的途径,试图建立起某个或某几个核心的观点,从而形成围绕它们展开的结构,如笛卡尔的清楚明白,胡塞尔的理智直观。这种方法与上述的方式不同,它并不同经验的描述相冲突,相反是试图从经验的叙述中构建起一般的结构来。在这里,经验始终就是意识的经验。于是,在这样的经验里面,没有普遍适用的原则,但有用来从事意识结构分析的范畴和方法。只要这样的范畴和方法能够得到规定和确立,那么,哲学的运思就能在经验的意识之流中构造出思辨的结构,而这种结构又引导哲学运思向各个不同的方向前行和深入,展示观念的不同联系,从而展现出观念的同时亦是经验意识的不同的层面和关联。我们也可以从另外一个角度来说,在呈现于诸多文字手稿的思想运动中,哲学家借此就能够切中一些核心观念、学说和思想,从而使得思想的不同联系得以建立起来。

3. 思想结构及其各种关系。在这篇作为序的文字里面,过多地谈论哲学的思想体系和结构的一般问题看来是不太合适的,所应当做的是围绕这个文集所关涉的那些哲学文本来讨论一些专门的问题。

1) 在现代哲学范围,事物本身的联系这样的说法是受到许多严格的限定之后才有意义的,即便近些年来略显复兴势头的自然主义在表达他们的观点时也通常使用相信这样一类突出判断的主观性的词语。事实上,事物之间的联系总是被解释为观念或理论之间的关系。世界景象的差异不是因为存在不同的世界,而是因为描述这种现象的理论是不同的。人类知识和理智一直到今天的发展已导致了这样一种状况:这个世界如果不是由观念和理论描述出来就无法为人所理解和认识。相应地,哲学观念和理论与事物之间的关系就显得更加隔阂。一种成体系的哲学学说和理论,在其最终的或成稿的形式上,由于内在一致性和原则普遍适用的要求,造成了与事物或现象之间的隔阂,从而使得观念和思想与某些特定事物或现象之间的关系消失或隐匿不见。但是,在手稿或未成稿中,这类不同层次的思考和关联就可能呈现出来:它将揭示实际运思的哲学如何与特定的现实或事物的现象发生直接的关系,或者两者之间是如何彼此激发和相互作用的。

2）与此同时,思想之间的联系,以及相应地,不同种类知识之间的关联,也就能够呈现出来了。当人们从莱布尼茨的手稿中看到,这位哲学家的知识覆载了17—18世纪的所有知识:"政治、经济、法律、哲学、数学、逻辑、医学、物理、技术、地理、游记、历史、语言、神学、博物馆学,其中包括中国的历史、哲学、文化等等,"①他们就此所能了解和把握的就不限于诸如《单子论》和《人类理智新论》这样的理论所得以建立的知识基础,还可以从这些手稿的具体文本中寻得一般哲学思想与具体学科知识之间的直接作用。我们也就可以理解,体系性的哲学总是与人类知识的诸多领域保持着多重关系。一种哲学体系越是开放,它与人类知识不同领域的多重和多维关系就越是直接。

① 参见本书第11页。

翻译的效能

当我们以汉语来讨论德语哲学的文本研究时，翻译问题就自然而然地进入了话题。在哲学史上，翻译一直是哲学研究的重要手段和途径。德语哲学的兴起本身就是一个翻译的过程。莱布尼茨的哲学思想穿行于几种语言的森林里，不同语言之间的移译应当就是哲学运思的一个不可缺少的部分。从德语大学最初的哲学课程开始，德语哲学家所从事的就是在文本研究和翻译基础之上完善既有体系并构成新体系的工作，莱布尼茨一沃尔夫体系就最为典型地体现了德语哲学初创时期这样一种构成的特征。到了康德，德语与哲学思想之间的关系已经进展到了这样一种紧密的程度，仿佛这些哲学思想向来就是在德语中孕育和发展起来的，而且德语仿佛是最适合于表达这样的精神活动的。哲学似乎在德语之中才找到了自己的家园。

再往前回顾，13 世纪欧洲哲学的复兴，尤其是从古希腊和罗马哲学根源之上开始的复兴，是欧洲人从阿拉伯语转译古希腊哲学经典开始的，也是从接触中世纪早期的阿拉伯和犹太哲学家的思想开始的。而这些古代典籍又是在中世纪早期由阿拉伯人和犹太人从希腊文等移译成古叙利亚文和阿拉伯文等语言的。①

因此，一般而言，从哲学史着眼，西方哲学史也不妨被视为哲学翻译史。现代汉语哲学的转向和发展，与现代汉语学术整体发展一样，几乎是从翻译开端的，它们的历史同时也就是西方学术著作的翻译史。这个过程到现在也尚未完成，并且在这个过程中，学术研究与翻译也几乎难以清楚地区别开来。这是一个事实，但其现象并非都具有积极意

---

① 参见《劳特利奇哲学史第三卷：中世纪哲学》，北京：中国人民大学出版社，2008 年，第 33—34 页、第 196 页。

义。翻译促成了汉语哲学的现代学术形式和体系的建立，在初期，翻译即造就了汉语哲学的自主创造。但在今天，中国现代哲学的发展反而越来越离不开翻译，或者准确地说，翻译似乎成了当代哲学思想中新的观念和思想的主要源泉了。试看今日的人文和社会科学研究界，翻译始终是一道最亮丽的风景；而在哲学研究领域，西方哲学家著作集的翻译则是多年来的热点。翻译所造就的学术产业在中国哲学界或已据有半壁江山。这种状况在短期内看来难以改变，这样，文本研究——尤其是经典作家的文本研究——和翻译就成了汉语哲学研究需要高度关注的事务。

虽然如此，但是，在现代汉语学术领域，也包括哲学学术领域，翻译的原则和标准，尚有巨大的争论，而翻译成果的评价也有巨大的分歧。当然，如果从宽容的态度来看，人们还可以想象，在中国学术界，连一个公认的且合理的书籍编辑、书写格式的标准都没有建立起来，更何况翻译的一致意见呢？

文学翻译有其特殊性，但确实来说，只有诗歌翻译才是无法真正对译的，因为诗歌，尤其优秀诗歌，总是将一种语言运用至其张力的极限，从而使得同一种语言除非复述都无法再现其特别的意义，而如要移译成另一种语言只有解释一途。但是，学术表达，除了个别的例外，主要是语言的规范运用，因为它的目的在于清楚地表达思想，而不仅仅是激起人们的意绪，刺激人们的感官。实际上，学术翻译最易导致分歧之点是词语或术语的翻译，因此，学术翻译可以建立若干普遍的原则，而我以为，如下几项最可能达成共识。

第一，哲学翻译是对译，而不是解释。在句子层面，哲学翻译应当是完整句子之间的易文表达；在词语层面，翻译应是词语的易文，而不是下一个定义，不能增加原文词语中所不包含的义项。如康德哲学翻译中现在又复现的将“先验的”译为“超越论的”，就是一种解释，将康德原文中德语 transzendental 所没有的“论”的意义添加了进去。结果，它不仅误译了康德的意思，而且还带来一个副作用，使得汉语行文相当不方便。

第二，哲学翻译要力求再现原文的表达形式。由于汉语缺乏主从句这种句法关系，在翻译从句过多的西语句式时，除了合并，就是拆分，而拆分就需要增添必要的主语等成分，同时也会造成表达句子之间主从关系和语势等的难度。但这样的措置方式似乎难以避免。就体现原文的表达方式而言，哲学文字翻译的困难主要就集中在从句的处理上面。这不仅仅关涉句式，也关涉更为重要的意义的准确表达，以及意义之间的关联和转化。同时，再现原文的表达形式的宗旨就在于，除了像从句的合并和拆分这样无可避免的程度较大的改变和增添之外，其他的部分要最大限度地保持原来的词语和行文方式。譬如，质朴的句子没有必要藻饰成华丽的形式，不可添加原文没有的词语，如此等等。简单来说，学术翻译，尤其哲学翻译，应当是质朴的，切合原文的。这其实是更高的要求，没有对原文意思的反复琢磨和准确理解，缺乏高度的认真，这是难以做到的。

第三，事实等实在事项必须对译准确，术语和名词也是如此，而这里更有一个重要的规则，就是遵从约定俗成的规则，如有改变，则需要予以特别的说明。因为翻译原本是为了便于汉语读者的阅读、理解和交流，而不是为难读者。除非经过深入的研究和考证，确实有必要另立新词的，那么实在事项翻译的最节约的方式就是“编新不如术旧”。这里的要点是认真和方便。认真是对自己认真，它的外在表现是几本、十几本辞典、百科全书在手，而每事问，包括向相关专家请教；方便则是与人方便，比如，基本术语名词翻译的最大限度的前后一致，于哲学翻译尤其为要，因为哲学思想在多数情况下，就凭借这些术语名词来传达不同的意义；那些表达作者基本观念和思想的同样句式也要最大限度地予以同样的对译。

比较的维度

在这个文集里面，中德学者的论文汇集在一起，而在会议期间，中德学者共同讨论。这样的交流和合作对促进双方的研究和教学助益良多，不仅可以取长补短，也使彼此了解对方的特点和双方的差异。

德国学者除了个别重要哲学家之外，基本上是从事文本编纂的一流学者。这个文集中德国学者所介绍的单单五部哲学著作全集的编纂，就已经令人惊叹他们在这方面所做出的巨大努力，以及所取得的成就。这些德国学者的工作是无与伦比的，它们所保留的其实不仅是德语哲学的财富，也是人类的精神财富：它们依然是激发现代人的精神和思想活动的源泉。德国学者对自己民族的哲学思想，无论赞成还是反对，有一种家园思想之感。这种感觉在另外一个民族的学者那里或许是难以生发出来的。不过，情况也有例外，比如在中国，马克思主义作为正统意识形态的地位，使得不少人不仅对马克思主义，而且对德国哲学也产生了精神家园之感。最早呼吁编辑出版莱布尼茨著作全集的著名人物中就有法国思想家狄德罗。而现在人们看到，尼采全集的权威版本是由两位意大利学者整理和编纂出版的。马恩全集国际版（$MEGA^2$）的编辑更是一项空前的国际合作，日本学者参与编辑其中的七卷。近几年来，一些积极的变化正在出现，中国学者通过间接的方式也参与到这项工作之中。

本次会议和论文集的国内参与者多数是翻译与研究并重的学者，而当时的意图在于中德学者有机会能在文本研究上面进行更多的交流和讨论。其他国内学者的意向也是在偏重文本及其结构分析的基础上提出和论证相应的理论观点。他们提交了各有特点的论文，展现了国内德国古典哲学研究的实力。自 21 世纪以来,尤其在那场会议之后,国内德国哲学研究出现了一个新的现象,这就是以文本为基础的分析和串讲。其实这个现象有一个更为宽广的但常常落在人们视野之外的部分,即许多博士论文——当然指在正常水平以上的——注重文本和文献的基础研究,走出空疏立言和狭隘立论的习气。这种现象的形成和出现,有其更为深入的基础,这就是在部分学校或部分学校的部分教学和研究单位开始建立并逐步完善学术规范。

与此同时,这个现象还有另外一个侧面,即学术队伍愈益扩大,学术论文愈益增多,但是学术成果的交流和累积并没有出现相应的明显增长。在国内,人们以汉语作为学术研究和表达的主要语言手段,但是对汉语学术成果的参考、评价、引用相当不够,简言之,并不重视汉语研究成果。许多人——包括相当多数的博士生——的研究仿佛都是从头做起的,或者从西语成果、主要是英语成果做起。这样,尽管有个别的研究起点可能会比较高,但是多数论文显得仿佛是凭空开始的研究。无视既有的研究资源也就是浪费了它们,从而使得新工作的意义变小,或者径直就是重复的劳动,从而使那些研究无法立于更高的基础之上。相关的原因多多,一个主要的理由大抵在于通常流传于口头的断言,即认为国内研究水平太低而不足以参考;另一个原因是虚荣,即以无视汉语成果来证明自己的高水平。这两种原因虽然有一定道理,但从根本上来说皆难以成立。因为倘若汉语研究成果水平低下,那么评价和批评就更其必要,从而可以找出问题,提高汉语学术共同体的整体水平。为了证明自己的水平只引用西语文献而无视汉语成果,除非其论文以外语发表于非汉语学术共同体,否则这一惯例也一定会反用于其自身的论文。这种独白式的研究承带自身否定的结果,而就汉语学术共同体而论,就会导致西方哲学研究成果的不连续性,难以累积,从而学术研究的水平既难以有效地提高,传统和流派亦难以形成。

值得一提的是,年轻一代德国哲学研究者展现了新的风貌。他们经过良好的训练,在与西方年青同行处于同一起跑线上,并且拥有相对而言不错的研究条件,因此,我们有充分的理由期待在他们之中出现较高水平的成果。这个论文集里收录了两位在读博士生的论文,让人们或可见其一斑。南星对康德《反驳唯心论》研究,采用了康德身后由人整理而成的讲演稿和遗稿等文献,在尝试新的解释时表现了他的理论的敏锐性。程炜关于尼采的柏拉图讲义所做的研究,表明他掌握和驾驭丰富文献的能力,以及从其中提炼观点的概括力。他们良好的训练和处理国际学术前沿问题的能力和信心,预示汉语德国研究未来的前景;当然只有经过磨炼,他们才会更加成熟。

2014 年 12 月 3 日写于北京圆明园东听风阁

2014 年 12 月 5 日修改于北京圆明园东听风阁

目　录

第三编　黑格尔

第四编　马克思

第五编 尼 采

CONTENTS

Section I: Leibniz

Section II: Kant

Section III: Hegel

Section IV: Marx

Section V: Nietzsche

德国科学院的研究计划

——哲学版本编纂在中国的介绍

福克尔·格哈特

受邀进行这次中国之旅对于我和我的同事们而言都是一个巨大的荣耀。非常感谢你们的盛情款待和邀请，我们希望通过对这五个挑选出来的哲学版本的编纂情况的介绍，给你们对德国哲学大家的研究工作提供助动力。

如你们自己所能想象的，我们必须作众多的报告。花上好几个小时从总体上谈论科学院计划，或是一般地谈论各个哲学的版本编纂，尤其是去谈论莱布尼茨、康德、黑格尔、马克思和尼采的全集，对于我们而言并不费事。但是我们猜测，你们或许还有许多问题要问，而这是我们非常乐意去回答的。

为了使之成为可能，我们将在各自的报告中极为简练的表达自己的思想。应该给对话多留一些时间。如果尽管如此时间还是不够而且我们在讨论环节之中仍然留有存而未解的问题的话，那么我们希望，你们能够到柏林、波茨坦、波鸿或者魏玛来，这样通过我们的访问和你们的回访就能够形成一个良好的合作。

西方的哲学家从一开始所谈论的就是**同一个**世界和**所有的**人类。古希腊的思想家，特别是柏拉图和亚里士多德，均从东方文化中汲取过教益。他们都已知道，在波斯帝国的另一边存在着他们希望能有更多了解的民族和文化。

今天我们更确切地认识到，亚洲尤其是中国的思想提供了哪些财富。我们很庆幸，在孔子及其弟子中（其中我尤其敬重的是孟子）有着比泰勒斯和梭伦、毕达哥拉斯和德谟克利特、克吕希波、伊壁鸠鲁和卢克莱修更出色的同时代人。世界在哲学的王国中比在政治中更早得多地被联结了起来。哲学也有越来越多的机会，协助达成政治的和解。这业已通过我们对大哲学家的思索和在共同的工作中对它们达成一致的理解而实现了。

前提是，我们得拥有准确的文本知识。我们用我们的版本编纂去创造这一前提——为我们自己的哲学兴趣也为后世人的兴趣。为这一目标中国的哲学家和德国的哲学家联起手来了。为此超越语言和理解的界限是值得的。

我们在此介绍的五个版本的编纂，是八个德国科学院的研究项目的一部分。哈勒的莱奥波迪那（Leopoldina）**自然研究协会**作为第九个科学院加入了进来，其虽然不是**科学院联盟**的成员，但一直追求人文科学的计划，因此也被补充了进来。此外从几年前开始还有一个将其自身基本上定位为提供政策咨询的利益组织的独立技术科学院。一般说来政策咨询目前在德国的科学院里是一个很大的主题。但是除此之外学术研究的任务也不能被遗忘。

我们在德国有这么多的科学院，是德意志诸多邦国的存在和由此产生的联邦制的一个结果。普鲁士王国在 1700 年为庆祝其立国而成立了自己的科学院。莱布尼茨参与了这一科学院的创办并成为其第一任主席。参照普鲁士的例子，巴伐利亚、萨克森、尼德萨克森-汉诺威和巴登等王国也分别在慕尼黑、莱比锡、哥廷根和海德堡相继成立了科学院。

虽然德国在 1918 年就罢黜了其皇帝，但是各科学院还是保留了下来。二战之后在联邦德国的各个州也出现了对各自的科学院的需求。在莱茵兰-普法尔茨、北莱因-威斯特法伦和北德意志区域增加了新建的科学院,因此我们现在在美因茨、杜塞尔多夫和汉堡还有科学院。

这八个科学院联合起来成立了**科学院联盟**并共同推动了**科学院项目**,我们今天所推介的柏林科学院的版本编纂即属于这一项目。女士们、先生们,由此你们可以想象这一每年投入 5000 万欧元的计划的规模,下面我将列举很少的一些数据:

属于**科学院项目**的有 12 种德语词典,其中有格林的《德语词典》《德国法律词典》《哲学历史词典》(就此我们期待对其进行重新修订之后的第二版)、《音乐术语简明词典》《古高地德语词典》和《中古高地德语词典》。它们再现了德国文化的日常语言和一些专业语言的存续。其中还有一部《童话百科全书》或一部《德国葡萄农语言词典》。这虽然一再招致那些喝啤酒的和早已忘却其童年的人的批评,但是这些批评者忘记了一个文化空间有多么丰富多样和人不能仅仅依据自己的趣味来评判一切。

除此之外我们还有 16 部外语词典,尤其值得一提的是关于古代语言的词典,其中包括古埃及语和梵文,以及藏语和古法语的词典,此外还有关于两位作为古代世界和现代世界桥梁的文采出众的人物,即波利比阿和奥古斯都的辞典。

关于历史、考古学和艺术史的 53 个计划占据了最大的一部分份额。这些计划涵盖了从最初的纸草的发明,到赫梯人的楔形文字文本、卡拉合林高地(Karakorum Highway)的岩画,再到《日耳曼历史文献》,直至以最现代的方式处理的中世纪玻璃绘画文献汇编,即《中世纪玻璃绘画汇编》。一个耗费巨大的计划,即所谓的**普查**(Census),包括了文艺复兴时期已知的建筑、雕塑和绘画的所有作品。除此之外还有八个关于铭文和名字研究的计划。

其中的**吐鲁番研究**属于最重要的项目。在这里我们从百年前开始就在修复从沿着古丝绸之路的蒙古—中国大绿洲发掘出的出土文献。我很高兴地看到,它现今已经变成了许多中国学者也参与其中的一个计划。

接下来是40个关于哲学、神学、文学与语言学以及古代自然科学的版本编纂,和19个音乐学的项目,其中包括从巴赫到格鲁克、海顿、莫扎特、舒曼以及瓦格纳直至勋贝格(Schönberg)的全集。

最后我们还有19个对冰川和堤坝、全球地应力构造图或者全球气候变化的预警体系等边缘领域进行研究的计划。但是我们计划在接下来的几年里把这些自然科学的计划剥离出去,以便为人文科学的研究提供更多支持。

总的来说我们已经达到了162个计划、超过200个工作部门和超过500个合作者的规模,这些人员当然主要是在德国,但是也有在奥地利、瑞士、意大利和法国的,除此之外还有超过1000个委员会成员。我在这里提起这些数据,仅仅是为了让大家认识到,这一研究成果事实上是可以用蔚为大观来形容的。

是什么使得诸科学院能够交出这么一份实事求是地来说令人如此印象深刻的答卷?因为这500个合作者平均每年要撰写350本书,完成超过50个文库,研究结果不仅以新的方式被电子影像化,同时也传播了开来,最古老的文本材料被保存了下来,诸多的专家被训练出来,实地考察也被推动,除此之外,在通过无数独立的论坛和会议开展的国际合作方面,更多的人力物力也投入了进来。

答案很简单:因为处在这些项目背后的是各科学院及其巨大的人力资源,也就是那些自愿和无偿工作的学者们。在许多计划中各委员会及其主席都能主动地合作共事。在科学院计划中并不存在年龄的界限。

科学院项目不仅在德国,而且在国际学术圈里都是独树一帜的。作为德国最高评估机构的学术委员会(Wissenschaftsrat)最近几年才确认,这是德语界里最重要的人文科学研究项目。

此外科学院的研究还有科学政策上的功绩。柏林科学院最初的计划,即《希腊铭文》和《拉丁铭文汇编》,一般说来是最初的研究计划。它们已经变成了榜样,医学、物理和技术科学在19世纪中叶据此已经发展出了它们最初的大研究计划。在这一时间段之内由此发展出了在大学之外的研究组织,但这些组织现在再次以科学院计划为导向,因为这里与大学在研究上有着密切的联系。在人文科学中采用电子化数据处理方面,科学院计划也走在了前面。

我们深感对科学政策的革新负有义务。我们不仅要持续地努力去发现新的大有可为的主题,还要去检验跨学科合作的新形式。同时词典和版本编纂仍然是被优先考虑的研究领域,对此我们将利用数据化的机会。但是我们特别要努力寻求跨学科和跨文化合作的新形式。所以我们极其欢迎中国的哲学家对莱布尼茨、康德、黑格尔、马克思和尼采的版本编纂的研究兴趣。

(方博　译)

“德国哲学:文本与文献”会议闭幕词

李文潮

2008年10月,我在卧佛山庄参加北京大学哲学系和北京大学外国哲学研究所主办的“理性的命运:启蒙的当代理解”国际学术研讨会。会议闭幕的当晚,尚未离去的中德学者在痛饮浅斟低吟高喧之际,偶然诞生了组织德国科学院哲学学科文本编辑小组访问中国的想法。不到一年时间,这一不经意之间形成的美好计划便被实现了。对此我感到欣慰与轻松。学术是通过学人来完成的。先进便捷的通讯技术无法也没有必要代替学人之间面对面的交谈。偶然的思想火花与人缘是学术发展特别是交流互动中不可忽视的两大因素。

使用副词形容词时须小心,更不必动辄使用其最高级形态。尽管如此:这次参会的德国科学院系统五大文本编辑项目确实是德国哲学或者准确说人文精神学科基础研究中的旗舰项目。把这类保护文化遗产性的同时又为研究翻译提供尽可能超越历史限制的文字基础的工作以如此大的规模展示给研究译介西方特别是德国文化的中国同行,尚是第一次。通过这一活动,让经年翻译研究康德、黑格尔、马恩、尼采的专家学者们一饱眼福看看各自研究对象的宝墨真迹,了解自己使用的原文版本的具体细致的生成过程,只是一个顺便的收获。更重要的学术意义,是通过把文本编辑与翻译以及研究结合起来开辟了一个新的合作领域,为三者观察与反思各自的工作提供了至今尚未受到足够注意的视角。

与文本整理出版有对应之处的一项工作是文本的翻译。前一项面对的是不同的文本写成时所使用的语言(拉丁、法文、德文等),翻译则是把文本从其原始语言转化为不同的国家或地区的语言。文本编辑与翻译之间的关系是这次会议的另一个重要议题。历史校对版非常注重异文,异文不仅能够体现文本的生成过程,而且能展现作者也许想写但出于某些原因而不愿写出的东西,其中包括作者对语言词句的提炼。这些对原始文本的整理非常重要的工作在多大程度上对翻译也是有用的?有无必要在翻译中体现出来以及如何体现等等,均属于尚未得到研究关注的问题。还有,如同尼采文本编辑中所引进的新的展现方法所体现的那样,原始文本的编辑者通过使用现代的技术提供给读者解读研究的,常常并不再是传统意义上的一个词与词连接起来的一行又一行、一页连一页的文章,而是一幅一幅的图画。面对这样的一幅画,翻译者应该怎么办?

诸如莱布尼茨、康德、黑格尔、马恩等思想家的精神遗产属于人类,整理他们的文稿、为世界范围内的研究提供基本的文本进而使其成为人类思考与解决现代问题时必须参考的重要资源,既是德国学界的光荣更是他们应尽的使命与义务。文本的编辑出版是一项基本的既保存又开发的工作,为研究者提供可靠的资料是我们的基本任务之一。在至今的工作中,文本编辑者更多的是恪守自身的规则,强调甚至炫耀编辑过程中所必需具备的传统文化修养,特别是文字语言功夫。在保持文本中立忠实历史的基础上如何顾及翻译者研究者的期望与要求,同样是一个有待在编辑理论上深入探讨并在实践上不断尝试的课题。

以历史校对的方法对经典文献进行系统的整理,是滥觞于上世纪初的德国历史主义带来的一个产物。至今尚未完成的莱布尼茨项目和康德项目就是在大约 100 多年前的那个时候开始的。经典有文本的意义，但其生命力却建立在思想与精神的层面上。所谓经典即在于，某一具体的根基于单一文化特质、诞生于某一个地域某一时代的思想能够离开自己的精神家园，经历时空的筛选而逐步地进入到一个普遍化普世化的过程，进而成为人类的精神财富。在这个意义上，无论是对西方特别是德国哲学的译介还是对其的研究，中国学界都是一个不应被西方同行忽视的巨大群体。会议上的报告再次体现了这一点(相比之下，我所特别钟爱的莱布尼茨研究则相对非常弱小)。只有通过中国的语言，西方哲学才能被中国的多数读者与研究者所了解，而对这些文本的翻译与研究则无法避免地总是依据一定的个人与文化视角的翻译与研究。把源自他乡的经典文本译介为汉文，用中国独特的文化背景与视角解读研究西方经典思想，并且用汉语把研究心得表达出来，应是对西方哲学及西方思想史研究的一个不可或缺的独特贡献。通过进一步加强中德两国学者的交流与合作，把中国学者对西方哲学与文化的研究和引介工作介绍过去，应是有待完成的一件非常有意义的事情。

会议之前，德国小组访问了中国社会科学院哲学研究所和中国人民大学哲学学院，与诸位同仁进行了短暂但却热烈的交流与讨论。会议之后，我们将去武汉大学、中山大学、浙江大学、上海社科院哲学研究所，最后将在上海复旦大学结束这次中国之行。我相信，对这几所国内人文精神学科研究重镇的访问同样会是非常成功的。

说到这，便是致谢的时刻了：谢谢各位同事对德国代表团，特别是对我的关照，大家给了我很大的面子。谢谢北京大学、北大哲学系、外国哲学所的支持，特别谢谢韩教授水法兄。这次合作非常愉快。谢谢出色的王歌女士，我深知翻译特别是现场传译之甘苦。谢谢非常能干的北大年轻人。

第一编
莱布尼茨

科学院版《莱布尼茨著作与书信全集》介绍

李文潮[①]　哈特穆特·鲁道夫

20 多万张已经发黄的手稿，大约 40％用拉丁文，35％用法文写成，其余则是德文，极少数是英语、荷兰语、意大利语及俄语，大部分稿件经过数次改动后已经有点面目全非。文稿中包括 15000 多封与世界各地 1100 多人的通信，还有大约 100 本作者阅读参考过的书籍，上面同样布满了行注、眉批、加重号等使用过的痕迹。把这些 300 多年前写成的文稿一张张地铺在地上，总长度大约是 60 公里。即便是采用快速阅读的办法，阅读完这些文稿也需要大约 20 年的时间。文稿涉及的内容则囊括了欧洲甚至世界 17—18 世纪的所有知识领域：政治、经济、法律、哲学、数学、逻辑、医学、物理、技术、地理、游记、历史、语言、神学、博物馆学，其中包括中国的历史、哲学、文化等等。在几乎每一个领域内，手稿均既代表了那个时代的最高成就，同时体现了作者个人思考与解决这些问题时表现出来的天才性。无疑，这是一笔欧洲甚至人类历史上非常珍贵的文化与精神遗产，是一个时代的缩影。（参见文末图二）

为同代人的研究发掘这一宝贵的精神财富，为后代人使用这一遗产奠定基本的文字基础，把这些文稿一张一张地整理出来，按照其形

---

① 此文的主要内容曾以《莱布尼茨书信与著作全集》为题发表在《文景》2008 年 12 月总第 51 期第 66—73 页。趁这次发表的机会，加入了鲁道夫先生在北大会议报告中的部分内容，补充了注释。

式、性质及内容划分为八大系列并按照文稿产生的时间顺序进行排列出版，对每篇文稿（长到数百页的专著，短到一句话）进行严格的历史批判性的编辑、校勘、注释。编辑的意思是把每份草稿按其本来文字誊写成可以刊印出版的论文，严格保持当时的文字使用习惯，编者所做的每一处改动均须用方括号[]注明，并说明改动的原因；校勘的意思是把草稿中每个删改的地方还原出来，罗列在每页的下面，在针对同一问题有数份草稿同时存在的情况下，罗列出其不同之处；注释的意思是对文稿中提到的人物、历史事件、地名、关键词、书名、引语等尽可能地给予说明，注明人物生活的年代、担任的职务、历史事件发生的时间及前因后果、书籍编撰者的名字、出版社、出版时间、引语的具体出处，在可能的情况下，给出版本的页数行数等。（参见文末图四）

由于 85%以上的文稿是从未发表过的手稿（草稿），相对来讲这便是一件耗时耗力的事情。从以往的经验来看，一个受到良好的专业与语言训练的博士毕业生大约需要 3 年的工作实践，才能单独胜任自己的工作。这样，完成一本 900 页的文集，三个专业人员需要 3 年到 4 年时间，把工资与日常开销及资料费用加起来，完成这样一本文集的费用大约在 50 到 60 万欧元左右。目前德国共有四个编辑室在联合完成这一巨大工程，每年大约投入 120 到 140 万欧元。目前已有 49 本问世，即大约 46000 印刷页的书信和莱布尼茨文稿，但尚有大约 60%的工作有待完成。我们估算全集将会有 120 卷左右，即约 10 万印刷页。每本平均 800 到 1000 页，除正文外包括导言、编辑体例、文献总录、人名索引、关键词索引、圣经引用索引、勘误等。编辑者的经验是，每一卷的出版都会发掘出一些新的令人惊奇的东西。该项目的资助年限至 2055 年 12 月 31 日。

以上是有关德国《莱布尼茨著作与书信全集》(Gottfried Wilhelm Leibniz: *Sämtliche Schriften und Briefe*) 科学院版的几个重要数据。

这是当代德国规模最大投资、最多时间最长但也是历史最久的人文精神学科基础研究项目之一，这组数据充分显示了莱布尼茨思想的历史重要性与当代意义，同时显示了德国政界学界以及公众舆论对这一文化与精神遗产的高度重视。

巨大的精神财富

为了研究撰写布伦瑞克家族的历史与家谱，莱布尼茨（Gottfried Wilhelm Leibniz，参见文末图一）遍访欧洲诸多图书馆与档案馆，收集了不少鲜为人知的原始资料。1716 年 11 月 14 日逝世后，布伦瑞克家族按照当时的习惯做法，更出于担心与皇家不利的有关资料外流，即刻派人查封并没收了莱布尼茨的所有文字资料（物质财富则留给了莱布尼茨的侄儿）。回头来看，这一措施有利有弊。弊在同时“查封”了莱布尼茨对 18 世纪哲学、逻辑、数学、自然科学等学科发展所可能产生的影响，利在为后人的莱布尼茨研究保存了丰富的物质基础。确实在人类思想史上，恐怕没有第二个人的文字遗产能够保存得如此完整：小到一张药店凭据，大到学者自己使用过的图书，几乎全部被保留下来了。更独特的是，莱布尼茨自己似乎也想到了这一点：对于发给他人（包括远在北京的耶稣会传教士）的信件，莱布尼茨要么誊写了复件，要么留下了底稿，而且显然从年轻时起，莱布尼茨就有意识地把自己的一纸一屑细心保存起来了，至于为什么这样，则还是一个有待研究的问题。还有，手稿中涉及的绝大部分内容是至今未有人知晓的，因为莱布尼茨虽然一生笔耕不辍，但生前却几乎没有发表一本有适当规模的系统的著作。研究编辑莱布尼茨遗留下来的手稿，大部分情况下可以清楚地追踪作者的思维脚步。莱布尼茨似乎是一个善于通过写作进行思维的学者，而在写作的同时大脑中已经对写出来的东西进行了修正。通过研究整理手稿中无数的改动、补充、删除以及语句调整，可以比较清楚地还原出作者的每一个思想即观点的形成过程。观察其手稿，有时如同观察一个正在处于紧张思维之中的大脑或者正在进行运算的计算机。更幸运的是，这一珍贵财富不像几乎所有其他学者们的遗产那样遭到破坏或者被淹没流落在为人所不知的角落里，而是几乎被完整地保存下来了，绝大部分至今被封藏在汉诺威图书馆手稿部的保险柜里。无情的岁月虽然也在这些纸张上留下了难以抹去的痕迹，但这也只能说明尽快整理编辑这一财富的紧迫性与必要性。

要对这一庞大复杂的学者遗产进行全面彻底的编辑整理，当然有一系列的直至今天甚至可以说恰恰在今天仍然具有很大挑战性的难题：莱布尼茨一人单独涵盖的学科领域非当代学者可以想象，从严格的形式逻辑科学到自然科学的各个领域以及神学、文学、笑话、宫廷应酬诗歌、古代法律文献等等无所不包，并且在不少领域提出的设想远远超出于他的时代，以至于当年的一位普鲁士皇帝声称莱布尼茨一人就是一个科学院，而对每一个领域的文稿的整理都需要该领域的专业人才才能完成；与通常的学者遗产不同，莱布尼茨遗留下来的大部分是从未发表过的手稿，这些手稿中的相当一部分是充满了删除、改动的草稿或者笔记。要把这些草稿整理成严格意义上的可供研究界使用的文本，除了语言方面的严格要求外，做数学的要进行计算检验，做文化史的需要核对地名山名人名。多年的丰富经验则是必不可少的；只有为数很少的手稿可以被明确地确定其写作年代，因此一个按年代顺序进行编辑的版本便面临着如何具体地确定各篇著作的年代的问题。能够帮助解决部分问题的一个办法，是检查原始文稿所使用的纸张上的水印。目前收集到的莱布尼茨使用过的稿纸上的水印共有大约 2500 个，但这也仅仅能够提供一定借鉴作用。根据题目(如果有的话)、纸质、内容以及与其他文献(特别是书信)之间的可能联系来猜测判定文稿产生的时间，便成了在莱布尼茨文集编辑过程中一个特定的需要大量经验才能形成的专门学问。最终还有一个择选的问题。莱布尼茨阅读了大量的古代及当时的著作,其中包括相当数量的手稿,并且作了比较详细的笔记,是否必须把所有的读书笔记全部整理发表?为了解决同一个问题,莱布尼茨经常是不断思考,不停地寻找新的思路与解决办法,这样为了同一问题便留下了各自不同的文稿,在数份文稿如何确定主文稿,以便能够在校勘注释中顾及其他文稿,是编辑者经常遇到的一个难题。

以上几点至少说明了像《莱布尼茨著作与书信全集》这样的一个人文精神学科项目所面临的各种不同的挑战以及困难。这样的一个项目之所以一个世纪以来多次得到重整而又多次面临失败,编辑工作的难度,对编辑者所提出的语言及各种专业上的要求,均是非常重要的原因。更值得钦佩的是,在经历了两次世界大战、纳粹帝国统治、德国分裂等创伤之后,《莱布尼茨著作与书信全集》这样的一个项目竟然能够存活下来!

历史的呼吁

在莱布尼茨逝世半个世纪之后编撰的法文《百科全书》中,法国启蒙运动的主要学者之一狄德罗写道:"没有任何一个人比莱布尼茨读得多、研究得深、思考得多、写作得多,尽管如此,至今还没有一个莱布尼茨的著作全集问世。这样的一个伟人给德国带来的荣誉大大超过柏拉图、亚里士多德以及阿基米德给希腊带来的全部荣誉的总和,而德国竟然至今还没有把源自莱布尼茨笔下的财富收集整理出来!"[①]对莱布尼

---

① Denis Diderot, *Encyclopédie*, ou dictionnaire raisonné des sciences, des arts et des metiers, 巴黎:1765 年,第 9 卷,第 379 页:„Jamais homme, peut-être n'a autant lû, autant étudié, plus médité, plus écrit que Leibnitz; cependant il n'existe de lui aucun corps d'ouvrages; il est surprenant que l'Allemagne à qui cet homme fait lui seul autant d'honneur que Platon, Aristote et Archimede en font ensemble à la Grece, n'ait pas encore recueilli ce qui est sorti de sa plume."

茨崇拜得五体投地的狄德罗到底见到了多少莱布尼茨的著作呢？充其量不过是被保管在德国汉诺威图书馆保险柜里的莱布尼茨手稿的百分之十五！

呼吁收集整理出版莱布尼茨文集的，并非狄德罗一人。早在1717年，莱布尼茨当年的秘书艾克哈特(Johann Georg Eckhart)就出版了莱布尼茨在世时亲自收集准备的语言学文集《词源汇总》；[①]1720年德国学者科勒(Koehler)翻译出版了《单子论》；[②]1765年拉斯普(Rudolf Erich Raspe)收集出版了《人类理智新论》和另外几篇著作。[③] 特别是迪唐(Louis Dutens)经过几年努力，把能够得到的已发表的莱布尼茨的信件与著作汇总在一起，于1768年出版了著名的六卷本《著作集》。[④] 不过所有这一切都是在没有对莱布尼遗留下来的浩如烟海的手稿进行比较整理的基础上进行的。对这一丰富庞杂的遗产进行整理编辑，真正开始于19世纪。开其先河的是埃德曼(Johann Ed. Erdmann)1839—1840年出版的《莱布尼茨全集》。[⑤] 不过这一版本很快受到了为莱布尼茨立传的居劳尔(G. E. Guhrauer)的批评，此人在1838—1840年编辑出版了两卷本的《莱布尼茨德语文集》(*Deutsche Schriften*)。[⑥] 更重要的是，凭借普鲁士科学院院士的身份，居劳尔打算争取得到科学院的推荐与支持，启动出版莱布尼茨著作与书信全集这样的一个巨大工程。

---

① *Gottfried Wilhelm Leibniz*: *Collectanea etymologica*: *illustrationi linguarum*, *veteris celticae*, *germanicae*, *gallicae*, *aliarumque inservientia*，汉诺威，1717年。

② *Des Hn. Gottfried Wilh. von Leibnitz... Lehr-Sätze über die Monadologie*，法兰克福，莱比锡：1720年。

③ *Oeuvres philosophiques latines et françoises de feu Mr. de Leibnitz*, *tirées de ses manuscrits qui se conservent das la Bibliotheque Royale a Hanovre*，阿姆斯特丹：1765年。

④ *Gothofredi Guillelmi Leibnitii... Opera omnia*: *nunc primum collecta*, *in classes distributa*, *præfationibus et indicibus exornata*，日内瓦：1768年。

⑤ *Gottfried Wilhelm Leibniz*: *Opera philosophica quae exstant Latina*, *Gallica*, *Germanica omnia*，柏林：1840年。

⑥ *Leibniz's Deutsche Schriften*，柏林：1839年，1840年。

在1840年4月2日召开的一次普鲁士科学院大会上，居劳尔亲自提出了这一提案，但没有取得任何效果。后来曾参与过来布尼茨全集编辑工作的历史学家舍尔(Scheel)猜测，其原因可能是这一提案在当时的历史情况下不可能实现，因为出于政治的原因汉诺威不可能把莱布尼茨遗稿提供给普鲁士科学院使用。[①] 克鲁普(Onno Klopp)于1864年开始编辑整理，到1884年出版了11卷书信后便被迫中断[②]，原因是汉诺威归属普鲁士后，普鲁士政府禁止使用保存在汉诺威的手稿。在此之前，身为普鲁士科学院院士的历史学家佩尔茨(Georg Heinrich Pertz)成为汉诺维图书馆的馆长后，从1843年开始准备编辑出版莱布尼茨文集，出版了四本后便无法继续做下去了[③]，原因是他虽然可以使用手稿，但面对浩瀚庞杂的资料，颇有点力不从心之感。

尽管如此，在当时的情况下还是出现了数个从遗稿中整理编辑而成的版本。在没有更好的版本之前，人们也只好采用这些版本。譬如说卡雷尔(A. Foucher de Careil)1859—1875年编辑的7卷本《著作》[④]，普鲁士科学院通讯院士格哈特(Carl Immanuel Gerhardt)1849—1863年编辑的《莱布尼茨数学著作集》[⑤]和1875—1890年编辑的《莱布尼茨哲学著作集》。[⑥] 最晚到了1903年，人们发现这几个版本在其选材上都是偏于一隅的，因而难尽人意，因为它们都没有顾及莱布尼茨思想领域的其他几个重要方面。在这一年，库图拉(Louis Couturat)

---

① 参见 Günter Scheel, „Die Anfänge und das Wirken der Gottfried-Wilhelm-Leibniz-Gesellschaft", in: 25 *Jahre Gottfried-Wilhelm-Leibniz-Gesellschaft*, Hannover 1992, S. 11—24, 此处指第14页。

② *Gottfried Wilhelm Leibniz: Die Werke*, Hannover 1864.

③ *Leibnizens gesammelte Werke. Aus den Handschriften der Königlichen Bibliothek zu Hannover*, 1843.

④ *Oeuvres de Leibniz: Publ. pour la première fois d'après les manuscrits originaux avec notes et introd*, 巴黎:1859—1875年。

⑤ *Mathematische Schriften von Gottfried Wilhelm Leibniz*, 哈勒: 1849—1863年。

⑥ *Die philosophischen Schriften von Gottfried Wilhelm Leibniz*, 柏林:1875—1890年。

出版了他搜集到的莱布尼茨的未刊逻辑文稿[①],从而为莱布尼茨研究提供了与19世纪所习惯的形而上学式的解释不同的逻辑进路。1906年戈尔兰德(Ernst Gerland)出版了莱布尼茨的物理与技术文集[②],在此之前,1860年,哈斯(Carl Haas)已经编撰整理了莱布尼茨神学方面的部分文稿。[③] 特别值得一提的,还有保存莱布尼茨手稿的汉诺威皇家图书馆馆长博德曼(Eduard Bodemann)1889年及1895年编辑出版的《汉诺威皇家图书馆馆藏莱布尼茨通信简明目录》以及《汉诺威皇家图书馆馆藏莱布尼茨手稿简明目录》。[④]

这样,到了19世纪与20世纪之交,至少有三点便很清楚了:有必要出版一个能够满足科学研究要求的历史校勘版本;要完成这个工作需要不同学科的专业学者,因为只有他们才有可能看懂遗留下来的有关文献;要完成一个以时间顺序为标准的囊括所有手稿的真正意义上的《全集》,首先必须对所有能够搜集到的尚存的文稿有一个整体上的了解,并且对其编目。

步履维艰的世纪之梦

在1901年召开的国际科学院联合会(Association Internationale des Académies)首次联席会议上,有学者提出了一个编辑整理莱布尼茨手稿出版莱布尼茨全集的提案。会议委托位于巴黎的法兰西科学院(Académie des Sciences)、法兰西道德与政治科学院(Académie des

---

① *Gottfried Wilhelm Leibniz: Opuscules et fragments inédits: extraits des manuscrits de la Bibliothèque Royale de Hanovre*,巴黎:1903年。

② *Leibnizens nachgelassene Schriften physikalischen, mechanischen und technischen Inhalts*,莱比锡:1906年。

③ *Gottfried Wilhelm Leibniz's theologisches System*,图灵根:1860年。

④ *Die Leibniz-Handschriften der Königlichen öffentlichen Bibliothek zu Hannover*,汉诺威:1889年。*Der Briefwechsel des Gottfried Wilhelm Leibniz in der Königlichen öffentlichen Bibliothek zu Hannover*,汉诺威:1895年。

Sciences morales et politiques)与德国的普鲁士科学院一起为启动这样一个符合科学研究要求的莱布尼茨全集项目做准备工作。这一工作的首要目的是在全欧范围内进行系统的调查,以期对被保存下来的莱布尼茨手稿有一个总体的了解,其中包括莱布尼茨使用过的纸张的产地、年代、特征,还有和莱布尼茨合作过的助手、秘书的名单以及他们的笔迹等等。法国负责在意大利的调查工作,德国方面的调查范围则包括奥地利、丹麦、瑞典等国。法国方面的负责人分别是两个科学院的院长,科学家彭加勒(Henri Poincaré)和哲学家布特鲁(Emile Boutroux),普鲁士科学院则为此成立了一个专业委员会,其成员中包括古代语言学家迪尔茨(Hermann Diels)、哲学家狄尔泰(Wilhelm Dilthey)、历史学家哈纳克(Adolf von Harnack)以及科学家普朗克(Max Planck)等。[①] 这些显赫的名字代表了当时德国甚至世界范围内科学研究的最高水准,充分显示了计划完成的这一著作版本应当具有的崇高地位。

短短两年之后便根据在欧洲范围内的调查,整理出了一个大约75000多页的手抄目录,其目的是试图以编年日月为顺序对发现的手稿进行初步整理。起初,几家科学院曾准备以此为基础,出版一部每卷为1000页的10卷本目录,但由于费用的原因,这一计划很快被放弃了。[②] 尽管如此,这一调查奠定了后来成为著名《里特目录》(*Ritter-*

---

① 《普鲁士科学院会议记录》,1907年7月3日,1907年,卷XXXIII,第619页。

② 里特在1908年整理了一部手抄本,长方形三开本,共510页,收录了1646—1672年的手稿目录(Paul Ritter., *Kritischer Katalog der Leibniz-Handschriften*, H. 1, 柏林:1908年)。里瓦德(Albert Rivaud)1924年在巴黎出版了一部印刷本,收入了有关1672年3月到1676年11月的文稿目录,四开本,共257页,但在每页之后均留有一页没有编号的空白页,以便添加修改(Albert Rivaud, *Catalogue critique des manuscrits de Leibniz*, fasc. II, mars 1672-novembre 1676, 巴黎:1924年)。

Katalog)的基础(共46盒,8万多张卡片,参见文末图三)。[①] 1907年,国际科学院联合会委托参与了这一准备工作的三家科学院正式编辑整理出版莱布尼茨全集,并且确定巴黎的两家科学院负责数学、认识论、逻辑、自然科学、医学、法律及自然法文稿,柏林科学院负责政治、国家理论、国民经济、历史、语言学、民俗学、地理学以及科学组织、科学管理等方面的著作,另外还有所有的信件以及备忘录、建议书、悼文等。对形而上学以及神学方面的文稿则暂时没有做出决定。德国方面的总编是上面提到的至今以其莱布尼茨手稿目录著名的里特(Paul Ritter)。当初计划在1911年之前出版前三卷,在30—40年的时间内完成所有工作。[②]

从一开始,面对如此庞大的资料,如何对其编目分类便成了一个非常具体的难题,因为分类本身就是对资料的评价与判断。早在1906年当时的普鲁士科学院就向法国方面"建议",莱布尼茨一生活动与思考的主要领域构成了一个内在的统一体,不宜将其分开。这里的意思是不主张以年代时间为标准,而应以主导领域为轴心进行整理出版工作,而当时所说的主导领域则是上面提到的库图拉,还有罗素所提出的认识论、逻辑以及数学。到了1908年,专家们估计莱布尼茨全集大约将在50卷(四开本)左右。也许是为了加快出版速度,有人建议放弃起初的设想,不再进行严格的校勘注释等工作。尽管如此,这里提出的50本也只能说是过于乐观的设想。1915年的一次科学院会议报告中写道,书信第一卷本来应在1914年年底出版,但战争的爆发导致无法完成这卷中书信的校对工作。事实是,当时所说的这一卷到现在也没有

---

① 截至目前,大约全部文稿的四分之一以这种方式被编录下来。在编辑出版过程中,很多文稿的目录都需修正:人们无法在手稿上一眼看出它们是什么时候和为什么写就的;是莱布尼茨本人的作品还是他摘录或抄写别的作者的文稿?对这些问题的一个比较可靠的回答是研究的前提,它本身也属于出版工作的一部分。

② 《普鲁士科学院会议记录》,1907年,卷XXXIII,第622页。

问世！

第一次世界大战之后，普鲁士科学院终止了与法国科学院的合作，不过一再重申不管在任何情况下都必须完成莱布尼茨全集的编辑出版。这样，莱布尼茨手稿的整理便成了一项德意志民族的国家任务。也就是在这个时候形成了今日仍然采用的八大系列分类法：

第一系列：一般性政治与历史通信

第二系列：哲学通信

第三系列：数学、自然科学、技术学科通信

第四系列：政治、文化、神学、宗教文集

第五系列：语言与历史文集

第六系列：哲学文集

第七系列：数学文集

第八系列：自然科学、医学、技术学科文集

但在一点上没有变化，这就是为了节省时间放弃对文本的历史性注释。这样，1923 年完成了第一系列第一卷的编辑工作，但由于通货膨胀的缘故，推迟到 1924 年才印刊。以这种节省求快的方式，到 1938 年年底总共出版了 6 卷。这六卷中，属于第一系列的有三卷，其余三卷则分别属于第二系列（哲学通信）、第四系列（政治文集）和第六系列（哲学文集）。数学、自然科学以及技术科学方面则没有任何进展。出现这一局面的原因，是因为当时的两位负责人都是哲学家的缘故，但也成了纳粹政府试图操纵莱布尼文集的一个重要借口。1938 年 12 月 23 日，时任柏林科学院代院长的数学家法伦（Theodor Vahlen）以莱布尼茨全集进展缓慢，对外没有任何影响为由，解散了当时的莱布尼茨委员会。这一不无政治色彩的行为带来的一个直接后果是，数学被看作是莱布尼茨一生的核心以及主要贡献，因此必须有一个数学家领导主持莱布尼茨手稿的整理出版工作。在 1939 年 11 月 16 日新组建的委员会中，除一人(Nicolai Hartmann)外其余均是纳粹党成员,多数是来自科学院数学自然科学部的专家。莱布尼茨全集编辑部中的唯一一位犹太学者,被迫流亡美国。

冷战不冷

如果说在二战的最后几年里工作人员的主要任务是转移手稿、目录以及已经得到初步处理的文本的话,那么战后的主要任务则是重新开始。为莱布尼茨全集做出巨大贡献的库特·米勒(Kurt Müller)后来回忆道:"1945 年德国纳粹统治垮台后,柏林的莱布尼茨委员会以及文集编辑部的工作处于一种荒芜状态。从外地只有隐藏的工具以及部分手稿被运送回来,几个箱子已经破碎,内容不知流散何处。昔日的工作人员到了 1945 年没有一个留在科学院或者重新回来。没有人负责。我当时住在(德国北部城市)敖登堡(Oldenburg),当听到这些后,我与以前的莱布尼茨委员会主席斯彭郎格(Eduard Spranger)和哈特曼(Nicolai Hartmann)商量,决定 1946 年接受当时的德意志科学院院长斯托鲁斯(Johannes Stroux) 的召唤,把莱布尼茨全集的重任继续下去。当时的下萨克森州立图书馆馆长以及下萨克森国家档案馆馆长即刻同意,为在柏林的编辑工作提供协助。"①

1950 年,由莱布尼茨建立的科学院成立 250 周年,在这一年,第一系列的第四卷得以出版。但这一工作后来由于柏林墙的修建被迫中断,东西柏林的分裂同时切断了当时居住在西柏林的工作人员与位于东边的科学院的联系。这样,把工作的重心转移到汉诺威,筹建今日的莱布尼茨档案馆便成了燃眉之急。与此同时,明斯特(Münster)大学

---

① 参见 Kurt Müller, „Bericht über die Arbeiten des Leibniz-Archivs der Niedersächsischen Landesbibliothek Hannover“(下萨克森州图书馆莱布尼茨档案馆工作报告),载:*Akten des* [*I.*] *Internationalen Leibniz-Kongresses Hannover*, 14—19. November 1966(1966 年 11 月 14 日至 19 日第一届莱布尼茨国际会议报告论文集),第 3 卷,Wiesbaden: 1969 年,第 218 页。

正在极力推进莱布尼茨研究所的建立。根据与当时的(位于东柏林的)德意志科学院签订的协议,明斯特莱布尼茨研究所在 1956 年开始了自己的编辑与研究工作。这样,就形成了一个持续了近 50 年的三角鼎力合作的局面:当时的德意志科学院(即今天的柏林-勃兰登堡科学院的前身)负责第四系列即政治文集;位于汉诺威的莱布尼茨档案馆负责第一系列(一般性政治与历史通信)、第五(语言与历史,尚未启动)、第三(数学,自然科学,技术科学通信)以及第七系列(数学文集);明斯特的莱布尼茨研究所负责第二(哲学通信)及第六系列(哲学文集)。2001 年,柏林-勃兰登堡科学院正式启动了第八系列。这样,德国目前共有分属两个科学院的四个研究所在联合完成这一巨大工程,它们分别是归属哥廷根科学院的汉诺威莱布尼茨档案馆、明斯特大学莱布尼茨研究所,属于柏林-勃兰登堡科学院的柏林编辑部和波茨坦莱布尼茨研究所。

长期项目是多长?

由于历史以及联邦政体的原因,德国没有一个相当于国家级的科学院。以人文精神学科为重点的科学院主要是位于柏林的柏林-勃兰登堡科学院(其前身即普鲁士科学院)、成立于 1751 年的哥廷根科学院、位于慕尼黑的巴伐利亚科学院(1759 年)、位于莱比锡的萨克森科学院(1846 年)、海德堡科学院(1909 年)、梅因茨科学与文学院(1949 年)、位于杜塞尔多夫的北威科学院(1970 年)以及汉堡科学院(2004 年)。由几家科学院组成的科学院联盟则负责研究项目立项以及资金调配。这些项目被称作科学院项目。科学院联盟目前协调 202 个研究所的 157 个研究项目,2009 年的支配的研究资金为 4730 万欧元。

从 20 世纪 80 年代起,莱布尼茨档案馆、明斯特莱布尼茨研究所、波茨坦莱莱布尼茨研究所的工作先后被列入科学院长期项目,分别获得直到 2055 年的长期资助,2001 年建立的柏林编辑部也在去年被列入长期项目,得到了40年潜心研究工作的物质保障。在目前已出版的46卷中,27卷是纳入科学院长期项目以后完成的。无疑,开始于上世纪初的《莱布尼茨著作与书信全集》项目经历着自己最顺利也最成功的阶段;而长达40、50年的长期资助,则保证了项目的连续性。

一个世纪以来,《莱布尼茨全集》的编辑出版工作曾受到过来自各个方面的不同的责难(譬如太缓慢,过于昂贵,这样细致的编辑意义何在等等)。此类的指责实际上并不奇怪,奇怪的是经过了两次世界大战,经过了纳粹统治以及后来的德国的分裂,这样一个耗时耗力的人文精神科学工程不仅还活着,而且越来越受到科学研究界、政界以及公众舆论的关注。在这样一个表面上注重考核而实际上非常浮躁的时代,莱布尼茨手稿的整理出版确实如同沙漠中的一片绿洲,闹市中的一块净土。这里所做的是一件有功于千秋万代的事业,因为这个工程竣工之后,后人不会,也没有必要再次投入如此大的人力与物力;与千秋万代相比,100多年充其量也只是个瞬间而已。

(胡怡红　译)

图一　哥特弗里德·威廉·莱布尼茨(1646—1716)

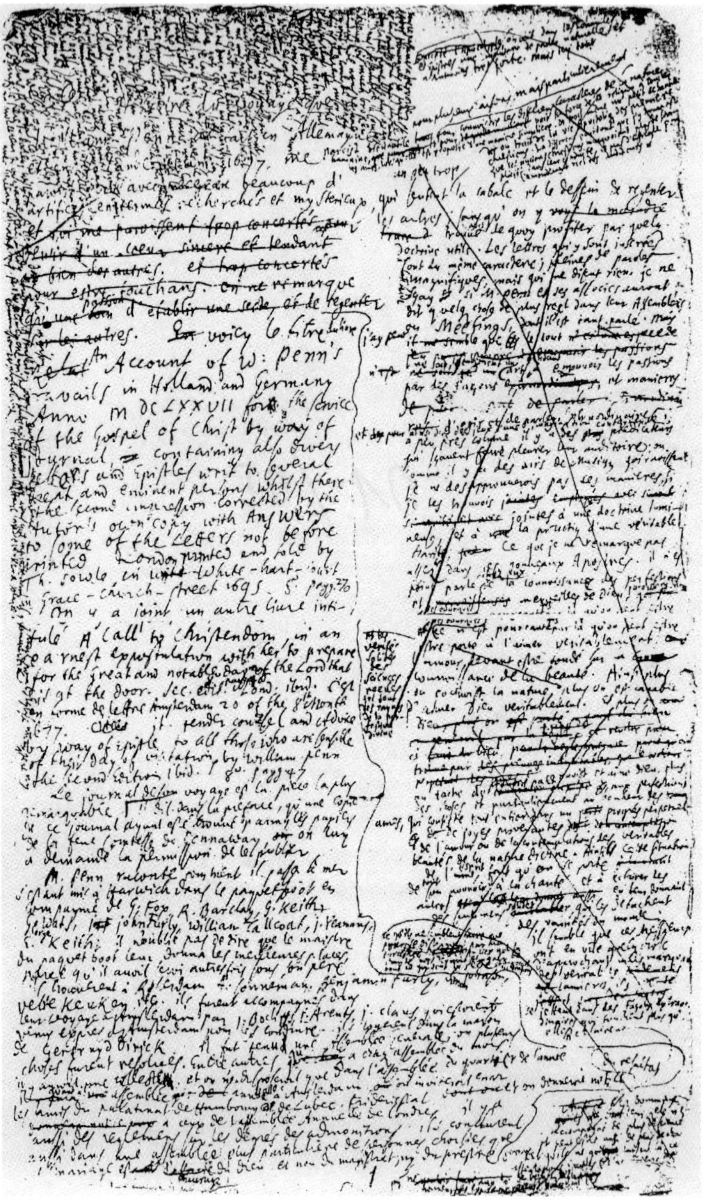

图二　莱布尼茨手稿

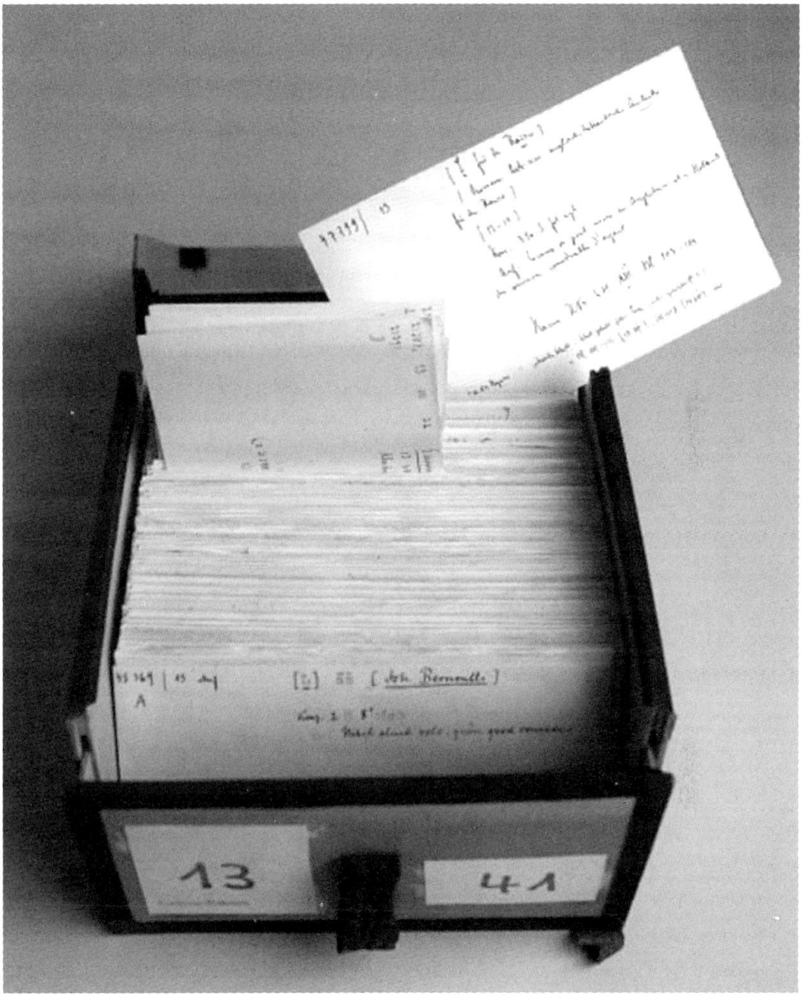

图三　里特目录

Korrekturen verraten, daß sich Leibniz bemüht hat, seine Kritik an Penn und den Quäkern zurückzunehmen oder zurückhaltender zu formulieren (s. als eindrückliches Beispiel unten, Textapparat zu S. 359, Z. 2 ff.). Das führt auf die Frage nach dem Adressaten des »Extrait«. Entsprechende Hinweise fehlen in unserem Stück wie auch in der zeitnahen Korrespondenz. Man möchte allerdings an die Kurfürstin denken, die Penns *Account* »mit sonderbarer vergnügung gelesen« hatte.

Extrait d'un journal[,] écrit en Anglois, du voyage que William Penn autèur du livre, a fait en Allemagne et en Hollande, en compagnie de Robert Barclay et de quelques autres Trembleurs l'an 1677.

Il dit dans la preface, qu'une copie de ce journal ayant esté trouvée parmy les papiers de la feue Comtesse de Connaway, on luy a demandé la permission de le publier.

M[onsieur] Penn raconte comment il passa la mer, s'estant mis à Harwich dans le paquet boot en compagnie de G[eorge] Fox,[1] R[obert] Barclay, G[eorge] Keith,[2] George[3]

[1] *Über* G[eorge] Fox *und* R[obert] Barclay *jeweils ein Kreuz Lil*
[2] *Am Rande durch Asteriskus auf* G[eorge] Keith *bezogen*: le plus raisonnable *Lil*
[3] *Am Rande durch Asteriskus auf* George *bezogen*: peu de chose *Lil*

6–8 *Anfang* (*1*) L'Histoire du voyage qve William Penn a fait en Allemagne et en Hollande l'an 1677. me paroist écrite avec (*a*) ⟨un grand⟩ (*b*) beaucoup d'artifice, en termes recherchés et mysterieux, et (*aa*) qvi me paroissent trop concertés pour venir d'un coeur sincere et tendant au bien des autres. et trop concertés pour estre touchans. on ne remarqve qv' (*aaa*) un soin (*bbb*) une passion d'etablir une secte, et de regenter sur les autres. (*bb*) En (*cc*) voicy le titre | du liure *erg.* | (*aaa*) Relat (*bbb*) | An *erg.* | Account of W: Penn's travails in Holland and Germany Anno MDCLXXVII for the service of the Gospel of Christ by way of journal, containing also divers letters and Epistles writ to several great and eminent persons whilst there the second impression corrected by the Autor's own copy with Answers to some of the Letters not before printed London printed and sold by Th. Sowle in White-hart-Court Grace-Church-Street 1695. 8. pagg. 270 *Absatz* On y a joint un autre liure intitulé A Call to Christendom, in an earnest expostulation with her to prepare for the Great and notable day of the Lord that is at the door. Sec. edit. | 8. pagg. 46 *erg.* | Lond. ibid. c'est en forme de lettre Amsterdam 20 of the 8th Month 1677. (*aaaa*) ⟨– ten⟩ (*bbbb*) it. tender counsel and Advice by way of Epistle to all those who are sensible of their day of visitation etc. by william penn the second Edition ibid. 8°. pagg. 47 *Absatz* Le journal de son voyage est la piece la plus remarqvable. Il *L* (*2*) | Extrait ... 1677. *erg. Lil* | Il *l*   6 journal (*1*) du voyage (*2*) écrit *Lil*   6 Penn (*1*) qvi ⟨ – ⟩ est l'autèur (*2*) autèur *Lil*

---

6 journal: W. PENN, *An account of W. Penn's travails in Holland and Germany, anno MDCLXXVII ... by way of journal. Containing also divers letters and epistles writ to several great and eminent persons whilst there*, 2. Ausgabe der 2. Aufl. 1695.   6 Erl. zum Textapparat: A Call ... 1677.: W. PENN, *A call to christendom, in an earnest expostulation with her to prepare for the great and notable day of the Lord that is at the door*, 2. Aufl. 1695.   6 Erl. zum Textapparat: tender ... 47: W. PENN, *Tender counsel and advice, by way of epistle to all those who are sensible of their day of visitation and who have received the call of the Lord*, 2. Aufl. 1695.   9 f. Il ... publier: vgl. W. PENN, *An account*, Preface, Bl. A2r–v.   10 Connaway: Anne, Viscountess of Conway.   11–S. 342.3 M[onsieur] ... pere: vgl. W. PENN, *An account*, S. 3.   14 raisonnable: vgl. Keith' Beurteilung durch Franciscus Mercurius van Helmont, die Leibniz am 17./27. Juli 1696 Thomas Burnett of Kemney mitteilte (unsere Ausgabe I,12 S. 734, Z. 21 f.).

图四 《莱布尼茨著作与书信全集》第四系列第六卷，第 341 页。1—5 行：编者导言，6—8：标题，9—12：从图二手稿整理出的正文，13—15：手稿中的三处边注。其余为校勘与注释，二者中间用长横线分开。

莱布尼茨档案中的"中国文献"

李文潮

由于历史带来的机遇,莱布尼茨能够有可能终生关注中国的文化以及在中国发生的一切。[①] 根据目前能够掌握到的资料来看,莱布尼茨第一次提到中国是在写于1666年的《论组合术》一文中[②],最后一次是1716年8月3日写给俄国使节阿莱斯金(Areskine)的一封信中。[③] 我们可以说从二十岁起直到生命的最后一刻(1716年11月14日),长达五十年的时间里莱布尼茨一直关注着中国、欧洲与中国的文化交流以及欧洲人特别是其中的传教士们在中国的活动,并且在这方面留下大量还有待整理、翻译、出版与研究的珍贵文献,这是中西文化交流史上非常珍贵难得的一笔精神财产,从而也构成了科学院版《莱布尼茨著作与书信全集》的一个亮点,构成了其一个独特之处。随着《全集》出版计划的进展[④],将会有这方面更多更详细的资料被发掘出来。

---

① 可参见李文潮、张西平(主编),莱布尼茨(著),梅谦立、杨保筠(译),《中国近事——为了照亮我们这个时代的历史》,郑州,大象出版社,2005年,第158—231页,编年表:莱布尼茨与中国。此年表现在看来非常不完整。

② G. W. Leibniz, *Sämtliche Schriften und Briefe*,科学院编,达姆斯塔特、莱比锡、柏林,1923年至今;第IV系列,第1卷,第202页。以下简引为《全集》,引用方式:系列、卷、页数。

③ 此信的日期尚不确定。一说为1716年10月。

④ 参见本文集中介绍科学院版《莱布尼茨著作与书信全集》一文。

在保存下来的 20 多万张文献手稿中,涉及中国的资料可以被分为以下几个部分:书信、论著、笔记、原始资料;大部分用拉丁文或法文写成。书信包括以下三类:

与生活在中国的传教士的直接通信,譬如非常著名的是与法国在华传教士白晋(Joachim Bouvet)的通信;[①]与欧洲学者专门讨论中国问题的书信,最好的例子应该是 1715—1716 年写给法国学者雷蒙(Remond)的信即著名的《中国自然神学论》[②](尽管严格来讲这应该是一篇哲学论文,而不是书信);涉及中国的其他书信,这一组中,比较有代表性的是莱布尼茨与德国著名耶稣会学者德博斯(Bartholomäus Des Bosses)的信函来往。在保存下来的写于 1706—1716 年的 130 多封用拉丁文写成的书信中,中国的文化、哲学、欧洲对中国的争论等一直是一个常见的话题,但专门论述这一题目的书信则相对不多。[③] 从数量上看,最后一组最为庞大,也最难把握。

按照《莱布尼茨著作与书信全集》的安排,这部分文献按其形式属于书信,被收入在第一(一般性政治与历史通信)、第二(哲学通信)、第三 (数学,自然科学,技术科学通信) 系列。这当然是一个无所谓对错的技术意义上的界定。譬如把莱布尼茨与意大利在华传教士闵明我(Grimaldi)的通信放在第三系列,可能仅仅是因为闵明我在写给莱布尼茨的信中声称康熙皇帝催他尽快从欧洲返回以便接替南怀仁(Ferdinand Verbiest)掌管北京钦天监。把莱布尼茨与白晋有关二进

---

① 通信始于 1697 年。按照目前掌握的资料来看,莱布尼茨写给白晋的最后一封信似乎是 1707 年 12 月 13 日,尚未发现白晋的回信。另外,目前在《全集》中编辑发表的所有莱布尼茨写给在华传教士的信件均是根据莱布尼茨自己保存的手稿整理而成,也就是说尚未在中国的档案馆中找到一封莱布尼茨的真迹。

② 参见李文潮(编),《莱布尼茨中国自然神学论》(G. W. Leibniz, *Discours sur la Théologie naturelle des Chinois*, Frankfurt,2004)。

③ 参见 Cornelius Zehetner(编/译): *Gottfried Wilhelm Leibniz: Der Briefwechsel mit Bartholomäus Des Bosses*, Hamburg, 2007。

制的来往信件放在第一系列出版，并不意味着这些信件的内容没有涉及哲学，因而不能放在第二系列。如同当年的法国科学院秘书长冯丹内尔在悼念莱布尼茨时所比喻的那样，如同古代伟人可以同时驾驭八匹大马那样，莱布尼茨可以同时在各种科学与研究领域任意驰骋。[①] 至于当我的那些德国前任们在把《莱布尼茨著作与书信全集》正好确定为八大系列时是否想到了这里所说的八匹大马，则还是一个有待考证的问题。我们在日常工作中面临的是冯丹内尔紧接着使用的另一个比喻：希腊神话中的赫库勒斯是由不同的小“赫库勒斯”拼凑起来的，而我们却被迫把莱布尼茨一个人分解为数个伟大的赫库勒斯！

论著指的是莱布尼茨就涉及中国的一些问题撰写的专门的论文、建议、成文的设想等。这方面比较典型的譬如有 1697 年初版 1699 年扩充再版的名著《中国近事》，特别是其前言，1700 年针对所谓的中国礼仪之争而撰写的短文《论尊孔》(De cultu Confucii civili)[②]，1703 年撰写 1705 年发表的《论单纯使用 0 与 1 的二进制算术，兼论二进制的用途以及伏羲使用的中国古老符号的意义》[③]，1708 年阅读了发表在法国《学者杂志》上有关中国的三篇书评后草拟的《关于中国礼仪及宗教的几点说明》(Annotationes de cultu religioneque Sinensium)，1710 年发表在当时的柏林科学院专业刊物上的对围棋的研究《论游戏》(Annotatio de quibusdam ludis; inprimis de ludo quodam sinico differentiaque Schachici et Latrunculorum, et novo genere ludi navalis)等。在 2008 年出版的、波茨坦研究所编辑的第四系列第六卷中收入了莱布

---

① Bernard Le Bouvier de Fontenelle, Éloge de M. Leibnitz。此悼文写于 1717 年，版本很多。

② 此文将在《全集》第四系列第 8 卷中发表。

③ Explication de l'arithmètique binaire, qui se sert seuls caracteres 0 & 1; avec des Remarques sur son utilité & sur ce qu'elle donne les sens des ancienes figures Chinoises de Fohy。参见《中国科技史料》北京，23，(1) 2002 年，第 54—58 页。

尼茨的《中国近事》,其中包括白晋的《康熙皇帝传》的拉丁文翻译。除此之外,以上提到的所有论著尚未得到严格意义上的整理。

建议、批注、读书笔记等。属于这一类的譬如对龙华民《论中国宗教的几个问题》所做的批注[①]、针对中国犹太人所做的读书摘录[②]、对利玛窦《中国札记》所做的笔记摘录、对《柏朗嘉宾蒙古行纪、鲁布鲁克东行纪》等书的批注等。这一部分的数量究竟有多少,尚未有准确的统计,从内容来看,它们均应被收入到第四系列,当然不包括那些明显属于语言学领域的文稿(语言学及历史属于第五系列,这一系列尚未开始)。譬如上面提到的第四系列第六卷中除了著名的《中国近事》外,还有莱布尼茨就1692—1695年俄罗斯使节北京之行的简要报告所做的笔记[③]以及就基督教在中国早期的传播即所谓的大秦景教碑的发现所做的记录等。[④] 目前正在进行的第四系列第七卷里则包括莱布尼茨大约在1698年收集的有关俄国使节白科夫(Isaacowitz Baikoff)1654年奉命出使北京的旅行报告,莱布尼茨对白晋的《康熙皇帝传》部分章节的亲笔翻译(为了显示莱布尼茨的翻译风格,方便读者与发表在《中国近事》中莱布尼茨的一个朋友的翻译进行比较,我们将同时对比刊印法文原稿中的相应章节),以及莱布尼茨1699年10月摘录的有关开封犹太人的报道。

收集的资料。为了了解有关中国的文化、历史、哲学、语言、特别是后来北京宫廷对所谓的礼仪之争的反应,莱布尼茨一生中收集了大量的一手或二手材料,即莱布尼茨档案中的所谓的 Sinica。譬如1697年从语言学家鲁道夫(Ludolf)手里得到的有关中国教会活动的1695年

---

① 莱布尼茨看到的是1700年巴黎外方传教会翻译出版的龙华民(Niccolò Longobardo)的 *Traité sur quelques points de la religion des Chinois*。

② 主要取自曾德昭《大中国志》一书。

③ 第375—378页:Relation wie Isbrand seinen Weg nacher China genommen(1695年3月或4月);第379—384页:Aufzeichnung zu Brands Relation(1695年4月25日之后)。

④ 同上书,第385页。

年度报告,上面提到的有关俄国使团1692年旅行中国的报道,法国传教士白晋寄自北京的(实际上出自邵雍之手的)所谓的伏羲先天图,同样是白晋给莱布尼茨弄到的《我父祈祷文》翻译,康熙帝1700年就祭孔等中国礼仪所签署的谕旨及耶稣会士请愿书,来自罗马的报道天主教会关于中国礼仪之争的讨论细节等原始或者二手材料。这些资料大部分是以书信附件的形式到达莱布尼茨手中的,有些也许是后来才流入到莱布尼茨遗稿中去的。这类资料大部分不会被收到《莱布尼茨著作与书信全集》中发表,因为它们不属于严格意义上的莱布尼茨著作或书信,当然这一切并不影响这些资料所具有的史料价值。是否有必要把这些资料收集整理出版,作为单行本刊行,仍是一个有待探讨的问题。作为一个对17世纪中西文化交流非常感兴趣、自己又没有时间对这个课题进行更深研究的学者,我担心随着《莱布尼茨全集》的进展,这些宝贵的资料不是被开发,而是永远被淹没在未经整理的故纸堆里。无疑,这将是一个不小的损失。具体到自己负责的日常工作里,我的主张便是在尽可能的情况下,把这些资料(顺便)收到《全集》之内发表。我提到这个问题还有另外一层意思:《莱布尼茨全集》的整理编辑工作是个非常艰巨的任务,这个工作是每天都与手稿打交道,一个非常平常的工作就是决定“收”还是“不收”。我力争遵守的原则是:手稿介于“收”与“不收”之间时,收!

莱布尼茨档案中的“中国文献”涉及的范围非常广泛:中国语言、文字、历史(特别是上古编年史)、日常技术(其中包括古籍中记载的技术)、科学思想、文学、风俗习惯、宗教仪式、政治(制度)、哲学思想与流派等等。尽管如此,莱布尼茨在这方面的贡献,并不仅仅是为自己和后人收集了一些珍贵的资料,如同在风风雨雨中进行了一百多年的科学院版《莱布尼茨著作与书信全集》并不简单是收集、保存、抢救、出版一批珍贵的历史文物一样。更重要的原因是内容方面的。具体到欧洲对中国的诠释与看法,从莱布尼茨开始是有道理的:与那些所有的对中国的"兴趣"相比,他的兴趣最广泛,似乎亦更深入。莱布尼茨涉及的范围,不仅包括中国的文字与语言,亦包括中国的科学与技术,更有这个国家的历史、体制与状态,还有他所称道的儒家哲学。一直刮到"洛克"时代的中国风只是个时髦现象,"追风"者从未想过了解中国,遑论理解:在中国传教的耶稣会士中有相当一部分人受过良好的科学教育,但他们认为自己的首要任务是传教;当时欧洲有不少人对中国感兴趣,但他们看到的往往只是一个问题,一个方面,似乎只有莱布尼茨一人试图全面了解这个古老的国度与文化,他涉及了上面提到的所有范围,同时又力争将它们综合起来,作为背景与欧洲进行比较,进而从概念上把二者融会贯通。在这一过程中,莱布尼茨试图坚持以下原则:友善、普遍、求同求通求一、多样性、交流与相对性。莱布尼茨生活在300多年前的欧洲,但其在政治、哲学、法律、逻辑、语言学等领域内提出的观点、思路与设想却显示了惊人的超前性或者说现实性。这应该说是近年来在世界范围内莱布尼茨研究能够持续展开,引起各个国家的学者的兴趣,受到学界及政界普遍重视的一个重要原因。

在莱布尼茨生活的17、18世纪,欧洲发现了包括中国在内的诸多"非欧"文化与社会形态,由此引发了不少"文化"冲突,著名的针对中国风俗的"礼仪之争"便是比较明显的一个例子。莱布尼茨关注了这些发现以及由此导致的争论,并且提出了自己的跨文化诠释构想:建立在理性之上的宽容。人是会思考的动物,理性的其中一个重要内涵则是思维是按照一定的思维规律而进行的精神活动,这是保证人与人,文化与文化之间能够沟通对话的先决条件,同时假设了每个文化中皆有合乎理性的思想;以此为基础而提出的宽容则不仅是对对方的尊重,而更是对自己的观点以及自身文化的怀疑。

莱布尼茨论努力

李　猛

莱布尼茨认为现代哲学的一个主要弱点在于其对绝对权力的迷恋，他力图通过改造霍布斯和斯宾诺莎的哲学洞察力，发展一种新的权力(或力量)学说，以改良现代哲学，消除其危险的实践后果。莱布尼茨对"努力"这一重要概念的讨论是他的这一哲学事业的重要组成部分。本文通过对此问题的考察，探讨莱布尼茨如何从动力学入手建立事物本性的自然根基，从而为现代自然秩序及道德秩序提供一个形而上学的基础。

一、莱布尼茨反对绝对权力

在《人类理智新论》中，莱布尼茨曾以预言的口吻向人们告诫了现代哲学危险的政治后果：有些人认为理论上的意见对实践的影响并没有人们想得那么大，因为有人可以凭天性远离他们思辨所导致的错误，比如伊壁鸠鲁和斯宾诺莎，就过着堪称为人楷模的生活；但是这些人忽视了，这些具有完美道德的哲学家的"门徒和仿效者……相信自己已经摆脱了对神意监督和来世威胁的恼人恐惧，就放纵他们野蛮的激情，动了心思去诱惑和败坏别人"。而这样的学说会影响那些天性刻薄寡恩、野心勃勃的人，他们四处煽风点火，整个欧洲就难免面临一场"普遍革命"。在莱布尼茨看来，这种危险的学说，不仅已经潜入那些统治别人的大人物的内心，而且也混入市面的书中，正在摧毁世上还残留的古代人的高尚情操。① 那么这一有可能颠覆整个欧洲的普遍革命，在思辨哲学上的错误根源究竟是什么呢？莱布尼茨的诊断就是贯穿现代形而上学和道德哲学的绝对权力学说：

> 有位杰出的英国哲学家，叫霍布斯，他素以邪辟著称，力主与色拉叙马库斯同样的观点。他认为，因为上帝无所不能，所以上帝有权利做任何事情。这种主张没能区分权利与事实。因为能不能是一回事，应不应该是另一回事。②
>
> 笛卡尔的上帝，并不是人们想象或希望的上帝(一个公正而又有智慧的上帝)，其所作所为近似斯宾诺莎的上帝，也就是说，作为万物的本原，是某种登峰造极的权力或者说原始本性，它能够推动万物运动，做任何能做的事情。③

在莱布尼茨看来，这种绝对权力的学说，认定上帝无所不能，完全根据自己的意志为所欲为；因此，世间万物，作为上帝的造物，并不具有任何内在的好或者完善；我们在自然秩序中发现的善和美都来自上帝绝对而又任意的权力。现代哲学这种对上帝绝对权力的迷恋，在莱布尼茨看来，是现代哲学许多致命弱点的真正根源。因此，克服绝对权力的形而上学，就是摆在现代哲学面前的一项紧迫任务。这也正是莱布尼茨自己毕生的哲学努力。而莱布尼茨对“努力”问题的关注，是他在克服绝对权力的现代形而上学方面所做的一个重要尝试。

---

① 莱布尼茨：《人类理智新论》，陈修斋译，商务印书馆，1996 年，第 548 页，译文有改动。

② “Reflections on the Common Concept of Justice,” in L. Loemker ed. *Leibniz: Philosophical Papers and Letters* (Boston: Reidel, 1976 下文简写为 L), 562。

③ Letter to Molanus, 1679, in R. Ariew and D. Garber ed. *G. W. Leibniz: Philosophical Essays* (Indianapolis: Hackett, 1989), 242.

二、霍布斯和斯宾诺莎论努力

虽然斯多亚哲学家就已经采用“努力”(hormē)的概念来阐述自我保存的自然原则①,但还是在霍布斯和斯宾诺莎这些现代哲学家的笔下,*conatus* 才成为自然哲学以及形而上学的核心概念。

霍布斯在《利维坦》中考察所谓“自觉运动”或者说“动物运动”(与无须想象的生命运动相对)时指出:

> 因为行走、说话等自觉运动始终要取决于事先出现的有关“往哪里去”,“走哪条路”和“讲什么话”等的想法,所以想象便显然是自觉运动最初的内在开端。当被驱动的东西看不见,或其运动的空间由于太小而无法感知时,虽然无知的人想不出那里有什么运动,却并不妨碍这种运动的实际存在……人体中运动的这些微小开端,在没有显现在行走、说话、挥击等等可见的行动之前,一般称之为努力(endeavor , *conatus*)。②

霍布斯对努力的定义强调两点:努力和物体的运动有关;这种运动要么因为运动的物体小,要么因为空间小,无法被感知。显然,霍布斯打算引入“努力”来克服用机械论力学的途径解释运动所必然面临的困难:运动如何能够在无限可分的空间中进行?③ 努力就是运动的“微小开端”。它们是可见的运动(“行动”)的“原子”。因为努力可以无限细分下去,可见物体的运动与无限可分的空间之间的紧张就在某种程度上被克服了。因此,“努力”的概念很快就不只限于所谓“自觉运动”,而

---

① H. A. Wolfson, *The Philosophy of Spinoza*, Harvard, 1962, Vol. II. 195—208; A. A. Long and D. N. Sedley ed. *The Hellenistic Philosophers*, 57A 以及编者有关 hormē 的注释(Vol. I. 350ff)。

② 霍布斯:《利维坦》,黎思复、黎廷弼译,商务印书馆,1995 年,第 35—36 页,译文有改动。

③ 同上书,第 35 页。

是被霍布斯作为说明一切运动的基础。[①]

不过,将一个传统上用于“动物运动”的概念推广到机械运动的问题上[②],难免会将机械运动“拟人化”:难道石头也有“想法”或“想象”吗?笛卡尔就已经预见到这一危险,他强调,当他在自然哲学中采用“努力”这个概念时,并不意味着物体具有某种做出努力的“想法”,他的意思不过是,这些物体在没有受到其他原因妨碍的前提下会以既定的方向运动。[③]“努力”不过是对惯性现象的描述而已。在笛卡尔看来,必须剔除“努力”概念中传统的“心理学”意涵(努力并不源于任何心灵的思想),才能使其在机械论自然哲学中发挥其重要作用。

就这样,“努力”这个带有浓厚“意愿”色彩的心理概念,经过机械论力学的“净化”之后,被霍布斯重新用来说明人类行动的内在运动,特别是欲求和嫌恶这两种情形。欲求和嫌恶,作为欲望,其实不过是两种努力:一种是趋向引发这种努力的东西,另一种是远离这种东西。[④] “努力”是启动欲望的关键,因此,是理解霍布斯对人性的自然哲学描述的要害。[⑤] 霍布斯从“努力”概念出发阐述了他著名的自然法学说。[⑥]

斯宾诺莎进一步将霍布斯的努力概念和笛卡尔的力学原理转变成现代形而上学的根本原则。“努力”的概念体现了斯宾诺莎形而上学的真正精神。

表面上看,斯宾诺莎只是在《伦理学》从形而上学—物理学部分过

---

① *De Corpore*, III. xv. 2 (M. W. Calkins, ed. *Thomas Hobbes*: *Metaphysical Writings*, La Salle: Open Court, 1989).

② Wolfson, *op. cit.* 199.

③ *Principia* III. 56, AT (C. Adam and P. Tannery ed. *Oeuvres de Descartes*, Paris: Vrin, 1964—1974) VIIIA. 108, CSM (J. Cottinghan, R. Stoothoff, and D. Murdoch ed. *The Philosophical Writings of Descartes*, Cambridge, 1988) I. 259.

④ 《利维坦》,第 36 页。参见 *De Homine* xi. 1:欲望是内在的努力,而与之相对的感觉则是外在的努力(B. Gert ed. *Man and citizen*: *Thomas Hobbes's De homine*, Indianapolis: Hackett, 1991)。

⑤ *Human Nature*, vii. 2 (J. C. A. Gaskin ed. *The Elements of Law*, *Natural and Politic* I. *Human Nature*, Oxford, 1994); *Anti-White* (J. Jacquot and H. W. Jones ed. *Thomas White's De Mundo examined*, London: Bradford University Press, 1976) 37. 4.

⑥ 特别是所谓“第一条根本的自然法”,《利维坦》第 98 页。

渡到伦理学部分的第三部分才正式引入“努力”这一概念的：

> 每个东西无不努力就其所能保持其存在。(IIIP6)[①]

但就在“命题六”之后，斯宾诺莎立即加了一条命题，以表明“努力”概念与其哲学原理之间的关系：

> 一个东西竭力保持其存在的努力不是别的，就是这个东西的现实本质。(IIIP7)[②]

在现代自然哲学中，机械论哲学家一般都承认，除非有外因影响导致的变化，一个物体会持续其现有状态。[③] 笛卡尔称这一命题为“第一自然律”。这一自然律直接来自其哲学的基本原理：上帝“总是在宇宙中保持同一数量的运动”。[④] 在斯宾诺莎分析笛卡尔哲学的早期著作中，他就将这一命题概括为“运动的努力”。[⑤] 在《伦理学》的“物理学”部分，他又力图借助这一原理发展一套统一的物理学：斯宾诺莎希望用“努力”概念克服在笛卡尔物理学中广延实体的数学本质与其动力趋向之间的深刻紧张。[⑥]

斯宾诺莎进而将这一自我保存的机械论原理发展成为其形而上学

---

① 斯宾诺莎：《伦理学》，贺麟译，商务印书馆，1995年，第105页，译文略有改动。

② 同上书，第106页。

③ Dennis Des Chene, *Physiologia*, Ithaca: Cornell University Press, 1996, 272ff.

④ *Principia* II. 36, AT VIIIA 61, CSM. I. 240. Cf. *Principia* II. 37, AT VIIIA 62, CSM. I. 240.

⑤ *conatus ad motum*, *Principia philosophiae Cartesianae* III. def. 3; or *conatus se movendi*, *Cogitata Metaphysica* I. 6.

⑥ 笛卡尔学者普遍注意到，在笛卡尔物理学中，几何化的质料概念(广延)和动力因素(力或“努力”)之间存在紧张：一种持续推动运动的力如何能够存在于数学化的物体中呢？虽然我们不能像Jammer那样仓促地认定笛卡尔完全否定了力的存在，但构成笛卡尔形而上学一部分的力的概念与笛卡尔的物理学基本原理之间确实存在难以解消的矛盾。参见 Daniel Garber, *Descartes' Metaphysical Physics* (Chicago, 1992), 293—299; Martin Gueroult, "The Metaphysics and Physics of Force in Descartes", in *Descartes: Philosophy, Mathematics and Physics*, ed. Stephen Gaukroger (Harvester Press, 1980), 196—229; Gabbey, "Force and Inertia in Seventeenth century dynamics," *passim*, esp. 7—10; Max Jammer, *Concepts of Force* (Harvard, 1957), 103—108。莱布尼茨对笛卡尔立场的剖析，特别是考虑广延和力的关系，参见他给 De Volder 的信，1699, L. 516—517。有关斯宾诺莎在这方面的努力，参见 David Lachterman, "The Physics of Spinoza's Ethics," in *Spinoza: New Perspectives*, ed. R. W. Shahna and J. I. Biro (University of Oklahoma Press, 1978), 80—83, 87—90.

的核心原则。这一发展的关键是他将个体的本性或形式界定为“运动和静止的比率”(IIL4—6)。[①] 因此,运动或静止的保持就成了对个体本性的保持,这正是努力的形而上学意涵。斯宾诺莎哲学中的“东西”或“个体”不仅保持其所处的同一运动或静止的状态,而且努力保持其“存在”。这一形而上学意义上的“努力”使得斯宾诺莎得以将一个东西的“现实本质”等同为其“努力”:

> 从每一个东西的某种本质,必然有某种结果产生(据第一部分命题三十六),并且,任何东西只能产生根据其一定的本性必然产生的结果(据第一部分命题二十九);所以,每个东西的权能(*potentia*),或者说,这个东西(自己或和其他东西一起)做某事,或努力做某事的这种努力,也就是说,(据第三部分命题六),一个东西努力保持自己存在的力或努力,不是别的,就是这个东西本身的给定本质或现实本质(IIIP7 证明)。[②]

“现实本质”(*essentia actualis*)这个奇怪的表达方式,令我们不免想起斯宾诺莎所谓神的“实在本质”(*essentia actuosa*):“神的权能(*potentia*)不是别的,只是神的实在本质”(IIP3 附释)。[③] 如果说,神的实在本质实际上就是以“生生自然”(natura naturans)面目出现的绝对权力,那么造物的所谓“现实本质”恐怕就是这一权能的有限表现了。[④] 有限存在赖以产生任何效果的权能都是通过表现神的绝对权力获得的,因此这种权能被称为“给定本质”。每个东西都凭借其努力,尽其所能的(*quantum in se est*),像神一样行事。

斯宾诺莎通过将努力概念形而上学化彻底清除了这一概念残留的

---

① 《伦理学》,第 59—60 页。
② 同上书,第 106 页。
③ 同上书,第 47 页。
④ Harold Joachim, *A Study of the Ethics of Spinoza* (Oxford, 1901), 65—66.

拟人化痕迹。在这个意义上，斯宾诺莎得以阐述一种最彻底的绝对权力理论。莱布尼茨，终其一生，都努力对抗现代形而上学的这一倾向。

三、莱布尼茨对"努力"概念的改造

莱布尼茨早期的物理学吸收了霍布斯的许多思想。在这一时期，莱布尼茨主要追随霍布斯来理解努力这一概念。[①] 在莱布尼茨论所谓"抽象运动的基本原理"的文章中(1671)特别可以看出霍布斯影响的痕迹。[②]在这篇文章中，莱布尼茨重申了运动和静止的持续原理，并且以霍布斯的方式来界定"努力"。[③]但这篇文章也展现了莱布尼茨自己的思想风格：比如，文章力图借助"努力"的概念将物体理解为是一种特殊的心灵，这无疑扭转了现代哲学理解"努力"概念的主要方向。[④]只不过，莱布尼茨后来自己承认，"如果只从数学的角度来理解物体(尺寸、形状、位置及其变化)，而只在运动作用的时候考虑努力的话"，"努力的几何构成就足够了"。[⑤]

不久，莱布尼茨"发现"笛卡尔在阐述其机械论力学的基本原理时，犯了一个非常严重的错误。当两个物体碰撞时，真正守恒的并非笛卡尔认为的运动层面的量(mv)，而是力层面的量(mv^2，所谓"动量守恒")。因此，我们要恰当理解物理现象，就不仅需要运动和广延的概念，还需要力的概念。[⑥] 这样就必须倒转笛卡尔力学中运动和力的相

---

① Letter to Hobbes, Jul. 1670, L. 105—108.

② 也参看同期的其他著述：*Hypothesis Physica Nova* (1670/1?), SS. VI. ii. 219—257; *Summa Hypotheseos Physicae Novae* (1671), in SS. VI. ii. 326—384.

③ "努力和运动的关系就像点和空间的关系，或者一和无限的关系，它是运动的开端和终点"。"The Theory of abstract Motion," L. 139—142.

④ Ibid., L. 140; L. 141. Daniel Garber 称莱布尼茨这一阶段的物理学理论为"物体的心智化"("the mentalization of body")，参见氏著"Motion and Metaphysics in the Young Leibniz," in *Leibniz: Critical and Interpretive Essays*, ed. Michael Hooker (Minneapolis, 1982), 168ff。

⑤ "Specimen Dynamicum," L. 440, cf. his letter to De Volder, 1699, L. 516—517.

⑥ "Discourse on Metaphysics" (in L. 303—330, 下文简写为 DM)，第 17—18 节；"Specimen Dynamicum" (1695), L. 435.

对优先性。[①]莱布尼茨的动力学，不再像霍布斯和笛卡尔的物理学一样，从运动出发理解努力，而相反，是从努力或力入手理解运动。运动取决于努力或者力。因为严格来说，运动本身并不是真实的存在。[②]相反，力"即使在被造实体中，也是某种绝对真实的东西"。[③]要真正理解力在自然秩序中的优先地位，就必须认识到，自然世界并非机械论力学通常理解的"死的世界"，而是充满了活生生的力的活力世界。霍布斯的"努力"概念之所以有缺陷，就因为它仍然是一种"死的力"(*vis mortua*, or *potentia mortua*)。[④]

基于这一重要的发现，莱布尼茨逐渐发展了他的动力学理论。通过恢复"努力"概念的原初意涵，莱布尼茨对抗"努力"概念在现代哲学中的机械化和数学化(所谓"死的力")。在其成熟的动力学著述中，作为"活的力"意义上的"努力"成为莱布尼茨挑战笛卡尔物理学中数学化的自然秩序观的核心概念：

> 我们已经在别处指出，在物体中除了广延还有别的东西；事实上，这个东西比广延更优先，他就是自然的造物主在自然处处播种的自然力——这种力并非仅仅是经院哲学家惯于讨论的能力，而是此外还包含了一种努力，这种努力，除非受到相反努力的阻碍，会完全发挥其效果……事实上，正是这种力构成了物体内在的本性，因为实体的特性就是活动，而广延只不过是一个已经预设了行动或抵抗运动的实体的某种延续或扩散。广延远不足以构成

① "A Brief Demonstration of a Notable Error of Descartes and Others concerning a Natural Law" (1686), L. 296—302. Cf. George Gale, "The Concept of 'Force' and its Role in the Genesis of Leibniz's Dynamical Viewpoint," *Journal of the History of Philosophy*, Vol. 26 (1988), 45—67.

② "Specimen Dynamicum," L. 436; DM 12.

③ "Specimen Dynamicum," L. 445.

④ "A Brief Demonstration of a Notable Error of Descartes and others Concerning a Natural Law," L. 299.

实体。[①]

莱布尼茨围绕“努力”概念阐述的新动力学是莱布尼茨反击现代权力哲学的决定性步骤。根据莱布尼茨的诊断，现代自然秩序，笼罩在绝对权力的阴影之下，已经完全丧失了其形而上学根基，不过是外力任意的强加或者人为构建的结果。在现代捍卫自然秩序对于人类活动的根本意义，就必须彻底改良所谓“新科学”的形而上学基础。借助其动力学，莱布尼茨认为他能够成功地为机械论物理学提供一个坚实的形而上学基础，从而克服其致命的缺陷。

莱布尼茨指出，“新科学”勾画的机械论世界图景，不过是纯粹的现象而已。[②] 因此，“广延、运动和就在广延和运动意义上理解的物体本身，都并非实体，而只是真正的现象”。[③]这一物体的世界，并非“绝对真实的”，而在某种意义上是我们心智构造的产物。[④] 既然物理现象只是心智构造的结果，那么它们实际上只不过是“习俗”意义上的存在，而非真正的所谓“自然本性”。[⑤]莱布尼茨有时甚至进而主张，物理现象不过是我们心灵“转瞬的变样”。[⑥]因此，事物的自然本性必须要追溯到这些现象的原因。

> 一个事物的本性就是在事物本身中其各种现象的原因。因此，事物的本性与其各种现象的分别就像分明的现象与模糊的现象之间的分别……这就是一座城市，从市中心一座高塔上眺望到的城市规划，就大大不同于许多旅行者沿着某个方向看到的水平

① “Specimen Dynamicum,” L. 435.
② Letter to Arnauld, Oct. 9th 1687, L. 343.
③ “First Truths,” L. 270.
④ “Specimen Dynamicum,” L. 445, “Conversation of Philarète and Ariste,” L. 623.
⑤ Letter to De Volder, June 20, 1703, L. 531.
⑥ “Conversation of Philarète and Ariste,” L. 626.

视角。这一类比总是非常适于说明本性和偶性之间的区别。[①]

因此，在莱布尼茨看来，只有借助动力学的阶梯登上形而上学的高塔，才能对自然秩序拥有一个全面分明的图景。[②] 莱布尼茨有关力的学说是理解其哲学中自然与形而上这两个层面关系的关键。在这方面，莱布尼茨有关力的讨论不再仅仅是物理学的，而同时是形而上学的。

在其检讨洛克的权力用法时，莱布尼茨指出，力一方面可以划分为主动的力和被动的力，而另一方面，又可以划分为原初的力和衍生的力。[③] 机械论力学对物理现象的解释，在莱布尼茨看来，不过是围绕衍生力进行的。[④]而要理解衍生力的性质，就必须回到原初的力。这样，莱布尼茨，通过将亚里士多德的范畴和机械论力学的原理融为一体，阐述了一套复杂的力的模式：

表一　莱布尼茨有关力的图式[⑤]

	形而上学的单子世界	机械论的物理世界
力	原初的	衍生的
主动	原初动力（形式、隐德来希、灵魂）	活力
被动	原初质料	对运动的阻抗（具有形式的质料）

这张表完美地展示了莱布尼茨是如何在其哲学体系中调合古代和现代的洞察力。右边一列是机械论的世界图景，各种主动或被动的衍

① "An Example of Demonstration about the Nature of Corporeal Things, drawn from Phenomena," L. 142.

② Letter to De Volder, 1699, L. 523.

③ 《人类理智新论》，第156—157页。

④ "Specimen Dynamicum," L. 437.

⑤ Ibid., L. 436—437; Letter to De Volder, 1699, L. 516—517; NE 169—170. 参见 Gerd Buchdahl 的讨论：*Metaphysics and the Philosophy of Science* (MIT Press, 1969), 415—425。

生力相互作用的结果。但莱布尼茨对机械论的模式进行了重新解释：就主动的力而言，活力而非运动的量是真正的焦点，而就被动的力而言，质料也不是单纯几何意义上的广延，而是已经受到形式的规定。①

不过，更为重要的是，莱布尼茨坚持认为机械论的物理世界不过是衍生的。要充分说明其原理，就必须从这一现象世界推进到形而上学的单子世界(左边一列)。单子世界中的力是机械论力学的基础。莱布尼茨并不打算在解释物理现象时求助这些所谓的"原初力"。② 但是通过把物理的力或者说机械论意义的力与形而上学的"原初力"联系起来，与笛卡尔将机械论力学的自然秩序奠基在上帝的绝对权力的做法恰好相反，③莱布尼茨得以捍卫自然秩序的固有本性。④这一形而上学意义上的"原初力"是事物本性的核心。被数学彻底支配的新物理学已经不再可能是自然的真正落脚点。而莱布尼茨的动力学，通过为物理现象的解释提供一个更为坚实的形而上学基础，成为现代哲学中捍卫自然秩序的一个具有重要意义的尝试。

莱布尼茨捍卫自然秩序的一个关键部分就是他的实体学说。莱布尼茨从他对"努力"的新理解出发重新阐述了"实体"这一重要的形而上学概念。⑤ 自笛卡尔以降，现代哲学在界定实体方面面临许多难以克服的困难。根据笛卡尔哲学的原理，当我们称上帝及其造物为"实体"时，我们的意思并不相同。这样，实体概念在指称这两类存在物时并不是一个统一的概念。⑥洛克充分利用了笛卡尔哲学体系的这一内在紧张，通过彻底批判天赋观念论，竭力解构传统的实体—本质的形而上

---

① 参见 Letter to Christian Philipp, Jan. 1680, L. 273。

② "Specimen Dynamicum," L. 436; cf. Letter to Nicolas Remond, Jan 10, 1714, L. 655.

③ *Principia* II. 36, AT VIIIA 61, CSM I. 240.

④ "On Nature itself," L. 501.

⑤ "力的概念……对我们理解真正的实体概念提供了最强有力的启示。""On the Correction of Metaphysics and the Concept of Substance" (1694), L. 433; cf. Letter to De Volder, 1699, L. 516.

⑥ *Principia* I. 51, AT VIIIA, 24; CSM I. 210.

学，代之以一种“权能”(*powers*)的学说，作为其自主“认识论”的真正基础。[①]莱布尼茨的实体学说就是力图矫正现代哲学的这一趋势。

莱布尼茨主要围绕他的主动力概念来阐述实体概念的。莱布尼茨所谓的“主动力”，并不同于他在洛克或者经院哲学那里发现的“纯粹的力”(*potential nuda*)或者说“能力”(*facultas*)。而差别的关键就在于前者包含了“努力”的因素，从而具有潜在的倾向或目的，而不是可以用来做任何事，赋予任何所谓“形式”，对任何目标都“无分别的”力：

> 主动力不同于经院哲学熟悉的纯粹的力，因为经院哲学家所谓的主动力或能力只不过是接近行动的能力，还额外需要外在的挑动或刺激，才能转化为行动。而我说的主动力，则包含某种行为或者隐德来希，因此位于行动能力和行动之间，涉及一种努力。[②]

根据莱布尼茨的剖析，洛克或经院哲学家对“权能”或“能力”的理解，其缺陷就在于忽视了行动的内在动力倾向。因此，它们只能依赖外在刺激的推动。莱布尼茨坚持认为，严格意义上的实体必须包含内在的变动原则。这种原则，正如我们所熟知的，乃是亚里士多德界定“自然”的关键。力要超越单纯的“可能性”(*dynamis/potentia*)，就必须在这种纯粹的力之外加上“努力”的因素。莱布尼茨在这里，有意地将亚里士多德的“潜能”和“现实”(隐德来希)概念结合在一起[③]，从而为自然秩序找到了一个事物内在固有的“自然”基础，而不是像笛卡尔那样，在全能上帝那里寻求保障。

这样看来，莱布尼茨的动力学对于他对抗绝对权力的现代形而上

---

① *Essays*, II. xiii. 19—20, II. xxiii. 1—2, II. xxxi. 4, 6 (P. Nidditch ed. *An Essay concerning Human Understanding*, Oxford, 1975).

② “Specimen Dynamicum,” L. 436.

③ 根据亚里士多德学派的说法，这就是所谓的“第一隐德来希”。只不过对于亚里士多德来说，“第一隐德来希”，作为纯粹的潜能和真正成全意义上的现实之间的状态，强调的是其作为“持存状态”(*hexis*)，而不是“努力”(*orexis*, *conatus*)的特性。

学具有首要的意义。借助动力学,特别是其中的努力概念,他得以将目的因重新带回到对自然的理解中。现代哲学的主导趋势从对自然的科学解释中排除目的因果关系或者说目的论。莱布尼茨相信,即使在纯粹的物理学研究中,目的因也并非毫无用处。[①] 不过,莱布尼茨主要是在形而上学的单子世界中论述目的因的重要性,从而将机械论倡导的效力因王国与单子世界的目的论王国联系起来:

> 总的来说,我们必须承认,所有现实中的事实都可以根据两种方式来解释:一种是通过力或者效力因的王国,一种是通过智慧或目的因的王国。上帝管治物体时,把它们当作机器,像一个建筑师,根据尺寸律或者说数学律进行管治,而统治灵魂则采用适于灵魂的方式,他把灵魂作为公民,或者说和自己在一个社会中的成员来统治,就像一个君父,依据善或道德的法律,为了他自己的荣耀来进行统治。因此,这两个王国同时存在,处处相互渗透,不过它们各自的法律从不混淆,也不会相互干扰,所以,力的王国的极致和智慧王国的最好,是同时出现的。[②]

我们看到,在莱布尼茨的智慧王国中,主导的原则是目的因,也就是,欲求的法则,正是这种法则,决定了单子从一种知觉转向另一种知觉。[③] 根据莱布尼茨对非必然性倾向的著名讨论,努力对于单子而言之所以非常重要,就在于努力通过影响单子表现或知觉的方式来规定单子的本性。莱布尼茨在对心的欲求及知觉的讨论中引入目的因,实际上是回到了斯多亚派在"动物运动"中发现"努力"这一因素的原初洞察力。只不过在莱布尼茨这里,即使那些看上去非生命的物体,背后也

---

① "On Nature Itself", L. 500;"Specimen Dynamicum," L. 442. Cf. Buchdahl, *Metaphysics and the Philosophy of Science*, 425—434.

② "Specimen Dynamicum," L. 442.

③ "The Principles of Nature and of Grace, based on Reason" (L. 636—642), 第 3 节。

是具有生命的单子，上帝统治的目的因王国并非在巨大的无生命世界中的孤岛，而是构成了机械力学的现象世界的真正灵魂。虽然莱布尼茨说，两个王国在所有地方都是同时共存的，它们在分析上并不在同一个层面上。毕竟衍生力只是原初力的变样，效力因的王国最多不过是目的因王国的附庸。

莱布尼茨对目的因王国的讨论涉及形而上学与伦理学在其哲学体系中复杂而微妙的关系。限于篇幅，本文无法充分讨论这一问题。我们在最后只是指出一个值得注意的地方：物理学解释的效力因对形而上学的目的因的依赖，改变了自然哲学相对于政治哲学或道德哲学的优先性。在莱布尼茨的动力世界中，万物的本性最终奠基于根据目的因的法律作用的原初力。这种原初力，在莱布尼茨看来，是以上帝为君主的共和国中的公民，上帝是这个国家最有智慧、最有权力的君主，而目的因的律条就是这个理想国的法律。[①] 莱布尼兹力图在面对机械论占据支配地位的现代自然哲学时捍卫自然秩序，他的希望最终同样不是在“自然”本身。自然世界的根基最终不得不同样通过政治哲学或道德哲学才能得以阐明。在这个意义上，莱布尼茨的自然法学说，特别是其最高贵的所谓“普遍法理学”，可以看作是莱布尼茨形而上学的最终结果。莱布尼茨的政治哲学，而非其自然哲学，才是他克服绝对权力的形而上学的最终努力。

---

① Leibniz's preface of *Codex Iuris Gentium Diplomaticus*, L. 423; G. Grua, ed. *G. W. Leibniz: Texte inédits d'après les manuscripts de la bibliothèque provinciale de Hanoure* (Paris: PUF. 1948; Reprinted New York: Garland, 1985) Vol. I, 377; cf. G. I. 241.

第二编
康　德

康德著作的科学院版

福克尔·格哈特

康德在欧洲的哲学思想上引发了一场革命。这是他所希望的、并且已经被其同时代人所察觉。如果他的思想在今天广泛地吸引了最大的兴趣的话，那么其中一部分人努力去理解由康德所导致的这一转向，另一部分人则试图从中为当下和将来推导出一些论断来，而一个不容低估的群体则致力于证明，康德的思想在过去和现在都没有根本的颠覆性。所有人都是以这样的方式在研究康德。而人们则不再去谈论康德在当下的意义。

因此已经被证明的是，1894 年由普鲁士皇家科学院所开启的康德著作的全集编纂属于一个巨大的科学院计划。遗憾的是，即使是这一科学院版也在德国的政治变迁的过程中遭受了跌宕起伏的命运。这使得，远在其完结之前，这一版本仍需进行修订。

康德的版本编纂在纳粹时期遭受了特殊的命运，而在东德直至 50 年代末才能以一半的力量进行下去。直到 80 年代通过哥廷根科学院的资助这个工作才得以恢复，这也使得两卷本的《人类学讲义》得以在 1997 年出版。同样是在哥廷根开始的三卷本的《自然地理学讲义》应该是全集版重返柏林之后以旧的负责方式呈现的第一部著作。这一著作的第一卷在 2009 年已经最终完成了，而剩下的两卷尚未完稿。它们预计将于 2010 年和 2011 年面世。

即将完成的是三大批判的新版本，在这些新版本中我们更正了迄今为止发现的所有错误，它们再度使用了原来的语言形式，并在《纯粹理性批判》中最终实现了最初两个版本中的一个批判的平行段落。第一版(A 版)和第二版(B 版)在相续的页面上出现，并以引人注目的形式将所有的差异都标注出来，而并没有改变惯常的在世界范围内常用的页数和行数。这一预计在 2010 年提供的一个完整而经过文本修订的版本，将为康德主要著作的研究工作设定一个新的标准。

我们已经提前进行的关键的一步是《遗著》的新版本编纂。对《遗著》所有卷册的极其困难的转录工作业已完成，现在可以先从注释开始。《遗著》预计将于 2014 年出版。卡尔(Jacqueline Karl)女士对此将有专门的报告。卡尔女士在波茨坦领导一个有四个合作者的部门，我们需要感谢他们——请允许我预先透露此事——所作出的令人激动的对文本的新的编排工作。

（方博　译）

康德遗著

——遗世手稿，康德的工作方式和遗稿新编

杰奎琳·卡尔

康德从 18 世纪 90 年代中起便开始撰写一部他自己曾称之为“他的代表作，一部杰作”的著作。[①] 这部后来以“遗著”(*Opus postumum*)之名而闻于世的遗稿包含着康德的构建一个从自然的理性形而上学到经验科学(主要是物理、化学和生物)的过渡的尝试。其努力的最终目的在于发展出一个作为先验哲学的基础著作的纲领。

这一遗稿在 1936 年和 1938 年已被布赫瑙(Artur Buchenau)和莱曼(Gerhard Lehmann)在《康德全集》的第 21 卷和 22 卷中编纂过了。但是这一最早的完全是权宜的版本在很多方面都是非批判性的。其一方面偏离了当时作为全集的第三部分即“手攥遗稿”的总编阿迪克斯(Erick Adickes)所定下的编纂原则。另一方面，当时的编撰者忽视了当时业已存在的阿迪克斯于 1920 年在其同名的著作中对“遗著”的洞

① 康德的午餐会的一个成员哈塞(Johann Gottfried Hasse)关于康德的最后的观点的叙述，第二版重印本，格尼斯堡，1804 年，见哈塞的文章“康德最后的观点和其出自遗著的个人笔记”，收于布赫瑙(Artur Buchenau)和莱曼(Gerhard Lehmann)主编的《老年康德》。此书还附带一个图像和一个复写件，柏林-莱比锡，de Gruyter，1925 年，第 24 页。(*Der alte Kant*. Hasse’s Schrift: Letzte Äußerungen Kants und persönliche Notizen aus dem opus postumum, Berlin-Leibzig, 1925)

见[①],在这一著作中阿迪克斯对遗稿的内容作了详尽的介绍、归类和阐释。在此尤其值得一提的是阿迪克斯对手稿的页数和纸张所做的几乎无法再更改的有效排期和排序。与此相反布赫瑙和莱曼并不决定出版一部康德想要的著作,而是要编纂一部同样以"遗著"命名的手稿它是以权宜的、也就是以今天呈现在我们面前的手稿的构成形式而出现的复印本(手稿,第 1702 页,SBBPK)。问题的关键在于,手稿不管是在时间顺序还是在文本构成上都与遗稿不一致。例如,第一卷包括遗稿的第十三个,即最后一个草稿,这一草稿是康德在从 1800 年 12 月份到其失去工作能力的 1803 年 2 月期间所创作的,而第十三卷却是《系科之争》的第二部分的前期工作(Vorarbeit)。如果手稿的纸页的顺序绝非对应于遗稿的各草稿的时间顺序的话,那手稿中还有并不属于遗稿的文本部分。虽然存在这样的双重谬误,这些手稿和遗稿仍然被冠以了《遗著》之名,除此之外其还有别的错误。由于这一出版上的基本原则,即决定出版一个权宜的手稿复印本,和其他方面的欠缺,这一版本长期以来遭受了猛烈的抨击。[②]

---

① 阿迪克斯,《叙述和评价康德遗著》,柏林,1920 年(《康德研究》增补版,50)(Erich Adickes, *Kants Opus postumum dargestellt und beurteilt*, Berlin, Reuther & Reichard, 1920 [Kant-Studien, Ergänzungsheft, 50]。)

② 参见莱因哈特·布兰特的"康德的'从自然形而上学到物理学'的转化的试作出版问题",见《转化,康德晚期著作研究》(1989 年 10 月 13 日到 15 日在巴特洪堡举办的关于康德遗著的哲学论坛的会议论文集),法兰克福,Klostermann, 1991 年,第 1—27 页(Reinhard Brandt, Kants Vorarbeiten zum Übergang von der „Metaphysik der Natur zur Physik". Probleme der Edition, in: *Übergang. Untersuchungen zum Spätwerk Immanuel Kants* [Tagungsbeiträge des Forums für Philosophie Bad Homburg zu Kants Opus postumum vom 13. bis 15. Oktober 1989], Frankfurt a. M., Klostermann, 1991, S. 1—27);及布兰特的 Die„Krause-Papiere",见《康德"遗著"》,缩印本,布兰蒂斯(Tilo Brandis)主编,柏林,各州文化基金会,1999 年,第 11—28 页(Die „Krause-Papiere", in: *Immanuel Kant, „Opus postumum". Mikrofichausgabe*, hrsg. von Tilo Brandis, Berlin, Kulturstiftung der Länder, 1999, S. 11—28);斯塔尔克(Werner Stark)的《康德的信件和手写稿探察》,柏林,Akademieverlag,1993 年(Werner Stark, *Nachforschungen zu Briefen und Handschriften Immanuel Kants*, Berlin, Akademieverlag, 1993.)。

第21卷和22卷的新版将用一个历史—批判的版本来取代布赫瑙和莱曼版。因此遗稿的完整文本的新卷册将按照时间先后的顺序被呈现出来。因此那些明显地可被归入“过渡著作”之列但又不在手稿之中的文本也将付梓。而所有其他同样被包含在手写稿之中但又不属于遗稿的文本,比如《实践理性批判》《道德形而上学》《实用人类学》和其他著作的前期工作,以及书信的草稿将不再收录其中。福尔斯特(Eckart Förster)(巴尔的摩)可能会作为第21卷和22卷新版的主编。时代基金会(ZEIT-Stiftung Ebelin und Gerd Bucerius)的大力支持使得新版的准备工作在2001年即已得以启动。属于这一准备工作的还有受德国科研联合会的项目资助的整个手写稿的数字化。《遗著》的数字化摹本(Faksimile)从2004年开始已经按照业已考证出来的时间顺序和原来的顺序分别以三倍的分辨率在柏林布兰登堡科学院康德全集的学术计划网页上发布了。①

这一数字化构成了同时在计划中的电子版的一个必要前提,根据当前的计划,这一电子版于2010年年底应该就可以在线获得。根据现在的看法,手稿的转录首先要与各自的摹本联系在一起,其通过激活相应的按键可以被调取出来(图一)。其次将通过在文本和摹本之间逐章逐段的关联给研究者提供一个快速的分类,以使其能对转录文本和手稿页面上的相应位置进行对比。通过文本段落的激活使用者同时可以调出相应的放大的摹本段落,包括带有段落标记的整个手稿页面的缩略图,以便能够在手稿页上找到相应位置(图二)。文本与摹本之间的这一关联(不仅是逐页的,而且是逐章逐段的),互相呼应,这就使得调出摹本页、在此页面上激活特定的文本段落,以在与转录文本的段落相对应的位置上获得摹本段落的放大以及缩略图成为可能。

---

① 网址:http://www.bbaw.de/forschung/kant/op/op.htm。

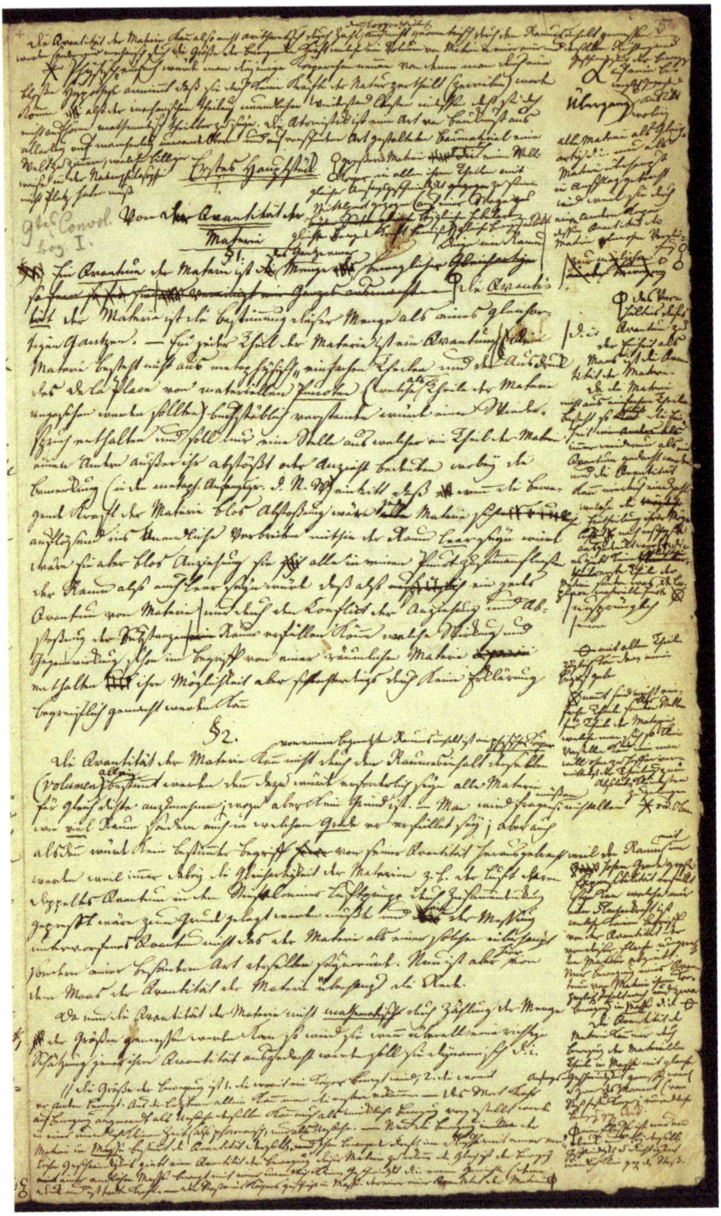

图一

图二

至此为止只是对将来的电子版的一个简短的展望，现在我们重新回到当前的工作上来。我被委托进行并且即将完成的对全部手稿的新的转录构成了第 21 和 22 卷重新编纂的基础。与转录工作同时进行的是，以文本发生的视角对手写稿的特点进行初步的考察。在遗留下来的总共 290 张松散的——大多是对开的，但相比较而言更小——其中 525 页被康德自己亲手写得密密麻麻的手稿中，并没有已完成的著作，也没有零碎的片段，只有被多次共时和历时修改过的各个草稿——除了所谓的八开草稿之外——在对开的纸张上的十三篇草稿。康德所预期的著作倒不如说是一个“论文手稿”更合适(图三)，这一手稿除了小心翼翼地以边框隔开的清楚撰写的底稿文本之外，还包括一再添加的新附释和重复、修改和删除，甚至会插入关于其他主题的记录以及日常的笔记，它们以语言的方式展现了康德思想的运动过程。手稿的复杂性在最后的两个草稿也就是卷七和卷八，从 1800 年 4 月到 12 月以及从 1800 年 12 月到 1803 年 2 月的两个草稿之中，再次变得更为明显。康德多次修改这几页，即使是最小的空间也被写得密密麻麻的，最后的附释常常是在已经写好的文本的行与行之间，如附图上以不同的颜色所标识的各个文本段落之间的区别所表明的(图四)，对诸附释的各个部分进行分别是极其困难的。

为了把握住手写稿的特点，我们将从作者康德的工作方式入手。基于手写的遗稿、通信和同时代人的叙述，对于康德研究来说大致已知的是，康德的文章经历了一个多阶段的产生过程，这一过程从对后来所谓的散页的记录和反思开始，然后经过多次的修改成为草稿、复撰、誊

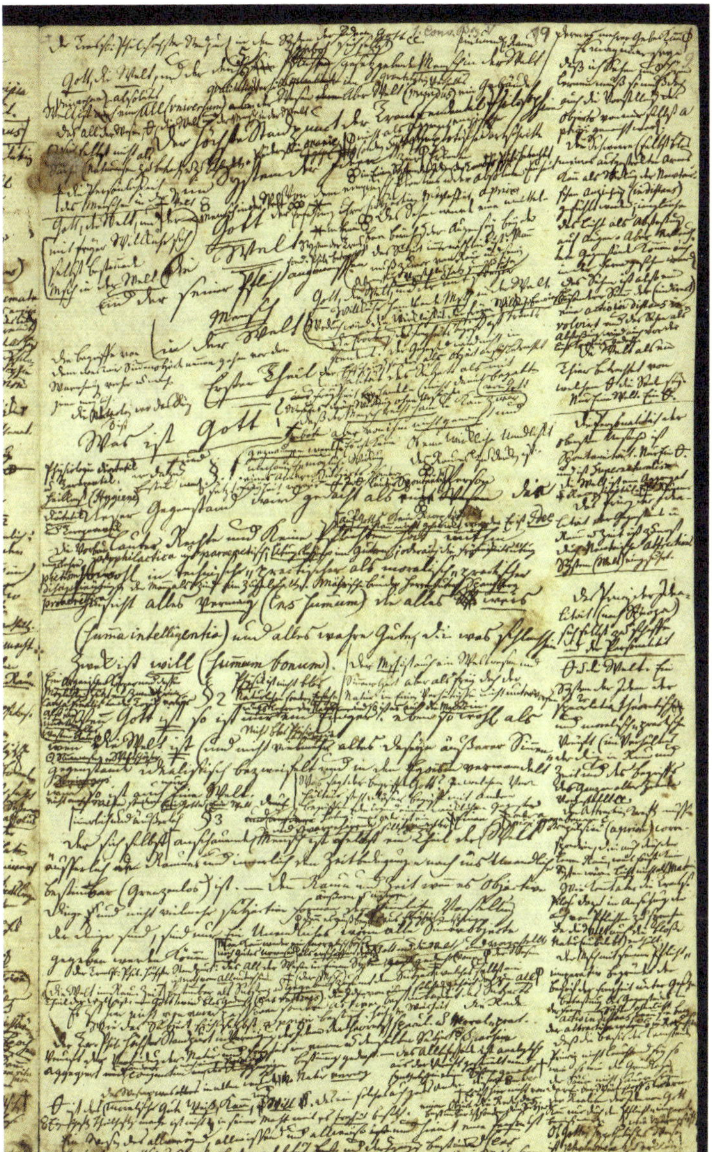

图三

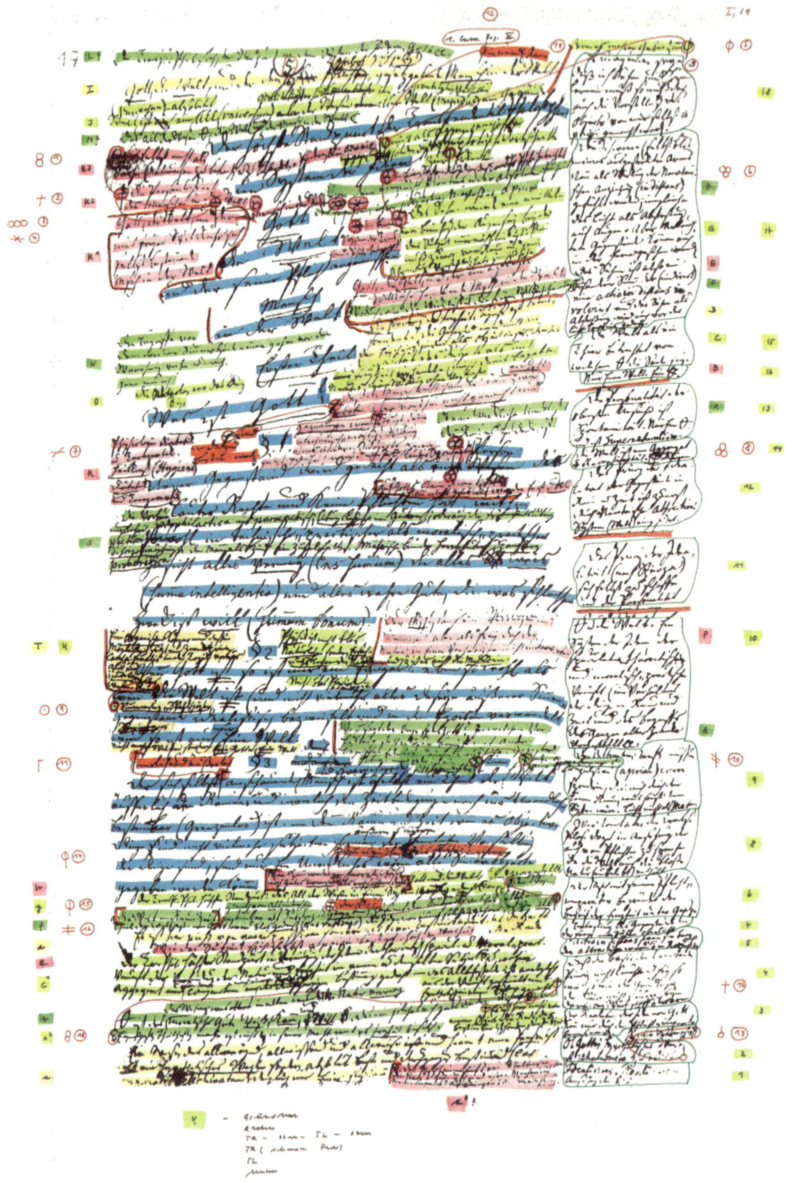

图四

本并最终成为打印样品。[1] 但是不仅在其著作的书写上,而且在其书面的草稿和双开纸上的前期工作中,作者康德都遵循着一个明显可以分辨其工作过程的特定的写作方式。双开的页面与书写区域相应地被划分成了底稿和外沿两部分。这里外沿部分可以为后来的笔记承担起剪贴板的功能。接下来至少还可以区分出三个工作阶段出来:首先,康德写出了底稿,边沿的部分尚留空白;然后,底稿通过行间和边上的附释被更正并在修辞上被修改,边上的附释在此被记录在页面的边沿上;最后,康德借助列表,比如在边沿上的反思和替代以及竖直的删除和类似的更正内容的方式,修订出了目前的这一文稿。

以作者康德的这一工作方式为出发点,手写稿将通过对每一页的基于发生学的结构分析予以阐明。接下来我将基于"遗著"卷九第五页(图五)——第二个草稿的第一页:带有康德的"a 过渡"标记的 a 到 e 过渡——给大家示范性地介绍发生学的结构分析的方法。在我模拟康德在纸页上的书写的发生过程之前,有必要先做两个方法上的介绍:除了以上所勾勒的工作阶段划分之外,在对手稿页作发生学的分析,尤其是在重构边沿的附释的时间顺序之时,所谓的位置标记非常重要。阿迪克斯就已经认识到在位置标记之中的一个极其重要的辅助手段,它是

---

① 参见:斯塔尔克的"康德在其作品印刷中的协作",见路德维希(Bernd Ludwig)主编的《康德的法学说 附斯塔尔克对康德作品的印刷的研究》,汉堡,Meiner,1988(康德研究,2),第 7—29 页,尤其是 25 页以下(Werner Stark, Zu Kants Mitwirkung an der Drucklegung seiner Schriften, in: Bernd Ludwig, *Kants Rechtslehre. Mit einer Untersuchung zur Drucklegung Kantischer Schriften von Werner Stark*, Hamburg, Meiner, 1988 [Kant-Forschungen, 2], S. 7—29: insbesondere S. 25 f.);同参见莱曼的"康德论永久和平的论文的副本片段",见莱曼的《康德哲学的历史和阐释论文集》,柏林,de Gruyter, 1969 年,第 51—66 页,尤其是 56 页(Gerhard Lehmann, Ein Reinschriftfragment zu Kants Abhandlung vom ewigen Frieden, in: Gerhard Lehmann, *Beiträge zur Geschichte und Interpretation der Philosophie Kants*, Berlin, de Gruyter, 1969, S. 51—66: S. 56.)。

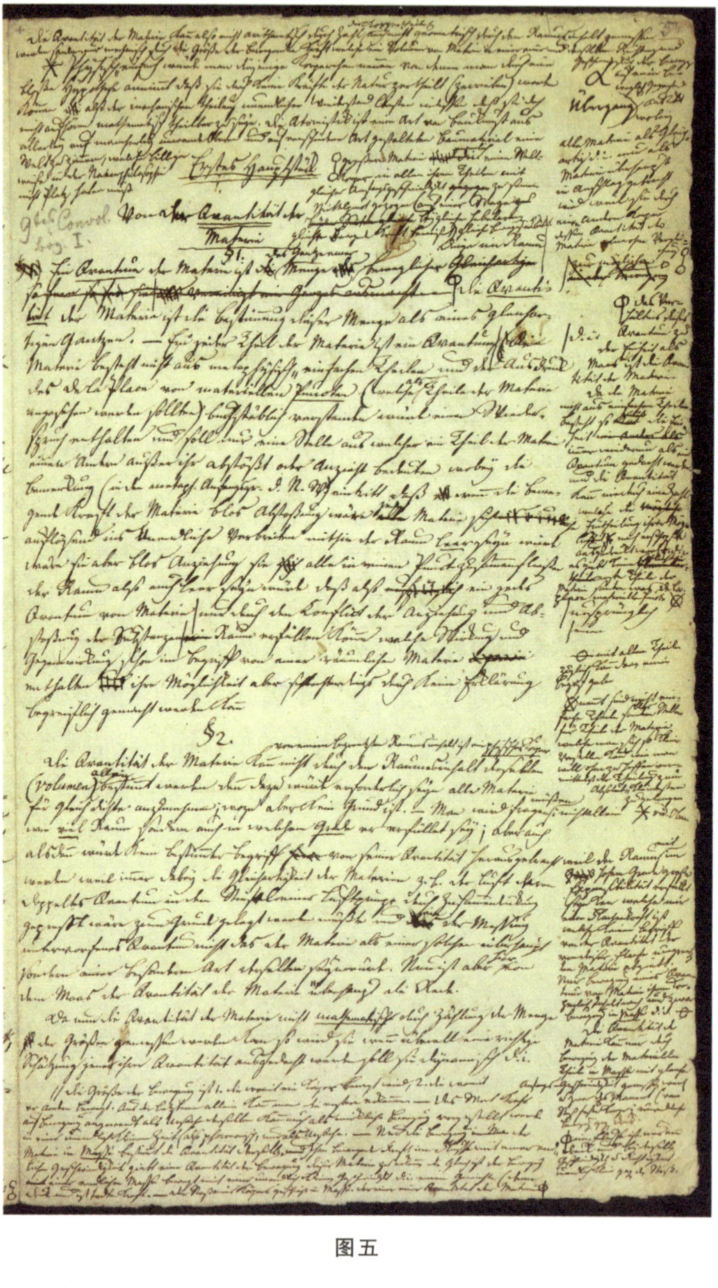

图五

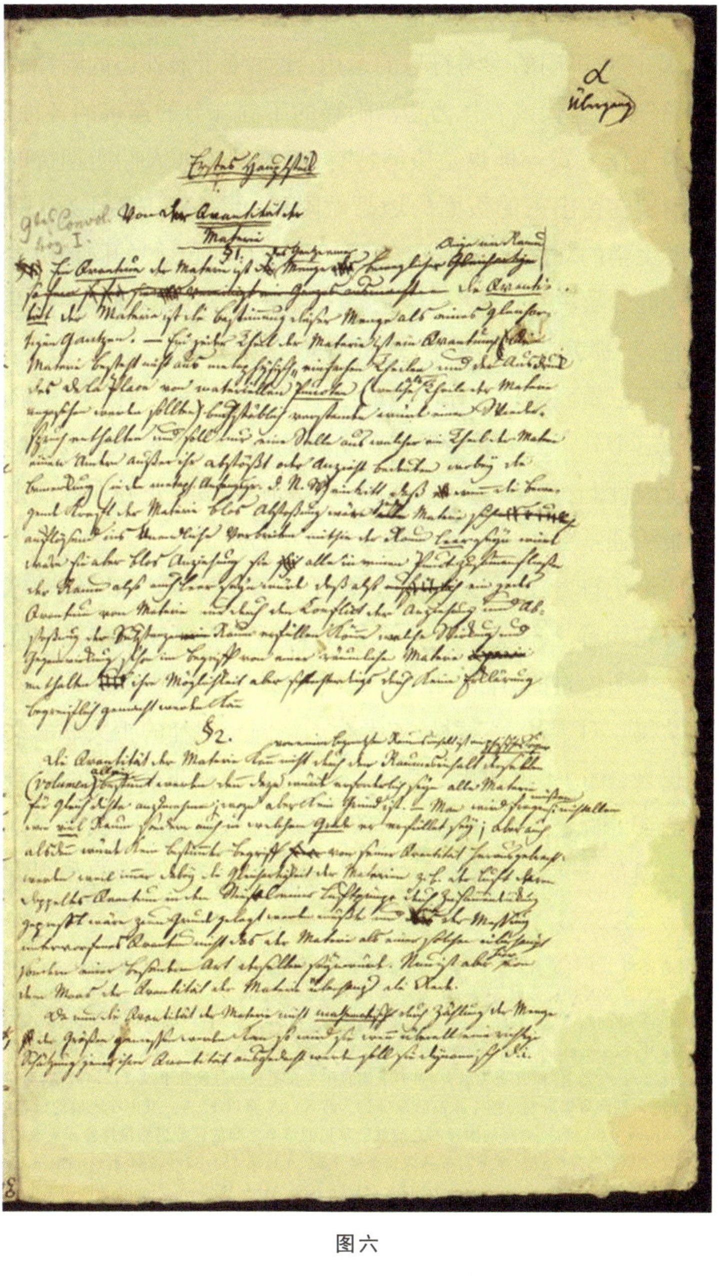

图六

“纯粹客观的”并且“在大多数情况下可以认为是绝对可靠的”。[①] 从方法上看,康德对不同的参考符号的运用,比如用于最外边的附释的长垂线,用于补充和替代或者作为边沿附释的不同部分的连接的各种标记,与其他的工作方式一样也是康德特有:康德并不如人们所期待的那样自上而下地在留出来的页面的边沿做附释,而是自下而上。[②] 阿迪克斯曾将发生学的观察比作地质学家的工作,人们必须“如同地质学家面对着混杂的岩层关系一样,给自己提出问题:这些层层叠叠的岩层是如何形成的?”[③]那就让我们开始“地质学家”的工作吧!

大家可以看到第一工作阶段的结果,底稿被写就并往下一页延续,空出来的三个外沿部分和康德自己所做的“α 过渡”的标识很清楚。在第二个阶段(图七)底稿通过行间和边上的附释被更正并在修辞上做了修改。康德通常会使用长竖直线作为边界的标记符号。不但诸边界而且相应的标记符号在图七中都以红色予以着重标示。从时间顺序上来看康德必定附释之前就已划出了边界,因为边界必须被边沿的附释所修改。如上所说过的,康德第三步以一种更具内容性的方式修订出了现存的文稿。对于补充、替换,或者为了将同一附释的相关联的文本部分连接起来,康德不再使用长垂线,而是使用各种非常不同的符号。其一再创造新的标记符号,而这并非没有原因:考虑到同一页面之上的附释之间大量的参考指引,符号的可区分性对于一种明确的和视觉上方

---

① 阿迪克斯,“手写遗著部分导言”,见《康德全集》,普鲁士皇家科学院主编,柏林,1900 年,第 14 卷,第 XV—LXII, XXX 页(以下简写为 AA)(Erich Adickes: Einleitung in die Abtheilung des handschriftlichen Nachlasses, in: *Kant's gesammelte Schriften*. Hrsg. von der Königlich Preußischen Akademie der Wissenschaften, Berlin 1900 ff., Bd. XIV, S. XV-LXII, S. XXX)。——作品的阶段以及手写标记的标准对于“遗著”而言毫无意义,因为康德的作为在记录的时候几乎没有任何改动,而在有问题的 1796—1803 年期间可以区别出两个作品阶段(同上,第 XXXV 页以下)——其中在底稿的所谓“美学作品”(„Schönschrift“)和之后持续写的附释的之前就已草拟的草案之间的区分仍然保持着未更改的状态。

② 莱曼,“导言”,见《康德:遗著》,布赫瑙和莱曼主编,*AA*,第 751—789、784 页(Gerhard Lehmann: Einleitung, in: *Immanuel Kant*: *Opus postumum*. Hrsg. von Artur Buchenau und Gerhard Lehmann, in: *AA* XXII [Anm. 1], S. 751—789, S. 784.)。

③ 阿迪克斯,*AA* XIV(注解 6),第 XXX 页。

便的分类,即使对于康德本人来说也是必要的。

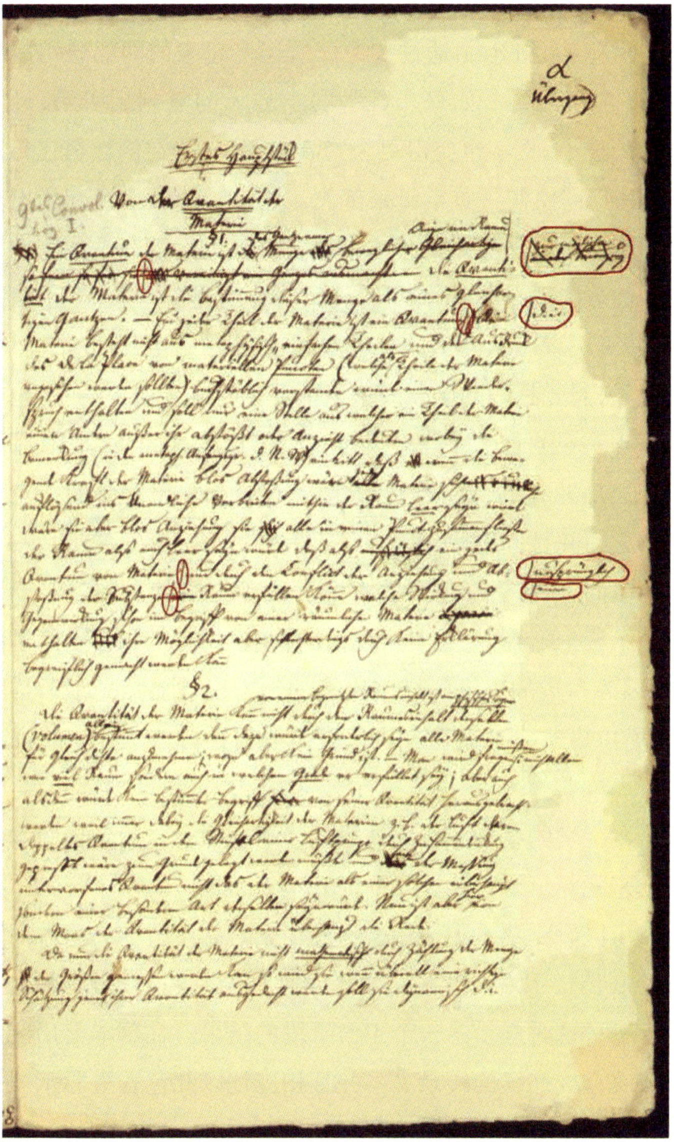

图七

借助位置标志,在我们用以举例的页面上的附释的时间顺序可以被清楚地标示出来(图八)。大家现在看到的在下边的边沿范围上最初被记上的附释 1a 和 b,由通过参考符号连接起来的两部分组成。附释 2 是第二步才写上的。如摹本(图九)上放大的复制品所示,最后的行距总是更为狭小,文字也变得更为紧凑,而且康德在倒数第三行极为罕见地对“durchs”使用了首字母来替代。这是对通过已经标示出来的最初的附释来向下划分界限的地方的所有清楚的标识——如同在摹本上的附释 2 的放大的复件所表明的。康德肯定是第三步才写下附释 3a 和 b 的(请再次看图八),因为他已经没有足够的空间——向下——给这一笔记了,因此只能向上完成这一附释。时间上的下一个,也就是第四个附释 4a—c 由通过符号连接的三部分构成,并且这一附释肯定是在第三个之后才写的:这一附释的第二部分在早已写就的第三附释的第二部分之后并且向下——因为第三附释的第一部分的缘故——找不到足够的空间,以至于康德只能在上面的地方继续书写。对于最后一个也就是第五个附释 5a 和 b 来说,只有空着的正上和右上的边沿区域了,并且因为右边的边沿区域空出来的地方已被显然先写的第四附释所限定,所以事实上对康德来说仅剩下挨着标题的唯一一块尚未书写的地方了。

这一发生学的结构分析的结果如何在总体上应用到新版本的文本的编排上来呢?第一个建议如下(图十):

大家可以看到摹本和转录文本处在正对的位置上。写作期间做出的修正的底稿位于左边宽阔的文本间隙中的右边,且如同摹本一样用蓝色标示——这对应于第一个工作阶段的结果。在摹本上用红色标示的边界被统合成连续的转录文本并且相应地以红色着重标示——第二阶段的结果。现在是在第三阶段被添加进的附释:这些附释在摹本上的时间顺序被通过数字——在继续分成更多部分的地方则通过附加的小写字母——标明了出来并且分别加上绿边。在右边的这一页上诸附释转录文本的右边狭长的间隙之中，其依据时间顺序相应地予以排序并被标示成绿色。

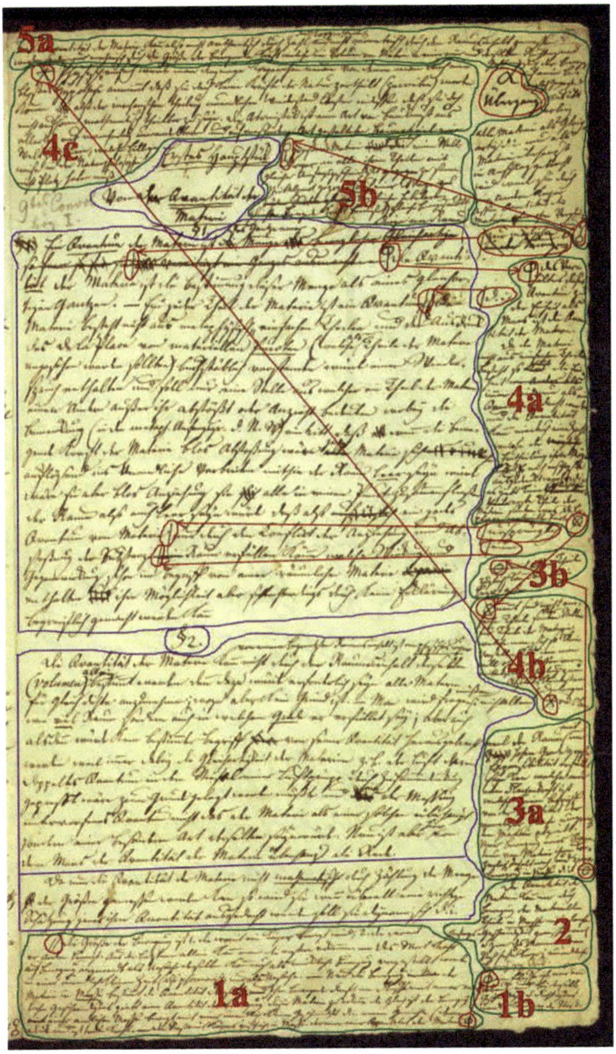

图八

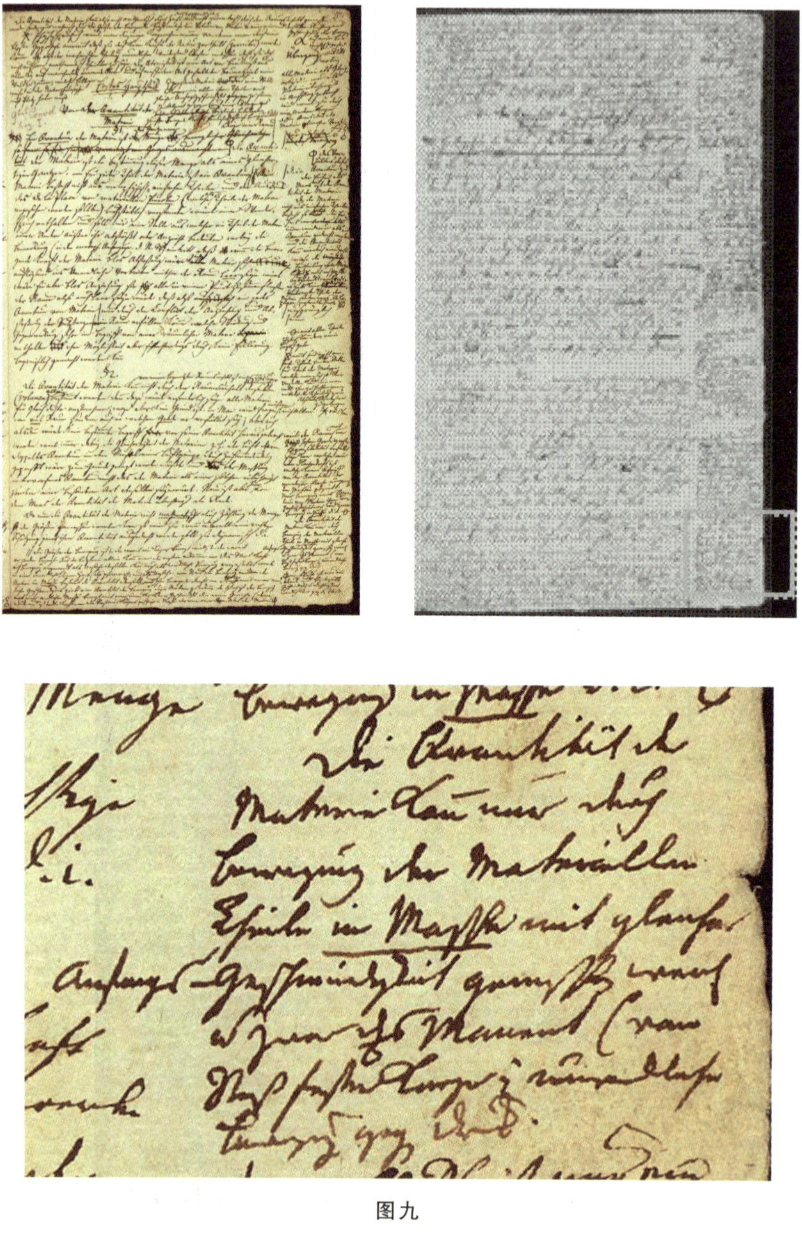

图九

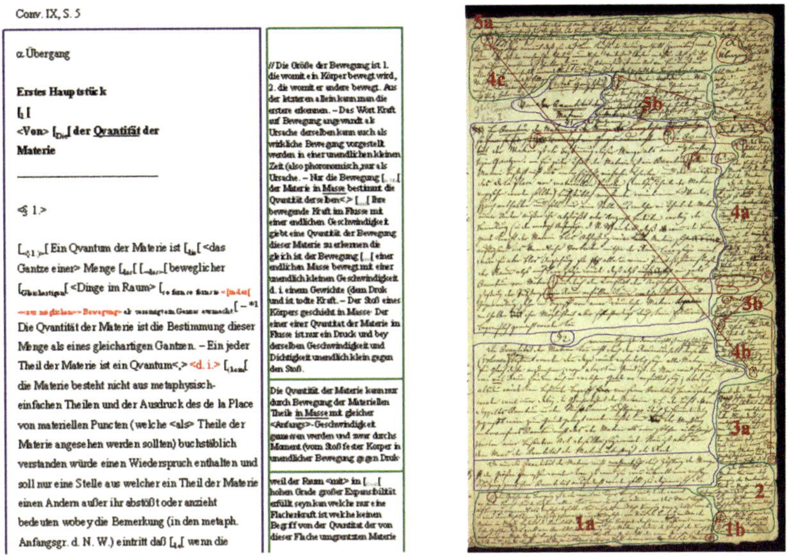
Conv. IX, S. 5

α. Übergang

Erstes Hauptstück

[

<Von> [Die[der <u>Qvantität</u> der Materie

<§ 1.>

[<§ 1.>[Ein Qvantum der Materie ist [ist[<das Gantze einer> Menge [der[[<der>[beweglicher [Gleichartigen[<Dinge im Raum> [… [– *1

Die Qvantität der Materie ist die Bestimmung dieser Menge als eines gleichartigen Gantzen. – Ein jeder Theil der Materie ist ein Qvantum<,> <d. i.> [… [die Materie besteht nicht aus metaphysisch-einfachen Theilen und der Ausdruck des de la Place von materiellen Puncten (welche <als> Theile der Materie angesehen werden sollten) buchstäblich verstanden würde einen Wiederspruch enthalten und soll nur eine Stelle aus welcher ein Theil der Materie einen Andern außer ihr abstößt oder anzieht bedeuten wobey die Bemerkung (in den metaph. Anfangsgr. d. N. W.) eintritt daß [… [wenn die

//Die Größe der Bewegung ist 1. die womit ein Körper bewegt wird, 2. die womit er andere bewegt. Aus der letzteren allein kann man die erstere erkennen. – Das Wort Kraft auf Bewegung angewandt als Ursache derselben kann auch als wirkliche Bewegung vorgestellt werden in einer unendlichen kleinen Zeit (also phoronomisch, nur als Ursache. – Nur die Bewegung [… [der Materie in <u>Masse</u> bestimmt die Qvantität derselben<.> [… [Ihre bewegende Kraft im Flusse mit einer endlichen Geschwindigkeit giebt eine Qvantität der Bewegung dieser Materie zu erkennen die gleich ist der Bewegung [… [einer endlichen Masse bewegt mit einer unendlich kleinen Geschwindigkeit d. i. einem Gewichte (dem Druk und ist todte Kraft. – Der Stoß eines Körpers geschieht in Masse. Der einer einer Qvantitat der Materie im Flusse ist nur ein Druck und bey derselben Geschwindigkeit und Dichtigkeit unendlich klein gegen den Stoß.

Die Qvantität der Materie kann nur durch Bewegung der Materiellen Theile <u>in Masse</u> mit gleicher <Anfangs>-Geschwindigkeit gemessen werden und zwar durchs Moment (vom Stoß fester Korper in unendlicher Bewegung gegen Druk-

weil der Raum <mit> im [… [hohen Grade großer Expansibilität erfüllt seyn kan welche nur eine Flacherkraft ist welche keinen Begriff von der Qvantitat der von dieser Flache umgrentzten Materie

图十

这一仅仅以其出现先后为标准进行的排序，尤其是边沿附释的顺序，是否已经充分和可信了？当然不是，因为诸附释之间并不具有同等的意义和功能！对此再进行区分不仅是可能的，而且对于文本的理解是大有裨益的，如果还不能说是绝对必要的话。这些附释在此可以进一步区分为：底稿的续篇或补充，对底稿的替代、替换性表述、一个完整的注释，或者一个独立的反思。

在用以举例的页面上我们可以清楚地认定出两个作为替换的附释，也就是在时间上的第三和第四个附释。附释 4a—c 是对底稿第一段的替换，而附释 3a—b 则是对第二段的一个句子的替换的延续。依据对文本的这一新的诊断结论，这些附释将会在文本演示中进行如下的重新排序（图十一）：

在摹本上大家可以看到底稿如前所述是蓝色的，边界线是红色的，而独立的附释则被标示成绿色的，有所不同的首先是两个作为替换的附释被用淡蓝色着重标示了出来，其次是所有附释的另一编号次序：如果我迄今为止使用数字加小写字母，以便使得时间顺序清楚明了，那么对于替代的附释，而且只针对这些附释，我现在使用的是小写字母加数字。这就得出了这样的命名：作为替换的 a1—3(之前是 4a—c)和 b1—2(之前是 3a—b)，也就是以其归属于底稿的顺序，而其余的三个独立的附释与前一样根据其时间先后用 1a—b，2 和 3a—b(之前是 5a—b)来标示。

在右边的页面上大家可以看到在其左边部分宽阔的间隙里一如既往带有以红色着重标示边界线的蓝色底稿。但是在右边部分狭小的间隙里对文本的排序有根本的变动：作为替代的附释——以淡蓝色标示——将不再根据时间先后顺序排列，而是以同等的高度分别被置于相应底稿段落的对面，紧接着的是按照时间顺序排列的以蓝色标示的独立的附释。

在右边的页面上大家可以看到底稿以及被表述成 § 1 的替换性表述 a1—3，其清楚明了地通过标记符号 *[1] 被归入底稿并且在文本编排中从与底稿相应的高度开始。对于我们来说需要注意的是，在这一替换中有一个康德对符号使用的特殊情况。他对这样一个脚注使用了一个并非任意的而是全然特定的符号，也即星号，大家应该可以在摹本上清楚地辨认出这一星号(图十一上，在 a2 的结尾处和 a3 的开始处)。对于文本的排列来说，这一文本诊断意味着，这一作为替换的第三部分，也就是 a3，应该被认为是脚注，其通常应写在一个通过线条与正文分离开来的下边的文本区域之内。(图十二，左边的页面)在图十二的这一页大家可以看到在右边的间隙处的第二个替代，是对第二段底稿的一个替代性的继续阐释，通过被用天蓝色标示出来的单词“weil”可以很明显地看出它是属于这一段的。接下来是三个独立的附释，在这边是附释 1a—b 和 2，而在接下来的一边是附释 3a—b。①

Conv. IX, S. 5

α Übergang

Erstes Hauptstück

<Von> [Die[der Qvantität der Materie

<§ 1.>

[§ 1.[Ein Qvantum der Materie ist [die[<das Gantze einer> Menge [des[[der[beweglicher [Gleichartigen[<Dinge im Raum> [so fern sofern sie <[in der[<<zur möglichen>> Bewegung> als vereinigt ein Ganzes ausmacht.[– *[1] Die Qvantität der Materie ist die Bestimmung dieser Menge als eines gleichartigen Gantzen. – Ein jeder Theil der Materie ist ein Qvantum<,> <d. i.> [denn[die Materie besteht nicht aus metaphysisch-einfachen Theilen und der Ausdruck des de la Place von materiellen Puncten (welche <als> Theile der Materie angesehen werden sollten) buchstäblich verstanden würde einen Wiederspruch enthalten und soll nur eine Stelle aus welcher ein Theil der Materie einen Andern außer ihr abstößt oder anzieht bedeuten wobey die Bemerkung (in den

* Das Verhältnis dieses Qvantum zu der Einheit als Maas ist die Qvantität der Materie. Da die Materie nicht aus einfachen Theilen besteht so [...[<muß> die Einheit [...[immer wiederum als <ein> Qvantum gedacht werden und die Qvantität kann nie durch eine Zahl welche die [...[Einthe ilung ihrer Möglichkeit [[nach erschopfe ausgedrückt werden ¿ d. i. es giebt keine [...[<schlechthin> erste Theile der Materie sondern was de la Place materielle Puncte nennt sind nicht einfache Theile sondern <blos> Stellen für Theile der Materie welche man sich so klein vorstellen kann wie man will ohne zu hoffen vermittelst der Theilung zum

图十一

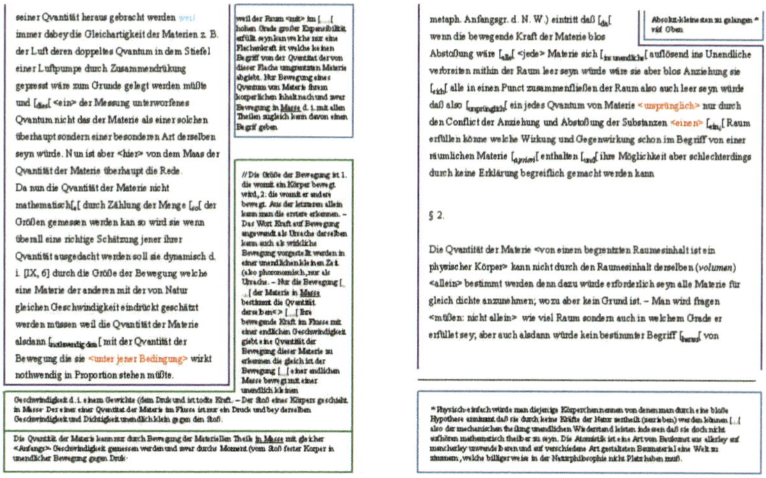

seiner Qvantität heraus gebracht werden weil immer dabey die Gleichartigkeit der Materien z. B. der Luft deren doppeltes Qvantum in dem Stiefel einer Luftpumpe durch Zusammendrükung gepresst wäre zum Grunde gelegt werden müßte und [dies[<ein> der Messung unterworfenes Qvantum nicht das der Materie als einer solchen überhaupt sondern einer besonderen Art derselben seyn würde. Nun ist aber <hier> von dem Maas der Qvantität der Materie überhaupt die Rede. Da nun die Qvantität der Materie nicht mathematisch[,[durch Zählung der Menge [so[der Größen gemessen werden kan so wird sie wenn überall eine richtige Schätzung jener ihrer Qvantität ausgedacht werden soll sie dynamisch d. i. [IX, 6] durch die Größe der Bewegung welche eine Materie der anderen mit der von Natur gleichen Geschwindigkeit eindrückt geschätzt werden müssen weil die Qvantität der Materie alsdann [nothwendig dem[mit der Qvantität der Bewegung die sie <unter jener Bedingung> wirkt nothwendig in Proportion stehen müßte.

weil der Raum <mit> im [...[hohen Grade großer Expansibilität erfült seyn kan welche nur eine Flachenkraft ist welche keinen Begriff von der Qvantität der von dieser Flache umgrentzten Materie abgiebt. Nur Bewegung eines Qvantum von Materie ihrem korperlichen Inhalt nach und zwar Bewegung in Masse d. i. mit allen Theilen zugleich kann davon einen Begriff geben

// Die Größe der Bewegung ist 1. die womit ein Körper bewegt wird, 2. die womit er andere bewegt. Aus der letzteren allein kann man die erstere erkennen. – Das Wort Kraft auf Bewegung angewandt als Ursache derselben kann auch als wirkliche Bewegung vorgestellt werden in einer unendlich kleinen Zeit (also phoronomisch, nur als Ursache. – Nur die Bewegung [...[der Materie in Masse bestimmt die Qvantität derselben<> [...[Ihre bewegende Kraft im Flusse mit einer endlichen Geschwindigkeit giebt eine Qvantität der Bewegung dieser Materie zu erkennen die gleich ist der Bewegung [...[einer endlichen Masse bewegt mit einer unendlich kleinen Geschwindigkeit d. i. einem Gewichte (dem Druk und ist todte Kraft. – Der Stoß eines Körpers geschieht in Masse Der einer einer Qvantität der Materie im Flusse ist nur ein Druck und bey derselben Geschwindigkeit und Dichtigkeit unendlich klein gegen den Stoß.

Die Qvantität der Materie kann nur durch Bewegung der Materiellen Theile in Masse mit gleicher <Anfangs> Geschwindigkeit gemessen werden und zwar durchs Moment (vom Stoß fester Korper in unendlicher Bewegung gegen Druk·

metaph. Anfangsgr. d. N. W.) eintritt daß [da[wenn die bewegende Kraft der Materie blos Abstoßung wäre [alle[<jede> Materie sich [ins unendliche[auflösend ins Unendliche verbreiten mithin der Raum leer seyn würde wäre sie aber blos Anziehung sie [sich[alle in einen Punct zusammenfließen der Raum also auch leer seyn würde daß also [ursprünglich[ein jedes Qvantum von Materie <ursprünglich> nur durch den Conflict der Anziehung und Abstoßung der Substanzen <einen> [ein,[Raum erfüllen könne welche Wirkung und Gegenwirkung schon im Begriff von einer räumlichen Materie [apriori[enthalten [und[ihre Möglichkeit aber schlechterdings durch keine Erklärung begreiflich gemacht werden kann

Absolut-kleinesten zu gelangen * vid Oben

§ 2.

Die Qvantität der Materie <von einem begrenzten Raumesinhalt ist ein physischer Körper> kann nicht durch den Raumesinhalt derselben (*volumen*) <allein> bestimmt werden denn dazu würde erforderlich seyn alle Materie für gleich dichte anzunehmen; wozu aber kein Grund ist. – Man wird fragen <müßen: nicht allein> wie viel Raum sondern auch in welchem Grade er erfüllet sey, aber auch alsdann würde kein bestimmter Begriff [heraus[von

* Physisch-einfach würde man diejenige Körperchen nennen von denen man durch eine bloße Hypothese annimmt daß sie durch keine Kräfte der Natur zertheilt (zerrieben) werden können [...[also der mechanischen Theilung unendlichen Widerstand leisten indessen daß sie doch nicht aufhören mathematisch theilbar zu seyn. Die Atomistik ist eine Art von Baukunst aus allerley auf mancherley unwandelbaren und auf verschiedene Art gestalteten Baumaterial eine Welt zu zimmern, welche billigerweise in der Naturphilosophie nicht Platz haben muß.

图十二

① 这一带有附释 3a—3b、在文本排序中紧接着附释 2 的最后一页将不被复印出来。

这一发生学的结构分析使得一系列事情成为可能：我们可以据此重构工作过程中的每一个步骤，还可以弄清楚同一页面上的一个附释处于不同位置的各部分之间的内在关联。此外通过这一方法还可以在总体上理清同一页面之上不同附释的时间顺序及确定它们对文本解读的不同功能。这一时间顺序又使得对于文本本身的思想的理解并由此使得对于时间先后顺序来说合适的解读成为可能。据此另一个版本所暗示的等价性，即与时间顺序相矛盾的附释的排序就可以被纠正过来了。同时这也开启了新的解读可能性：除了各草稿出现的时间顺序之外同时还并存着在各个手稿页上的著述的时间顺序。这一结果远远超越了1936/1938年版及接下来的遵照这一版本的各种版本所能达到的认识，因为莱曼在很多方面都没能搞清楚各个单独的附释之间的关系及其与整个手稿的页面的内在关系。很明显，在现存的各个《遗著》的版本中①手写稿的特点和写作过程的时间顺序皆没被注意到，更不用说以某种方式体现在出版编辑中了。借助这一用以举例的页面我提请各位注意这些结论，但出于时间关系我在此将只探讨布赫瑙和莱曼的

① “以时间先后的顺序：康德晚年未付梓的著作”（In chronologischer Reihenfolge: Ein ungedrucktes Werk von Kant aus seinen letzten Lebensjahren.）。作为手稿由莱克（Rudolf Reicke）主编，载于《旧普鲁士月刊，XIX-XXI，1882—1884》（Altpreußische Monatsschrift XIX-XXI, 1882—1884）；《康德遗著，通俗而科学地叙述从自然科学的形而上学到附证明的物理学的过渡》，克劳泽（Albrecht Krause）主编；法兰克福，Lahr，1888年（*Das nachgelassene Werk Immanuel Kant's. Vom Uebergange von den metaphysischen Anfangsgründen der Naturwissenschaft zur Physik mit Belegen populär-wissenschaftlich dargestellt*. Hrsg. von Albrecht Krause. Frankfurt am Main/Lahr 1888）；康德：《遗著》，布赫瑙和莱曼主编，见遗稿 XXI/XXII，柏林/莱比锡，1936/1938年（*Immanuel Kant, Opus postumum*. Hrsg. von Artur Buchenau und Gerhard Lehmann, in: *AA* XXI/XXII）；康德：《遗著》吉柏林（Jean Gibelin）选文并翻译，巴黎，1950年（Emmanuel Kant, Opus postumum. Textes choisis et traduits par Jean Gibelin. Paris 1950）。康德：《遗著：从自然科学的形而上学原理到物理学》，马蒂（François Marty.）翻译、导言以及注解，巴黎，1986年（Emmanuel Kant, *Opus postumum. Passage des principes métaphysiques de la science de la natura à la physique*. Traduction, présentation et notes par FranÇois Marty. Paris 1986）。康德：《从自然科学的形而上学原理到物理学（遗著）》，杜克（Félix Duque）编，巴塞罗那，1991年（*Immanuel Kant, Transición de los principios metafísicos de la ciencia natural a la física* [*Opus postumum*]. Edición de Félix Duque. Barcelona 1991）；康德：《遗著》，福尔斯特（Eckart Förster）编，并附导言和笔记，Cambridge 1993（*Immanuel Kant: Opus postumum*. Edited, with an Introduction and Notes, by Eckart Förster. Cambridge 1993.）。

科学院版:在这一版本中通常所遵循的——在此忽略那些始终存在的例外——原则是,诸附释依据被插入的边界带的底稿自上而下,也即先从上边的边沿区域开始,从左到右,然后是到下边被复印出来。——与我们所用以举例的页面相对应的状况是,第一个替代附释虽然被当作"第二个表述",但是直到总底稿的两页之后才被复印。[①] 而且人们也无法确定,在 a3 这里是否涉及一个星号的注释,从而不将这一文本部分作为注释,而是作为正文的继续。[②] 作为对第二节中的一个句子的替代的第二个附释,虽然被具体地归于底稿中相应的位置之下,但却被复印在注释部分而且不作为替代附释,而是被视为比此晚得多的附释。[③]

这一并不正确的归类与命名在例如"语境中的康德 II——2003 年完整版"光盘中变得更为明显,这一版本除了出自脚注部分的日常笔记之外,只接受了被删除的大概 70 段的文本段落并聚合成这样的文本关系[④],这导致了使用者根本不知道我们以上所说的替代附释 2 的存在,对于替代附释 1 则仅仅知道其文本而不知道在科学院版中所给出的对第二个文稿的提示信息以及其属于第一段的开头这一事实。

---

① 第一节第 205 页,第二节和第 206 页的 IX,6 的继续,第 207 页:附释 a1—2,空行,附参考资料中评语的 a3:"以下是正文第一段的第二个表述(右边):一个量子……(第 205 页,第 6 行以下),通过符号互相连接。"

② *AA*, XXII,第 207 页。

③ 同上。

④ "康德自己的、虽然是不完全的页数统计在我们的版本中的卷册和页数说明中同时被证实,康德自己的这一统计虽然被其记录在脚注中,但这在文本的编纂上并没有多大效用。此外在脚注部分被排除、删除的大概 70 段文本段落,只要在这里不涉及纯粹的文本变体,依据第 14—19 卷的出版样本和在利用莱曼的说明的情况下将再次被转移到文本关系之中(参照第 22 卷第 205 页)。在一本带有一贯性的草稿特征的并未被考察过的著作之中,即便是这样被删除的段落也不应该被认为处于比康德的私人笔记——通常被删除,但是在正文中被保留下来——更低的地位。为了保持文档的内在关系,从现在开始那些被删除的对日期的标注、传记信息以关于兰培(Lampe)的朋友有意思的玩笑话(参考第 22 卷,第 128 页以下)都将被置于这一版本中明显的和可检索的文本区域之中。"出版说明,见《语境中的康德 II——2003 完整版,光盘上的著作、信件和遗著》,Karsten Worm 主编——InfoSoftWare,柏林,2003 年(Editorial, in: *Kant im Kontext II-Komplettausgabe* 2003. *Werke*, *Briefe und Nachlaß auf CD-ROM*. Hrsg. von Karsten Worm-Info Soft Ware. Berlin 2003)。

虽然我们以上只作了言简意赅的介绍，但明显就可以看出，这一迄今为止仍未被注意到的发生学的结构分析对于新版来说具有不容低估的意义。这一断言也被马逊奥(Vittorio Mathieu)的阐述所支持：在其1989年所出版的《康德遗著》中马逊奥主要关注这样一个特点，这一特点被其称之为“手稿的细胞式结构”：[①]这一内在关联的文本并没有被写到单独的纸张和书页之外。由此在马逊奥看来，思想的统一与所谓的纸页(一张纸或一个页面)的形式上的统一是一致的，以至于纸页有自成一体地容纳各自的思想进程的总览功能。在我们的转录文档中这一命题不断地被确认：为了容纳这一思想，纸张的最后的也就是第四页，在很多情况下被过于密集地书写。同样地，这一被马逊奥所描述的特性也涉及各种各样的附释，这些附释并不能像弗鲁格-哈尔通(Julius von Pflugk-Harttung)[②]——在其之后还有其他人——所声称的那样归结为“对书写材料的吝啬”，因为还有完全空白的纸张和只在边沿部分被写满的纸张，或者底稿区域只有很少的文字但是其边沿部分却几乎100%被写满的纸张。康德在其他地方还有充裕的空间，但其此后并没有在这些地方做批注，这意味着，这些附释属于每一页上的基本思想，根据康德的观点显然不能撰写在别的任何地方。

《遗著》的新版本的目标并不在于一个不同的转录或者是文本诸部分的地貌学或是拓扑学的排序，而不去考虑书写的时间顺序和记录的主题上的相关性。发生学的结构分析并非是研究者所期待的，毋宁说这一分析应该通过编辑工作而被实现——作为其贡献的，是将被康德所期望的著作在其各种各样的历时和共时的关系中呈现出来。

---

① 马逊奥：《康德遗著》，Gerd Held主编，法兰克福，1989年，第61页以下(Vittorio Mathieu, *Kants Opus postumum*. Hrsg. von Gerd Held. Frankfurt/Main 1989, S. 61 ff.)。

② 弗鲁格-哈尔通：“康德遗留手稿的古文字学评注”，载于《哲学史文献II》，1889年，第31到44页，第32页(Julius von Pflugk-Harttung, Paläographische Bemerkungen zu Kants nachgelassener Handschrift, in: *Archiv für Geschichte der Philosophie II*, 1889, S. 31—44, S. 32)。

在阿迪克斯看来，哲学家康德是一个“孜孜以求于适当的表述的人，其在写作之前并没有在脑海里构思好一切，如内容和表述，而先是最大限度地确定了思想的进路，然后胸有成竹地从头到尾思考每一个细节”。[①] 因为康德在其手稿中一再通过新的开头和思想的进一步推演从而使其哲学的方案变得更为庞大，所以发生学的考察方式的结果不仅是对遗稿中的哲学思想产生的理解，除此之外还在于总体上对哲学家康德的理解具有意义。用莱曼的话来说：康德并非一位追求成果的思考者（Resultatdenker），而是一位发现问题的思考者（Problemdenker）。[②] 这无非意味着，即使是康德的正式印刷出版的著作，在严格的意义上也并非完成稿，而是到最后仍然在哲学路途中的思想各个阶段而已。对此《遗著》提供了充分而又令人印象深刻的证据。

（方博　译）

① 阿迪克斯："出自康德遗著的零散书页"，载《康德研究》第一期，1897 年，第 232—263 页、第 240 页(Erich Adickes, Lose Blätter aus Kants Nachlass, in: *Kant-Studien* 1, 1897, S. 232—263, S. 240)。在科学院版中阿迪克斯经常提醒人们注意这些信息，诸如"对一再的深化的需求，对此其如其习惯一样，试图通过对其思考的文字上的确定来使得那些仍然模糊的点看得清楚明了"(*AA*XIV, S. 595)；"第一页的前两段毫无疑问是一本计划出版的书的试作：在这两段中，康德如其以往的习惯一样，努力做出正确的表述"(*AA* XV, S. 637)。

② 莱曼，1969 年，第 58 页，"康德根本上是一位提出问题的，而非解决问题的思想家"。

康德著作翻译在中国

李秋零

康德思想被介绍到中国，第一次出场就气势非同凡响。1902 年，梁启超在《新民丛报》发表介绍西学的系列论文，谈到康德时，篇名便是《近世第一大哲康德学说》，称康德为“近世第一大哲”，甚至称其为“百世之师”“黑暗时代之救世主”，可见评价之高。

对于一个异域文化的思想家来说，理解、研究其思想，其前提条件是语言的转换，即翻译。康德著作的第一个汉译本是周暹与德国人尉礼贤合译：《人心能力论》（上海，商务印书馆，1914）。[①] 由此算起，中国人翻译康德著作迄今已将近一个世纪了。

据笔者所知，以单行本形式出版的康德著作汉译按康德原著发表时间为序计有（以下统计，均不包括以“选集”或者“全集”形式出版的汉译译本）：

Allgemeine Naturgeschichte und Theorie des Himmels, 1755.

上海外国自然科学哲学著作编译组译：《宇宙发展史概论》，上海，上海人民出版社，1972 年；后再版时改为：全增嘏译，王福山校，上海，上海译文出版社，2001 年。

① 严格说来，它并不是康德的一部专著，而是康德致医生胡弗兰德的一封探讨养生之道的信，主张心灵具有控制病体感觉的能力，后被康德编入《学科之争》。

Beobachtunge nüber das Gefühl des Schönen und Erhabenen, 1763.

关文运译,《优美感觉与崇高感觉》,上海,商务印书馆,1941 年。

曹俊峰、韩明安译,《对美感与崇高感的观察》,哈尔滨,黑龙江人民出版社,1989 年。

何兆武译,《论优美感与崇高感》,北京,商务印书馆,2001 年。

Träume eines Geistersehers, 1766 年.

李明辉译,《通灵者之梦》,台北,联经出版事业公司,1989 年。

Kritik der reinen Vernunft, 1781/1787 年.

胡仁源译,《纯粹理性批判》,上海,商务印书馆,1931 年,列入"万有文库"丛书。

蓝公武译,《纯粹理性批判》,北京,三联书店,1957 年;上海,商务印书馆,1960 年。

牟宗三译注,《康德纯粹理性之批判》,上、下册,台北,学生书局,1983 年。

韦卓民译,《纯粹理性批判》,武汉,华中师范大学出版社,1991 年初版;2000 年校订版。

邓晓芒译,杨祖陶校,《纯粹理性批判》,北京,人民出版社,2004 年。

李秋零译,《纯粹理性批判》,北京,中国人民大学出版社,2004 年。

Prolegomena zu einer jeden künftigen Metaphysik, die als Wissenschaft wird auftreten können, 1783.

庞景仁译,《任何一种能够作为科学出现的未来形而上学导论》,北京,商务印书馆,1978 年。

Grundlegung zur Metaphysik der Sitten, 1785 年.

唐钺译,《道德形而上学探本》,上海,商务印书馆,1939年;北京,商务印书馆,1957年修订本。

苗力田译,《道德形而上学原理》,上海,上海人民出版社,1986年;2002年重排新版。

李明辉译,《道德底形上学之基础》,台北,联经出版事业公司,1990年。

Metaphysische Anfangsgründe der Naturwissenschaft, 1786年.

邓晓芒译,《自然科学的形而上学基础》,北京,三联书店,1988年;上海,上海人民出版社,2003年修订新版。

韦卓民译,《自然科学的形而上学初步》,武汉,华中师范大学出版社,1991年。

Kritik der praktischen Vernunft, 1788年.

张铭鼎译,《实践理性批判》,上海,商务印书馆,1936年。

关文运译,《实践理性批判》,北京,商务印书馆,1960年;桂林,广西师范大学出版社,2002年。

韩水法译,《实践理性批判》,北京,商务印书馆,1999年;2001年第3次印本略有订正。

邓晓芒译,杨祖陶校,《实践理性批判》,北京,人民出版社,2003年。

Kritik der Urteilskraft, 1790年.

《判断力批判》,上卷,宗白华译;下卷,韦卓民译,北京,商务印书馆,1964年。宗译上卷又收入《宗白华全集》第四卷,合肥,安徽教育出版社,1994年。

牟宗三译注,《康德判断力之批判》,上、下册,台北,学生书局,1992年、1993年。

邓晓芒译,杨祖陶校,《判断力批判》,北京,人民出版社,

2002 年。

Die Religion innerhalb der Grenzen der blossen Vernunft, 1793 年.

李秋零译,《单纯理性限度内的宗教》,香港,汉语基督教文化研究所,1997 年;北京,中国人民大学出版社,2003 年。

Metaphysik der Sitten, 1797 年.

沈叔平译,《法的形而上学原理》,为该书前半部分之汉译,北京,商务印书馆,1991 年。

Anthropologie in pragmatischer Hinsicht,1798 年.

邓晓芒译,《实用人类学》,重庆,重庆出版社,1987 年;上海,上海人民出版社,2002 年增订新版。

Immanuel Kants Logik, ein Handbuch zu Vorlesungen, 1800 年.

许景行译,《逻辑学讲义》,北京,商务印书馆,1991 年。

以选集形式出版的康德著作汉译按出版时间为序计有:

瞿菊农译,《康德论教育》,上海,商务印书馆,1926 年。

谢扶雅译,《康德的道德哲学》,台北,基督教文艺出版社,1960 年初版;1986 年第三版。列入“基督教历代名著集成”丛书。

韦卓民译,《康德哲学原著选读》(约翰·华特生编选),北京,商务印书馆,1963 年;武汉,华中师范大学出版社,2000 年。

牟宗三译注,《康德的道德哲学》,台北,学生书局,1982 年。

何兆武编译,《历史理性批判文集》,北京,商务印书馆,1990 年。

郑保华主编,《康德文集》,北京,改革出版社,1997 年。

杨祖陶、邓晓芒编译,《康德三大批判精粹》,北京,人民出版社,2001 年。

瑜青主编,《康德经典文存》,上海,上海大学出版社,2002 年。

李明辉译,《康德历史哲学论文集》,台北,联经出版事业公司,2002 年。

曹俊峰译,《康德美学文集》,北京,北京师范大学出版社,2003 年。

李秋零编译,《康德论上帝与宗教》,北京,中国人民大学出版社,2004 年。

赵鹏、何兆武译,《论教育学》,上海,上海人民出版社,2005 年。

此外还有李秋零编译,《康德书信百封》,上海,上海人民出版社,1992 年;2006 年再版时略有修订;期间部分内容曾配图若干以《彼岸星空:康德书信选》书名由北京的经济日报出版社于 2001 年出版。

2001 年,笔者开始主编《康德著作全集》,由北京的中国人民大学出版社出版,计划共 9 卷,现已出版 7 卷:第 1 卷(2003 年):"前批判时期著作 I";第 2 卷(2004 年):"前批判时期著作 II";第 3 卷(2004 年):《纯粹理性批判》第 2 版。第 4 卷(2005 年):《纯粹理性批判》第 1 版、《未来形而上学导论》《道德形而上学的奠基》《自然科学的形而上学初始根据》;第 5 卷:《实践理性批判》《判断力批判》;第 6 卷:《纯然理性界限内的宗教》《道德形而上学》;第 7 卷:《学科之争》《实用人类学》。剩余两卷亦完成并交出版社,将于 2010 年年初面市。除第 1 卷和第 6 卷有少数翻译出自合作者之手并由笔者根据原文校对之外,其余全部由李秋零独自翻译。

如果仅仅从数量上看,康德著作的汉译不可谓不多,除少数短篇论文外,康德的重要著作目前基本上都已经有汉译本,有些著作甚至有多种译本,例如《纯粹理性批判》已有 6 个译本,《实践理性批判》已有 7 个译本。这在西方哲学著作的翻译中是极为罕见的。随着李秋零主编的《康德著作全集》竣工,汉语学界终于将拥有康德著作的全部汉译。

当然,这并不会意味着康德著作翻译的终结。翻译既是研究的前提条件,但同时也是研究的延伸,新的研究成果仍将会推动新的译本的出现。但无论如何,目前的康德翻译达到了一个高潮,这应当是没有异议的。

所有这些翻译,都极大地推动了国人对康德乃至西方哲学的极大兴趣,为理解和研究康德提供了极大的便利,功不可没。虽然学术界有从原文原著出发进行研究的传统,但也并不是每个人都能够去读康德的德文原著的,遑论康德的少数著作还是用拉丁文撰写的。关于康德思想的大量论著和论文的引文绝大部分出自上述译本,也明白无误地说明了翻译的重要性。

当然,和一切事物一样,翻译也不可能是十全十美的。上述译本在流行的过程中,也逐渐地暴露出各种各样的弱点,为学界所诟病。实际上,新的译本不断涌现,对旧译本的不满意是一个重要的原因。

以往的康德翻译,其最大的问题,就是语言方面的问题。首先是康德原著的语言,绝大多数是用德语写作,少数几篇文章,其中包括相当重要的《论可感世界与理知世界的形式及其原则》,则是用拉丁语写作。较早的重要译者,如胡仁源、蓝公武、牟宗三、韦卓民等,或者是不懂德语,或者是虽懂一些德语,却自忖把握不大,故均从英译本转译。[①] 翻译本身是一项译者理解和解释原著的工作,两种语言本身的转换也不可能做到完全一致,故译本与原作之间总会有一定的距离,这是不可避免的。多隔了一道英译本,“不可避免地受到英译本的限制,难以摆脱英译本的种种缺陷,如行文与德文原本出入较大,错漏较多,译意不明

① 韦卓民曾认为,胡仁源所翻译的《纯粹理性批判》“大概是胡先生从德文原本译出”(韦卓民:《〈纯粹理性批判〉中译者前言》,载所译《纯粹理性批判》,武汉,华中师范大学出版社,1991 年初,第 4 页;2000 年校订版,第 8 页),但王若水却在对照之后发现,胡译本“实际上是从 F. Max Müller 1896 年的英译本转译过来的”(王若水:《再说〈纯粹理性批判〉的中译本》,载《读书》,2000 年 [6],第 27 页)。

确和欠准确,甚或与德文的原意相左之处也不鲜见"[①],这无疑会使距离进一步增大。在康德著作翻译的早期,因缺少通晓德语的译者,从英译本转译这种做法也是无奈之举。直到20世纪80年代末以降,邓晓芒、李明辉、李秋零、韩水法等新一代的译者开始翻译康德著作,这种局面才开始得到改观。其次是译者自身的语言,尤其是20世纪30、40年代的译作,由于年代久远而与现代汉语有较大距离。例如韦卓民就说胡仁源的译本"译文较旧,不合现代汉语习惯"[②],而蓝公武译本亦是半文半白。最后,就是翻译本身的问题了。虽然人尽皆知翻译免不了有误译漏译之处,但误译漏译也恰恰是最容易招人诟病的事情。韦卓民曾直言:蓝公武翻译的《纯粹理性批判》"与原英译本详细对照,许多地方像是不忠于英译原文,甚至误解英译的词句"。而何兆武对宗白华、韦卓民翻译的《判断力批判》的批评更为尖刻,认为"中译本则错误百出,尤其是韦卓民所译的后半部,把英译本的错误还都弄错了,使人无法卒读"。[③]至于因理解上的差异而引起的在翻译上的分歧,就更是比比皆是了。

与语言方面的问题相比,专用术语的翻译则是一个更为根本的问题。康德在建构自己的哲学体系时,赋予诸多传统的哲学概念以新的意义,并且创造了许多新的哲学概念,有些很难在中文中找到完全对应的译名。而众多康德著作的翻译者,以及一些直接阅读外文的研究者,则按照自己对康德哲学的理解来各自翻译它们,以至于同一个概念在中文中竟有多个译名。例如 a priori 一词,有译作"先天"的,有译作"先验"的,亦有译作"验前"的。Erscheinung 和 Phänomenon 是康德哲学中一对有相似之处亦有区分的概念,蓝公武把它们均译作"现象",韦

---

① 杨祖陶:《〈纯粹理性批判〉中译本序》,载邓晓芒译,杨祖陶校,《纯粹理性批判》,北京,人民出版社,2004年。

② 韦卓民:《〈纯粹理性批判〉中译者前言》,载所译《纯粹理性批判》,武汉,华中师范大学出版社,1991年初版,第4页;2000年校订版,第8页。

③ 何兆武:《康德〈论优美感和崇高感〉译序》,载所译《论优美感和崇高感》,北京,商务印书馆,2001年,第22页。

卓民则把它们分别译作“出现”和“现象”，邓晓芒则译作“现象”和“现相”，而李秋零则译作“显象”和“现象”。甚至同一个译者，有时也不注意保持译名的统一性。例如康德的一个重要伦理学概念 Neigung，关文运即便在《实践理性批判》这同一本书中也没有通译，分别译作“好恶”“爱好”“喜好”乃至“情欲”等等。基本概念译法的不统一，不仅给读者和研究带来极大的不便，有时甚至会产生致命的误解。如果不附上原文，读者往往会不知所指。邓晓芒一人翻译康德的三大批判，再加上他的其他康德译著，对译名的统一做出了很大贡献。后起的《康德著作全集》几乎全部出自李秋零一人之手，虽然个别概念随语境的不同和翻译的进展而有变化，但核心概念总的来说保持了一致。然而，这种统一工作是否能够得到学界的承认，尚是一件拭目以待的事情。这里面既有理解上的差异，也有长时间养成的用语习惯问题。例如，学术版多卷本《西方哲学史》虽然认为李秋零把 Erscheinung 译作“显象”是“使它回归本义”，但仍“为照顾到以往的习惯用法”而采取了“现象”的译法。[①]

此外，在翻译的范围方面，译著多集中于康德的三大批判及其相关著作，其中《实践理性批判》已达 7 个之多，而其他著作则翻译较少。在《康德著作全集》出版之前，占康德著作四分之一的前批判时期著作仅翻译出了《一般自然史与天体理论》和《关于美感和崇高感的考察》，甚至与《纯粹理性批判》关系极为密切的《论可感世界与理知世界的形式及其原则》也无人问津。康德晚年重要的著作《道德形而上学》仅译出了前半部，大量的短篇论文也没有翻译。这就使得对康德的完整理解仍有待完善。当然，《康德著作全集》的竣工将弥补这一缺陷，而康德书信、康德遗著的翻译仍将是一个巨大的工程。

---

① 叶秀山、王树人主编：《西方哲学史》，第六卷，南京，凤凰出版社、江苏人民出版社，2005 年，第 140 页注。

最后,中国学界对康德著作的翻译不可避免地是一个追随德国同行的工程。德国同行在整理康德著作方面的多元化,也必然影响到康德著作在中国的翻译。以往的康德著作翻译,也同样存在着从多种版本出发的情况。德国同行在整理康德著作方面的分歧,也是中国学界翻译康德著作时出现的一些分歧的原因。因此,在这样的情况下,我们期待德国柏林-勃兰登堡科学院的同事们,为我们提供新的、可供我们依从的版本,我们愿意在这方面有新的合作。

论“好像”(als ob)在康德哲学中的用法

邓晓芒

人们一般都注意到,康德的“好像”(als ob)这一短语在他的《判断力批判》中用得最多,是作为反思判断力的类比思维的一种修辞手段而采用的。例如他在该书“导言”第 IV 节中对“反思性的判断力”的原则作了这样的规定:“这一原则不可能是别的,而只能是:由于普遍的自然规律在我们的知性中有其根据,所以知性把这些自然规律颁布给自然(虽然只是按照作为自然的自然这一普遍概念),而那些特殊的经验性规律,就其中留下而未被那些普遍自然规律所规定的东西而言,则必须按照这样一种统一性来考察,就**好像**有一个知性(即使不是我们的知性)为了我们的认识能力而给出了这种统一性,以便使一个按照特殊自然规律的经验系统成为可能似的。……这种能力借此只是给它自己而不是给自然界提供一个规律。……这就是说,自然界通过这个概念被设想成**好像**有一个知性含有它那些经验性规律的多样统一性的根据似的。”①

这种“好像”被分配到两个方面,即审美方面和目的论方面。在审美方面,对于鉴赏判断所带来的愉快,他说:“它不是一个经验性的概

① 康德:《判断力批判》,邓晓芒译,杨祖陶校,人民出版社,2002 年,第 14—15 页,引文中凡遇到“好像”一词均由作者加粗体,下同。

念，而是一种愉快的情感（因而根本不是什么概念），但这种情感却又要通过鉴赏判断而对每个人期待着，并与客体的表象联结在一起，就**好像**它是一个与客体的知识结合着的谓词一样。"①由此他引出了美的规定："于是他将这样来谈到美，就**好像**美是对象的一种性状，而这判断是（通过客体的概念而构成某种客体知识的）逻辑判断似的。"②他在"审美判断的演绎"中所表述的鉴赏的两个特性，一个是"鉴赏判断就愉悦而言是带着要每个人都同意这样的要求来规定自己的对象（规定为美）的，**好像**这是客观的一样。"③另一个则是："鉴赏判断根本不能通过论证根据来规定的，就**好像**它只是主观的一样。"④

而在目的论方面，他也说："这样一来，在自然的诸多产品中也就有可能指望这样一些产品，它们**好像**本来就完全是适合着我们的判断力而设置的那样，包含与判断力相适合的这样一些特别的形式，这些形式通过其多样性和统一性仿佛有利于加强和维持诸内心力量（这些内心力量是在这个判断力的运用中做着游戏），因而我们赋予这些形式以美的形式的称号。"⑤当我们把这种形式上的合目的性（美）原则转用于质料上时，就形成了另一种"好像"，"因为我们在引证一个目的论的根据时，我们就**好像**这根据存在于自然中（而不是存在于我们心中）那样，把客体方面的原因性赋予一个客体概念，或不如说，我们是按照与这样一种原因性（这类原因性我们是在自己心中发现的）作类比来想象这对象的可能性的"。⑥

由此可见，通过想象力的"类比"把经验性的质料看作"好像"是趋向于一个目的的，这是康德"反思性的判断力"的一般操作程序。而且

---

① 康德：《判断力批判》，邓晓芒译，杨祖陶校，人民出版社，2002 年，第 26 页。
② 同上书，第 46 页。
③ 同上书，第 123 页。
④ 同上书，第 125 页。
⑤ 同上书，第 207 页。
⑥ 同上书，第 208 页。

当我们把反思判断力的这一程序从“判断”扩展到“推理”功能，便产生了“判断力的推理”，而判断力推理只可能是“反思判断力的推理”。如康德在《逻辑学讲义》中说的：“判断力推理是由特殊概念到普遍概念的某些推理方式。因此它们不是规定的判断力的功能，而是反思的判断力的功能。它们所规定的也不是客体，而只是为了达到客体的知识而对客体反思的方式。”[①]这种方式又分为“归纳推理”和“类比推理”两种。康德说：“任何理性推理都必须给出必然性。因此，归纳和类比不是理性推理，而只是逻辑上的推测(Präsumtionen)，或者甚至是经验性的推理；而通过归纳得到的固然是总体的(generale)命题，但不是普遍的(universale)命题。”[②]归纳和类比两种推理都是想要从有限的经验材料推论出超出这些材料之外、之上的总体情况，因此其结论虽然具有“总体性”，但却不具有“普遍性”，就是说它们是以一种“挂一漏万”“残缺不全”的方式来表达总体性的。总的来看，康德虽然并不否认这两种推理方式在扩展经验知识方面的有用性，但也深知其中的陷阱，因此要求人们谨慎运用；但康德自己运用更多的是类比推理，不论是超出我们现有经验**之外**的类比推理，还是那种超出全部经验的总体**之上**的推理，在康德哲学中都有广泛的运用。与反思性的判断力一样，类比推理也是基于“好像”，但不是单纯一个判断所得出的好像，而是一条推理原则的好像。

例如，对于那种超出我们现有经验之外的类比推理，康德把它运用于《实践理性批判》的“纯粹实践判断力的模型论”上。他认为，对德性善恶问题的判断和对知识真假问题的判断不同，不能建立一种中介性的“图型”去规定感性的自然界，而只能出于自由意志为自己“配备一个

① 康德：《逻辑学讲义》，许景行译，杨一之校，商务印书馆，1991年，第121页，参照 *Kants Gesammelte Schriften*, Herausgegeben von der Königlich Preußischen Akademie der Wissenschaften. Band IX. S. 132.，译文有改动。

② 同上书，第122页，译文据德文本第133页有改动。

法则，但却是这样一条能够在感官对象上 *in concreto* 得到表现的法则，因而是一条自然法则，但只是就其形式而言，是作为判断力所要求的法则，因此我们可以把这种法则称之为德性法则的模型(Typus)”。这条法则被表述为：“问问你自己，你打算去做的那个行动如果按照你自己也是其一部分的自然的一条法则也应当发生的话，你是否仍能把它视为通过你的意志而可能的？”[①]在《道德形而上学基础》中，康德把这法则归于定言命令的第一种变形的公式：“你要这样行动，就**好像**你行动的准则应当通过你的意志成为普遍的自然法则一样。”[②]但康德又说，这一命令公式“只是被假定为定言的，因为人们如果要想说明义务概念，就必须做出这样的假定。”[③]定言命令除了这种“自然法则公式”外，还有另外两种变形公式(即“目的公式”和“自律公式”)，康德把它们顺次排列，“为的是使理性的理念(按照某种类比)更接近直观，并由此更接近情感。”[④]因为，“如果人们同时想给德性法则提供一个入口：那么引导同一个行动历经上述三个概念，并由此使它尽可能地接近直观，这是很有用的。”但三者都基于同一个定言命令：“你要按照同时能使自身成为普遍法则的那条准则去行动。”[⑤]而这一定言命令，如果不借助于上述“好像”的“假定”来做一个思想实验的话，是根本无法理解的。例如，康德举例说，是否能够做出欺骗性的承诺？康德让人们设想一下，如果所有的人都做虚假承诺，则不再会有人相信任何承诺，因而“这样一条法则的普遍性就会使承诺和人们在做出承诺时可能怀有的目的本

---

① 康德：《实践理性批判》，邓晓芒译，杨祖陶校，人民出版社，2003 年，第 94—95 页。

② *Kants Gesammelte Schriften*, Herausgegeben von der Königlich Prueßischen Akademie der Wissenschaften. Band IV. S. 421.

③ Ebd. S. 431.

④ Ebd. S. 436.

⑤ Ebd. S. 436—437.

身都变得不可能了”[①],也就是说,承诺本身将会自我取消。反之,假如所有的人都不做虚假承诺,人们就会越来越互信,这条法则就会进入良性循环,因而自然成为一条普遍法则。当然这一切都只是假定,即让自己的行动准则“好像”是一条普遍的“自然”法则;其实我们知道,道德律不可能是“自然法则”,而只是在我们的思想实验中“好像”是自然法则。这就是一个类比推理,即从个别人的行为类推到一切人可能的普遍行为。这属于超出我们现有经验之外的类比推理。这种推理虽然超出我们现有经验之外,但仍然被设想为是在可能经验之中的,因而被设想为“自然法则”。

至于超出我们一切可能经验之上类比推理,那么康德通常用来假定一个作为自然之上的最高统治者的上帝。例如康德在《纯粹理性批判》中谈到“人类理性的自然辩证论的终极意图”时说:“所以我将按照与这个世界中的实在性、实体、原因性和必然性的**类比**来设想一个在最高完善性中具有这一切的存在者,并且由于这个理念只是基于我的理性,我将能够把这个存在者设想为独立的理性,它借最大的和谐和统一性这些理念而是世界整体的原因,以至于我去掉了一切限制理念的条件,为的只是在这样一个原始根据的庇护下,使世界整体中的杂多的系统统一、并借助于这种统一而使理性的最大可能的经验性运用成为可能,因为我把一切联结都看作就**好像**它们都是一个最高理性的安排一样,我们的理性则是这个理性的一个模糊不清的摹本。”[②]这就是从我们运用于经验对象之上的诸范畴如实在性、实体性、原因性、必然性等等而类推出一个超出全部经验世界之上的上帝。而这个上帝必然是“拟人论”(Anthropomorphismus)的。“因此,我们同样也有权不仅按

① *Kants Gesammelte Schriften*, Herausgegeben von der Königlich Prueßischen Akademie der Wissenschaften. Band IV. S. 422.

② 康德:《纯粹理性批判》,邓晓芒译,杨祖陶校,人民出版社,2004年,第529页。

照某种更加微妙的拟人论来思考在这个理念中的世界原因(没有拟人论就会根本不可能对这种原因作任何思考),也就是把它思考为一个具有知性、愉悦和讨厌以及某种与之相应的欲望和意志等等的存在者,而且还赋予它无限的完善性……我们应当这样来研究自然,就**好像**系统而合目的的统一性在最大可能的多样性中会无限地到处遇见似的。"①

但康德对"好像"的类比推理的运用,除了在道德上做思想实验和在神学上做一种入门(Propädeutik)训练(通过自然神学)之外,还有一种重要的用法,就是用于建立一种"进步"的历史理念。例如他在《万物的终结》中说:"于是留给理性的就没有别的办法,只好设想在不断向终极目的的进步中有一种朝着(时间上的)无限在前进的变化……因此,理性按这种理念而作实践运用的规则,所说的就将无非是:我们必须这样采取我们的准则,就**好像**是在从善走向更加善而进向无限的一切变化中,按照我们意向的道德状态(按照'其变化在天上'的 homo Noumenon②)是根本不服从任何时间变化似的。"③这个观点在《对世界公民意图中某种普遍历史的理念》一文的"第三命题"中的表述是:"大自然……就仿佛当人甚至从极粗野的状态努力提升到了最大的熟巧和思维方式的内在的完善性、并由此提升到(在地球上尽可能多的)幸福状态时,要让人完全独自对此享有功劳并只须感谢他自己似的;仿佛大自然把这一功劳委之于人的理性的自尊,更甚于委之于某种福利似的。"④对于大自然的这种仿佛显现出来的意图,康德在《永久和平论》中称之为"天意"(Vorsehung),并说:这种天意"虽然本来并不是我们在大自然的这种艺术准备上所能认识到的,也不是仅仅从天意中推论

① 康德:《纯粹理性批判》,邓晓芒译,杨祖陶校,人民出版社,2004 年,第 543 页。

② 拉丁文:本体的人。

③ *Kants Gesammelte Schriften*, Herausgegeben von der Königlich Prueßischen Akademie der Wissenschaften. Band VIII. S. 334. 参看何兆武译,《历史理性批判文集》,商务印书馆,1991 年,第 88 页。

④ 同上书,第 5 页。

出这种艺术准备来，而是(如同在事物的形式一般说来对目的的一切关系中那样)我们能够而且必须另外考虑到它，以便按照与人类的艺术行为的类比而对它的可能性形成一个概念……”[①]我们与人类的艺术进行类比而推出大自然仿佛也有某种“天意”，这并非要认识天意，也不是要从天意中认识自然事物(作为“艺术”即人工产物的“准备”)，而只是要形成一个概念，而这个概念在理论上虽然只是一个“好像”，但对于人的实践和道德是有促进作用的。

总的来看，康德的“好像”首先是反思判断力的运作方式，它表现在《判断力批判》的审美判断力和目的论判断力上；其次是反思判断力推理即类比推理的运作方式，它一方面用在纯粹实践理性的“模型论”上，超出现有经验范围之外给定言命令提供模型；另一方面用在自然神学的假设上，超出一切经验范围之上为伦理学神学提供“入门”；最后用在人类历史进步的目的论猜测上，以大自然的“天意”来为人的道德实践提供信心。

① *Kants Gesammelte Schriften*, Herausgegeben von der Königlich Prueßischen Akademie der Wissenschaften. Band VIII. S. 20. 参看何兆武译，《历史理性批判文集》，商务印书馆，1991 年，第 119—120 页。

《纯粹理性批判》第二版范畴演绎中的自我意识理论及其对德国观念论的影响

张志伟

近代哲学从笛卡尔到黑格尔，自我概念发生了很大的变化，我思(自我)成为自我意识。这一变化主要发生在德国哲学之中，从康德哲学开始。康德在《纯粹理性批判》先验分析论中深入讨论了统觉与直观、先验自我与经验自我之间的关系，将认识对象从外在对象转化为内在的经验对象，从而在说明“自我”如何是“自我意识”的过程中迈出了关键的一步。

自我意识是一个涉及认识论、本体论和伦理学等诸多方面的复杂问题。鉴于问题的复杂性，而且近代哲学之初笛卡尔确立“我思故我在”理论亦是首先通过认识论进行的，因而我们的讨论主要限制在《纯粹理性批判》先验分析论之中，主要讨论康德面临笛卡尔的二元论难题，如何在认识论层面上论证自我的自身同一性，基本上不考虑康德在先验辩证论中对理性心理学的批判以及《实践理性批判》的内容。康德为了解决经验论与唯理论的认识论难题而颠倒了知识与对象的传统关系，主张我们可以认识事物对我们的显象而不可能认识物自身，知性范畴作为先验自我的综合统一功能，通过先验想象力在感性直观中形成经验对象并进一步形成知识，先验分析论中关于范畴的演绎就在于证明知性范畴对于经验(对象)的客观有效性。虽然在《纯粹理性批判》之中,自我作为一切知识的最高的先验条件,其自身不在经验之中因而是不可知的,但是与近代哲学主要将外部事物看作认识对象不同,康德主张我们的认识对象在意识范围之内,对象与知识皆以范畴为根据,从而通过先验论的方式来解决先验自我与经验自我的关系问题,亦使笛卡尔的"我思"具有了"自我意识"的性质。此后的德国观念论如费希特、谢林和黑格尔在此基础上将自我意识从认识论推进到了本体论的领域,以其特有的方式最终实现了传统形而上学的理想。

一

自从笛卡尔提出"我思故我在"之后,近代哲学确立了主体性的地位,通常我们也称之为"主体性原则"或"自我意识原则"。然而在某种意义上说,笛卡尔的"我思"还不是严格意义上的自我意识。因为自我意识在自我同一性中至少包含两个方面:作为主体的我和作为对象的我。当我意识到我(主体)与我自身(客体)是同一的,建立起自身同一性的时候,自我才是自我意识。因而实际上,真正意义上的自我意识原则乃是由康德开始完善的。虽然此前斯宾诺莎提出了实体一元论,将笛卡尔的思维与广延这两个有限实体下降为实体的两个属性,以心物两面论的方式来解决笛卡尔二元论的难题,但是康德之前的近代哲学仍然困扰于笛卡尔的二元论难题,其中一个很重要的原因就是没有能够在认识论层面上解答知识与对象之间的同一性问题。按照康德,这个问题的解决乃依赖于自我意识的自身同一性。

笛卡尔通过普遍怀疑的方法排除知识的内容,确立了作为认识主体的"我思",二元论的难题由此肇始。无论经验论还是唯理论,基本上都把我思看作主体,而把外在的物看作客体。主体与客体的关系,亦即知识与对象的关系,表现为心与物的关系。由于笛卡尔的"我思"建立在主体与客体之区别的基础上,因而从一开始就决定了两者的同一性是不可能的。于是在心物之间的关系上,许多哲学家例如笛卡尔、洛克、贝克莱等,都需要上帝的帮助解决两者的同一性问题。康德在认识论上的一大贡献,就是说明内在于意识范围内的对象的可能性,由此而论证了自我意识的自身同一性。

康德的批判哲学以“哥白尼式的革命”而颠倒了知识与对象的传统关系,以此来解答经验论与唯理论关于科学知识的普遍必然性的难题。传统观念认为真理乃在于知识与对象的符合一致,康德对此提出了质疑。首先,如果知识必须符合对象,我们无法解释物及其属性是如何挪到我们的头脑(意识)中来的,而且其次,即便我们退一步承认这是可能的,也无法解释知识的先天性即普遍必然性。[①] 因此,康德在哥白尼的启发下尝试颠倒知识与对象之间的关系:不是知识必须符合对象,而是对象必须符合主体的认识形式,从而以先验论的方式解决了问题。一方面康德承认经验论的基本原理,一切知识建立在经验的基础之上,但是另一方面亦强调心灵并非一张白纸(洛克的白板说),其自身有一套先天认识形式,由于这些先天认识形式独立于经验同时构成了经验所以可能的先天条件,由此而保证了科学知识的普遍必然性。不过也正因为如此,物相对于人类理性而言便区别为两个方面:物对我们的“显象”(Erscheinungen)和物自体(Dinge an sich),对于显象我们可以形成知识乃至科学知识,物自体则是不可知的。由此,康德对理性进行了“批判”即分析考察,目的是证明人类理性的确具有先天认识形式,以验证他的“哥白尼式的假说”。

康德将理论理性即认识能力区分为感性、知性和理性三个环节。在《纯粹理性批判》第二版中,康德明确了关于感性和知性之先天认识

① 康德:《未来形而上学导论》,庞景仁译,商务印书馆,1982年,第41页。

形式的两方面的证明,即形而上学证明和先验的证明,前者要证明的是空间与时间、知性范畴是先天认识形式,后者要证明的则是这些先天认识形式独立于经验同时是经验所以可能的先天条件。对康德来说,关于感性与知性的这两方面证明其难度是不同的。关于感性先天直观形式的证明其难度在于形而上学阐明,即证明空间与时间不是物自体的存在方式,也不是事物之间的相对关系,而是我们接受外部事物的刺激形成杂多表象的先天直观形式。如果这一点得到了证明,那么先验的阐明便非常简单了。因为在康德看来,感性是我们唯一的直观形式,它是经验的直接条件。形而上学阐明既然证明了空间与时间是独立于经验的先天直观形式,作为直观形式它们当然构成了感觉经验的先天条件。关于知性范畴的证明其难度则正好相反。作为知性纯概念即范畴其先天性的证明比较简单,而关于知性范畴是经验所以可能的先天条件的证明则困难得多。在某种意义上说,康德的《纯粹理性批判》历经12年之思考而所以"难产",主要卡在这个问题上了。因为在通常观念中,知性范畴不是经验的直接条件,没有知性范畴的参与,单凭感官我们就可以获得经验对象,而现在康德要证明的是没有知性范畴的参与,经验也是不可能的。更重要的是,康德在此面临着感性与知性这两种不同类的认识能力之间的结合问题,这恰恰是使经验论与唯理论陷入困境的地方。

所以,在先验分析论中,关于范畴的形而上学演绎比较简单,而先验演绎则困难得多,这一部分也是两版批判中改动最大的地方,康德在第二版中几乎重写了范畴演绎。正是在关于范畴的先验演绎中,康德深入讨论了统觉与直观、先验自我与经验自我之间的关系问题。

二

康德关于范畴的先验演绎——我们在此主要讨论第二版中的客观

演绎——实际上有两个基本原则，其一是知性（统觉）与感性（直观）是不同类的，其二是综合来源于知性的自发性而不可能来自物自体或感性的接受性。第二版中的客观演绎从第15节到第27节，其中第15节类似“引论”，讨论的是“联结”即综合统一性问题，客观演绎从第16节正式开始，而统觉与直观之间的关系问题则是余下各节始终关注的问题，因为关于范畴的客观演绎要证明的是知性范畴如何构成了综合统一直观之杂多表象而形成经验（Erfahrung）的先天条件，关涉知性与感性如何相互结合的难题。

关于范畴的客观演绎开始于第16节的第一句话：“我思必须能够伴随着我的一切表象”，并且围绕这一论断展开。康德的论证过程是，在“我思必须能够伴随着我的一切表象”中包含着先验统觉之分析的统一与直观中杂多表象的综合的统一。虽然统觉之分析的统一须以综合的统一为前提，但是由于所有表象只有当它们从属于“我”时才是我的表象，所以统觉之源始的综合统一性是“至上原理”，而使直观中杂多表象从属于先验自我乃是知性范畴的综合统一功能，由此而证明了知性范畴对于经验的客观有效性。

康德指出：“‘**我思**’必须**能够**伴随我的一切表象；因为若不然，在我里面就会有某种根本不能被思维的东西被表象，这就等于是说，表象要么是不可能的，要么至少对我来说什么也不是。这种能够先于一切思维被给予的表象就叫作**直观**。所以，直观的一切杂多在这种杂多被遇到的那个主体中与**我思**有一种必然的关系。但是，这个表象是**自发性**的一个行动，也就是说，它不能被视为属于感性的。我把它称为**纯粹的统觉**，以便把它与**经验性的**统觉区别开来，或者也称为**源始的统觉**，因为它就是那个通过产生出必然能够伴随所有其他表象并在一切意识中都是同一个东西的‘我思’表象而不能再被别的表象伴随的自我意识。我也把统觉的统一性称为自我意识的**先验的**统一性，以便表示从它产生的先天知识的可能性。因为在某个直观中被给予的杂多表象如果不全都属于一个自我意识,就不会全都是**我的**表象,也就是说,作为我的表象(尽管我并没有意识到它们是我的表象),它们必须符合惟一使它们**能够**在一个普遍的自我意识中聚合的条件,因为若不然,它们就不会完全地属于我。从这一源始的联结中可以得出许多结论。"①

"我思必须能够伴随着我的一切表象"这句话至少包含着三方面的内容:"我思""伴随"(综合)和杂多表象,其中蕴涵着第二版客观演绎的基本思路:

首先,正如第15节所说,作为判断的知识依赖于"联结","联结"包含着杂多、杂多的综合与综合的统一性三个要素,而统一性是综合的前提条件。由于我们所能认识的范围是事物对我们的"显象",因而意识范围内最高的统一性是意识的统一性,康德称之为先验我思或先验的自我意识,因为我思构成了意识之最高统一性的先验条件,康德也称之为"源始的统觉",即"通过产生出必然能够伴随所有其他表象并在一切意识中都是同一个东西的'我思'表象而不能再被别的表象伴随的自我意识"。显然,任何直观中被给予的杂多表象如果不属于一个自我意识就不是我的表象,所以"它们必须符合惟一使它们**能够**在一个普遍的自我意识中聚合的条件"。②

其次,为我思所伴随的我的一切表象并非来自我思,因为统觉与直观异类,"这种能够先于一切思维被给予的表象就叫作**直观**。所以,直观的一切杂多在这种杂多被遇到的那个主体中与**我思**有一种必然的关系"③,否则就不会为我所知,或为我思所伴随。这个我思是先验的而不是经验的我思:"因为伴随着各种不同表象的经验性意识自身是分散

① 康德:《纯粹理性批判》,B132。中译本,李秋零译,中国人民大学出版社,2004年,第118页。
② 同上。
③ 同上书,第118页。

的，与主体的同一性没有关系。因此，这种关系还不是通过我用意识来伴随任何表象发生的，而是通过我把一个表象**附加**给另一个表象、并且意识到这些表象的综合而发生的。因此，只有通过我能够把被给予的表象的杂多**在一个意识中**联结起来，我才有可能表象**这些表象本身中的意识的同一性**，也就是说，统觉的**分析的**统一性惟有以某种**综合的**统一性为前提条件才是可能的。”[①]因此，“我思必须能够伴随我的一切表象”中所说的“伴随”根源于我对于杂多表象的综合统一。而这意味着，“我是就一个直观中被给予的表象的杂多而言来意识到同一的自己的，因为我把这些表象全都称为**我的**表象，它们构成**一个**表象。但这就等于是说，我意识到这些表象的一种先天的综合，这种综合就叫作统觉的源始的综合统一，一切被给予我的表象都必须从属于它，但也必须由一个综合来把这些表象置于它下面”。[②] 问题是，如果统觉与直观异类，表象的先天的综合如何可能？康德的回答是：范畴。

最后，“我思必须能够伴随着我的一切表象”，虽然感性直观中的杂多表象先于思维而被给予，但是它们必须从属于统觉才能是我的表象，因而“直观的一切杂多在这种杂多被遇到的那个主体中与**我思**有一种必然的关系”，所以，“它们必须符合惟一使它们**能够**在一个普遍的自我意识中聚合的条件”。换言之，“在任何一个被给予的直观中**我的**一切表象都必须从属于这样一个条件，惟有在这个条件下我才能把这些表象作为我的表象归于同一的自己，从而才能把它们作为在一个统觉中联结起来的，用普遍的表述‘我思’总括起来”。[③] 因而，“在一个感性直观中被给予的杂多必然从属于统觉源始的、综合的统一，因为只有通过这种统一，直观的**统一**才是可能的(第 17 节)。但是，被给予的表象(无

---

① 康德:《纯粹理性批判》,B132。中译本，李秋零译，中国人民大学出版社，2004 年，B133。中译本，第 118 页。

② 同上书，B135。中译本，第 120 页。

③ 康德:《纯粹理性批判》,B132、138。中译本，第 118、121 页。

论它们是直观还是概念)被置于一般而言的统觉之下所凭借的这种知性行动,就是判断的逻辑功能(第19节)。因此,一切杂多,只要在**一个**经验性直观中被给予,都是就进行判断的种种逻辑功能之一而言**被规定的**,也就是说,被这种功能带给了一个一般而言的意识。但现在,**范畴**无非就是这些进行判断的功能,如果一个被给予的直观的杂多就这些功能而言被规定的话(第10节)。所以,就连一个被给予的直观中的杂多也从属于范畴”。①由此,客观演绎的余下各节主要在于说明范畴是如何应用于感性直观所与之杂多表象的。

在某种意义上说,康德的客观演绎是围绕知性(统觉)与感性(直观)之间的关系展开的,几乎每一节都关涉两者之间的关系。

康德通过先验感性论证明感性直观是人类理性唯一的直观形式,我们的知性不能直观,其功能是对于感性直观所接受来的杂多表象进行综合统一,正所谓直观无概念是盲的,思维无内容是空的,两者结合才能形成经验(Erfahrung)和知识。因此,康德致力于调和经验论与唯理论,他一方面接受经验论的基本原则,一切知识来源于感觉经验,而另一方面亦改造了唯理论,主张仅仅有感觉经验还不够,需要有主体自身中的先天认识形式对之进行综合统一。由于康德的目的是解决先天综合判断如何可能的问题,他实际上为知识(包括经验)设置了两个“客观性”的保证,其一是人类的知性不能直观,知性范畴只是认识形式,杂多表象作为认识的质料是感性直观被动接受物自体的刺激的产物,因而我们的感觉经验以外部事物(物自体)的存在为前提。其二,知性范畴作为先天认识形式独立于经验同时是经验所以可能的前提条件,从而保证了科学知识的普遍必然性。对康德来说,物自体的存在虽然保证了我们的经验和知识不是主体任意想象的结果,但是物自体不是认

① 康德:《纯粹理性批判》,B143。中译本,第124页。

识对象,认识对象是意识范围内的经验对象,所以证明先天综合判断如何可能的关键是证明知识与对象所以可能的先天条件。在某种意义上说,康德试图纠正经验论与唯理论关于主体与知识相关,而对象则是外在的物的通常观念,以认识对象内在于主体之中来解决知识与对象的关系问题。正是认识对象的内在性从根本上改变了认识对象的性质,也使得自我成为自我意识有了可能。

三

"对象"在《纯粹理性批判》中是一个含义众多的概念。康德通常在物自体、认识对象(经验对象)、超越对象等不同的含义上使用对象概念,由此而造成了许多混乱。与此相关,康德对于对象与客体的概念做了区别:"**知性**一般地来说就是**认识**的能力。认识就在于被给予的表象与一个客体的确定关系。而**客体**则是在其概念中一个被给予的直观的杂多被**结合起来**的东西。"[①]但实际上,对象与客体这两个概念在《纯粹理性批判》中经常混用。康德需要消除主体与外在的客体、知识与外在的对象的二元论,以便解决知识的可能性的问题,因而必须证明认识对象(经验对象)的可能性。

按照康德,物自体不可知,因而我们的认识对象实际上是由杂多表象综合而成的统一体,亦即经验对象。先验我思是"一个"单纯的表象,而直观所与之表象则是"杂多",虽然知性为自然立法,但是知性只是立法的形式,质料则来自感性直观。在此不仅存在着感性与知性如何相互结合而形成知识的问题,也存在着认识对象的问题以及知识与对象的同一性问题。如果认识对象不是物自体,感性直观所与的不过是杂多表象,综合只能来自知性而不可能来自感性,那就意味着具有综合统

---

① 康德:《纯粹理性批判》,B137。中译本,第121页。

一性的认识对象像知识一样依赖于知性范畴。然而若如此,如何解释知识与对象之间的区别?如何说明客观有效性不同于主观的幻觉或想象?康德在第二版演绎的第 24 节“论范畴在一般感官对象上的应用”中讨论了这个问题。

康德说:“纯粹知性概念仅仅通过知性与一般直观对象发生关系,而不管这直观是我们的直观还是某种别的、却毕竟是感性的直观,但正因为此,它们仅仅是**思想形式**,还没有确定的对象通过它们被认识。它们里面的杂多的综合或者联结仅仅与统觉的统一发生关系,并由此而是依据知性的先天知识可能性的根据,因而不仅是先验的,而且也是纯粹理智的。但是,由于在我们里面有先天感性直观的某种依据表象能力的感受性(感性)的形式作为基础,所以,知性作为自发性能够根据统觉的综合统一,通过被给予表象的杂多来规定内感官,并这样把先天**感性直观**的杂多之统觉的综合统一设想为我们的(人的)直观的一切对象都必须从属的条件,由此范畴就作为纯然的思想形式获得了客观实在性,即获得对于能够在直观中被给予我们、但仅仅是作为显象被给予我们的对象的应用;因为我们惟有对于显象才能够拥有先天直观。”[①]

因此,知性作为自发性根据统觉的综合统一规定直观所与之的杂多表象,因而直观的一切对象都必须从属于这一先天条件。然而,对象的综合与知识的综合毕竟是有区别的,这一区别就在于:“感性直观杂多的这种**综合**是先天地可能和必然的,它可以被称为**形象的**(synthesis speciosa,形象的综合),以别于就一般直观的杂多而言仅仅在范畴中被思维的、叫作知性联结(synthesis intellectualis,理智的综合)的综合;二者都是先验的,这不仅因为它们本身都是先天地发生的,而且因为它们也说明了其他先天知识的可能性的理由。”[②]区别于“理智的综合”

① 康德:《纯粹理性批判》,B150。中译本,第 128 页。

② 同上书,B151。中译本,第 129 页。

(关于知识的综合),“形象的综合”(关于对象的综合)被康德称之为“想象力的先验综合”,“**想象力**是**即便对象不在场**也在直观中表象对象的能力”。[①] 这里所说的想象力不是经验性的再生的想象力,而是先验的生产的想象力。感性直观之所与是杂多表象,仅此而论,感性自身不可能综合形成经验对象,但是经验对象又一定是在直观中形成的,而不是知性范畴单凭自身可以构造的。想象力一方面在感性直观中起作用因而属于感性,另一方面作为形成形象的能力而其综合直观杂多表象的规则根据的是范畴(惟有范畴提供综合的规则),因而想象力的综合是先验的综合。“这是知性对感性的一种作用,而且是知性在对我们来说可能的直观的对象上的最初应用(同时也是其余所有应用的根据)。”[②]

由此可见,知性范畴在统觉与直观之间发挥着综合统一的功能,如果说知性是统觉之认识能力的体现,想象力则盲目地依据知性范畴之综合的规则在感性直观中形成经验对象,后者作为“形象的综合”形成的是对象,而前者作为“理智的综合”形成的是知识,知识与对象由于归根结底从属于知性范畴的综合统一规则,因而两者一定是一致的。由此,康德将经验论与唯理论设置的主体中的知识与作为外部事物的对象之间的对立,化解于主体之中,以此来解决知识与对象的关系问题。进一步说,知识与对象、主体与客体,并非外在的对立,而是处在自我之中的两个方面。感性与知性虽然依据不同的来源,前者依赖于外部事物的刺激而接受杂多表象,后者处理杂多表象所依据的则是统觉,但是既然直观获得的杂多表象亦在主体之中,便须依据知性(通过想象力)的综合统一规则。当然,尽管在康德哲学中,认识对象从物(外在对象)转向了经验对象(内在的对象),自我具有了自我意识的可能性,但是由于先验的自我意识作为认识之最高的先验根据只是形式条件,其自身

---

① 康德:《纯粹理性批判》,B151。中译本,第 129 页。

② 同上。

像物自体一样不是认识的对象。

所以在《纯粹理性批判》中，自我意识还不能实现其自身为自我意识。

既然知识与对象都在主体之中，我们是否可以通过自我认识而认识自身？康德的回答是否定的。康德在先验统觉与经验统觉（内感官或内直观）之间做了严格的区分："统觉及其综合统一与内感官根本不是一回事，前者毋宁说是作为一切联结的来源而关涉**一般直观**的杂多，以范畴的名义则在一切感性直观之前关涉一般客体；与此相反，内感官只包含直观的形式，但却没有直观中杂多的联结，因而根本不包含**确定的**直观，后者惟有通过凭借想象力的先验行动（知性对内感官的综合影响）对杂多做出规定的意识才是可能的，这种行动我称为形象的综合。"[①]简言之，统觉与内直观是不同的，内直观只包含直观的形式但却没有直观中杂多表象的联结（综合），因而是未被规定的杂多表象。统觉则是通过范畴（想象力）对杂多表象的综合统一性。统觉自己不能直观，没有直观所与的杂多表象，范畴和想象力就没有材料可以处理，不能产生任何有意义的知识，包括对我自己的认识。我要想表象我自己，也必须通过内感官的接受性获得所与的表象。所以，内感官"只是像我们向自己显现的那样，而不是像我们自身所是的那样，把我们自己展现给意识"。[②]

因此，"我在一般而言表象的杂多的先验综合中，从而在统觉的综合的、源始的统一中意识到我自己本身，不是像我向自己显现的那样，也不是像我自身所是的那样，而仅仅是我在。这一**表象**是一个**思维**，而不是一个**直观**。现在，既然要**认识**我们自己，除了思维使任何一种可能直观的杂多获得统觉的统一性的行动之外，还需要一定的直观方式使

① 康德：《纯粹理性批判》，B154。中译本，第130页。
② 同上。

这种杂多被给予，所以尽管我自己的存在不是显象（更不只是幻相），但我的存在的规定却惟有与内感官的形式相符合，按照我所联结的杂多在内直观中被给予的特殊方式才能发生；因此之故，我关于我所**认识**的，不是**如我所是**的我，而仅仅是如我向我自己**显现**的我。因此，虽然一切范畴通过把杂多联结在一个统觉中而构成了对一个**一般而言的客体**的思维，但对自己的意识还远远不是对自己的知识”。[1] 由此可见，自我在认识论层面尚不能达到自我认识，所以在此自我还不是严格意义上的自我意识。

尽管如此，康德在《纯粹理性批判》关于自我的理论毕竟比前此哲学前进了一大步。前康德的自我理论在自我范围内处理的基本上是自我与观念（表象）之间的关系，似乎在这里还不存在对象意识的问题，所以似乎还没有作为主体的自我与作为对象的自我之间的关系。而康德之“统觉的源始的综合统一”原理则通过统觉的综合的统一，在自我之中建立了统一的对象意识。正如康德关于“直观的形式”与“形式的直观”的区别，称“形式的直观”乃一统一的表象[2]，自我在自身中面对的不再是杂多表象，而是一个综合统一的表象，因而自我对自身的认识有了可能性。虽然康德一再否认自我由此而认识自己的可能性，但是这毕竟为康德之后德国观念论的进一步的发挥留下了余地。

康德否认自我在认识论的层面认识自己的可能性有许多原因。这不仅是因为康德哲学的出发点是显象与物自体的二元论，不仅是因为康德在统觉（知性）与直观（感性）之间做了严格的区分，而且在某种意义上说康德的目的是把自我意识的现实性留给实践理性。这一点康德在《纯粹理性批判》中是通过“思维一个对象”与“认识一个对象”的区别来预示的。

---

① 康德：《纯粹理性批判》，B157—158。中译本，第132—133页。

② 同上书，B160，康德注。中译本，134页。

如前所述，统觉加直观还不能算是严格意义上的自我意识。因为"我思"仅仅从形式上表明"我在"，而就内容而言的"我在"则是由直观杂多规定的。即便我们把自己当作认识对象也必须具备两方面的条件，一是范畴，二是显象。所以对康德来说，在认识上我们只能认识作为显象的我而永远不可能"认识我自己"，而不能认识自己的自我还不是严格意义上的自我意识。虽然如此，"思想一个对象"与"认识一个对象"是有区别的。康德在第22节"范畴除了运用于经验的对象之外，对于事物的知识别无应用"指出，"**思维**一个对象和**认识**一个对象并不是一回事。因为属于认识的有两种东西：首先是概念，通过它一般来说一个对象被思维（范畴），其次是直观，通过它该对象被给予；因为如果一个相应的直观根本不能被给予概念，那么，概念就形式而言会是一种思想，但却没有任何对象，而且根本没有任何关于某个事物的知识通过它而成为可能，因为就我所知，那会没有也不可能有任何东西让我的思想能够运用于其上"。[①] 与论证主题相关，康德在范畴演绎中主要讨论的是认识一个对象的问题，思维一个对象如何可能的问题没有过多讨论。但是在《纯粹理性批判》中还是有几处说明。

客观演绎的结论是："不通过范畴，我们就不能**思维**任何对象；不通过与那些概念相适应的直观，我们就不能**认识**任何被思维的对象。于是，我们所有的直观都是感性的，如果这种知识的对象是被给予的，则这种知识就是经验性的。但经验性的知识就是经验。因此，**除了关于可能经验的对象的知识之外，我们不可能有任何先天知识**"。[②] 康德在此加了一个注："为使人们不以草率的方式对这一命题值得忧虑的不利后果有反感，我只想提请注意，范畴在**思维**中并不受我们感性直观的条件限制，而是有一个无边无际的领域，而惟有对我们所思维的东西的认

① 康德：《纯粹理性批判》，B146。中译本，第126页。

② 同上书，B165—166。中译本，第137页。

识,即对客体的规定,才需要直观;在这个领域里,即便缺乏直观,关于客体的思想除此之外也还能够对主体的**理性应用**有一种真正的和有用的后果;但是,由于理性应用并不总是针对客体的规定,从而针对知识,而是也针对主体的规定及其意欲,所以这里还不能阐述它。"[①]康德在这里所说的"理性应用"指的应该是实践理性。实际上,康德在第二版序言中就谈到了这个问题,也是以注释的形式提出来的:"要认识一个对象,就要求我能够证明它的可能性(无论是按照经验出自其现实性的证词,还是先天地通过理性来证明)。但是,我能够思维我想思维的任何东西,只要我不与自己本身相矛盾,也就是说,只要我的概念是一个可能的思想,即使我不能担保在所有可能性的总和中是否也有一个客体与它相应。但是,要赋予这样一个概念以客观有效性(实在的可能性,因为前面那种可能性仅仅是逻辑的可能性),就要求某种更多的东西。但这种更多的东西恰好不需要在理论的知识来源中寻找,它也可能存在于实践的知识来源之中"。[②]

我们是有限的理性存在者,我们的认识活动需要以外部事物对感性直观的刺激而形成的杂多表象为前提。然而也正是因为知性是与感性不同类的自发性思维活动,所以思维一个对象只要不自相矛盾就是可能的,甚至在某种意义上物自体的存在也是思维的设定(*noumena*,本体),所以不可认识的东西并不意味着不能思想。康德的意图很清楚,实际上"哥白尼式的革命"有两方面的结果:一是我们只能认识事物对我们的显象而不能认识物自体,二是恰恰因为如此而为思想自由留下了余地。如果说"我必须限制知识,以便为信念留地盘"毕竟有所特指的话,我们完全可以根据康德的思想把这句话改为"我必须限制认识,以便为思想留地盘"。

---

① 康德:《纯粹理性批判》,B166,康德注。中译本,第137页。

② 同上书,BXXVI,康德注。中译本,第21页。

在认识活动中,自我规定直观也被直观所限制,所以还不是真正意义上的自我意识(自己规定自己,自己认识自己),那只有在实践理性领域才是可能的。在理论理性中,知性为自然立法,然而先天认识形式规定的是另有来源的感性直观之杂多表象。而在实践理性中,理性为自身立法,动机决定行动,当我们的动机遵从的是对所有有理性者都普遍有效的客观法则时,我们便是出于自身内在必然性(理性法则)而行动,是为"自律",在此才有自己决定自己的自我意识。

由此可见,康德的自我意识理论之所以在认识论中是不可能完善的,至少有两个原因。其一是他要解决的是科学知识的普遍必然性即先天综合判断如何可能的问题,为此知识需要两方面的"客观性"保证,一是外部事物对感性直观的刺激,二是知性范畴是先天认识形式。所以他始终纠结于统觉与直观之间的复杂关系,致力于与"质料的唯心论"划清界限。其二是正是因为统觉与直观的对立,使得思维一个对象成为可能,从而为实践理性留下了地盘。如果直观出于统觉,我们这种有限的理性存在就会有理智直观,那不仅是不可能的,而且也用不着关心对于自然的认识。如果统觉依附于直观,知识便只能是经验性的,那不仅不能证明科学知识的普遍必然性,理性自身的价值亦不复存在。所以,正如对于知识而言物对我们划分为显象与物自体的二元论是必要的一样,对于理性之自由而言统觉与直观的二元论同样必要。但是也正因为如此,理论理性与实践理性之间的对立使得康德难以建立起统一的自我意识。

康德的自我意识理论涉及整个康德哲学,但限于篇幅我们不可能在一篇论文中做全面系统的讨论。我们之所以主要是在《纯粹理性批判》"先验分析论"的范围内从认识论的角度讨论自我意识问题,是因为康德将认识对象内化于主体之中,从而使近代哲学的"自我"走向"自我意识"成为了可能,这对于德国观念论在形而上学的建设方面起了极其重要的作用。

四

康德对于自我意识理论的贡献在于,他明确了在自我意识中包含着作为主体的我和作为客体(对象)的我。然而如前所述,自我意识在认识论的层面是不可能实现的,由此也造成了理论理性与实践理性之间的对立。对于康德的后继者来说,两者的对立不仅是构建自我意识理论的障碍,也是构建形而上学体系的障碍,而问题的关键还在于物自体的问题。康德的工作已经表明,仅仅在认识论的层面不可能解决自我意识的问题。但是构建一种自我意识理论却又必须包含着认识论的内容。因而对于后来的德国哲学家们来说,必须从认识论上回应康德之物自体的难题,同时又不能仅限于在认识论中解决自我意识的问题。简言之,虽然自我在认识论的层面不可能实现自我认识,但是没有康德在认识论上的突破,没有自我意识与对象意识的区别和统一,自我意识是不可能的,德国哲学家们构建形而上学体系的工作也是不可想象的。

如前所述,在康德关于范畴的客观演绎中始终存在着通过知性范畴以及先验想象力对于感性直观之杂多表象进行综合统一的先验的自我意识,与被动地接受物自体的刺激形成杂多表象的感性直观之间的矛盾。在费希特看来,康德虽然发现了自我意识这一最高原则,但是由于物自体的制约,康德的批判哲学并不是一个按照最高原则建立起来的哲学体系。于是,费希特试图将康德的自我意识原则贯彻到底,强调自我意识不仅仅是构成知识的形式条件,而且是构成知识内容的质料条件,由此而建立了他的知识学。费希特的知识学以“自我设定自我本身”“自我设定非我”“自我设定一个有限的自我与有限的非我之间的对立”作为知识学的三条基本原理,由此而将康德关于知性范畴不仅是构成知识的规则,同时也是构成经验对象的规则的思想发挥到了极致。

这意味着“非我”(对象)也是由自我设定的。自我无意识地设定了非我,虽然非我构成了自我实现自身的障碍,但是由于这个非我是自我设定的,因而非我也是自我实现自己的场所。然而,费希特的知识学至少面临着两方面的难题:一方面自我通过非我而实现自身的过程是一个始终无法完成的过程,另一方面绝对自我可以为知识提供实在性的根据,其自身的实在性根据却付诸缺如。谢林正是因为如此而寻求超越于自我与非我之上的“绝对同一性”。

谢林同意费希特的观点,哲学应该是从一个最高原则推演出来的科学体系。然而费希特并没有将这一原则贯彻到底,因为自我与非我相互限制,都不足以充当最高的原则。如果哲学需要一个最高原则,那么这个原则既不是自我也不是非我,既不是主体也不是客体,而是超越于两者之上的“绝对”。谢林不仅通过自然哲学弥补康德和费希特哲学的缺陷,而且在“先验哲学”中简化了费希特的原则,将知识学的三条原理简化为一个原理。按照谢林,我们无需三条原理,只需从“我是我”中就可以建立认识论的最高原则。因为在“我是我”(自我＝自我)中不仅有自我的同一性,而且包含着作为主词的我(主体)和作为宾词的我(客体)。不过,由于无差别的绝对隔绝于有差别的自我与非我之外,谢林像费希特一样无法从本体论上为自我意识提供有效的根据。这意味着费希特和谢林解决康德问题的着眼点是将自我与直观之间的矛盾进一步内在化为发生在自我意识之中的问题,通过自我意识的能动性来克服两者之间的矛盾,而且他们也试图从本体论上寻求解决问题的方案,但是都没有能够从体系上做出根本上的保证。在某种意义上说,黑格尔的工作是打通认识论与本体论(形而上学),而康德的自我意识理论在其中也具有重要的意义。

黑格尔在许多方面丰富了康德的自我意识理论。首先,黑格尔在《精神现象学》的导论中试图通过知识与对象的矛盾运动来消解康德的自在之物。正是在康德把主体与客体确立在意识范围之内的基础上，黑格尔进一步把认识活动展开为一个发展的过程。由于在知识与对象之间存在着差别，认识活动呈现为不断地改变知识以符合对象、改变对象以符合知识的辩证运动，新的知识尤其是新的对象的出现表明自在之物转化为了"为意识之物"。[①] 其次，黑格尔在《精神现象学》中阐发了人类精神从意识进展到自我意识的过程。当意识自觉到对象的本质就是概念的时候，对物的认识亦即对意识自身的认识，意识便由此而进展到了自我意识。[②] 如果说这一点是黑格尔对康德认识论的进一步发挥，那么强调一个自我意识只有通过另一个自我意识的承认才能真正成为自我意识，则是黑格尔的贡献。最后，黑格尔很清楚，仅仅在认识范围内不可能真正解决自我意识的问题，因而他着意打通认识论与本体论，为自我意识提供本体论的基础。不过换个角度看，在某种意义上说，黑格尔的本体论亦是认识论的本体论化。

黑格尔同样面对费希特和谢林曾经面临的难题：首先是自我的实在性问题，其次是自我实现自身的自我运动如何完成的问题。黑格尔以打通认识论与本体论的方式来解决这两个方面的问题。简言之，黑格尔所理解的自我意识不仅仅是人类精神的自我意识，而且是绝对精神的自我意识。如果我们接受黑格尔关于认识是知识与对象之间矛盾运动的过程的思想，如果我们把视野提高到本体论的高度来看待认识的辩证运动，那么我们就会发现，发生在认识之中的知识与对象之间的不一致实际上不仅是主观性自身内部的问题，同样也是本体论的问题。按照黑格尔，知识与对象之间的矛盾并不是发生在实体之外的主体自身的问题，它意味着实体自身亦与其自身处于矛盾之中。在我们的认识中发生的知识与对象之间的矛盾，表明这个世界本身还处于不统一

---

① 参见黑格尔：《精神现象学》，中译本，商务印书馆，1979年，第61页以下诸页。

② 同上书，第115—116页。

不和谐的状态，于是认识的辩证运动就获得了本体论的意义：当认识扬弃了自在之物而达到了自身统一的时候，通过它的活动亦使世界本身达到了和谐和统一。[①] 黑格尔的《精神现象学》所展示的就是这个过程，它通过人类精神认识绝对的过程，表现了绝对自身通过人类精神而成为现实，成为"绝对精神"的过程。换句话说，人类精神的认识活动归根结底乃是绝对精神的自我运动，我们可以把人类精神看作是绝对精神的"代言人"，它所履行的乃是绝对精神赋予它的任务。就此而论，黑格尔的工作是以认识论解决本体论的问题，然后反过来以本体论为认识论提供基础。

在某种意义上说，黑格尔将康德之人类理性两大先天立法权合二为一了。在康德那里，知性为自然立法，理性为自身立法，在认识论层面自我还不可能成为自我意识，只有自律的理性才是真正意义上的自我意识。黑格尔消解理论理性与实践理性之间矛盾的方法是，知性归根结底亦是理性，对自然的认识是理性自我认识的必经阶段，而对自然的充分认识，亦即认识到自然乃是"绝对"，最终将导向理性的自我认识。于是，知性为自然立法亦即理性为自身立法。人类精神对绝对的认识乃是绝对的自我认识——绝对通过它的"代言人"即人类精神而实现了自我意识。从认识论的立场看，这个过程是人类精神对绝对的认识，而从本体论的立场看则是绝对的自我认识。

由此可见，黑格尔实际上是通过将人的自我意识放大为宇宙的自我意识的方式来构建形而上学的体系，他从能动性的方面发挥了康德关于自我对于对象的构成性的理论。在某种意义上说，黑格尔与康德的出发点是不同的，康德从认识论的角度把认识对象内化于主体之中，黑格尔则从本体论的高度把主体内化于世界之中，亦相当于将主体外

---

① 参见黑格尔：《精神现象学》，中译本，第23—24页。

化于世界之中，于是我们与世界的对立不再是单纯主观内部的问题，而是世界自身的问题，因为世界在我之内，我也在世界之内。从认识论上看是我们在认识世界，从世界的角度看则是世界的自我认识。正因为如此，黑格尔以“实体即主体”作为其哲学的最高原则。

康德之后的德国哲学家们从康德哲学出发并且试图超越康德对于认识的限制，由此而使传统形而上学得以完成。不过，也正是因为他们跨出了谨慎的康德不想跨出的这一步，亦使传统形而上学寿终正寝。

康德论证自由的“知识论进路”

——兼论康德文本中关于范畴的起源问题

黄裕生

康德在哲学上的一个伟大贡献就是在自由问题上开辟了一个超(先)验论证(die transzendentale Eroerterung)的方法。

所谓超(先)验论证,也就是对所论证的对象做出这样的阐明,不仅把所论证的对象阐明为先于一切经验事物,而且阐明为一切先验综合要素(die syntische Elemente *a priori*)或先验综合知识的前提,从而是一切经验事物被给予我们的前提。简单说,先(超)验论证,也就是把所要论证的对象阐明为不仅先于经验事物,而且是经验事物之所以可能的前提。

关于康德对自由的论证,人们通常以为是在《实践理性批判》里通过讨论伦理—道德的基础问题进行的。但是,实际上,康德对自由的论证有两个进路:这就是“知识论进路”与“伦理学进路”。如果说后一个进路是在《实践理性批判》里完成的,那么,前一个进路则是在《纯粹理性批判》里完成的。通过这两个进路的论证,康德在学理上不依赖于任何经验事实而确立了个体自由的绝对性与实在性,或者说,通过这两个进路的先(超)验论证,康德可以不以任何文化背景或历史传统为前提而在学理上真正确立起了人的自由的绝对性。由此,进一步推演出人的权利、尊严、责任的绝对性。本文将着重讨论康德论证自由的“知识论进路”。

一

在近代哲学家中，有两种类型的哲学家，一种是以笛卡尔、莱布尼兹为代表，主要着力于探讨知识的基础问题，一种以霍布斯、卢梭为代表，他们关心和讨论的是社会政治哲学问题，核心就是讨论人的自由与权利问题。当然，还有的哲学家，像洛克、休谟等人，既讨论知识的基础问题，也探讨政治哲学的问题，但是，这两个领域的问题在他们那里似乎是分开的，在学理上并没有一个贯通的理路。

康德在哲学上试图完成的伟大使命也与这两个领域相关，这就是：不仅为一切知识奠定基础，而且为自由进行论证，从而为一切人类个体的绝对权利、绝对尊严与绝对责任奠定基础。他的著名的三大《批判》以及其他主要著作都是围绕着这一使命而展开的。不过，康德的突破性在于，他把为知识奠基与为自由论证这两项工作结合了起来，使之成为一个贯通的工作，而不再是两项分离的工作。这体现在他为知识奠定基础的工作，同时也是为自由论证的工作。这个贯通工作主要就完成于《纯粹理性批判》。

我们人类拥有诸如数学、物理学等提供出来的各种知识。但是，这些知识是否可靠呢？或者说，这些知识是否具有普遍必然性呢？如果没有，那么它们就是不可靠的，因而不能被称为知识。因为知识的一个最基本的品格就是对它所关联的对象要具有普遍而必然的效应，否则，就不成其为知识。但是，这种普遍必然性来自什么地方呢？对这个问题的解决就是为一切可能的知识奠定基础。

康德在《纯粹理性批判》里的一个核心工作就是要解决知识的普遍必然性的根据问题。

在康德之前，很多哲学家都从知识的对象里去寻找知识的可靠性根据。康德认为这条路走不通,因为知识的普遍必然性要对所有的对象有效,但是,我们接触的对象永远不可能是“所有的”,而只能是部分的。从部分过渡到全体的理由,这是归纳逻辑本身无法解决的。

不是对象构成知识的根据,那么又是什么呢?经过《纯粹理性批判》“要素论”(die Elementarlehre)的一番分析,康德认为,是来自主体的两种“基本要素”构成了一切知识的根据,使一切知识具有普遍必然性。第一种要素就是感性直观形式,其中包括空间和时间两种类型。也就是说,在康德这里,时间与空间被看作是内在于人类心灵的一种感性形式,是我们心灵的一种属性或能力。时空不是外在于我们的存在物或不依赖于我们的客观属性。因为,如果时空不是先验(在先)地存在于我们心灵的感性形式,我们就无法理解空间上的并列与前后等空间关系,无法理解时间上的同时与相续。

由于作为感性直观形式的时空是一切现象事物之所以以这样而不是以别样给予我们的根据,所以,时空也就是一切知识的首要基础或最初的基础,因为我们的一切知识都是关于现象事物的知识。

但是,光有时空并不足以形成真正的知识,时空只是一切知识的一种必要的基础,而不是全部基础。在康德看来,要构成具有普遍必然性的知识,除了时空这种先验(*a priori*,在先)的感性形式外,还必须借助于第二种“先验要素”,这就是知性给出来的诸如质、量、关系、模态四种类型的纯粹概念,也就是被运用于对现象事物进行统一活动的那些“范畴”。其中核心的范畴就是因果关系范畴,因为正是我们在先或先验地拥有因果性范畴,我们才会去探寻现象世界的一系列规律(die Gesetze,法则)。

这里,与康德论证自由的工作相关的是,这些范畴的起源问题。康德正是通过澄清范畴的起源问题,一方面确立了范畴的先验性与非经验性,从而完成为一切知识奠定先验性基础的工作,另一面则同时确定了范畴的客观界限,从而也就限定了以这些范畴为基础的一切知识的客观界限。而知识界限的限定,在根本上意味着把“人”从知识主体的身份中解放出来,维护了人的另一个更重要的身份,那就是“自在的自由者”。

所以,这里,我们要着重讨论范畴的起源问题。

二

一般认为,作为先验概念或纯粹知性概念的范畴来源于知性(Verstand),是由知性给出来的,它们与感性直观形式共同构成了知识之所以可能的两个先验的基本(础)要素。这在康德的文本上有其明确而可靠的依据:

“对知性能力本身的分解,是为了这样研究先验概念(die Begriffe *a priori*)的可能性:我们只在知性中去寻找先验概念,把知性当作先验概念的诞生地,并且分析知性的纯粹的一般使用。……所以,我们将在人类知性中追寻纯粹概念的最初种子与内蕴(这些概念已被预备在它们当中),直至这些概念在经验机缘中的展开,并且由同一个知性把它们从依附于它们的经验条件中脱离出来,在它们的纯粹性中展示它们。”①

在这里,康德非常明确把知性当作先验概念的诞生地,因此,说先验概念或纯粹概念来源于知性,是由知性产生出来的,没有知性,就不可能有概念,这是没有问题的。但是,现在的问题是,知性如何给出纯粹概念?对知性的分解与分析,最多只能给出纯粹概念的类型,诸如量、质、关系与模态这些概念类型,却不可能给出概念本身。概念类型可以是空的、没有内容的,但是,概念本身却不能是没有内容的,因为即便它可以没有经验内容,却不能没有先验(*a priori*)内容,否则,它就不

---

① 康德:《纯粹理性批判》,A66,B90—91。

可能先验地或在先地关联(beziehen sich)到对象。而能先验地关联到对象,是一切纯粹概念之所以能够运用于对象而能够规定对象的前提。这意味着,真正能被运用于对象的纯粹知性概念是有内容的概念,而不是空的概念。但是,“就内容而言,没有概念能以分析的方式产生出来。”①也就是说,知性不可能以分析的方式给出纯粹概念。而这意味着,纯粹概念只能通过综合给出来。不过,不是通过经验的综合,而是通过先验的纯粹综合。那么什么是纯粹的综合?首先什么是综合?

“我在最一般意义上把综合理解为把不同的表象相互归置在一起,并把这些杂多(表象)统摄在一个知识里的行动。而如果杂多(表象)不是经验地被给予,而是先验地被给予(wenn das Mannigfaltige nicht empirisch, sondern *a priori* gegeben ist)(就像杂多在空间与时间中被给予一样),那么,这样的综合就是纯粹的综合。”(A77,B103)这里,综合有经验的综合与纯粹(先验)的综合之分。它们之间的根本区别就在于所综合的杂多是经验的,还是先验的。

竟有先验被给予的先验杂多?在通常的理解中,杂多似乎总是经验的,而不可能是先验的或在先的,即不可能在对象之先给予我们。但是,康德这里非常明确地区分了经验给予的杂多与先验给予的杂多。其实,康德至少还在两个地方提到“先验杂多”或“先验被给予的杂多”。

一个地方是 A77=B102 的一段:Raum und Zeit enthalten nun e**in Mannigfaltiges der reinen Anschauung *a priori***, gehoeren aber gleichwohl zu den Bedingungen der Rezeptivitaet unseres Gemuets, unter denen es allein Vorstellungen von Gegenstaenden empfangen kann, die mithin auch den Begriff derselben jederzeit affizieren muessen.

另一个地方是 A79=B104 的一段:Das erste, **was uns zum Behuf**

① 康德:《纯粹理性批判》,A77,B103。

der Erkenntnis aller Gegenstaende *a priori* gegeben sein muss, ist das Mannigfaltige der Anschauung.

但是,由于人们通常以为杂多总是经验的,因此,对于理解康德范畴理论很关键的这两段话在翻译与理解上出现了歧义。较早的蓝公武译本把第一段第一句话译为:"空间与时间包含纯粹先天的直观杂多……"(蓝译本,商务印书馆1960年,第85页)牟宗三则译为"空间与时间含有一种纯粹先验直觉的杂多……"(台北:台湾学生书局1983年,第206页)新近的邓晓芒译本与李秋零译本基本维持了这一解读。他们都把 *a priori* 理解为修饰 die reine Anschauung。但是纯粹直观本身就是先验(先天)的,似乎并无须再用 *a priori* 来强调。实际上,如果像康德本人那样确认有"先验(先天)的杂多",那么,这里会很自然地把 *a priori* 看作是修饰 e**in Mannigfaltiges**,至少这也是一种可能的理解。因此,这句话似乎应译解为"空间和时间包含着纯粹直观的先验杂多……"

对于第二段,各译本也几乎一致地尽量抹去杂多与先验的关联。蓝译本将它译为:"以一切对象之先天的知识而言,其所以必须首先授予者,第一为纯粹直观之杂多。"(85页)牟译本译为:"那为了一切对象的先验知识而必须首先被给予者乃是纯粹直觉的杂多。"李译本与邓译本也同样维持了这种解读。他们都把 *a priori* 归给了 die Erkenntnis aller Gegenstaende(知识)。但是,如果说这里的 *a prior* 非得是说明前面的名词,那么,为什么不是像人们通常理解的第一段里的 *a priori* 直接说明前面的名词 die reine Anschauung 那样,直接说明前面的 Gegenstaende? 或者反过来问:为什么在第二段里 *a priori* 可以越过其前面的名词"对象"而去修饰"知识",但第一段里的 *a prior* 却只能修饰其前面的"纯粹直观",而不能越过"纯粹直观"去修饰"杂多"?

实际上,这里的 *a priori* 理应像前引那句 wenn das Mannigfaltige nicht empirisch, sondern *a priori* gegeben ist 一样,是说明 gegeben

的。因此，这句应译读为：“为了获得关于一切对象的知识，首先必须先验地被给予我们的，就是纯粹直观的杂多。”这里，所谓“对象”就是能在时空中给予我们的现象事物，而关于作为这种现象事物的一切对象的知识，显然不可能通过给出所有对象来获得，因为我们不可能给出一切对象。也就是说，关于一切对象的知识，不可能通过对经验直观给出的经验杂多的综合，而只能通过对纯粹直观给出的先验杂多的综合来获得。正因为关于“一切对象的知识”是通过感性纯粹直观给出的先验杂多而成为可能的，它才能既是先于一切感性对象而是先验的，又是关于一切感性对象的。否则，就永远不可能有“关于一切对象的知识”。

三

现在一个关键的问题是，如何理解所谓“先验杂多”或“先验(在先)被给予的杂多”？根据《纯粹理性批判》“超验感性论”有关纯粹直观的论述与“超验逻辑学”里“关于纯粹知性概念或范畴”一节的论述，对“先验杂多”我们可以有两种可能的理解。

首先，可以把先验杂多理解为由纯粹直观自己给出来的杂多。而所谓纯粹直观，也就是先验的直观形式，即时间与空间。时间和空间作为整体是不可表象、不可呈现的，但是却可以作为部分的时间与部分的空间被表象出来，而且作为部分的时间与空间也总是作为表象而存在。这种作为部分的时间与空间当然也是在作为直观形式的整体时空中被表象出来，而作为整体时空的直观形式则是通过这作为部分的时空表象去表象现象事物。没有作为部分的时空表象，我们就无法去表象现象事物。在这个意义上，作为表象而存在的部分时空是一切现象事物给予我们的前提，就逻辑而言是在一切现象事物之先的。但是，另一方面，这种作为部分的时空却又是在现象事物给予我们的同时，从整体时空那里“限制”出来而得到表象的。在康德这里，作为感性形式的时空是不会自己主动表象任何东西的，包括自己，因为它们是感受性的(rezeptiv)，只有在外部或“超验自我”的刺激下才会“启动”而表象事物。在外部事物的刺激下，感性时空受到“限制”(begrenzen)而将自己“分化”为一系列部分，以表象相应的事物。

因此，作为表象的时空，或者说，作为部分的时空，一方面由于是来自作为整体时空的纯粹直观形式，因而是纯粹的，先验(在先)的；另一方面，它们又是整体时空在外部刺激下“分化”为表象事物的诸感性条件，因而它们又是与现象事物不可分离地联系在一起，只是从“逻辑学”的角度，我们可以将它们与现象事物分离开来进行讨论，以便揭示它们的先验性。这种先验的时空，就它们作为表象存在而言，它们当然也就可以被视为一种先验的杂多表象或表象杂多。

其次，我们可以把先验杂多理解为纯粹直观中显现出来的纯粹现象。这种纯粹现象之所以能够被视为先验(在先)的(*a priori*)，是相对于有差别的经验(empirisch)事物而言的。一切经验事物都是有差别的事物，而一切有差别的事物也都是经验事物。事物的差别首先是以它被构造成了自身同一物为前提的，否则就无所谓它与其他事物的差异。在被构造为具有自身同一性的事物之前，一切事物都只是在时空直观中显现出来的纯粹现象，它们都只是时空中或相续或并列的 Xa、Xb、Xc、Xd、Xe、Xf……只有时空序号之分，而没有本质与属性之别，因为它们还没有同一与差别的规定。也就是说，它们尚没有量、质、关系、模态方面的性质。只有获得了质、量等方面的统一规定之后，事物才会有自身同一性，也即才会有是它自身还是不是它自身的问题，并且进而才会进入与其他事物的关系中而显出千差万别的属性。事物具有量、质、关系、模态方面的规定，因而总是显现为具有这些方面性质的事物，这是必然的，是在先可知(*a priori*)的；但是，事物为什么具有**这样(具体)的**量、质等方面的规定，从而是这一事物，而不是其他事物，则不是必然的，不是在先可知的，因而只是经验的。在这个意义上，自身同一物倒是最初的经验物。显而易见，这种经验事物要有两个在先的条件，这就是能进行质、量等方面规定的概念与作为杂多被给予的纯粹现象。没有在先的概念，就只有没有规定的纯粹现象，而不会有具有质、量等方面性质的事物，当然也就不会有需要在具有质、量性质的事物基础上才能进一步构造出来的自身同一物；而没有在先的纯粹现象，更不会有能被规定的具体事物。

因此，如果我们有理由把自身同一物看作最初的经验物，那么，在纯粹直观中被给予的现象作为没有规定的纯粹现象，就是先验的杂多，或在先的杂多。

在上面的两种理解中，“先验杂多”都与感性直观形式密切相关，都离不开感性条件。这一点是至关重要的。

四

这里，我更倾向于第一种理解。现在，我们可以说，康德所谓“纯粹综合”，也就是对在纯粹感性直观形式（时空）中作为这形式之部分而给予我们、因而是来自这形式本身的先验杂多的综合。而正是这种纯粹综合给出来了纯粹概念，给出了可运用于一切感性事物的范畴。康德自己明确说：

“于是，就普遍的意义而言，是纯粹的综合给出纯粹的知性概念。”那么，纯粹综合如何给出纯粹知性概念呢？康德紧接着说：“不过，我把这种综合理解为以一种先验的综合统一为基础（auf einem Grunde der synthetischen **Einheit** *a priori*）的综合：像我们的计数活动（Zaehlen）（特别是在较大的数目情况下显得更明显）就是一种根据概念的综合，因为这种综合是根据单位（**Einheit**）的共同基础（如十进制）进行的。这样，在这一概念下，在对杂多的综合中进行的统一就是必然的。”（A78，

B104)

纯粹综合一方面要有先验的杂多,另一方面要以一种“先验的综合统一”为基础。所谓“综合的统一”,就是说,把不同的表象,也就是杂多表象不仅归置在一起,而且要归置在一个“单位”下,以一个“单位”来统摄、归类杂多。这样的“单位”实际上就是一些概念。比如,1、2、4、5……10、11、12……这样简单的数数活动,实际上是以“十进制”这一概念对数进行的综合统一,使所有的数以及它们之间的关系都以十进制被统一起来。根据这一概念,可以轻而易举地把65856与5562综合为71418,而且这种综合是必然的——只要是按十进制,那么就必然可以从这两个数之和推出这一结果。那么“先验的综合统一”呢?显然,我们可以把它理解为以一个先验(在先)的“单位”去统摄被相互归置在一起的杂多,使之以某种“一”而不是以“多”的方式出现。在康德这里,这样的先验“单位”也就是诸如量、质、关系、模态这些类型概念或概念类型。“纯粹综合”要以之为基础的“先验的综合统一”,就是以量、质等这些概念类型为“单位”进行的统一。因此,纯粹综合实际上并不仅仅是一种综合,它已包含着统一。甚至就它要以先验的统一为基础而言,它就是一种“先验的统一”。实际上,如果纯粹综合仅仅只是一种综合,那么,它就只是把杂多表象相互归置在一起,进而最多也就只是把杂多统摄在一个知识或一个表象里,但是,却无法将杂多统摄在一个普遍的“单位”里。

因此,说纯粹综合给出纯粹知性概念,实际上等于说,是以量、质等这些概念类型作为先验的“单位”去综合先验杂多的统一活动给出了纯粹知性概念。没有知性的量、质、关系、模态这些概念类型,就不可能以任何先验的普遍“单位”去统摄先验杂多,从而给出诸如量的概念(一、多、全体)、质的概念、关系的概念与模态的概念。在这个意义上,没有知性,就不可能有纯粹知性概念;知性有多少种概念类型,才会有多少种类的纯粹知性概念。所以,康德在前面说,知性是一切纯粹知性概念的诞生地。但是,这只是一方面;另一面,我们发现,纯粹综合既不可没有知性的概念类型作为综合统一活动的基础,也不可能没有在纯粹感性直观形式中作为这种感性直观形式之部分而给予我们的先验杂多,作为统一的“内容”。否则,知性的概念类型永远是空的,无法关联对象而运用于(规定)对象。知性正是以这些概念类型为“单位”去综合先验杂多而给出了纯粹知性概念,也就是诸如“一、多、全体”和“实在、虚无(否定)、限制”等等这些范畴,知性才能与感性事物发生关系。简单说,知性之所以能够关联到在感性直观中给予的现象事物,是因为它给出的范畴是综合的。范畴是最初的“先验综合知识”。

由于纯粹知性概念(范畴)一方面是来自于知性,而不是主观的心理联想,因此,具有普遍必然性:对所有主体来说不仅是共同的,而且是非如此不可的;同时由于它们包含着对先验的感性杂多的综合,所以,它们能够关联到、也必定关联到在感性直观中被给予的一切对象。因此,对一切在感性直观中给予的对象,先验综合知识具有使它们“只能这样存在,而不可能是别样存在”这种普遍必然性。也就是说,作为先验综合知识,范畴首先构成了在直观中的一切对象的存在方式,是它们成为一切具体科学知识的对象的前提,从而是一切科学知识具有普遍必然性的前提。在这个意义上,康德对纯粹直观的阐明与对范畴的演绎就是为一切科学知识奠定基础的工作。

但是,由于范畴是由知性以自己的概念类型去综合统一在感性直观中被给予的先验杂多而产生的,因此,范畴也只是对能在感性时空中给予我们的对象是普遍有效的,因而只能被运用于感性时空中出现的事物。这意味着,以先验综合知识为基础的一切科学知识都是也只能是关于能在感性时空中存在或显现的事物的知识。因此,作为有限的理性存在者,我们不可能拥有关于感性时空之外的事物的知识。在这个意义上，康德为知识奠定基础的工作，同时也是给知识和理性划定界限的工作。所以，他在《纯粹理性批判》的第二版序言里说："我要终止知识，以便为信仰留下位置。"(S. XXX.)

实际上，康德限制知识不仅为信仰留下了位置，同时也为人的自在—自由留下了位置。因为正如上帝、灵魂不在感性时空里给予我们一样，作为理性存在者，人本身并非仅是他在感性时空显现的那样子，否则，人就是完全透明的，处在可由知识彻底把握的必然性链条当中；相反，人在本质上恰恰存在于不可在感性时空中显现的理性当中，因而不可被任何知识把握为在某种必然性链条中的存在。就其在理性当中才得以维持自己的本质而言，人守护在理性当中，也就是守护在自己的位置上而自在地存在；而就这种自在的存在不在知识所把握的必然性链条当中而言，人的自在存在也就是他的自由存在。因此，当康德完成了为知识奠基的工作，从而把知识限制在经验领域时，他也就为人的自在—自由的存在赢得了位置。在这个意义上，为知识奠定基础，同时也是为人的自由辩护。

我们可以把康德论证自由的"知识论"进路概括为：通过为知识奠定可靠基础而划定了知识的客观界限，从而确立了人的外在于知识、外在于自然因果性关系的自由者身份。如果说知识的基础是可靠的，因而它的界限是客观的，那么，人的自由者身份就是真实的、绝对的。

康德对唯心论的驳斥

南　星

“驳斥唯心论”是《纯粹理性批判》中一个非常特别的部分的标题，其特别性表现在两个方面：对康德本人来说，它是第二版中“严格说来唯一一处增加的部分”(B xxxix)[①]；并且他甚至在《纯粹理性批判》第二版出版前的最后时刻还在前言中修改它的表述。另一方面，这几页文本吸引了康德学者们极大的注意力，以至于看上去与这短短的篇幅不成比例。然而，它还不仅仅是一个标题，因为它代表了康德从前批判时期开始到1790年代的一项长期努力。这一努力在某种意义上在《纯粹理性批判》的第二版中达到了顶峰，但却远远没有在那里结束。康德关于这一问题撰写的相当一部分笔记和残篇现在被编辑在学院版康德全集的《遗稿》部分中，人们通常称之为“反思”并为其编上了号码。仅仅从康德在1787年以后处理这一问题的频率就可以很清楚地看出，他对于自己在《纯粹理性批判》第二版中的解决并不满意。不过我们并不清楚康德是否在某一处成功地证明了他的命题，或甚至他是否最终达到了对他的论证的一个更好的表述。在德语世界中，长期以来人们主要用“发展史”的方法对这一问题进行了研究，从而相关的文本都得到了

① 引用《纯粹理性批判》的大段译文来自康德：《纯粹理性批判》，蓝公武译，北京：商务印书馆，1960年。个别地方有所调整；其他一些零星字句则是笔者本人的译文。页码的标识遵循国际惯例，用A/B分别代表第一版和第二版。

极大的利用。而在英语世界中,更不用说在中国,这些材料还相对地少有人涉及。本文希望能够通过对康德驳斥唯心论的一些关键文本的考察,在这一问题的解决上做出一些初步尝试;同时希望以此对历史—语文学研究与哲学探究的关系提供一些启发。

在进入《纯粹理性批判》第二版中驳斥唯心论的论证细节之前,让我们先来看看在第一版中康德是如何试着去完成同样的工作的。在第四个误谬推理当中,康德已经明确借助于他的先验唯心论给出了一个非常简要的"驳斥唯心论"。在那里,先验唯心论被定义如下:

> 所谓先验唯心论,我指"以现象皆仅为表象,非物自身,以及以空间时间仅为吾人直观之感性的方式,而非视为自身独立存在之所与规定,亦非所视为物自身者一类对象之条件"等等之学说而言。(A 369)

而所欲否证的唯心论的论题则是:"一切外感官的对象的存在都是可疑的",因为它们并不能被"直接知觉到",而"它们的存在只能被作为所与知觉的原因被推论出来,它们仅仅拥有一个可疑的存在"(A 366f.)。根据上面给出的先验唯心论的定义,这一论题的确不难得到反驳。正如康德自己在一个表述得更加大胆的句子中所说的那样,外间事物"皆仅现象,即仅为除在吾人内部以外绝不能见及之表象一类,其实在性正与'关于我自身所有种种思维之意识'相同,皆依据直接意识"(A 371f.)。承诺先验唯心论使我们将外间事物认作"我们内部的表象",亦即心理影像。从而,整个学说就归结成了贝克莱的著名格言"存在就是被感知"。毫不奇怪,《纯粹理性批判》第一版在其最早的接受中被解读为一种"更高的"贝克莱式的唯心论。在《导论》的附录中,康德竭力澄清了这一误读,而《纯粹理性批判》第二版中的"驳斥唯心论"则可以看作是在这条道路上的继续前进,在那里,他尝试给出一个不依赖于上面所定义的那种先验唯心论的一个新的反驳。

康德宣称要加以证明的论题是:“我自身存在之单纯意识(但经验的所规定者),证明在我以外空间中对象之存在。”(B 275)稍后,他又补充了关于这一论题的一些附释,如外间事物的存在不是被“推论”出的,或我们关于它们存在的意识是“直接的”(B 276)。尽管正式的论题看上去与第四个误谬推理中的论题相当不同,这些附释无疑可以被看作是第一版中的那些学说的回响。此外,康德还迈出了更为彻底的一步:按照它,“内经验自身只是间接的,只是通过外经验才是可能的。”(B 277)在第一版中,康德证明的思路似乎是这样的:内经验和外经验,就它们都是表象或都基于表象而言,拥有相同的认识论地位,或更加精确地说,他们都是被直接知觉到的;而在第二版中,上面所引用的句子似乎暗示,外经验相比内经验拥有认识论上的优先地位。不过,孤立地考察这些个别的结论对我们不会有多大帮助,我们必须考察康德借以达到这些结论的论证本身。为了对其进行详细的分析,我们将其全文引用如下:

> [1]我意识我自身之存在,为在时间中所规定者。[2]顾时间之一切规定,皆以知觉中某某恒常事物为前提。[3]但此恒常者不能为我内部中之直观。[4]盖应在我内部中见及我之存在规定之一切根据,皆为表象;表象自身则须有一与其有区别之恒常者,表象所有变异以及我在——表象在其变异之一——时间中之存在,皆与此恒常者相关而始可规定者也。[5]故此恒常者之知觉,仅由在我以外之事物而可能,非由在我以外事物之表象而可能者;[6]因之我在时间中存在之规定,仅由我知觉其在我以外现实的事物之存在而可能者。[7]今以我在时间中存在之意识,必然与“此时间规定所以可能之条件”之意识相结合;[8]故此意识必然与其为时间规定之条件者在我以外事物之存在相联结。[9]易言之,我之存在之意识同时即为在我以外其他事物存在之直接的意识。(B

275f. 此段已按照康德本人在 B xxxix 处的说明加以修订)

对于这段话的解释的纷争实际上甚至在这个问题上就已经开始了:其一,那些句子构成了这一论证的实质性部分?[6]看上去已经是一个反驳关于外间世界的怀疑论的足够强的结论了,而直到[9]那些关于外间事物的存在的意识的直接性等结论才被提及。其二,在这里康德提到了"某种恒常之物",而关于这一概念康德在第一类比中作了详细的讨论,因此人们还有争议,这一论证是独立自足的呢,抑或是依赖于第一类比,从而很可能依赖于某种先验唯心论的呢?其三,人们并不清楚在这九句话中,究竟哪些是作为论证的基本前提出现的,而哪些是从其中推论出来的。整个论证的逻辑结构依然是模糊的。最后也是最重要的,人们还要疑问,[9]是否就等同于所欲证明的那个论题,或至少和它一样强?在[9]中康德谈到的都是意识,但(必然)意识到某物或某命题是否等同于某物存在或某命题为真呢?另一方面,在[6]中康德直截谈论的是外间事物的存在而非关于存在的意识。这样,康德驳斥唯心论的核心论题就得到证明了,尽管其他结论被放在一边。上面这些问题和张力是康德本人所明确意识到了的,在 1790 年代,他在《反思》中的许多工作就是试图来解决它们。这些新的工作集中在《反思》第 5653, 5654, 5709, 6311—16, 6319, 和 6323 号当中。在这里,我打算讨论一下在这些段落中最经常出现的两个主题。

第一,康德强调了表象的空间性在论证中的作用。在《纯粹理性批判》当中,康德只在论题中谈到了"空间中的对象",而在正式的论证过程中并没有涉及这方面的问题。在后来的笔记中,康德试图通过赋予外感官的表象的空间性以至少两重角色来完成新的论证:一方面,他把空间性与原先论证中的"某某恒常事物"联系在了一起:"因为只有在空间中我们才能设定那恒常的东西,在时间中只有无休止的变动。但某物在时间中,也就是说在这种变化中的存在的规定是不可能的,如果不把它的直观与那个恒常之物联结起来的话。”(*R* 5653, 18: 307)[①]容易看出这两句话可以归结为原本论证中的[2]到[4]。为了达到[6]的结论,我们还必须把空间性和外间事物而非它们的单纯表象联结起来。这就是空间性在这一论证中所扮演的第二个角色。康德试图通过在对象和表象间做出的一个区分来达到这一结论:对于后者的可能性来说,单单时间就已经足够了;而前者只有当在空间之外还有时间才是可能的。康德在许多地方都试图说明这一点,下面是在我看来最为清晰、简洁的一处:

> 一切感觉的对象都在时间中,但并不是所有在时间中的东西(即所有对象)都在空间中。但假如所有在我们之外的事物的表象都仅仅是内感官的对象和我们自身的表象,那么内感官的对象同时就会成为全部对象,而空间也就会成为时间。(*R* 5653, 18: 310)

康德在这里试图使用归谬法来证明对象和表象的区别。但一个严重的混淆使得整个论证变得有问题:为了达到反唯心论的结论,康德必须要做出的区分是在作为心理的东西的表象与外在于我们的事物之间的。而在上面所引用的段落中,康德只实现了把“外在于我们的事物的表象”和“我们自身的表象”或“内感官的对象”区分开来。但我们如果像康德本人在某些时候所做的那样,把表象都理解为某种心理的东西的话,那么这一区分对于康德所欲证明的结论来说就是完全无所谓的。换句话说,康德坚持在两组概念之间的一种平行关系:空间的(也是时间的)/(单纯)时间的与外间事物/表象,而这种平行关系实际上是根本不存在的。康德所陷入的这种混淆实际上在早期现代哲学家那里是典

---

① 所有来自《反思》的引文均由笔者据 Kant, Immanuel 2005: *Notes and Fragments*. Paul Guyer (ed.), Cambridge: Cambridge University Press 译出。*R* 后的数字代表所在段落的编号,此外还注明了引文在科学院版全集中的卷数和页码。

型的：他们把“观念”或“表象”当作自己的哲学中的核心概念，却没能对其本身进行透彻地追问。康德本人通过他的“哥白尼式的革命”，特别是他的“先验演绎”，已经迈出了走出这一困境的第一步，但关于这一概念的问题在他们那里是如此的根深蒂固，以至于即使是在后批判时期里，康德仍然不时陷入这个混淆当中。

现在我们前进到康德在后期笔记中的第二个关注点。康德常常使用“心理学”的术语来重新表述唯心论的问题，并将其归结为想象力和感性之间的关系。在 *R* 6315 中，这一问题及相关概念得到了最完整、最集中的表述：

> 经验是对于呈现于感觉的对象的认识。想象是在对象甚至没有呈现时的直观，而对象这时则被称为想象物，它可以是一种产物（发明）或一种之前拥有的直观的再生产物（回忆）。唯心论就是这种断言：我们永远不能确定是否我们设想的所有外经验都仅仅是想象。……唯心论者从而假定下面一点是可能的：我们没有外经验，而至于我们的外直观我们只有想象。（18：618）

为了反驳这一版本的唯心论，康德认为证明的关键即在于指出，想象是以外感觉为基础的。而为了证明这一点，康德所采取的最常用的策略是把它和上面讨论的第一点联系起来：首先，他将想象力归为内感觉的一种，但就此我看不出任何理由，只要康德关于内感觉和外感觉的区分并没有被明确做出的话。而后他诉诸前面谈到的那种平行关系：由于想象力是内感官的一种，因此它本身就不能成为其表象的空间性的来源，后者必须借自外感觉。这两个步骤无疑都是成问题的，而根据我们上面的分析，第二步中的混淆本身就使得沿着这种方案进行的证明变得毫无希望。因此我们必须寻找另一种可能的方案。

篇幅所限，在这里我不能做出详细的探索，只能直接给出自己找到的答案。它实际上并不在后期那些笔记和手稿当中，而是就在《纯粹理性批判》的文本里面，不过不是作为正式证明的一部分，而是在后面一个补充说明的脚注里：

> 但即欲想象某某事物为外的——即呈显之于直观中之感官——吾人必须先已有一外感，且必须直接的使外的直观之感受性与“为想象力所有特质”之自发性相区别，其事甚明。(B 276f.)

这个论证之简洁可以说是让人震惊的，或许正是因为这一点，许多人对它的有效性都深表怀疑。最简单的一个例子，如果想象只有通过外感官才有可能，那么怎么解释许许多多关于不存在的东西的想象？或许有人会回答说它们是感觉到的东西的分解、再组合的结果，例如飞马是在马和翼这两种能够被知觉到的东西的基础上组合出来的，那么又如何解释想象那些难以通过组合而来的事物(如某种特别的颜色)的可能性？在此我不能一一处理有关的质疑，但是希望指出一点：实际上，这句话涉及了康德关于心灵能力划分的一个基本原则，即感性的接受性和知性的自发性，而想象力在这里被划到了知性那一边。尽管单从这句话来看，康德关于心灵能力的学说显得有些教条，但事实上，整个先验感性论和先验分析论的绝大部分都可以看作是他的先验心理学理论的展开。我们有理由期待，一个羽翼丰满的先验心理学理论能够为我们提供反驳唯心论的框架。而另一方面，如果没有类似的理论，那么要在哲学上对唯心论给出确定的反驳就是不太可能的，因为要想从关于意识的某些事实出发来达到关于意识以外的世界的结论，就必须对意识与世界间的关系有所解释，舍此以外想通过所谓“先验论证”或其他什么手段来达到这个目的，在我看来无疑是徒劳的。

最后我还想就历史—语文学研究和哲学探索之间的关系说几句话。在本文中我有意使用了一些(至少是在中国)并不那么常见的材料，它们极大地帮助我们了解了康德驳斥唯心论的论证的起源和发展，而如果没有那些康德语文学家们细致而艰苦的努力，我们就不可能看到它们。尽管如此,我想历史—语文学研究对于哲学的重要性还是不能被过高地估计。如果我们对问题有明确的把握,对《纯粹理性批判》的阅读足够的仔细,我们也能够对康德所选用的不同策略有一个相当全面的把握,并在此基础上做出自己的判断。对于哲学的目的来说,问题的导向和对论证的分析并不等同于历史—语文学的研究,也比后者重要得多。

第三编
黑格尔

黑格尔《全集》:论发展中体系的编纂

瓦尔特・耶施克

一

德国古典哲学大致可算作哲学史中异口同声对哲学提出如下要求的最后一个时代:哲学能够而且必须以体系的形式加以阐明。彼时所提出的以体系为形式的要求缘起于此种哲学的自我理解:哲学是“科学”,因而必须以体系为形式加以阐明。倘不具备体系之形式,自然无法要求其成为“科学”。一种“科学”需要——根据当时的理解——体系为之形式,因为,只有这一形式才能满足科学性以之为根本的双重要求:诸主题的内容必须有内在的关联,而此种关联不得如虚构作品中那样像是浮在半空,而是必须以明确的原则为根据。这大概就是当时对于哲学来说不言自明、有着强迫性效力的最低要求。并且很典型的是,只有不将哲学理解为“科学”的唯一一人,同时也对以体系为其表达形式持反对意见:弗里德里希・海因里希・雅各比(Friedrich Heinrich Jacobi)。

上面对体系思想之双重要求的表述是由约翰・戈特利布・费希特(Johann Gottlieb Fichte)提出的——不过常被遗忘的是,除了康德本人,还会有谁对哲学提出以体系为形式的要求呢:依照康德的观点,先验哲学必须是一个“纯粹理性的体系”。众所周知,康德并未实现他自己的要求,而他的后继者——费希特、谢林和黑格尔,并且不只是他们,大概还有施莱尔马赫——则曾经尝试构造这样一个“纯粹理性的体系”。众所周知，这些体系的构想之间——尽管有许多共通之处——有着显著的不同：黑格尔的哲学处女作就已明确指出了“费希特与谢林哲学体系的差异”。而它们之间的区分则不仅在于对其原则的表述以及体系的构成，而且在于它们对于拟定一个体系这一任务是如何设定的——并且，这又要求对于不同“体系”的编纂出版(Edition)的不同的操作过程。

在黑格尔体系之初，曾有一个简短的、与费希特和谢林的构想截然不同、却根本未经完善的体系方案。1801年秋，黑格尔在取得教职资格、被任命为大学哲学教师之后，他紧接着开始一些讲座，在他讲座的开头，他就介绍了这一方案。他构想了一个体系，它由逻辑学和形而上学开始，之后是自然哲学和精神哲学，最终完成于艺术哲学和宗教哲学，因为从精神的自我认识出发，整个体系得以再次归整为一体。这样，黑格尔构想出来的是一个体系之形态的基本蓝图，这一形态虽然历经了某些——限于领域内的——修订，而黑格尔直到生命的终点都还坚持其基本特征。

在写下这一体系方案的时刻，黑格尔除了他的体系方案和精神概念之外，缺少一个真正的哲学体系所需的一切。当时，他既没有一个值得一提的逻辑学，也没有一个像样的形而上学；虽然他有些许自然哲学的知识，却没有一个完善的自然哲学；同样他也没有精神哲学，更不用说艺术哲学和宗教哲学了。不过，他在最早的讲座中就已迅即开始了概念上的完善和在材料上对体系方案的扩充——在一种有着令人惊讶、甚至令人生畏的连贯性的发展过程中。若批评说这两个原则是不能相容的，令发展的思想反对体系的思想，或者反过来，令体系的思想反对发展的思想：要么体系要么发展——这样的批评并没有什么意义。这一对立在此落到了空处，因为发展也总是体系本身的发展。不同于其他思想家,包括黑格尔同时代的思想家,在这一过程中并没有明显的转折,没有断裂,没有大规模的修订,没有“辩证的飞跃”,甚至连大一些的惊喜都没有——除了《精神现象学》这一例外。体系的完善是依据这样一个模式完成的,黑格尔——不论正确与否——认为这一模式是科学史发展的模式,而拒绝其为哲学史的模式:即逐渐累加新的知识,而对之前的知识水平只作轻微的修正。这种新认识的累加并不是说,好像黑格尔首先完成体系的一个部分,接着进行下一部分那样。毋宁说,这就像是一个持续不断的、至少几乎同时囊括体系中的所有领域、以近乎无穷小的步骤向前推进并且永远不会真正停止的生长过程——即便在特定的时期显示出发展中存在一些难点。甚至住所和大学的变更,这些令我们如今得以谈起一个耶拿时期的、纽伦堡时期的、海德堡时期的和柏林时期的黑格尔的因素,也只是在表面上介入了这个持续不断的发展进程,而这一进程即使在临近他生命的终点时也未曾减缓。所以我有理由用一个德国童话常用的结尾模式来打一比方:“倘若黑格尔还没死掉的话,他恐怕到今天还在忙着为他的体系作扩建和各部分的修订工作呢!”

二

不过,一个被理解为在这样一个连续不断的推进过程中的体系,究竟是否可以编纂呢——倘若可以的话:应当如何编纂?这一问题的答案恐怕最好是这样来得出:我们首先搞清楚,这样的一个体系不应如何编纂,而这正是黑格尔的学生和朋友们的编纂方式。他们并没有长期困扰在方法论的问题上。他们将自己师父的哲学——其中有些人自己已经追随了多年——的完成看作一个在其完成的形态达到高峰的过程,即使他们已经意识到,这个时间上的最后形态之所以有地位,并非由于体系形式最终达到了其内在的目标,即事实上的完成,而只能归因于黑格尔的意外死亡——而他们就这样把黑格尔的“真理即整体”变成了“真理即最终者”。

对于这个编纂问题上的决定来说起作用的不仅仅是对最末版本的绝对优胜和真理性的哲学信念,这一信念也根本没有贯彻到底。对能够成为编纂对象的原稿的限制行为却也不能归因于一种可以理解、因而可以原谅的从实际的角度出发对当时编纂工作的可能性之局限的洞见——那时在科学机构还根本没有长期的编纂活动呢!说上述的考虑对文本的选择没有什么影响,这一点可以从部分遗留下来的朋友和学生与黑格尔遗孀和诸子之间的通信看出。同样还能看出的是对原稿进行限制的第二个原因。这里讲的是一种——所谓“教学方针方面的”(schulpolitisch)——信念:排除先前的发展阶段有助于加强黑格尔体系的约束性要求和完整性印象。确实,黑格尔的弟子们在他过世之后需要面对各方面的论争——尤其是针对这些年间无论是宗教上还是政治上都趋于保守的主流思潮,除此之外,还要反驳与之竞争的其他哲学立场。在这种状况下,对他们而言更为有利的就是,能够以这样一个版本为依据:它并不基于其内在的差异——大概是“存在的逻辑学”或“百科全书”的早期和晚期版本之间——为多种阐释和可能出现的质疑提供契机,而是展现出封闭性和约束性特征,并在 1830 年间的论战中提供一个坚实的基准点。黑格尔哲学直到 20 世纪中叶几乎都是以这样一种形式被接受的:它源出于一个偏向最终的文本形态的、既是哲学上也是教学方针上的选择。而且,这些由学生和友人编纂的文本不仅构成了德国黑格尔研究的基础,而且也构成了所有语言译本的基础。

我们必须承认,直到目前为止,黑格尔的友人和学生的这一编纂上的选择从效果史的角度来看都是成功的。即便如今,在德国还有一个著名的出版社,它所出售的经过极少量修订的再版“亲友团版本”(Freundesvereinsausgabe)的数量远远超过历史—批判版。不过,这一影响史的和经济上的成功收益必须附上哲学上的损失的账单——然后,在原始资料和方法的层面上就可以看出非同寻常的损失了。

首先是原始材料方面:黑格尔的友人和学生几乎完全忽略了他遗留的手稿,而对于已经出版的著作,他们则将每一部的最后一个版本遴选入辑。这样,他们显然忽略了黑格尔全部著作的绝大部分。由此产生了何种损失,从黑格尔的生活阶段最容易看出:他们把黑格尔1790年间的早期著作完全排除出编纂的范围之外。在黑格尔死后,这些作品还大量存在、或许还保持着最初的规模,而在此之后,许多文本部分由于粗心大意而失散,部分则被有意销毁,而那些历经它们受到各种因素影响的遴选过程得以存留下来的少量文本,直到1907年才以一个其实并不确切的标题《黑格尔早年神学著作》(*Hegel's theologische Jugendschriften*)得以出版,与亲友团版本并立,并置身于彻底改变了的接受史背景中。其次,这些学生们忽略了黑格尔耶拿年间的所有手稿,也就是说,既有关于体系缔造的手稿,还有不管是对黑格尔政治哲学还是政治哲学整个学科都极为重要的作品《论德国宪法》(*Über die Verfassung Deutschlands*)。再次,他们起初忽略了黑格尔纽伦堡时期的所有手写的原始材料;后来才补充性地将少量的几个编纂极为粗略的文本合并入辑。其四,他们令黑格尔《逻辑学》第一部"存在论"的第一个版本陷入长达150年的遗忘之中,《哲学科学全书纲要》(*Enzyklopädie der philosophischen Wissenschaften im Grundrisse*)的最初两个版本也是如此,即使这两个初版与后来的版本在许多方面都有所不同,因而必须被看作独立的作品。最后,更糟糕的是黑格尔的柏林时期:在他为数繁多的讲座手稿和补充性材料当中,唯独存留的是他的宗教哲学手稿,所有其他材料都在编纂过程中佚失了。因此,这一编纂成果与其说是流传和保存的结果,不如说是破坏的结果。

同样棘手的是这个"亲友团版本"在方法和阐释层面上的后果:我

曾经讲过,黑格尔的哲学是在一个持续不断的完善过程中构思成形的。而经过上述排选原始材料的决定,黑格尔的友人和学生们使得对他的哲学来说极为重要的发展历程消失于无形了:阅读这一版本令人无法想到这一过程的存在。他们认为,基于黑格尔体系影响史上的考虑,应该只出版最终成果——即使黑格尔自己在《精神现象学》中也曾明确地表示过,剥离了形成过程的纯粹结果只是一具赤裸的尸身,而不再是某种活生生的东西。因此,这一版本显然违背了黑格尔的基本观点,这些观点对于他自己著作的编纂来说也应该是同样重要的——而这个错误的开端造成的负面影响不用说也涉及了所有基于这一版本的译本。

即使撇开上文引述的那个极为精辟的说法不谈:我们要将下面这一认识归功于黑格尔——当然不单归功于他,而是还有他以及特别是他的精神现象学:即洞察到思想的有效性不能完全脱离其诞生的过程,而人们则往往将两者间的界限分明视为理所当然并要求做到如此。黑格尔为考察现实总体而确立的这一谱系学原则在对他自己哲学的理解中也证明了其有效性:一种以谱系学方式进行理解的哲学本身也要求以谱系学的方式理解;倘若这一原则不能首先运用于其自身的话,这一哲学恐怕也并未找到解释现实的正确原则。这句话对它来说也同样有效:倘若人们在思想上无法追溯其产生过程的话,那么其产生的结果只是一具干巴巴的尸体。对其诞生过程的溯源是正确理解它的前提条件。因此,恰当地编纂黑格尔体系意味着,将这一体系的发展过程纳入编纂之中,并借编纂加以明示——而这一点并不是实证主义的完整性理想的苛求,而是出于哲学上更佳理解的考虑。

三

借着这些关于黑格尔的作品不应如何编纂的提示,同时也就暗示了,一种恰当的编纂应当达到怎样的要求。不过,达到这些要求在根本上是有可能的吗? 诚然,每一种编纂都不可避免地会(必须)令体系形成的这一持续发展的过程进入静止状态,至少是暂时的静态。不过重要的并不是对这一进程,而是对给养这一进程的那些原始材料进行编纂:那些令这一进程得以开始,并推动其向前发展的原始材料。不过这种说法也还需要适应实际情况:在这些原始材料中,只有相对较少的部分存留了下来,而大部分则佚失了——部分由于保存工作的无知和大意,部分由于有意的遴选过程,无论这是由于黑格尔的夫人和子女经手的结果,还是由他自己经手造成的。虽说这一损失对于黑格尔哲学的思想上的把握来说是如此令人痛惜,我们也必须承认,这一损失给如今的编纂工作带来很大的便利。

但是,尽管遗作被有意无意地大量删减,遗留的手稿在数量上还是远大于黑格尔的已出版作品。看看如今差不多已经完成的《全集》(*Gesammelten Werke*)第一部分就可以确信这一点。遗稿在数量上虽然与已出版作品差不多持平,因为《全集》第一部分的 22 卷中恰好一半是出版物,另一半留给了遗稿。然而,由于那些已出版作品的卷宗中有些有着大量的遗稿作为附录,就此而言,遗稿在份量上的优势在这里已经得到了暗示。而由于黑格尔作品的第二版和第三版并未分开来算作单独的作品,于是又产生了一个显著的比例变化。黑格尔的已出版作品相比而言确实数量稀少。除了小部头的教职资格论文之外,就只有五本书,尽管是五部重量级的书:《区别论》(*Differenzschrift*)、《精神现象学》《逻辑学》(共三卷)、《哲学全书》(*Enzyklopädie*)以及《法哲学原理》,还有两卷"补遗":耶拿时期、海德堡时期和柏林时期的一些论文。

然后,绝对没有理由为已出版作品与遗作之间的比例表示遗憾——恰恰相反。遗留的手稿常常比已出版作品更加有说服力,因为它还带有加工的痕迹,因而令人能够把握到思想发展的活力。这一点可以从一个特例中看出,即黑格尔讨论英国1832年议会选举法修正法案的文章,他晚年所著的、具有政治爆炸性的文章之一:此文与众不同的地方,是已付梓的版本和作为出版底稿的经过多次增订的手稿都保存了下来,而作为阐释的基础,手稿比已出版的文字要重要得多。

黑格尔遗留下来的手稿——这些并非次要的文本,并不等于就是黑格尔不想出版又忘记丢掉的东西。黑格尔也没有撰写什么“遗作”(Nachlaß),而是写下了他的体系方案。这是些——在较好的情况下——连续不断相互接续的通向体系之成型的一级级阶梯。并且,只有经过较低的几个阶段,才能达到思想认识的较高阶段。因此,在黑格尔《全集》中放弃那种常见的做法,即将“作品”和“遗作”分别辑入不同的系列,而是首先考虑思想相互连贯的发展过程而非包含它的媒介,是一个正确的决定。《全集》的独特性既在于文本的完整陈列,还在于以发展史为导向的、对已面世和未面世作品同等对待。由此,《全集》对于黑格尔工作方式的特殊性来讲是恰适的,因而对其文本的理解做出了重要的贡献。

然而,对这样一个发展过程进行的重构常常是编纂者批判性工作的成果——因为,遗留的手稿大部分并未标注日期,尤其是耶拿时期的手稿,不过,对于黑格尔的纽伦堡时期,同样需要针对早期编年史上的误区重新建构思想发展的正确进程。正如黑格尔所认为的,已知的东西尚且未知,那么,一个“已知的”(bekannt),也就是已经被破译并出版的文本也是长期以来并未“被认知的”(erkannt)。对文本这一“认知”的一个必要条件在于将其根据上下文纳入到黑格尔思想的发展史中,因为只有通过这一发展史,才能建构起贯穿始终的意义整体,才得以理解体系思维的形成。只有当他们摆脱了早先的阐释者好心将它们捆缚其中的误导性的时间编排这一紧身衣时,这些文本才能说出可理解的语言。对文本真正时间顺序的洞察构成了发展史阐释的一个无法规避的前提。并且,除了发展史的相关编年之外,对文本明确标注日期也是有必要的。因为,倘若如黑格尔的传记作者卡尔·罗森克兰茨(Karl Rosenkranz)那样将黑格尔的《论德国宪法》(*Schrift über die Verfassung Deutschlands*)标注为1806年的话,对它的阐释该怎样进行呢?又或者,该如何恰当地描述黑格尔耶拿年间的作品与同时出版的谢林著作之间的关系呢?

四

不过,我现在想要进一步讨论黑格尔体系形成过程的另一个特征,这一点上文已经多次提示,但尚未专门阐明:黑格尔的体系是在学院的(和高中的)教学工作中成长起来的——几乎没有别的哲学作品全集具备这样的特征,现在或许有海德格尔这一个例外。黑格尔几乎不间断地当了三十年的哲学教授——这与康德类似(而康德所处时代的学院教学有着不同的特征),但与费希特和谢林不同。此二人只是分别教过五年书,即便两人都造成了后来短暂的后续效应。对于黑格尔——就像对他的很多同时代人来说,尤其是施莱尔马赫——教学工作并非他所出版作品的“副产品”,而是他的哲学得到思想上的精心培育并获得其形态的场所——这始于我上文讲到过的第一个的体系方案。在他三十年的教学工作中,黑格尔逐渐完成了他体系的缔造工作;他的体系并非他在大学的研究所中孤独一人工作的结果,而是他的讲座所结出的果实。此外,从费希特和谢林后来短暂的教学工作中也可以看出,这一“生活背景”对于哲学内容的形态是不无影响的:讲座——也就是那些并不封闭在古典的哲学学院和近代的私人圈子中,而是在大学的公众中宣讲的课程——突显出的是非秘传性的特征。

从著作到教学工作的重心转移并不局限于黑格尔的作品;它是18世纪“经院式哲学”终结的后果——不仅是其哲学诸科中已成为教条的

那些准则的终结，也是其教学方式的终结，即以(包括其他作者所写的)纲要为指导进行学院报告。伴随这一传统的烟消云散，在启蒙运动的尾声开始了一个以学院教学为背景的哲学教育硕果累累的时代：哲学科学的准则被重新制定，而各个门类也被重新构想，并将其过去的版本纳入此构想之中。黑格尔也从海德堡写信给一位友人说，那些他在讲座中宣讲的科学，“其实大部分都才是需要构思的”。① 这一转折非常恰切地描述了这样一种状况：讲座成为哲学著作之形式的一个构造性的、并且是有决定意义的因素：它们并非对某个已经存在的科学的扼要重述的行为，而是新科学的创立工作；研究与教学达到了完美的统一。

黑格尔耶拿时期所有的体系方案都是在教学工作的背景中产生的——它们是讲座手稿，或者是为了出版而加工过的讲课手稿。甚至《精神现象学》的开头也是黑格尔在学院中宣讲出来的。《逻辑学》，就如我们现在所能看到的那样，是出自黑格尔年复一年教授着、并且不断在扩充和完善着的纽伦堡高中课程——即便他把这些逻辑学讲座，并且仅有这些逻辑学讲座，转化为“科学”和“体系”的表达形式，并将其完成为“科学之体系”的唯一一个部分——不仅是做成“蓝图”，而是做成了“体系”以及“科学”。他的《全书》和《法哲学》则无论如何还是大纲而已，是他口头讲课的基础。这些关系直到今天还因“亲友团版本”将他的讲课大纲弄得面目全非、变成了《科学的体系》(*System der Wissenschaft*)而不为人知——尽管黑格尔早已足够清晰地阐明了作为体系一部分的、对某一学科以科学为形式的阐述与将其写成“草案所必须的、压缩了的简写本”之间的区别：大纲的用处是“课本”，“必须通过口头的讲课获得其必要的阐明”。它是一种“教科书”，需要口头报告的补充，而不是“科学”的一部分(GW 19.5，请参考 GW 20.27,31)。另

① Hegel 写给 Immanuel Niethammer 的书信，1817 年 12 月 11 日，摘自：*Briefe von und an Hegel*. Hg. von Johannes Hoffmeister. Bd. 2. Hamburg. 3. Auflage 1969，169。

一个讲座大纲是黑格尔为了"主观精神哲学"而起头的,不过可惜没有完成,还有关于历史哲学、美学、宗教哲学和哲学史的大批手稿也是他的讲座手稿。单单是黑格尔的评论文章和论战文章就与他的教学工作有着较大的差距——因此与他体系的形成过程有着同样的差距。黑格尔的"体系"是在其讲座中形成的,除了《逻辑学》一个例外,它也只具有讲课稿这一形式。他体系之形成的动力有着一个似乎是制度上的基础——因为黑格尔将他体系的诸门类基本上都是以两年为周期开设课程,而逻辑学甚至每年一次——从中虽然不能推断出修订的必然性,却有着进行修订的契机。

黑格尔体系的发展与他对课程持续不断的完善工作之间紧密交织的关系可能不是随处可见,这或许是出于术语上的缘故:就黑格尔的耶拿时期哲学思想而言,我们自有《全集》以来就不再谈论讲课手稿,而是说三个"体系方案"(Systementwürfen)——即使这三个所谓的"体系方案"中有两个都谈不上是什么"体系"的方案,而只是"体系"某些部分的方案,也就是实在哲学(Realphilosophie)的方案。而这一点的可信性恰恰也是基于体系发展和教学工作之间的关系:在他教学工作之初以及1803/04年间,黑格尔尚且能在一个冬季学期的教学中铺展他的整个体系。一年后,这些时间只够教授逻辑学、形而上学和自然哲学,再过一年之后,只够教授自然哲学和精神哲学。通过"体系方案"这一说法,《全集》恐怕从术语上就遮蔽了"体系"与讲座之间的联系。显然,只有当一方面体系已经足够完善,讲座不再以"体系"而只是以其诸多门类之一为对象,另一方面,当出现讲座的记录保存之特有的双重性——即流传下来的不但有讲座手稿(或至少是残篇)还有讲座笔记——的时候,也就是黑格尔的海德堡时期以及尤其是柏林时期——只有此时,两者的联系才会显明。

由于黑格尔讲座手稿遗留下来的只是非常凌乱的残篇,所以,这一时期的体系发展差不多只能从相互接续的课程上的一系列讲座笔记中看出。手稿表面上的不可补救的佚失自然十分令人遗憾,不过,另一方面可以欢欣鼓舞的是,我们有借着超过百数的课堂笔记流传下来的数量繁多而质量可嘉的二手材料作为可靠的替代品加以补偿。

如我上文所讲,由于海德堡时期和柏林时期的体系发展差不多只在讲座(以及与之相关的材料)中有所体现,因而黑格尔讲座的编纂比起德国古典哲学时期的所有其他思想家,包括施莱尔马赫,都要来得重要。单单是黑格尔自己出版的《法哲学原理》实质上都无异于他当时讲座手稿的刊行。因此,讲座所构成的并不是一个具有较低合法性的领域、"真正"已出版作品的可以忽略的附录;它们不单是黑格尔哲学之表达形式的一个具有同等价值的、而且也是首要的、推动性的、实际上占据支配地位的因素。而以"体系"和"科学"形式阐述的《逻辑学》反之则是不典型的,当然,这一点并不会减损其对于系统而言奠基性的突出作用。还有黑格尔哲学直接的效果史也因此而是其表达形式的忠实反映:其影响建立在讲座的基础上,尤其是黑格尔哲学的"实在哲学"部分的讲座。吊诡地来讲,黑格尔"体系"的效果是一个他没有、至少没有以其表面的"科学"或"体系"形式进行阐述,而是仅仅在他的讲座中加以概述的体系所造成的效果。这些讲座不能再如在其先前的效果史中那样被理解为以科学形式加以阐述的体系诸部门;毋宁说,它们是黑格尔在大纲手稿与讲座这双重结构中、致力于将在讲座中教授过的科学加以创造而得出的成果:从既定的材料中整理出其内在的形式——尤其是在学院的教学工作的背景下。黑格尔的"体系"首先是一个"讲座中的体系"。

由此得出,编纂工作的任务应是令海德堡和柏林时期讲座中体系的发展进程显明出来。"亲友团版本"可耻地拒绝了这一任务——而这一版本的缺陷并不直接可见这一事实也无法减弱或消除它的困境:黑格尔的手稿和课堂笔记被混编在一起,不同年份的文本之间无法区分;在结构不完整的地方,替代以新的结构,主要是以三者合一臆想出来的,然后——根据编者的猜测——在其中插入原文,这常常是经过明显的顺序调整和对思路的破坏,而仍旧不能合拍的段落,就会被剪掉,即使这是一些对于理解相关门类来说至关重要的段落。看来,当时的编者似乎是将希腊神话中那个臭名昭著的形象巨人普洛克鲁斯特(Prokrustes)奉为范本:他将他的牺牲品们要么拉扯到脱臼要么截短肢体,直到他们终于与他备好的床铺同长。不需要麻烦的论证就很清楚,普洛克鲁斯特对待初始文献马首是瞻的编纂方式令对黑格尔哲学的恰当理解成为不可能。这一哲学提出的要求是,在严格的、必要的概念进程中构造其对象,同时将其表述的过程理解为其论证的过程。

因此,历史—批判版的最重要任务便是,将那些并未因当时编纂者的过错而佚失的原始材料既在其原始形态中又在其后来的形态中表现出来。黑格尔不得不首先分别制定他的体系的不同门类,各个"哲学科学"——很多时候只是出于少量并不充分的灵感——然后从一个课程到另一个课程逐渐完善这些蓝图。不过,但倘若撇开早先编者的混合而只将最后的——并在此意义上最为成熟——课程版本作为出版的基础,就也犯了个错误。因为,如此就会丧失对体系形式之缔造过程的洞见,对引导着它的那些动因的洞见。对这一过程的洞见构成了我们对每一个体系门类的认识的建构性因素。只对这一工作的结果感兴趣的人,可能会满足于各个门类讲座的最终版本。但需再次强调:即使对黑格尔来说,结果也只是一具"赤裸裸的尸身"——毫无生气,因为它无法令人认识到运动和思想的鲜活,无法令人认识到,结果是由何而出。因此,哲学的任务就在于认识到对各个门类之体系形式的逐步的缔造过程。发展的决定性的维度就在于此:在于对每一个正在形成中的科学之体系形式的逐步的缔造过程，在于一般开端的同一性与其形成的各个步骤之差异之间的张力。对这一历史性变化的认识只要能够展现出思想是如何在特定的否定之路上获得其规定性的，这一认识本身就能获得其系统思维上的意义。[①]

从对阐释任务的这一规定出发得出的是关于新版讲座的编纂方法的结论。这一新版的编辑工作已经在《全集》编辑的框架内——在鲁尔大学黑格尔档案馆中开始了。在此我只想做少许评论作为结语。讲座的编纂工作必须重构每一门类的这一生成过程并使之容易理解——其奠基的过程，还有对原始念头的改动与扩充。这建立在黑格尔从一个课程到另一个课程不断重新审视、对原始材料大量深入的遴选萃取的基础上。这同样建立在对思想之不断推进的规定性的基础上。

因此，编纂工作的对象是由黑格尔在某一特定学期讲授的课程构成的。这看上去也许是不言自明，也许很陈腐老套，但从前从来没有这样的认识，即便是如今人们经常也是另外的做法。"亲友团版本"并未将每一次讲座，而是将黑格尔哲学的不同门类作为自己的对象——历史哲学、美学、宗教哲学和哲学史。出于这一目的，它以其著名的成果破坏了其原始材料形式上的同一性与思想上的独立性，而这总是单次讲座的特征——而这一成果在简明性的基础上虽然不失效用，但却通过其自创的概念令黑格尔思想结构与思想运动的精微奥妙消失无踪。黑格尔最初的思考在此与已经考虑成熟的、具有丰富前提的部分并列而立，不同的概念被迫默默地统一成一个编纂幻想的产物。

而另一个极端则是将每个单个的笔记都作为编纂的对象。这一做法今天偶尔会被称颂为一种极具批判性的做法，因为它将每一份课堂

---

① Systematische Bedeutung 在这里指的不是黑格尔的体系或是某个哲学家所缔造的体系上的意义，而是一般来讲，与哲学史上的意义相对而言的体系上的意义，或者系统思维上的意义，指的是纯粹关注问题对象领域而不考虑其历史背景的哲学研究的方法。——译者注

笔记都当作一个个体。不过，一份笔记能够出版，必须首先经过史源学考证方面的澄清，其中就包括——尽可能地——与同一课程其他笔记的比较研究。在这里总是可以看到极为奇特的事情——从接受的片面性、记录流传的空白直到对文本顺序的颠倒。倘若编纂的对象是单个的笔记，这些缺陷就永远无法根除。对单个笔记的出版这一方法虽然是伴随着批判性要求而出现，但它更多是建立在放弃一切史源学考证的基础上。并且最后，单个笔记的出版也会导致这样的结果：令黑格尔的思想湮没在如今对带着不同程度的恭敬的上百份笔记的编纂过程中。

《全集》则避免了这两个极端，既不将每一个科学门类也不将单个的笔记作为编纂的对象；对于它来讲，如上所述，每一次课程才是编辑工作的对象。因为，黑格尔的思想是在一个学期中每一门课程的教授过程中获得其“真实的”、历史学上特定的形式的。并且，即使没有一个笔记能够成为对讲座原话的完全确切和忠实的记录：也有数量繁多的笔记，它们部分相互重叠，部分与黑格尔的留存下来的某份手稿内容一致，因此证实了是对黑格尔讲座的可信的、甚至是杰出的再现。至于每一课程的文本表述应当如何进行，应当根据具体情况来决定——当同一课堂的不同笔记之间存在巨大的品质上的差异时，应当选择局限于一份笔记加以再现，而当文字记录相一致或者差不多具有同等价值，则最好指出其差异。

从对《主观精神哲学》第一卷的出版以及当前的修订工作就已经可以看出，课堂笔记的编辑出版将改变上几代学者对“晚期黑格尔”的印象，这一印象或者是由于他们听闻“体系”一词并将其单单理解为被固定的版块分割开来的僵化系统，或者是因为他们基于黑格尔学生和友人的编辑工作而无法认识到思想发展的动能——而这并不能归咎于黑格尔。黑格尔的体系作为“讲座中的体系”是存在于一个持续不断的运动中的,即使是黑格尔以科学的形式加以阐述的体系中的各个单独门类也表露出了思想的这一动能——在第二版《逻辑学》与第一版之间的关系中就可看出。自从狄尔泰为黑格尔的青年时期作品辩护以来,没有比到处都乐意接受为定见的对黑格尔的妖魔化——认为他的晚期作品证实了体系的不断僵化——更为荒谬的了。更接近真理的是与之对立的观点:黑格尔在不断地摆脱早期的思维框架和无法证实的对于概念与现实之间关系的揣测之束缚;他对新的文献资料孜孜不倦地深入思考以及他清醒的历史体验不能允许任何停滞。这从《全集》中很容易看出——只要你准备对它有所了解。

(张灯　译)

文本、翻译与研究

——以黑格尔哲学为例

张　慎

一、为什么要重新拼读黑格尔

没有哪一个哲学家像黑格尔那样在去世后遭到了来自左中右阵营的截然不同的评价。

究其原因，虽然很大程度上与1840年前后的时代政治状况有关，人们期待社会的变革，也企盼一种新的革命性的哲学，但也部分地与他的著作在出版过程中所产生的混乱有关。第一套黑格尔全集在黑格尔去世后由他的亲传弟子们编辑出版，其中的一些作品由学生们撰写，虽然在史料方面有重要价值，但也使黑格尔哲学具有一种自身终极和封闭的形式。1848年前后来自政治、宗教和形而上学等方面的纷争导致黑格尔哲学和学派迅速解体，其后，黑格尔哲学虽在1870年和1930年左右经历了两次“复兴”，但昔日“显学”的地位已不复存在，它更多地成为人们批判的对象。哲坛上曾经流行过并且至今仍流行的一种做法是：先批黑格尔，痛打落水狗，然后再讲自己的观点，似乎已然站在“巨人”的肩膀之上了。其实可能其中有些人并没有直接阅读过黑格尔，而且某些自己的所谓“观点”早就被黑格尔斥为“非哲学”。

1945年后，当德国哲学逐步摆脱了二战的落后和封闭状态，并逐步走上正常发展轨道时，人们开始意识到重新面对德国古典哲学的重要性。“重新面对”,意味着揭下给大师们强制贴上的政治标签,清除对某些广为流传的名言所产生的误读,重新回到大师们的作品中去,让思想本身说话。这就突出了文本在研究中的重要性。伽达默尔就指出,我们必须“回到黑格尔哲学本身,拼读黑格尔”。1950 年代中后期成立了《黑格尔著作集》(历史—评论版)编辑委员会,后又下设了黑格尔档案馆,重新开始对黑格尔的正式出版物、手稿、信件、学生课堂笔记等进行整理,分门别类出版。专家们的共识是:只有在科学版本的基础上,对黑格尔哲学的科学研究才是可能的。1968 年后《黑格尔著作集》第一系列“作品与草稿”开始出版,截至 2009 年,已经有 20 种先后问世,第二卷《法兰克福时期作品》和第 22 卷《柏林时期摘录》也即将出版,至此全集第一系列的编辑工作告一段落。

由这次整理文本而带来的黑格尔哲学研究的进步表现在以下几方面:

1961 年,对黑格尔早期未发表过的手稿共 102 篇进行笔迹鉴定,然后对它们的写作年代进行了排序。这些作品揭示了黑格尔早年与理论哲学兴趣迥然相异的另一兴趣,那就是关心实践哲学,批判旧宗教,力图完成康德的道德哲学革命,这时人的自由问题占据他思考的中心。这有助揭示黑格尔哲学的真正起源。

1969 年对黑格尔的耶拿手稿共 83 篇进行了笔迹鉴定和整理,确定了它们的写作年月,这就为廓清黑格尔体系的产生、变动和最后确立过程打下了基础。它表明,黑格尔曾经筹划过由四部分组成的体系,逻辑曾作为体系的导言和入门,然后是自然哲学和精神哲学,最后是形而上学。后来他将逻辑与形而上学合为一体,体系成为三个部分,但又筹划了“意识的经验科学”,即后来的《精神现象学》作为未来体系的第一部分。

在第九卷的编辑过程中还对《精神现象学》1807 年的出版情况作

了考察,揭示了它的“秘密”之所在:为什么它有两个书名,为什么有一个导言,又有一个序言,为什么有两套小标题。其意义不仅在于文本考察,更重要的是,通过文本构思的变化指出作者写作意图的变化,即从开始写体系的第一部分——理论哲学,又转回到实践哲学这个作者所熟悉的领域,通过指出写作意图的变化,阐明作者当时哲学的真正旨趣和学术积累所在。

在编辑《哲学科学全书纲要》时,正文中删去了由学生们添加的“附释”,只保留黑格尔本人所写的正文和说明,而且把 1817 年、1827 年和 1830 年的三个版本分开出版,通过清楚显示作者在世时自己做的修订,使人们得以考察黑格尔思想的变化,还本书以主人在世时的真正面目,打破黑格尔早有一个成熟、封闭体系的成见。黑格尔自己一直称本书为“哲学纲要”,而不是“哲学体系”。第二版与第一版相比有了很大变化,尽管结构基本相同,但篇幅增加了近百段,而且许多地方的内容也重新改写,几乎成了一本新书。例如“导论”部分增加了十几节,对哲学的一般性质作了更详细的说明,因为近十年的各种经历使黑格尔对哲学有了更深刻的理解。在“逻辑学”部分,黑格尔不像第一版那样开头就谈“存在”,而是增加了“思想对客观性的三种态度”,这时的黑格尔显然要对哲学历史作一番清理,然后再进入自己的体系。从历史已经到达的位置起步,这是黑格尔阐述自己思想时的一贯做法。

这套著作集还决定把黑格尔学生们的课堂笔记作为第二系列出版,当然是挑选其中完整、直接和有价值的笔记。现在共出版了 4 种,分别是第 23 卷《逻辑学》,第 24 卷《自然哲学》,第 25 卷《主观精神哲学》,第 26 卷《法哲学》。课堂讲课的重要性对于理解黑格尔思想是不言而喻的,它是黑格尔对自己那些比较干巴巴的念讲稿式讲课方式所做的最生动和最有时代感的注解。可以把黑格尔的讲演录作为黑格尔哲学的入门来读,也可以与他的“哲学全书”对照起来读,以便更好地理解那些逻辑条理严谨的教学提纲，了解当时的精神文化状况。但是，如果对其中某些话脱离前后文进行随意的理解，也容易对黑格尔思想产生严重的误解。

2003 年，耶西克先生主编了《黑格尔手册》，它吸收了最新研究成果，对以往的一些重大研究有所评论，澄清了许多误传，提供了有关黑格尔生平，著作和学派方面的可靠资料，应该是我们研究黑格尔时必读的文献。①

二、翻译工作是吸收外来文化的重要环节

现在我国学界的一个基本共识是：外国哲学研究仍离不开对外国哲学著作的翻译。近二十年来，我们的外语水平有很大提高，直接读原文已经不是问题。但众多的外国哲学著作的读者是学生，从目前的状况来看，即使是外语能力比较强的学生，在从事学术工作时仍然是以读翻译作品为主，以原著为辅，只有当论文中涉及原文时，才会对照原著。母语阅读的速度是最快的，它在泛读时的作用是无可替代的。所以我们必须重视对重要学术著作的翻译，这是西方哲学研究中一项不可缺少的工作。

几十年来，我国在哲学名著翻译方面所取得的成就是巨大的。这方面的成果应该首推贺麟先生等学者组成的团队，他们以“信达雅”为原则，自 1950 年代以来就致力于黑格尔著作的翻译，《小逻辑》1950 年出第一版，这些译作的水准也是基本得到学界认可的。苗力田先生在陈康先生的基础上提倡译注相结合的模式，他在 1997 年推出《亚里士多德全集》(10 卷本)。梁志学先生主张在对原著以及作者本人思想进行深入研究的基础上再动笔翻译，他把这条原则贯穿在《费希特著作选

---

① W. Jaeschke: *Hegel-Handbuch*, *Leben-Werk-Schule*, Verlag J. B. Metzler, Stuttgart & Weimar. 2003.

集》的翻译过程中。这些都是我国翻译实践中总结出的好做法。近年来由于国家和出版社在这方面的投入和资助,学术著作的翻译无论在质上还是在量上都有很大的飞跃。

1. 黑格尔研究与翻译在中国

资料显示,在中国,先有黑格尔研究,然后才有黑格尔著作翻译。据贺麟先生回忆,中国的康德研究早于黑格尔研究,我想,这应该是受本世纪初新康德主义流行的影响,这说明当时中国的西方哲学研究是能同步反映西方学术思潮的,尽管它们主要还停留在文化批评和表述个人印象的较表层阶段。最早的黑格尔研究当推马君武在 1903 年写的《唯心派巨子黑智儿学说》,还有严复 1906 年发表的《述黑格尔唯心论》。总体看,直至 1920 年代,黑格尔在中国还不太为人知晓,人们"只知有康不知有黑"。1931 年是黑格尔逝世一百周年纪念,出现了不少论述黑格尔的文章,1933 年的《哲学评论》第 5 卷第 1 期以"黑格尔号"的名义结集发表了这些论文,在学界产生一定影响,最起码使人们注意到黑格尔哲学。与此同时,黑格尔著作的翻译也提上日程。1932 年王灵皋的《黑格尔历史哲学纲要》出版,1933 年张铭鼎译了《黑格尔之历史哲学》,1934 年周谷城翻译了《逻辑大纲》,1936 年王造时、谢诒征译了《历史哲学》。这表明在这一时期,我国开始了根据原著进行研究的阶段,虽然这些研究还是比较浅显和主观的。[①] 值得指出的是,中国是先接触了马克思主义哲学,然后才了解黑格尔,1949 年前的黑格尔研究多从新黑格尔主义的角度进行。

1949 年之后,黑格尔哲学处于一个十分尴尬的境地,一方面,它被斥为反动哲学,另一方面,作为马克思主义的理论来源之一,人们又不能绕开它。所以,在官方半默许的情况下,黑格尔作品是当时西方哲学

---

① 贺麟先生作为亲历者和参与者,对黑格尔哲学在中国的起源和发展作了详细的论述。有关资料请参看贺麟:《康德、黑格尔哲学在中国的传播》,载《贺麟集》,中国社会科学出版社,2006 年,第 465—514 页。

家中翻译和出版最多的，几乎涵盖了他的全部著作。“以黑格尔的名义”还使人们得以接近其他那些被划为资产阶级意识形态的东西，如康德、费希特、谢林等，还有费尔巴哈。其他人的作品则往往被注上“内部发行，供批判用”，一般读者买不到也看不到。这使得德国古典哲学在学界一度处于第二“天之骄子”的地位。但是，这个阶段的研究受到政治因素的严重干扰。1978 年西方哲学研究在中国获得新生，其标志之一是在 1981 年举行了较大的学术活动，邀请外国学者参加，隆重纪念《纯粹理性批判》发表一百周年和黑格尔逝世一百五十周年，它标志着新时代研究高潮的到来。虽然黑格尔哲学仍是当时的重中之重，但人们开始尝试在马列的框架外，在“逻辑与历史的统一”“本体论、认识论和存在论三者同一”等传统命题外，对黑格尔哲学做出多维度和纯学术的理解。本阶段有不少优秀专著问世。1990 年后，中国的黑格尔研究基本趋于沉寂，年轻人对现代哲学的喜爱似乎打败了“老黑格尔”。

但是，随着现代哲学中诸时髦词语热逐渐退烧，人们开始关注其中的深层次哲学问题，这就不可避免地把研究重心又引向古典哲学，于是，康德、黑格尔又成为许多论文的专题。但是，这次研究不再是大而化之地谈论本体论或认识论，形而上学或辩证法等传统话题，而是在更深的层面上，从问题史的角度，例如从现代文化和哲学的视野，进行更细致的专题理论研究，所以对更好的、可信度高的翻译版本的要求就提上了日程。

2005 年，成立了两套翻译黑格尔著作的班子。一是以梁志学先生为首的工作小组，主要有中国社会科学院及其他单位的人员参加，他们以《黑格尔著作集》(历史—评论版)为工作蓝本，严格按照它的体例，对其中的正文不做任何删减，但在注释部分会根据中国情况予以调整，以说明性注释为主，删掉不必要的文本考证。他们希望为中国的黑格尔学术研究提供可靠的文本支持。该项目获得了中国社会科学院的重大课题资助。三年多来,他们每年举行两次学术讨论会,逐字逐句地校读已经完成的翻译稿,交流处理翻译中出现的问题。计划 2010 年后各卷将陆续问世。

再一个是张世英先生领导的、有全国多所高校成员参加的工作小组,他们以德国苏尔坎普出版社的《黑格尔全集》(俗称理论版)为工作蓝本,这套版本虽然是在"友人版"基础上于 1970 年后陆续出版的,但它在卷后的说明中兼顾了迄今为止的研究状况,订正了"友人版"的一些错误,被公认是德国目前最经济和最普及的版本,它为大众和学生们了解黑格尔哲学提供了方便,至于对其中某些有争议之处,相信研究者们自有自己的判断能力。该项目得到人民出版社的支持,计划 2011 年前后陆续出版。

2. 学术作品翻译的几个问题

从自己的翻译工作实践来看,我认为以下几个问题值得提出来讨论,因为它们在学术作品翻译中具有普遍性。

> 1) 翻译蓝本的选择:选择一部正确的版本作为蓝本是翻译作品成功的关键。在德国,每位大哲学家都有一套学界公认的学术版本,只有这些版本才被允许在学术作品中引用。中国以前选择版本有很大随意性,拿到手什么就是什么。近年翻译界已经注意到这一问题,康德、费希特、黑格尔著作中的文本都分别使用了柏林科学院,巴伐利亚科学院,北威州科学院的版本,这是十分可喜的进步,是放弃随意性、重视科学性的学术胜利。在翻译中,我们还应该提倡以原著为蓝本,避免使用第二手的英译本。二手翻译本只具有可读性,不应该在学术作品中引用,否则会以讹传讹。有些作为经典广为流传的话语,在原著中根本找不到出处。我认为在翻译时还要注意尽量不改变原书的体例,译者最好不要自己随意划分段落和添加小标题。例如《精神现象学》当时为了有助于读

者理解各段落的大意，在翻译时根据1921年的拉松本和伊波利特的法译本并参考俄译本，在目录和正文中加入了带六角括弧〔〕的小标题。这是原文中没有的。[1] 译者这么做，当然有自己的理由，但今天看来，就有点画蛇添足了，有些小标题，未必表达了黑格尔的本意。当然，作为补充，也应该鼓励出版一些普及的可读性强的版本，甚至编纂一些专题的读本，因为中国有那么多的哲学爱好者、初学者，北大的那套原著选读至今还有学生读就是例证。但应该限制这类读本在学术论文中的引用。

2）尽可能提供不加评注的全译本。1978年以前，人们对西方文化的了解极为有限，所以在翻译本中加前言、加提示性的注解是常见的做法。但是，在信息化的今天，这样做的弊病是显而易见的。一是必然会有时代和译者的视野局限性，例如《精神现象学》的"译者前言"曾经是我们读这本书时必不可少的导论，但今天，它以唯心主义批判为导向的态度就显得陈旧。二是对内容作过多的提示，容易误导读者，今天的读者更乐意有自己的读后感，他们有较丰富的文化积累，更愿意从个人的立场来读一本书，不愿被导向一个统一的结论。所以，翻译时加注是必要的，但应该仅限于背景资料之类，它为读者阅读提供知识方面的便利，译者应该避免发表个人主观性的评论。当然鼓励译者出版"某某"著作导读之类的作品，但请和翻译作品分开出版。

3）避免用现代语词翻译古典著作。翻译中最棘手的问题就是专有名词的汉译。例如最简单的"Sein"，就有"存在""有""是""玄在"等译法的争论，再加上"Dasein""Existenz"等近亲词。对这些词的不同理解，其实构成古典哲学与现代哲学的交锋。所以，如

---

① 黑格尔：《精神现象学》，贺麟、王玖兴译，商务印书馆，1981年，下卷，第277页。

何准确地翻译它们，如何区别它们在不同时代的哲学家文本中的不同意义，是十分重要的。现在的学生，常常是在读了胡塞尔海德格尔之后，再看康德黑格尔，所以他们对此会做出另类的解释。例如把古典哲学的"本体论"(Ontologie)，翻译成"生存论"(海德格尔意义上)，或者把康德的实践哲学归于"生存论的"。也许自己写文章可以这么做，但是用它们来翻译古典哲学的专有名词是不妥的。

4) 尽量寻找共同的翻译语言。现在提倡创造性思维，但在翻译中，并不代表人人都可以造一系列新名词，或者完全推翻前人的译法，自己另搞一套，使得同一个词在每本书里的译法都不同。如果每一个译者自创一套翻译的语言概念体系，就会给普通读者增加阅读困难。以海德格尔的"Ereignis"为例，项退结译为：归属事件，孙周兴本人的翻译就有：大道、事件、本有，张祥龙译为：自身的缘构发生。他们各自的译法结合自身对海德格尔哲学的理解，都讲得挺有道理的。但难道不能在名词翻译上寻求某种一致性吗？不能给读者提供某些不需表明自己立场的纯客观的东西吗？我们觉得在翻译中还是应该少点独创性，多点共同性，尽量在已有的译法中寻找合适的表达，应该遵循"字面意优先"的原则。这样做，主要是从方便读者的角度来考虑的。虽然很多通用的名词概念在不同的哲学家那里都有细微的意思区别，但在他们的母语里这是一套相同的意义体系，本国读者不会产生任何困惑。我们把它们翻成不同的术语，对那些不清楚原意的外语读者，就有误读的可能。

5) 再讲一点题外话。目前外国哲学的翻译不是太少，而是良莠不齐。所以大学的讲坛和哲学刊物应该是一个选择和评价这些翻译作品的场所。教师们平时授课常引导学生读原著，对译本的优劣就更有发言权。在讲课中选择那些较好的版本，并根据自己教学经历,在专业杂志上对译本发表自己的看法,这些都可以促进学界翻译水准的提高,淘汰不太好的版本,使好版本得到认可,从而流行开来。一句话,用严肃的学术批评来提高翻译水准。

我们认为,严谨的翻译作品才能保证高质量的学术研究。在世风比较浮躁的今天,要坐下来读书,读好书,优秀的哲学文献与文本的重要性是不言而喻的,我们应该为之努力。

黑格尔实践哲学的现实性

路德维希·希普

对黑格尔实践哲学当代意义的追问有很多不同的面向。有人从中发现自由主义与社群主义之争的先兆,有人演发出符合社群主义自由标准的社会病理学(霍耐特,Honneth),有人则看到了对真理和正义标准的集体自我反思的尝试(宾卡特,Pinkard,布兰登,Brandom)。[①] 在以下讨论中,我将论述有关黑格尔实践哲学现实性的三个命题:

第一,在不放弃"实践哲学"作为一种规范科学的要求前提下,黑格尔提供了一种社会分化,或者更确切的说"完全分化"(Ausdifferenzierung)的理论。

第二,黑格尔阐明了一种分阶段的法的概念,涵盖基本权利所有"生成世代"(Generationen)和它们的历史实现问题。

第三,黑格尔的法哲学包含一个政治的概念,这个概念对于现在追问国家任务等现实议题具有重大的批判意义。

---

① 参见,A. 霍耐特:《不确定症——黑格尔法哲学的重新现实化》(A. Honneth, *Leiden an Unbestimmtheit. Eine Reaktualisierung der Hegelschen Rechtsphilosophie*. Stuutgart 2001);R. 布兰登:《黑格尔〈精神现象学〉中的整体论和观念论》,发表在《黑格尔研究》第 36 卷中(汉堡,2002 年)(R. Brandom, Holism and Idealism in Hegel's *Phenomenology*. Erscheint in *Hegel-Studien Bd*. 36 [Hamburg 2002]);T·宾卡特:《黑格尔的〈精神现象学〉——理性的社会性》(T. Pinkard, *Hegel's Phenomenology. The Sociality of Reason*. Cambridge University Press, 1996.)。

二

对于黑格尔哲学而言，自我差别，独立系统中的内在分化就是实在原则以及对实在科学的理解，它们都遵守其固有“逻辑”或内在法则。当然，根据我们所处的领域不同——自然、社会、文化或是纯粹思想领域的差别，分化的方式以及事实逻辑会有所变化。例如，生活概念和现实决定有机自然的方式是在它的结构和发展中具体化出来的，和自由在社会中的实现或是绝对精神在宗教和哲学领域的实现是不同的。

社会中的系统和结构的发展同样具有多样性。在耶拿手稿中，黑格尔试图将经典政治哲学、家庭、乡镇以及城邦的形成的亚里士多德传统，还有柏拉图的等级学说中的融合与分化模式与现代自然法和政治经济学的社会化理论结合在一起。由此，黑格尔实质是回应了欧洲旧的阶级或“等级”体系的瓦解，他明确地指出自由择业成为个人社会地位决定因素，取代由出身决定阶级行业这一根本转变所具有的政治和社会意义。在这一由市民和市场经济活动组建起来的社会阶级的政治和社会意义中，黑格尔看到了拿破仑出现之前的法国大革命所代表的抽象社会契约理论的失败。

在黑格尔关于客观精神的成熟哲学理论中，他认为家庭、具有不同阶级和职业的市民社会以及其中多样化的独立组织，还有具有行政和其他更具体政治特征的国家，不仅仅是具有特殊目的的独立有机体的不同形式，更是“伦理”(Sittlichkeit)的不同形式。这些形式带来各种不同的善，而他们的各部分则具有不同的(精神)面貌和自我印象，对自己的自由和社会处境，对自己的“尊严”(Ehre)和所应有的认同持有区别化的认识。

最重要的是，通过对“需求体系”(System der Bedürfnisse)的分析，黑格尔预言了当代商业世界的动力、它的专业化、它的剧变以及超越国界的市场所带来的全球化趋势。然而这里，我并不是要讨论黑格尔如何预示了后来的经济危机理论、阶级结构理论或是殖民主义理论之类。就现今的政治哲学而言，我感兴趣的是他如何将社会分化和规范的一体化结合在一起。从这点上看，黑格尔的立场与从韦伯(Weber)到卢曼(Luhmann)的很多晚近现代化与社会分化理论不同，对后者而言，现代社会不再对规范进行整合(über Normen integriert)。

在当代社会哲学中，“完全分化”(Ausdifferenzierung)理论，即认为社会各领域功能专门化并且各自有独特结构的理论，具有不被撼动的统治地位。不同社会领域之间的差别和相互依赖关系能够分别用现象学、系统理论或理性交往理论加以阐释。卢曼的系统理论(Systemtheorie)结合了这三种方法。卢曼和黑格尔的社会哲学之间既存在着有趣的相似之处也有所不同。他们不仅对系统自身的法则性、系统运用自身语言和视角表述其他系统的能力有着相似的理解，而且都认为“主体性”(Subjektivität)既不可能仅通过第一人称就充分把握，也不仅在个体的人之中就拥有他唯一的位置。自然的、社会的和概念的实体和过程也展现了主体性和反思性的多种结构。①

这两种自我分化和反思性理论的真正不同，在于如何处理分化和融合的关系。对于卢曼而言，单一系统的融合和整个社会的融合都是一个长期交流的开放过程。与自然进化的过程类似，这一过程不会返回分化更少、更为简单的状态。因此，退回到“旧欧洲式”(alteuropäischen)的个人自治观念，或是退回社会秩序的完备性都是在自欺欺人。

① 希普，“客观精神和社会演变——黑格尔哲学和当代社会”，见 M. 比恩斯托克，M. 见克朗普-卡丝娜贝(编)，《哲学在何种程度上实践的》，第 245—263 页。(L. Siep, Esprit objectif et évolution sociale. Hegel et la philosophie sociale contemporaine. In: M. Bienenstock, M. Crampe-Casnabet [Hrsg.], *Dans quelle mesure la philosophie est pratique*. Fontenay aux Roses/Paris 2000, S. 245—263.)

除了它发展的方向,分化过程本身并不具有超越自身不朽的目标。对于卢曼来说,以某些规范或原则为指导,对系统进行的体系性分类,既无法被认识也不是为人所愿。黑格尔将非自我分化的社会分化称作"单调的无限"(schlechte Unendlichkeit)[①],即不遵从固有的规范也不能把握自身。

在社会系统完全分化规范理论上,米歇尔·沃尔泽(Michael Walzer)正义方面的各种观念更接近于黑格尔的客观精神哲学。[②] 对于沃尔泽而言,就像对黑格尔一样,完全分化不仅仅是功能性的,因为它发展出了正义的特有形式。对沃尔泽来说,在每个领域("金钱和商品""教育和文化""安全和福利"等等)中都有各不相同,却与各自的善(Gütern)相适应决定权利公平分配和提出正当要求的方式。将某个领域合适的分配体系转换到其他领域将不仅仅破坏分化,并且带来对某个领域不合理的占有。而当要求在某一领域中取得与其他领域中同等的权利分配量时,那么个人的自由权利就遭到了破坏。当各个领域相互尊重和保护各自独特的善的分配结构时,那么在整体社会体系中实现自由和正义就是可能的。

然而,从黑格尔自我分化概念角度来衡量,沃尔泽的理论在确定正义不同形式的方式上仍然有不尽如人意的地方。因为沃尔泽没有展现出正义的各种观念作为一种共同精神演变而来的那一面。正义的每种形式都是源自给定的善的既定方式。分化不是规范观念的系统化发展。

相反地,对于黑格尔而言,社会各领域的完全分化都受规范的引导:即自由的观念,在其中,个人独特能力发展和对自身利益的追求与

---

① 参见希普,"客观精神的有限性和无限性"(Endlichkeit und Unendlichkeit des objektiven Geistes, Padua 2001),国际黑格尔联盟会议报告。

② 迈克尔·沃尔泽:《正义诸领域》。(M. Walzer, *Sphären der Gerechtigkeit* [*Spheres of Justice*]. Dt. v. H. Herkommer, Frankfurt 1998.)

创建公正的整体秩序结合了起来。因此，家庭、不同的职业和阶级、组织、国家的行政部门和宪法权力都是这一发展过程的不同阶段。

个人在家庭中得到对其自然本性、肉体和情感需求的承认，同时在没有严格契约义务的约束下，也满足他人及家庭“制度”(Institution)的要求。随着成年进入市民社会，个人有权且有义务维护其所有权，追求自己的人生目标。但是只有在个人获得执业能力，并以有益于社会的“阶层精神面貌”(Standesgesinnung)来执业时，个人的自由才能获得物质保障和持久性。所谓阶层精神面貌超越法律规定的责任，包含如勤奋、可靠以及其他为特定职业(如商人、医生和教师等)所希冀的美德。直至今日，这样的期待仍远远高于“照章办事”(Dienst nach Vorschrift)。

然而，个人为其自身公正待遇所能期待的仍是“物质正义”(materiale Gerechtigkeit)，以保护他的财产和人身安全，不受个人命运的偶然事件或市场过程影响。这其中不只需要专业的社会保险，在黑格尔看来，也包含企业在就业政策、职业与行业的自由选择与更高雇佣率之间相协调时所应负的责任。国家必须通过它稳定市民社会这一次要功能接手市民社会中部分的“家庭任务”(Familienaufgaben)。

考虑到个人自由和正义之间的平衡，国家显然另有它真正的任务：国家必须能够以一种真正独立于纯粹私人利益的方式在法律和文化政策领域确立和实现公共目标。只有在个人能够参与共同体任务的“交流”确定和实现时，自由才能在这个国家中得到充分的实现。但是这个国家意志形成过程中，还应有社会“重要领域”(wesentlichen Sphären)或“巨大利益”(großen Interessen)(§311)的职责。然而农业、商业、贸易、科学、军事等等不是封闭的系统，它们对整体的福利和正义有独特的、但却是可以相互融合的视角。

黑格尔的社会系统完全分化与融合模型显然基于他对社会组织和专业宪法最终必须进行概念重建的信念。每一特定职业和阶层不仅对于社会整体的繁荣是必要的,同时也是产生于普遍性、特殊性和个体性之间的概念关系。这种概念秩序不一定适用于单一的商业阶层,但至少适用于农业、商业以及公职阶层之间划分。按照黑格尔的观点,从农耕阶层直觉的信任,到零售商功利的反省,再到受过科学教育的官员对公益自觉的洞见,各阶层反思性的相应层次都遵从了精神的内在逻辑。

而这却也限制了自主择业和公民平等。因为,一方面各阶级的准入并不完全取决于个人的自由选择;另一方面,农业阶层对政治决断的影响力小于其他阶层。

在当代,这个模型还面临另一个问题。在技术社会中,人类直接劳动变得越来越多余,劳动力不断向休闲和娱乐产业转移,社会所必需的职业和行业变得稀有。① 产品的生产,服务的提供以及它们通过市场运作被分配的方式都转变为“私对私”(von privat zu privat)的关系。对这一关系的认同(Anerkennung)几乎只包括相应的货币报酬或私人“红利”(Gratifikationen)。今天看来,阶层秩序是必要概念的观念将社会认同与社会必要劳动稳定机构所需的条件紧紧联系在一起。

黑格尔的法哲学无法直接解决当下的难题,但却为社会分化与规范化融合之间的结合提供参考,并为当代社会哲学提供思想上的养分。黑格尔的法的概念亦是如此,虽然饱受批评,但仍旧发人深省,下文便将就此做出论述。

二

黑格尔在他的《法哲学》中所展示的权利概念长久以来都是众多批评攻击的目标。涵盖这一概念中的一系列主张,从个人所有权和良心

① 关于传统阶级和阶层的瓦解以及由社会地位定义的“荣誉”概念,参见霍耐特《为承认而斗争》。(A. Honneth, *Kampf um Anerkennung. Zur moralischen Grammatik sozialer Systeme*. Frankfurt 1992.)

自由到诸多国家主张，如要求公民在紧急状况下牺牲个人生命和财产，或历史中最进步国家的权利，即将他们自己政治制度和文化强加于他国的主张。但如此一来，权利概念是否已经走样？是否放弃了启蒙的法哲学所获得的全部成果？

不容否认的是，黑格尔的权利概念确实隐藏着一些麻烦。他们与界定国家权利与个人权利有关，也与19世纪以来历史扩张过程事实与国际法的一面有关。这里我想指出权利概念含而未发的内容，因为这个概念包含众多层次，并且具有继续发展和完善的要素。权利概念的多层次性也是当今法哲学和政治哲学最初的主题与要求。

时下的政治哲学习惯讨论第一、第二以及第三"代"(Generation)的基本权利。[①] 第一代权利指的是在18世纪革命以及19世纪民主改革中形成与确定的防御权(Abwehrsrechte)和参与权(Mitwirkungsrechte)。其中包含不受国家强力的公民自由、所有权、信仰自由和良心自由，以及在共和国和君主立宪国家中的参与权，首先当然是选举权。

第二代权利要求在个人或集体的灾难中给予社会协助。它从19世纪开始断断续续地发展，直至第二次世界大战后被制度化。它的权利特性一直引发不同程度的持续争论。

第三代基本权利是对公益的权利，如和平、教育、未受破坏的环境、发展援助等，可能还包含文化产品的权利，如语言宗教，尤其是少数族裔的语言和宗教权。最后这点尤其容易引发自由主义和社群主义之间的激烈争论。不过，第三代基本权利是否属于个人权利，在法哲学和政

---

① J·瓦尔德龙："公共善可以作为人权么?"，《自由权利——论文集1981—1991》。(J. Waldron, Can communal goods be human rights? In: ders., *Liberal rights. Collected papers 1981—1991.* Cambridge/New York/Oakleigh, [Cambridge UP] 1993, S. 339—369)有关三重表述的类似形式见霍耐特《为承认而斗争》，(A. Honneth, *Kampf um Anerkennung. Zur moralischen Grammatik sozialer Systeme.* Frankfurt 1992. S. 202 ff.)。

治哲学领域仍然是存在争议的。

同样饱受争议还有,权利发展的世代次序是否是一个逐渐进步、可能趋向某一目标的过程。马歇尔(T. H. Marshall)还有后来的霍耐特(Axel Honneth)等人阐发了这一观点。① 不过,自由主义的法哲学家和经济学家却认为,国家的膨胀和责权过度扩张不断削减个人权利。② 从自由主义的观点看,如果国家妄图达成这些臆想的权利所提出的全部要求,那么国家将不可避免地沦为家长式的,甚至是专制的福利国家。

另一方面,国家的某些目标,如提供福利或保护自然环境,同时也是它的义务。在没有侵犯到基本权利的前提下,国家不得放弃。但是这些义务的性质并不总是遵照国家在贯彻它所许可的个人权利要求时树立的模范。瓦尔顿(Jeremy Waldron)等人指出,我们面对的常常是个人利益,个人对公共善以及集体权益的使用混合在一起的情况。③

我认为这其中彰显了黑格尔权利概念的长处,他可以把我们所说的“世代”(Generationen)理解与归类为作为“自由的定在”(Dasein der Freiheit)的权利的内在发展。很多人都明确指出,与自由主义批评家所持观点相反,黑格尔确实有基本权利的肯定性概念。只是相较于罗列各项基本权利,黑格尔对基本权利与立法、道德和风俗习惯的结合更

---

① T. H. 马歇尔:“公民权与社会阶级”,见《处在十字路口的社会学》,第 67—127 页。(T. H. Marshall, Citizenship and Social Class. In: ders., *Sociology at the Crossroads*. London 1963, S. 67—127)尤其是 73 页以下,另外见霍耐特:《为了承认而斗争》。(A. Honneth. *Kampf um Anerkennung*. Frankfurt 1992, S. 186 ff.)

② 这里的自由的(Liberal)一词采用德语传统下的含义,而非美国政治哲学语境下的内涵。

③ J. 瓦尔德龙:“公共善可以作为人权么?”,见《自由权利——论文集 1981—1991》,第 339—369 页。(J. Waldron, Can communal goods be human rights? In: ders., *Liberal rights. Collected papers 1981—1991*. Cambridge/New York/Oakleigh, [Cambridge UP] 1993, S. 339—369)

感兴趣。[①] 人们当然也要承认(另外也不得不承认),黑格尔没有足够正确的看待第一代权利,即公民的自由权和参与权、面对国家时的防御权。但是,黑格尔法哲学各个层面,都或明或暗地讲到了与现代意义上的基本权利(Grundrechte)相对应的合法要求。

普遍认为,黑格尔法哲学的第一部分,"抽象权利"(das abstrakte Recht),展示了意志自由的系统性发展,即遵照普遍法则获取与转让物和效能,同时又不受他人或国家的胁迫。按照黑格尔的观点,这是意志自由从自然中独立发展出来,并得到其他法人和法团的认可。但是要通过公意的强制和惩罚执行来确保这一自由不受对公意的私人侵占——黑格尔认为指故意犯罪理由——所带来的损害。

法哲学的第二部分"道德性"(die Moralität)指出,按各自理解来实现正义与善的要求必然要受到法律所创建的共同体的限制,只要个人还是根据信仰和良心为其行为提供正当性。但同时良心判断(Gewissensurteil)的自由对国家来说是难以实现的,是国家不能审查也不能强制的"圣地"(Heiligtum)。道德性这一章拓宽了权利的概念,不仅仅在自由的教育发展和个人信仰表达方面,更超越单纯所有权和契约权而考虑到福利要求。福利不仅仅是私人的慈善事务,还必须要在公平共同体的制度中保障它不受反复不定的主观意向的影响。

广义福利不仅包含上文已经提到的抵御灾难(指维生所需身体或其他物质条件的活动或事件)、确保生活条件的各种保护措施。还包括自尊的感情条件,即个体成为生活共同体——"资产阶级小家庭"

---

① G. 吕贝-沃尔夫:"论黑格尔法哲学中基本权利的缺失",见 H. Ch. 卢卡斯,奥托·柏格勒(编),《欧洲宪法史下的黑格尔法哲学》,第 421—466 页。(G. Lübbe-Wolff, Über das Fehlen von Grundrechten in Hegels Rechtsphilosophie. In: H. Ch. Lucas, O. Pöggeler [Hrsg.], *Hegels Rechtsphilosophie im Zusammenhang der europäischen Verfassungsgeschichte*. Stuttgart-Bad Canstatt 1986, S. 421—466),另希普:"黑格尔法哲学中的宪法、基本权利和社会福利",见《德意志唯心主义中的实践哲学》,第 285—306 页,尤其是第 294 页之后。(L. Siep, Verfassung, Grundrechte und soziales Wohl in Hegels Philosophie des Rechts. In: ders., *Praktische Philosophie im Deutschen Idealismus*. Frankfurt 1992, S. 285—306, bes. S. 294 ff.)

(bürgerlichen Kleinfamilie)所承认的成员,同时也必须是参与生产、交换和管理过程的有能力又尽责的社会成员。

在伦理生活的各种形式中,扩展权利的自由不仅仅通过福利,也通过合伦理的自由,即与社会必要制度中的其他个人联合起来,完成共同的目标。这一联合的最高层级就是在国家中的联合,也就是形成独特的理性意志,以确定、发展宪法的自由秩序,塑造个人的文化认同,努力追求科学真理。本文最后部分我会再论及这点。此处的重点在于,个人权利也属于特定政治文化的要求。

我认为,权利概念的扩展使得福利概念以及合伦理的自由概念在时下讨论中尤其值得关注,因为黑格尔在当代福利国家和社会正义理论发展起来之前,就已经指出,个人要把自己看作是自由的、有权利要求的公民,就必须信赖他们生活规划的可靠基础。这要以为生计提供制度保障为前提,其中一部分由家庭承担,而另一部分则通过行业协会或其他国家机构来达成。这些要求可以而且必须通过各种方式得到满足,如建立合作社和设立职业,或由国家资助公共卫生事业、订立商贸法规等。

这些要求不必总是诉诸严格的"法律程序"(auf dem Rechtsweg)。黑格尔不像费希特,对于他来说不存在严格的劳动权,有的首先是企业"柔和"(sanft)管控劳动市场的义务。这样的权利早先是社会产品,对它的分配须要不同机构的合作与努力。但是,如果不保障这些社会产品的总量和完整性,不仅个人权利将受到侵蚀,连社会和平以及对法的忠诚等公共善都将因为由此导致的阶级分化与阶级冲突而遭受损害。

我们在讨论这些公共善的时候,就已经涉及瓦尔顿所说的"公共"的善与要求,而不是等到政治共同体中活跃着的成员所具有的合伦理自由时才涉及。[①] 一些善,如军事安全或干净的空气,不仅具有公共效

---

① J. 瓦尔德龙:"公共善可以作为人权么?",见《自由权利——论文集 1981—1991》,第 339—369 页。(J. Waldron, Can communal goods be human rights? In: ders., *Liberal rights. Collected papers 1981—1991*. Cambridge/New York/Oakleigh, [Cambridge UP] 1993, S. 339—369.)

力,而且也不能被独自享用。另一些善,诸如友谊、幽默感、文化成就等,只能通过相互参与的方式在社群中实现。因此,在瓦尔顿看来,不仅个人有权拥有这些善,团体和社群无需借助集体性主体或特别奇特的“民族精神”(Volksgeister)概念——这与黑格尔的精神概念也是格格不入的——也有权拥有这些善。

黑格尔将权利概念的发展与丰富理解为一种历史目的论,一个在现代立宪史和社会史中展现出来的真正的理性过程。个人自由的发展当然要求人权体系的建立——众所周知,黑格尔将《拿破仑民法典》视为法国大革命的理性结果。但是特殊人格的发展同样也需要市场经济和其中“专业”(professionell)行业阶层,以及通过企业和其他社会组织获得有效的市场稳定。在黑格尔的时代这些过程还仅仅刚开始浮现,而它们后来发展的道路也肯定没有按照他预期的那样。但是他认为如果个人和团体权利不想仅仅维持在抽象和无效的阶段,市民社会的稳定和危机的消除是必要条件。

权利概念的内在分化和丰富不仅仅展示了历史目的论。它也是社会和国家内在秩序和分化建构起来的实在目的论(*sachliche* Teleologie)。这是社会的和政治的系统和子系统的内在分化和融合的原则,就像我们在本文第一部分中已经讨论的那样。然而,不是每种我们提到的善和权利都必须以强制的、国家保障的个人权利的形式给以定义和保证。存在着不同种类的权利要求和善,它们必须通过不同的方式被保证和实现。

第一部分谈到的黑格尔实践和政治哲学的现实意义看上去是以背弃黑格尔法哲学核心内容为代价,黑格尔的政治国家是以其自身为绝对目标,它的存在与权力扩张都代表最高的、超越所有个人权利的权利。如此一来,黑格尔的政治国家观念是否还有现实意义?在本文的最后一部分,我将展示黑格尔延续古典政治哲学传统,使人的政治生存观念在当代完全分化和独立的社会条件下，重新获得现实性。

三

黑格尔在《法哲学》中，充分考察了将完全分化的不稳定社会加诸国家之中的需求。市场经济和它不断增加的满足实际需求的能力，以及创造新需求的能力，共同促进了最多样的天分和能力的发展。它不仅提高了物质舒适和福利的水平——在黑格尔看来这些“没有量的限制”（见§195）——而且首先造成了个人对自我的清楚认知和表达。但是它也可能导致不受控制的经济危机，带来个人的灾难并加剧阶级冲突。这必须由“警察和同业公会”及国家管理机关和阶级代表的合作结构管控和缓解。

然而，在黑格尔看来，国家稳定市民社会的各种活动仅仅是国家的辅助任务。因为这些活动展现了国家社会的一面，而非真正政治的一面。它造就的，更多是君主立宪国家中的制度，即分权的同时又拥有处于权力“顶端”君主的国家。这种国家的存在就是理性本身所要求的目的。很多学者强调了黑格尔法哲学的强烈的“制度至上主义”（亨里希），但对其进行猛烈批评的也不乏其人（霍耐特）。①

一方面，黑格尔通过他的客观精神观念论证这种制度至上主义。客观精神在国家中是个人的行为与知识“不变”（unbewegten）的目的。以国家为目的导致个人被工具化的程度并不比婚姻和家庭更甚。因

---

① 霍耐特：“伦理的超越制度——黑格尔方式的一个问题”，见《不确定症》，第102—107页。（A. Honneth, Die Überinstitutionalisierung der Sittlichkeit: Probleme des Hegelschen Ansatzes. In: ders., *Leiden an Unbestimmtheit* [*o. Anm. I*], S. 102—127）对于亨里希而言，这一“制度至上主义”与《法哲学》矛盾的问题并不与黑格尔客观精神作为整体的哲学相冲突，“逻辑形式与实在整体性——论黑格尔真正的国家概念的概念形式”，见亨利希，R. P. 豪斯特曼：《黑格尔的法哲学——法的形式及其逻辑》，第428—450页。（Logische Form und reale Totalität. Über die Begriffform von Hegels eigentlichem Staatsbegriff. In: D. Henrich, R. P. Horstmann, *Hegels Philosophie des Rechts. Die Theorie der Rechtsformen und ihre Logik*. Stuttgart 1982, S. 428—450.）

为,个人不论是“家庭的”(familiale)或是政治生存,其本身都是制度的目的。个人在这些制度中实现自己或达到完满的状态。

另一方面,黑格尔的政治国家理论也包含个人政治生存的观念,以及市民社会下这一观念的新发展。人们或许会像卢曼那样,从中发现对一个按等级、目的论组织起来的社会整体所做的旧欧洲式的解读,并将国家视作无所不包的终极目的。[①] 然而,人们仍旧可以追问人的政治生存理论的现实意义。[②]

对于黑格尔而言,个人和社群的自由只有通过国家中的政治生活才能得到恰当的实现,而这个国家的制度要能够促进理性公意的形成。根据《法哲学》第 260 节,国家宪法和国家真正活动的“普遍物”(Allgemeine)必须作为“他们自己实体性的精神,并把普遍物作为它们的最终目的而进行活动”。他们“没有不自觉地为达成这一普遍物的目的而活动”(第 260 节)。将个人政治生存与私人、特殊利益结合起来,就是黑格尔所说的“具体自由”(konkrete Freiheit)。

国家不仅要保护家庭与社会领域内的完全分化,还必须维持和保障社会内部各经济部门以及其下行业的完全分化。国家必须保障个人能够从事公共事业,即维护宪法秩序以及社群政治文化,并参与其进步和发展的过程。在黑格尔看来,一个精神的存在必然是政治存在,就像亚里士多德认为,有理性的动物——*zoon logon echon*——首先要是政治的动物一样。我们通过理性,借由公共演讲和决断来共同决定对于所有人来说,什么是公正的,什么是不公正的,什么是有益的,而哪些又

---

① 尼克拉斯・卢曼:《社会的社会》,卷二,第 841 页和第 912 页以下。(N. Luhmann, *Die Gesellschaft der Gesellschaft*. Frankfurt 1997, Bd. II, S. 841, 912 ff.)

② 希普:“自我实现、承认和政治存在——论黑格尔政治哲学的现实性”,见 R・施米克与 U・施泰因福特(编),《正义与政治——哲学观点》(德国哲学报特刊 3),第 41—56 页。(L. Siep, Selbstverwirklichung, Anerkennung und politische Existenz. Zur Aktualität der politischen Philosophie Hegels. In: R. Schmücker u. U. Steinvorth [Hrsg.], *Gerechtigkeit und Politik. Philosophische Perspektiven*. [Sonderband 3 der Deutschen Zeitschrift für Philosophie]. Berlin [Akademie Verlag] 2002, S. 41—56.)

是有害的。

作为“具体自由的现实”,黑格尔的国家必须分别在家庭和市场各自的领域中,考虑个人利益和团体的生活方式。通过“无形的手”的经济规律和基于公意概念的规范法则,个人意志必须“过渡到普遍物的利益”(《法哲学》,§260)。然而,这个过程不能一劳永逸地托付给专家们,而必须通过国家公民的自主意志和影响来加以融合。这一个人和国家政治的双重参与构成了黑格尔的现代国家原则。

尽管黑格尔明显是以前民主的方式解读政治参与,但是他指明了人的政治生存的重要性。[①] 他不认可主权国家概念,普遍选举观念和立法的优先性,因为它们可能使国家受制于多数人意见,即便这些意见仅仅是代表私人和团体利益的偶然的想法:“而选派者的选举……是拿意见和任性当儿戏。”(《法哲学原理》,§311)

然而,黑格尔坚信代表的基本任务就是利用他们特殊领域的技能,来清楚表达立法咨询所涉及的不同阶级和专业团体的特殊利益。因此,“在社会生活每一特殊的重要部门(如商业、工业等等)的议员中都有切实了解并亲身参加这一部门的个人”(《法哲学原理》,§311)。因此,对于公共福利的决定不是简单的个人利益和意见的叠加,而必须要顾及对公共福利十分重要的、“社会生活某一重要领域”的“巨大利益”(《法哲学原理》§311)。

人们可能会思考,通过重要团体在议会党团中的代表以及行业专家给予部门的法律建议,现代民主是否已经找到了规范“巨大利益”影响立法的适当方式。从这点看,并不是所有的意见在议会体系中都有

---

① 艾蒙德(Emundts)和豪斯特曼(Horstmann)强调黑格尔立法观念的“反民主”特质,两院“没有任何人民的直接政治参与”而有效的维持着。见 D. Emundts, R.-P. Horstmann, *G. W. F. Hegel, Eine Einführung*. Stuttgart 2002, S. 105。除了各基层通过合作委派代表的事实,并通过君主权威征召(《法哲学》,§308),他们确实允许公民在立法过程的间接参与并且以及在对他们政治生活至关重要的公共意见的形成中的参与(《法哲学》,§315)。

同等的影响力。根据德国宪法，政党在公意形成过程中的参与(Tailnahme)，现在已经变成了“调停”选民意志的重要方式。然而，这里的重点不是现代民主的历史发展过程——黑格尔并没有真正参与其中，并且对这一过程的开端保持极大的怀疑态度。

参与国家生活中的决断与执行的权利是否属于个人的自我实现，黑格尔的立场对于这个问题仍具有高度的现实性。而当我们考虑国家是否要受个人福利要求的限制，以及是否以追求公共善、共同的目标和生活方式为责任时，黑格尔的理论同样具有现实意义。

首先，我们应该承认，黑格尔保留了卢梭和康德的核心观点，即认为没有对国家立法过程的参与，就没有人的自由，也没有具有人格的独立个人。然而对黑格尔来说，对立法过程参与不是决定性的，在他的分权理论中，立法也不具有最高权威。① 对于黑格尔来说具有决定性的是对公共生活的普遍参与，包括直接的国家任务，如可以是有教养的官僚阶层、也可以是在其他行业和他们自己的机构组织中间直接的参与。只有有意识的参与国家的“统一”，个人才能实现他的理性和政治本性。

这其中必须有有意义的共同任务。这包括深入了解法律法规，在科学、审美以及宗教文化领域进行深造。就这点看，黑格尔在不排斥自由主义的个人权利、职业自由、商业自由和市场自由的情况下，仍旧可以被看作是现代社群主义的先驱。②

用个人福利的增长来限制国家最终都还是一个自相矛盾的目标。为了使国家(“Standortes”)的经济具有并维持国际竞争力，国家在能

---

① 希普：“黑格尔的分权理论”，见《德意志唯心主义中的实践哲学》，第240—269页。(L. Siep, Hegels Theorie der Gewaltenteilung. In: ders., *Praktische Philosophie im Deutschen Idealismus*. Frankfurt 1992, S. 240—269.)

② 有关社群主义的讨论参见霍耐特编辑的《社群主义——现代社会道德基础的争论》。(A. Honneth [Hrsg]., *Kommunitarismus. Eine Debatte über die moralischen Grundlagen moderner Gesellschaften*. Frankfurt 21994)；以及M.布鲁姆利克与H.布伦豪斯特《共同体与正义》。(M. Brumlik u. H. Brunkhorst, *Gemeinschaft und Gerechtigkeit*. Frankfurt 1993.)

源、运输、交通、科教和公共卫生等领域采取结构性政策，这些政策能够对个人生活规划和集体行为模式产生深远影响。所谓国家对个人幸福和生活方式不加影响、保持中立的看法，现在变得越来越不现实，即便是在自由国家中。

政治决断所决定的不是个人追求幸福所需的边界条件，而是会影响到公共生活模式以及个人生活规划的社会选择。这里讨论的是“政治存在者”公共讨论中所需的价值决断。

我认为，在时下有关国家真正任务的讨论中，黑格尔关于人的伦理—政治天命的观念一直具有重要意义。这些任务中，哪些只能通过政府机构来执行，哪些又最好分派给个人呢？公共职能能否简单地丢给专家，还是需要公民在意志形成和政治“人事”选择中积极参与？

如果个人在国家联合中的生活属于个人自我实现的一部分，而自我实现的存在和任务又是必要的，那么就不能把政治仅留给专家，也不能全靠私人机构来承担国家任务。因此，黑格尔政治国家的观念就不仅仅是“国家崇拜”(Staatsvergötterung)的陈旧范例。作为自在目的的国家概念可能具有一个形而上学色彩过于浓烈的核心。然而，黑格尔对于公民只有在公共和政治生活领域才能找到他们必要伦理实现的主张，对于政治人类学和当代有关国家任务与界限的讨论做出了重要的贡献。

同样具有现实意义的还有，黑格尔将权利观念视作具体自由。这一自由并不局限于在法律许可范围内不被打扰的追求个人生活蓝图，它更多的包含社会功能认可和真正政治、自治共同体的统一中社会的、政治的层面。

在研究卢梭以及早期荷尔德林时，黑格尔并没有在劳动分工、专业化、市场的现代形式中发现对人的分割与异化。而是将它们看作个人教育、发展特殊才干的必要过程。自我客观化当然是教育过程的一个阶段，而不是它的结果。因为，当经济过程受到社会和政治条件限制的时候，分别处在各个过程中、专业化的个人将逐步成为同一自治整体中的活跃的成员。然而，为了到达这点，社会各领域及其各自的伦理与精神风气必须统合在一个具有共同价值、规范和目标的政治整体中。

当代社会的某些发展趋势，比如因为短期共同生活而使得家庭相对化，或是跨国组织的兴起，都使得黑格尔关于特殊利益与共同体任务之间平衡的观念受到挑战。黑格尔在他尚不完善的国家法框架下，给予具有同质文化的单一民族国家优先权，这种做法在今天来看是大有问题的。但是如果我的三个论题确实能够在黑格尔文本中得到一些支持，那么除了他单一民族、君主立宪的国家模型以及行业阶层共享的社会模型所受的历史局限，他的社会分化观念、具体自由观念以及政治生存观念都不是完全前现代、旧欧洲式的观念，这些观念已然碰触到了当代政治哲学的众多核心问题。

（陈晰　译）

“承认”作为国家秩序与国际秩序的原则

瓦尔特·耶施克

“承认”在意识发展史上的诸方面

尽管“承认”(Anerkennung),特别是“为承认而斗争”(Kampf um Anerkennung)这样的术语在黑格尔体系的建筑术里并没有得到特别的阐述,在它们那里却似乎能找到一个引人注目的关键概念,这个概念允许把关于自我意识及人格建构的问题连同对法律及道德的论证、各种社会形式的形成,放在一个统一的、系统的进程中加以阐明。或者,这里似乎能找到这样一个发端,以在(这之前为深渊所隔开的)先验哲学、实践哲学及社会哲学的各问题域之间架起一座桥梁——由此也能找到一个社会现今之秩序及其自我理解所具有的基础意义和现实意义的发端。

在这个异口同声、不分场合同唱这首歌的庞大合唱团内,却有一个声音并不那么和谐:此人便是黑格尔。虽然我们要感谢他谱了曲。因此我想在我的演讲里讲述他不同的声音——并冒着这样的风险:即使尝试多声部地演唱这首歌,听起来也会觉得不和谐。黑格尔不仅为这首歌谱了曲,他也描述了在什么场合下该唱这首歌——最重要的,在什么场合下不该唱它。在《主观精神讲演录》(*Vorlesungen über die Philosophie des Subjektiven Geistes*)中他毫不含糊地说明了这一点。在这里,他首先引入了著名的生死斗争的形象——但是随后他阐明了意识发展史的定位，这一定位隐然地将《精神现象学》置于1805/1806年精神哲学[①]的前面：“这个立场产生于诸个体作为单独的自我意识而彼此对立的情况下，也就是说，在自然状态中。它……在公民社会中，在国家中就失去了意义。一旦出现了法律状态，它就消失了。在一个国家以某种方式存在的地方，这个整体的成员也就存在了，并拥有一个第三者，如君主、法律等等，以将他们客观地联合起来。在这样一个共同体中，每个人都从自己的本性出发为自己及他人所承认。……作为一个公民，我令自己的特殊性沉没到普遍性中，并由此证明了我拥有真正的自由。通过使自然人成为公民这一手段，自我意识的特殊性就被扬弃了；公民社会因此就不知道何为为承认而斗争，它带来的东西比单个自然人所能带来的更多。”[②]

特别是最后一句话，言简意赅地概括了黑格尔的看法：比起为承认而斗争所能带来的，在公民社会中有**更多的东西**。从历史的角度看，黑格尔将类似于史前英雄的命运归属给了这种斗争：这些英雄具有一种为人类在城邦中的共同生活奠基的历史性功能，但他们除了被想象为社会性世界的奠基者之外，自身就再也不是这个世界的一部分了；同样，这个为黑格尔所规定好方位的承认过程也是具有为社会奠基性质

---

① 这一意识发展史上的定位在原则上已经在从《1805/1806精神哲学》的论题到《精神现象学》的旁逸斜出中完成了，黑格尔随后再没有对其进行修订。因此“承认”的过程在客观精神或者法哲学中就没有什么体系性的位置了。从意识发展史方面和体系方面看它都发生在法哲学的准备阶段，而法哲学中则被放入了人格概念——人格概念恰恰是承认过程的结果。参见黑格尔：《耶拿系统草稿》第3卷，收入《黑格尔全集》第8卷，出版者：劳尔夫-彼得·豪斯特曼，汉堡 1976，第213—231页（Hegel, Jenaer Systementwürfe III. In: Hegel: *Gesammelte Werke. Bd.* 8: *Unter Mitarbeit von Johann Heinrich Trede*, Hrsg. von Rolf-Peter Horstmann. Hamburg 1976, 213—231），另参见黑格尔：《精神现象学》，收入《黑格尔全集》第9卷，出版者：沃尔夫冈·邦希本，赖因哈特·黑德，汉堡 1980年，第103—116页（Hegel, Die Phänomenologie des Geistes. In: Hegel: *Gesammelte Werke. Bd. 9*. Hrsg. von Wolfgang Bonsiepen und Reinhard Heede. Hamburg 1980, 103—116）。

② 参见黑格尔《主观精神讲演录》，收入《黑格尔全集》第25卷，出版者：克利斯朵夫·鲍尔，汉堡 2008年，第113页（Hegel, Vorlesungen über die Philosophie des subjektiven Geistes. Kolleg 1823, Nachschrift Hotho. In: Hegel: *Gesammelte Werke*. Bd. 25,1. Hrsg. von Christoph J. Bauer. Hamburg 2008, 113）。

的，但它却处在其所奠基的社会之外，被置于(社会)历史的前面。把在承认概念中得到思考的生死斗争整合进社会的尝试将如同古代英雄在后革命的公民社会中出现一样，对社会而言是摧毁性的。当它(社会)稳定下来以后，英雄时代就一去不复返了，为承认而斗争的时代亦复如是。

黑格尔那句话中，不仅说出了一种历史性的限定，同时也说出了一种概念性的限定。“为承认而斗争”不是公民社会一个在历史上虽逝去但却充足的前提，相反，我要再一次指出，“比起为承认而斗争所能带来的，有**更多的东西**”。斗争无疑是一个重要的要素，但只是建构自我意识和社会的要素**之一**——如果人们看不到其他要素，那人们就把这一**单一**的要素绝对化了，确切地说，在此意义上绝对化了：在其中绝对的东西乃是抽象的东西。

黑格尔对承认概念所做的意识发展史定位却绝不限于“为承认而斗争”；它关系到一般的关于承认的法律概念。随着向公民状态和公民社会的迈进，承认在法律上就得到了完成，同时也制度化了。人们可以把“一劳永逸”这句话从基督论的语境中抽取出来加到此处。[①] 把法律上的承认——当它已被一次性地制度化之后——在如同日常生活中特定事务每天都要重新发生那样的意义上设想为是需要一再重复的，这毫无意义。这种无须更新性对一般法律概念，对财产概念而言都是适用的。因此纪念建国的活动并不具有一种为那个建构国家而进行的原初相互承认行为在法律上进行更新的特征，而只是对其进行庆祝性的回顾——尤其对人类的法律人格的承认自近代开端以来还是超越了单个国家内共同生活的视域而成长起来的，虽然它在单个国家内找到了自己的制度化形态。诚然，令人遗憾地，每天都有否认人类法律人格的

① 黑格尔：《宗教哲学讲演录》，第三部分：完美的宗教，出版者：瓦尔特·耶施克，汉堡 1984 年，第 49 页(Hegel, *Vorlesungen über die Philosophie der Religion*. Hrsg. von Walter Jaeschke. Teil 3: Die vollendete Religion. Hamburg 1984, 49)。

骇人听闻的新现象，直到最近的一些事例，人们都想把它们描述为倒退到黑暗的自然状态的例证了。但是在原则层面和世界潮流层面上对人类权利主体地位的承认难道是这些螳臂当车的零散反例——尽管它们现在也还居然如此之多！——所能阻挡的吗？它们也并不使得它具有更新的必要。对法律人格原则及由此对自由原则的违背在它已被坚实地锚定的背景下是不需提出特别指控的。

关于黑格尔对承认原则在历史及体系中的影响范围十分谨慎的评价就说这么多。现在我想分两步来更详尽地阐释它。第一步还是停留在“承认”在建构“公民社会”中扮演的角色这个领域，尽管不可避免地会对国际关系有所预览；直到第二步才会超出单个国家，并论及“承认”在建构国际社会中的角色，黑格尔的时代及当代都会得到考察。

“承认”作为国家秩序的原则

(1) 首先就“承认”概念的谱系学说几句。“承认”如费希特及黑格尔清楚地了解的那样，首先是一项法律制度，而“承认”的对象则是法律诉求。我们在这里只探讨这类“承认”；除此之外，人们习惯于放到承认这个标题下面的，还有各种各样的其他形式，虽然它们有着另一种不同的结构，但这对黑格尔所强调的相互承认概念而言并不重要。[①] 一方面，这规定了“承认”的含义，另一方面，这又会提请我们注意在一个特殊的法律及社会历史阶段中“承认”的从属性。“承认”的法律制度在近代早期的列国时代有其本性及历史位置。它是用来管理各个主权国家之间的关系的。这些主权国家在历史上出现于欧洲近代的开端，它们

---

① 毫无疑问，我们可以随意地找到许多形式的承认——一直下行到对能叼住扔出去的棍子的狗的承认。但这和黑格尔的大论题毫无关系。同样，予以一个艺术家的承认，显然也有一种完全不同的结构：与法律上的承认不同，它是受内容规定的，最重要地，它不是相互的，也不是**“一个独一的过程”**。因此，在法律上的承认中，没有“好的”承认与“坏的”承认之间的那种区分。要么予以承认，要么不承认。

在大一统帝国思想退却,欧洲的宗教统一又终结的时代里,不承认还有什么世俗权力或者道德—宗教机构居于自身之上。如此说来,承认概念就是对主权概念必要的补充了,承认概念同时也被这样的政治—历史情势所塑造:承认的法律制度只适用于这样的国家之间,它们作为主权国家彼此对立,彼此的关系也并不总是以特别的条约或者普遍的秩序来调整了。

(2) 人们可以用第三个概念来表述这一事实,该概念从属于上文所提及的历史阶段及其思想关联,且为黑格尔自己所使用过:"承认"的法律概念在彼此关系处于自然状态的主权国家间有了用武之地。从方法论的角度看,自然状态这个概念不仅仅要归功于对公民状态中法律秩序的抽离——它至少也同样多地基于从没有法律调整的**国家**个体间状态到**自然人**个体间状态在思想中的转化。把自然人间的状态类比于国家间的状态,解释为一场所有人反对所有人的战争,而非解释为上古时代纯洁的牧人游戏或者在无统治的前提下进行交流的田园诗歌,这其中的证据很大程度上[①]基于从在历史中被经验到的国家之间的自然状态到自然人之间自然状态的推论。自然人之间的自然状态只是方法论上的虚构,国家之间的自然状态相反却是那时候的政治现实。但是国与国之间相互的承认——至少在法律上——终结了这种自然状态;它为国与国间最终的法律关系打下了基础,由此用法律状态代替了自然状态,这和人与人之间的社会契约相类似,后者构成了在基本法中不可废除的国家法律秩序的开端。考虑到这一重大的国家法律意义,承认的法律制度——如果我没看错的话——很晚才找到从国际实践通往

---

① 另一方面,这又基于霍布斯对自然人的权利主体地位的引入,这就意味着,作为这样一个人,他拥有一个自由的意志,因此设定权利,随后在——假想的——普遍的无法状态中主张"要求一切的权利",而这一权利会与其他人"要求一切的权利"不可避免地发生冲突。但就算这一在思想中以法律人格为导向的表述也是对当时(遗憾的是不仅仅是当时)国际状况忠实的反映。

国家哲学的道路就是殊可怪异的了。①

国家个体间的关系就如自然人个体间的关系一样,这是近代国家哲学最重要的公理之一。一般来说,在这一类比中,单个的、将自身社会化的自然人所进行的对国内共同体进行建构的关系具有优先性。"必须从自然状态中走出来"这一指导原则——近代国家哲学的另一基本公理——乃是霍布斯首先针对自然人个体提出来的。但是,随后这一原理在国际关系中也显示出了用途,也就是如下要求,各个国家也应该通过彼此的承认从它们所处的自然状态中走出来,这是一种向国家个体间建构模式的转化:在之前通过社会契约或者臣服契约而完成的对国家的奠基被通过承认而完成的对国际法律共同体的奠基所替代。但这种假想的从国内契约模式到国际间承认的转换实际上却是一种回转:国际间承认关系在概念上具有优先性,除此之外,它还享有现实上的优势。

(3) 在国际领域,在事实上得到完成的承认显现为仅在思想中出现的社会契约在功能上的对等项:通过契约和承认,各自领域的自然状态分别得到了克服,一种法律关系得到了建立。但尽管有相当程度的功能上的类似,内容上的区别也是可见的:国际间的承认仅可在与社会契约的类比中作为一种不完全的社会化形式,作为国际共同体的形成得到思考,而不可与一种产生最高权力(主权)的臣服契约相类比。国际间的承认只是确认了已有的主权,而非建立起一种新的、更高的主权。就算在语言上也不会导致对承认和社会契约的过度等同,它小心翼翼地区分开了这两种过程中的关系:在单个国家的建构问题上,我们

---

① 我用两个彼此相距甚远的构思来做例证:康德的法律学说在这一点上并不比施莱尔马赫的国家学说知道的更多。见康德,《道德形而上学》,学院版第六卷(Kant, *Metaphysik der Sitten*. Rechtslehre. Völkerrecht. Akademieausgabe Bd. VI),试比较康德,《论和平》,学院版第八卷(Kant, Zum ewigen Frieden. Akademieausgabe Bd. VIII);施莱尔马赫,《国家学说讲演录》,收入其《全集》第二部分第八卷,柏林—纽约,1998年,出版者:瓦尔特·耶施克(Schleiermacher, Vorlesungen über die Lehre vom Staat. Hrsg. von Walter Jaeschke,见 Schleiermacher: *Kritische Gesamtausgabe. Abt. II: Vorlesungen*, Bd. 8. Berlin-New York 1998)。

不会言说一种作为前提的未来公民间的相互“承认”,正如我们在国际关系问题上不会言说一种“社会契约”。此类差异的原因不在于走出自然状态,进入公民状态仅作为一种虚构的操作得到设想,而走出国与国之间的自然状态则描述了一种现实的、可稽考的行为。原因也不在于,“承认”在对人类自然状态的告别中没有什么地位——恰恰相反,谁与其他人订立了契约,他也就借此承认了其他人。相对于“承认”思想,契约思想则是占统治地位的。在被设想出来的社会契约事实中,“承认”总是已经在逻辑上被蕴涵了。但它在这里并不是作为正式的法律制度出现,而是在这个订约行为中不言而喻的隐含之物。如果在一个订约行为中,“承认”也许并没有同时得以思考,但却作为前提被设定了,那这样的订约行为是极其怪诞的。

(4) 先要澄清一个可能的误会:在公民生活中作为前提得到设定的“承认”论题绝不与社会的契约论式的理由相关联,黑格尔也并没有分享这一理论。它也绝不建立在把一个订约行为假设为经验事实的基础之上,同样它也不建立于如下事实之上,即我们总是已经生活在社会之中了,就此而言“承认”已经被“抛在脑后”了——尽管人们能够将黑格尔的引文理解为只是对历史事实的确认。就算它是对的,那这也只触及经验方面。现实的或者被设想的契约也分别只是构成了人这个概念作为一个权利主体,作为一个通过其自由意志并与其他自由意志共存的设定权利的存在者的外在显现形式。毫无疑问,这是对的,即在这里一个“承认”的过程是被设定为前提的,对财产权而言也是一样。就在我引征的文本所处的语境中,黑格尔也强调说:“一切权利都建立在对双方人格承认的基础之上。当我自己是一个人并且也让他人成为一个人的时候,我就实实在在是一个人了;在这一关系中,我扬弃了自我规定的特殊性,顺从于普遍性、君主、伦理风尚等等。在这种顺从中,我扬弃了我的自我意识的特殊性,抛弃了那种仅在单个自我意识之抽象立场上的自由。”[1]再一次地，这诚然很对，但从体系的角度看，它同时也只是处于作为自由的法律人格的人之概念的背景处。在费希特的《自然法》里，国家公民契约的订立[2]之前也并无“为承认而斗争”——参与者作为权利主体缔结契约。人们可以把这个——特别是近代的——作为权利主体的人的概念标识为几个世纪——或者更确切地，几千年——持续不断的“为承认而斗争”的结果。在这个概念里，承认被设定了，同时也被浓缩了，因此在这里，在人际关系里，为了建立一种法律关系，就不再需要进一步的正式承认行为，特别是不需要什么“为承认而斗争”了。

(5) 然而这里，在附丽于法律人格概念之上的订约自然人之间的承认和国家间明确的相互承认之间有显而易见的不对称：主权国家需要明确的承认。相反，被设想为单个国家建构因素的人总是已经得到了直接的承认。然则尽管在单个国家与国际共同体的建立之间存在着结构性的不同，这种不对称却不是因结构(strukturell)之故，而是因历史(geschichtlich)之故：它属于这样一个时代，在国际方面乃是拥有主权的列国时代，而在人的概念方面，则是一个公民社会的时代，它认识到人自在地就是自由的，因此也就没有什么奴隶或者农奴。仅当人不是被思考为自在地自由的，也即仅当存在着奴隶制度或者农奴制度的时候，承认才是一个富有感染性的社会与国家问题。奴隶或者农奴是被拒绝给予承认的，因此他们也就不被设想为潜在的缔约方。相反，在

① 参见黑格尔：《主观精神讲演录》，收入《黑格尔全集》第 25 卷，出版者：克利斯朵夫·鲍尔，汉堡 2008 年，第 113 页(Hegel, *Vorlesungen über die Philosophie des subjektiven Geistes*, GW 25,1. 113)。

② 参见费希特，《依据知识学原则的自然法基础，第二部分，应用自然法》，巴伐利亚科学院版，系列 1，第四卷，出版者：赖因哈德·劳特，汉斯·科利维斯基，斯图加特-巴德坎施塔德 1970 年，第 5 页以下(Fichte, *Grundlage des Naturrechts nach Principien der Wissenschaftslehre. Zweiter Theil oder angewandtes Naturrecht*. 见：*Fichte, Gesamtausgabe der Bayerischen Akademie der Wissenschaften*. Abt. I, Bd. 4. Hrsg. von Reinhard Lauth und Hans Gliwitzky unter Mitwirkung von Richard Schottky. Stuttgart-Bad Cannstatt 1970, 5 ff)。

已得到实现的公民状态中不再进行承认活动——在这里它已得到实现并作为前提被设定了。因此黑格尔明确地表述道:“奴隶制度适合在承认的立场上予以讨论。”[①]

“承认”作为国际秩序的原则

(1) 两个将承认概念锚定在自己对自我意识建构的思考中的作家——费希特[②]与黑格尔——也将这个概念在“国际法”与“涉外国家法”的语境中予以论述了,这是值得注意的,也绝不是偶然。在此语境中它才真正有其“自然的位置”(natürlichen Ort)。由此出发,凭借国家个体与人类个体间的类比关系,它能够首先进入费希特《自然法》中的奠基部分,然后进入《精神现象学》,最后回到黑格尔的“涉外国家法”(äußeres Staatsrecht)中。[③] 因为毕竟不是法律上的承认,而只是国际间的承认,才有交互性的和内容上的抽象性的特殊宪法,这一特殊宪法在费希特及黑格尔的承认概念中被设定为前提。在双方——费希特及黑格尔——那里,“承认”这个论题都与“为承认而斗争”这个论题联系在一起。同样,通过建立“公民社会”,通过内政外交上的巩固,一国内的为承认而斗争得到了终结,而这终结虽说没有导致,但却加剧了国际间的为承认而进行的斗争。而这也绝不是偶然的。

---

① 参见黑格尔:《主观精神讲演录》,收入《黑格尔全集》第 25 卷,出版者:克利斯朵夫·鲍尔,汉堡 2008 年,第 113 页(Hegel, *Vorlesungen über die Philosophie des subjektiven Geistes*, GW 25,1.114)。

② 参见费希特:《依据知识学原则的自然法基础,第一部分,应用自然法》,巴伐利亚科学院版,系列 1,第三卷,出版者:赖因哈德·劳特,汉斯·雅各伯,斯图加特—巴德坎施塔德 1970(Fichte, *Grundlage des Naturrechts.* [*Erster Theil.*] In: Fichte: *Gesamtausgabe der Bayerischen Akademie der Wissenschaften.* Abt. I, Bd. 3. Hrsg. von Reinhard Lauth und Hans Jacob unter Mitwirkung von Richard Schottky. Stuttgart-Bad Cannstatt 1966)。参见费希特对法律概念及其可适用性的演绎,GA I/3. 329—388,特别是 351:“自由实体间彼此的关系因此是通过知性与自由进行的交互作用。如果双方不彼此承认的话,就无人能承认其他人:没有人能把其他人当作自由的实体来对待,如果双方不彼此这样对待的话。”

③ 将费希特的承认概念解释为对 1790 年代关于法兰西共和国中承认的讨论的反映,这很有说服力,但要把优先权全归于它,那也没啥意义。

(2) 人类个体与国家个体之间,自然人与人造人[①]之间的类比公理在承认的形式这一方面也经受住了考验,虽说前者是导向单个国家的建构而后者是导向国际共同体的建构。国际领域中,在事实上得到完成的承认乃是仅存于思想中的社会契约在功能上的对等项。这两个过程作为“从自然状态中走出来”的形式而言是对等的——就它们虽以不同的形式,但却一致地完成了从自然状态向法律状态转变这一点而言。或者用《精神现象学》中的话说:承认是包含了“一个个体的作为”与“另一个个体的作为”于一身的一个统一的行为。“这个运动因此完全是两个自我意识间的双重运动。”——我要补充说:它也是两个国家自我意识间的双重运动。“每一个个体看到其他个体做它自己所做的事,每个个体如何要求他人,它自己也就怎么做;因此,它做它所做的,也仅当他人也做了同样的事;单方面的作为并无用处,因为该发生的事只有通过双方才能完成。作为不可分割的同时是一个个体与另一个个体的作为。”[②]——一个人或者国家与另一个人或者另一个国家。

这个“承认的纯粹概念”相对于承认所发生的境遇而言是无差别的。很遗憾,关于这个纯粹的概念在历史现实中所经历的“过程”,我们也有同样的话要说。为了描述它,人们只需在精神现象学文本中的“自我意识”概念或者“个体概念”之前分别加上“国家”这个形容词。因此关于国际间的实践,我在这里只想特别地提出两个方面:要求承认的权利这一问题及承认的内容这一问题——因为对这两个问题,直到黑格尔的时代及其身后(就算不是由他自己之前)——到处给出的都简直就是成问题的回答。

近代早期的自然法就已经默认了人类具有一种“要求承认的权利”

---

① 指国家——译者注。

② 参见黑格尔:《精神现象学》,全集第9卷,第110页(Hegel, *Die Phänomenologie des Geistes*, GW 9.110)。

(Recht auf Anerkennung):如果谁想与其他人进入契约状态而又被拒了的话,那他就有权将他人杀死。因为在订约要求被拒的情况下,自然状态就继续存在,在其中,通过自然法则,每个人不仅有权利,甚至有义务做一切对其自我保存而言必须的事。"要求承认的权利"在这里就转变为杀死尚未做好订约准备的人的权利。根据人类个体与国家个体及行为间的类比公理,对契约的拒绝就产生了发动战争的权利——更确切地说,它让本已存在的相互开战的自然权利持续存在或者再度被激活,成为战争。费希特得出同样的结论:他赋予了国家——此结论非常尖锐,且根据那时候有效的前提在逻辑上非常一贯——"要求承认的强迫权",也就是说,通过战争强迫取得被拒绝的承认:"被拒绝的承认由此就给予了发动战争的有效权利。"[①]黑格尔在这里逻辑并不是那么一贯;他虽然也支持主权国家要求承认的权利乃是其"首要的绝对的权利"[②],但他继续说道:"这种权利同时只是形式上的"——由此他避免了军国主义的结论。但这在概念上无法避免,如果一切法律——严格地从契约角度而言——只有通过承认行为终结了自然状态后才能产生。

上文已简述了从"要求承认的权利"中导出来的棘手的后果,与此类似,当承认与被设定的目标之内容,与良好的道德标准——权且是人权本身吧——联系在一起的时候,也会出现棘手的后果。在这一点上,我觉得费希特与黑格尔对国际间承认的论述落后于前者在《自然法》的基础部分与后者在《精神现象学》中勾勒出来的承认概念。承认在那里

---

① 参见黑格尔:《自然法基础》附录《万民法》第 6 章,全集 I/4,第 154 页(Hegel, *Grundlage des Naturrechts*. Anhang. Völkerrecht. §6, GA I/4. 154)。

② 参见黑格尔:《法哲学原理》,收入《全集》第 14 卷,出版者:伊丽莎白·维瑟-罗曼,汉堡 2007,第 331 章(Hegel, *Grundlinien der Philosophie des Rechts*. In: Hegel: *Gesammelte Werke*. Bd. 14. Hrsg. von Elisabeth Weisser-Lohmann. Hamburg 2007, §331)。

是被抽象地把握的：个体间“以彼此承认的方式承认自身”。[①] 费希特却将国家间的承认与条约的订立联系在一起，通过此条约，各个国家相互保证自己公民的安全。在承认行为中，每个国家都将此设为前提："对方国家有一部合法的宪法，且有能力承担起对自己公民的责任。"这里费希特首先确认，在承认行为中得到判断和设为前提的只能是其他国家的“合法性”，一个国家的内部宪法并不涉及其他国家（§5）。然则他给蕴含了承认的条约指派了如下目的：保护在他国的本国公民的生命与财产，最终他也就给予了彼此承认的国家“互相监督的权利”，“是否在每个国家都按照此条约行事了”。因为条约的约束力在于，它被双方以同等的方式遵行了——而这是需要检验的（§9以下）。[②] 在黑格尔那里也有同样的问题，而他再次明确地以更谨慎的方式解决了这个问题：一个国家的承认要求，“仅仅是因为它是一个国家”，乃是抽象的，它是不是一个国家，取决于它的内容和宪法——但最终，有承认的合意就足够了。黑格尔也看到，承认在根本上包含了彼此间的保证，因此在其他国家内部发生了什么，对一个国家而言并不是无所谓的。但他从中并没有引出了什么审查权或者采取进一步措施的权利。[③] 对这之前《精神现象学》相关章节的回忆也许有助于支持他，在那里，他确认了，沉没于“生命的存在”之中的两个意识“一开始彼此间并没有完成绝对的抽象过程的运动，没有根除一切直接的存在并且成为自我同一的意识之纯粹否定的存在”。[④] 无可置疑的是，他凭此同时也把握住了国家间承认的意义：对于这个承认，问题也在于“绝对的抽象过程”，在于对

---

① 参见黑格尔：《精神现象学》，《全集》第9卷，第110页（Hegel, *Die Phänomenologie des Geistes*, GW 9.110）。

② 参见费希特：《自然法基础》，《全集》I/4，第153—156页（Fichte, *Grundlage des Naturrechts*, GA I/4.153—156）。

③ 参见黑格尔：《法哲学原理》第331章（Hegel, *Grundlinien der Philosophie des Rechts*, §331）。

④ 参见黑格尔：《精神现象学》，《全集》第9卷，第111页（Hegel, *Phänomenologie des Geistes*, GW 9.111）。

一切直接的存在的根除,在于国家个体间纯粹的——事实上也是抽象的——互为之存在。因为一旦承认与进一步的,特别是道德及"人道"的标准结合起来,国家的独立也就受到了威胁,从而支持干预的"良好理由"也就可以被随意制造出来并被权能化了。[1]

(3)"承认"因而对黑格尔而言不再是一个"公民社会"的论题,而是一个国际共同体的论题——严格说来,在他那个时代,还没有什么国际共同体,除了在欧洲公法的有效范围内的少数几个反例之外。那时候主权国家之间的关系只能通过单个的承认行为得以建立——这个命题在黑格尔逝世一个多世纪后还是有效的。但今天人们可以察觉到这样一个过程,它与黑格尔在国内关系与国家结构建立时候所认定的过程类似:承认的含义在一步步地受到侵蚀。当代国际法概念因此极少从承认概念开始。国家间的承认行为诚然还是常见的,但绝不是必须的,甚至是"完全不重要的"。因为一个国家并不是通过其他国家的承认才得以成立,同样它的国家资格也并不因承认的被取消而随之丧失。被其他国家取消承认的国家还一如既往地是一个国际法主体。它的国际法主体资格是以就它的国家资格而言必须满足的那些条件为基础,而非其他国际法主体的承认。[2]

由此人们可以尝试着反过来追问黑格尔与费希特的承认概念:如果上面所说的都是正确的话,那么主体性需要其他主体的推动与承认,它也只在这样的条件下才可被思考,这是否也许是完全错误的? 这么

---

① 还有什么罪行未曾借"人道利益",以人类之名犯下? 为此我引用一句稍老的话,它浓缩了这个评价,以一种不加粉饰的,因而几乎骇人的尖锐性如此说道:"'人类'是帝国主义扩张一个特别合适的意识形态工具,借助其伦理—人道的形式成为了经济帝国主义一种特别的载体。"(卡尔·施密特:《政治的概念》,1932年,第7次印刷,柏林2002年,第55页。Carl Schmitt, *Der Begriff des Politischen* 1932, 7. Nachdruck, Berlin 2002, 55)。此话于今日亦不能增删一字。

② 参见——我在这里只引用一本书——奥托·吉姆尼西:《国际法导论》,第2全新修改版,慕尼黑1983年,第129—135页(Otto Kimminich, *Einführung in das Völkerrecht*. 2. vollständig überarbeitete Auflage. München u. a. 1983, 129—135),其他的书里甚至完全不提承认这个论题。

推测就太性急了，恰恰相反，同时也完全不对。承认这个概念丧失了其之前的分量，这其实是国际共同体及其法律形式——国际法中变化带来的结果。与黑格尔的时代，推而广之，与所谓的古典国际法时代不同，现代国际法从法律共同体的优先地位出发。国家间法律的产生不再是仅仅通过彼此的承认与订约，相反，法律秩序先行于各个国家及它们之间个别的立法。形式上的承认变得不再重要，因为所有国家对国际共同体的参与及其国际法主体地位无论如何都已经被设为前提了。普适的法律共同体先行于个别的承认行为，因此，这些承认行为诚然还是可能的，但却不再是必须的了。当然在特殊情况下有所不一样——比如一个国家解体成几个国家。在这个过程中，国际关系已被国际法以这样的方式加以调节了，这个方式类似于黑格尔在他那个年代认为在“公民社会”中所能察觉到的方式：在这个过程中，不止在“公民社会”中，同时也在国际共同体中，承认都已经超越了自身，成为多余的了。它的含义在今日世界被边缘化了，这并非因为现在新出现的国家为数已不多，而是因为承认不再像过去那样需要建立一种法律关系：存在着法律秩序，各国必须在它框架内活动——无论它们对此表示了正式承认与否。

因此我认为，考虑到国际关系的新动向，把开头引征过的黑格尔的话与时俱进地修改一下是合适的：“不在过去的意义上执着于其主权的现代国家令自己的特殊性沉没到普遍性中，并由此证明了它拥有真正的自由。通过使国家成为国际共同体一部分这一手段，自我意识的特殊性就被扬弃了；国际共同体因此就不知道何为为承认而斗争，它带来的东西比单个国家所能带来的更多。”

（李敏强　译　徐龙飞　校）

走出黑格尔“主奴关系”的辩证法神话

俞吾金

众所周知,德国哲学家黑格尔是哲学史上最有争议的人物之一。崇拜他的人把他誉为历史上最伟大的思想家之一,甚至推重他为“奥林匹斯山上的宙斯”;贬斥他的人说他的哲学几乎全部是错误的,甚至有人嘲笑他的著作四分之三是陈词滥调,四分之一是胡说八道。真堪谓见仁见智,迥然各异。如果我们不主张感情用事的话,也许会选择西方人常用的那句谚语来评价黑格尔,即“伟大和贻害是双生子。”这句谚语启示我们:一方面,我们应该看到黑格尔思想的伟大和深刻之处;另一方面,我们也不应该沉湎于黑格尔所制造的那些似是而非的哲学神话中。黑格尔关于“主奴关系”的理论就是一个至今仍然在理论界拥有广泛影响的哲学神话。它仿佛是一个被施了魔法的捕蝇瓶,许多研究者都为它的魔法所迷惑,从而自然而然地完成了“捕蝇瓶之囚”,也就是说,自然而然地成了黑格尔“主奴关系”理论的信奉者和鼓吹者。

凡是稍稍熟悉黑格尔哲学的人都知道,黑格尔关于“主奴关系”的理论是在其早期著作《精神现象学》中提出来的。在黑格尔看来,“主奴关系”不过是自我意识发展中的一个阶段而已。在主人的面前,奴隶对自己的整个存在都怀着恐惧。在恐惧的驱动下,奴隶全身心地投入了陶冶事物的劳动之中。结果,他们从依赖主人的意识渐渐地发展为独立的意识,而主人只是满足和陶醉于奴隶的劳动所提供的种种享受之中,本来所拥有的独立意识渐渐地转化为对奴隶的依赖意识。这样一来,主人和奴隶的关系就奇迹般地颠倒过来了:主人成了奴隶,而奴隶则成了主人。

黑格尔关于"主奴关系"的理论曾经得到他的同时代人和后人的广泛推崇,几乎可以说,任何评论黑格尔《精神现象学》的人都对这一理论赞不绝口,人们甚至把它看作黑格尔青年时期的最深刻的思想之一,尤其是法国的存在主义者试图从黑格尔的"主奴关系"的理论中找到存在主义的源头。然而,在我们看来,这完全是黑格尔制造出来的、浅薄的、似是而非的哲学神话之一。为什么这么说呢?

其一,诚然,我们也承认,当奴隶在主人的驱迫下全身心地投入到劳动中去的时候,其体能、技能和性格都会发生相应的变化,但这种变化却不可能自发地导致奴隶的独立意识的确立。事实上,无数历史事实表明,整个奴隶阶级的觉醒和独立意识的获得乃是外在的或从内部成长起来的先知先觉对广大奴隶自觉地进行教育和启发的结果。单纯的劳动决不可能导致奴隶独立意识的产生和成熟。

其二,黑格尔没有深入地分析奴隶劳动的性质。实际上,主人安排奴隶从事的都是最粗重、最低级、最损害生命和身体健康的劳动。如仆役式的服务性的劳动、繁重的开矿或搬运重物的劳动、开荒或种田等等。一来,这些劳动都是强制性的、"西绪福斯式的"劳动,不但不可能引起奴隶的兴趣,奴隶还常常通过逃亡、破坏生产工具等方式与主人进行抗争。毋庸讳言,在奴隶缺乏任何兴趣、避之如瘟疫的这些劳动形式中,陶冶事物也好,陶冶奴隶的性格也好,都是不切实际的浪漫主义的幻想。二来,繁重的、惩罚性的、屈辱性的劳动对奴隶的身心健康构成了严重的威胁。奴隶们常常在饥寒交迫的情况下英年早逝,又如何向主人的地位或独立的意识转化?马克思在《1844 年经济学哲学手稿》中评论黑格尔的《精神现象学》时,虽然写下了"自我意识的独立性和非独立性，主人和奴隶”的字样，但并没有对他的“主奴关系”的理论表示赞赏和引申，相反，马克思花了相当的篇幅来探讨“异化劳动”的问题，并对黑格尔的唯心主义和浪漫主义的劳动观进行了透彻的批判。马克思指出：

> 黑格尔唯一知道并承认的劳动是抽象的精神劳动。①

也就是说，黑格尔对现实生活中的真正的劳动缺乏深刻的认识。尽管黑格尔对“主奴关系”这样的问题的分析似乎具有某种批判的意向，但正如马克思所指出的：

> 在《现象学》中，尽管已有一个完全否定的和批判的外表，尽管实际上已包含着那种往往早在后来发展之前就有的批判，黑格尔晚期著作的那种非批判的实证主义和同样非批判的唯心主义——现有经验在哲学上的分解和恢复——已经以一种潜在的方式，作为萌芽、潜能和秘密存在着了。②

质言之，与其说黑格尔笔下的“主奴关系”是其批判精神的一个佐证，不如说是其想入非非的浪漫主义的一个标记！我们甚至也可以在当代人的生活方式中找到驳斥这一哲学神话的种种例证。比如说，为什么当代人要发明洗衣机、机器人、拖拉机、开矿机、起重机等机械来取代自己的劳动呢？道理很简单，像洗衣、洗碗、耕田、开矿这类粗重的、单调的体力劳动正是人们竭力加以回避的劳动形式。它们不但会耗费大量的时间，使人们无法去做自己更有兴趣去做的事情，而且也会严重地损伤人们的身心健康，把他们带入极度疲乏，甚至过早死亡的状态中。因此，即使在无限推崇黑格尔的“主奴关系”理论的当代研究者中，恐怕也没有一个人会自愿地去从事黑格尔语境中的这类奴隶性的

---

① 《马克思恩格斯全集》第42卷，人民出版社，1979年，第163页。
② 同上书，第161—162页。

劳动。

其三，黑格尔在“主奴关系”中对主人的论述也充满了不切实际的浪漫主义情调。黑格尔这样写道：

> 主人把奴隶放在物与他自己之间，这样一来，他就只把他自己与物的非独立性相结合，而予以尽情享受；但是他把对物的独立性一面让给奴隶，让奴隶对物予以加工改造。[①]

这段话的意思无非是：主人故意把加工物，即对付物的独立性（如做蛋糕）的劳动交给奴隶，而让自己去面对已经失去独立性的物（如吃蛋糕），亦即进行尽情的享受。在这里，黑格尔的偏颇之处是把主人仅仅理解为奴隶劳动结果的享受者。实际上，主人的现实生活远比一个单纯的享受者丰富得多。

首先，并不是所有的主人都会掉进单纯享受的陷阱中去。我们这里不妨做一个类比。记得马克思在分析资本家的活动时，曾经说过：在资本家的胸腔里，跳动着两颗相反方向的心。一颗心要追求消费或享受，另一颗心则要维持再生产或扩大再生产。

其次，主人把繁重的体力劳动让渡给奴隶后，并不是为了像普希金笔下的叶甫盖尼·奥涅金一样，把“无所事事”作为自己的座右铭，而会用从奴隶那里掠夺过来的时间去创制适合于主人利益的意识形态，以麻痹并消解可能会在奴隶中间慢慢地形成并发展起来的反抗意识和独立意识。换言之，主人决不会等在那里让奴隶来推翻自己。

再次，主人也会用掠夺过来的时间去学习政治、艺术和其他方面的知识来丰富自己，陶冶自己，使自己得到全面的、自由的发展。而这样的学习方式和发展方式是终生都被纠缠在繁重的体力劳动中的奴隶做梦也不敢想的。这里也不妨在资本家和主人之间做一个类比。马克思

---

① 黑格尔：《精神现象学》（上卷），商务印书馆，1981年，第128页。

在谈到资本家的财富时，一针见血地指出：

> 现今财富的基础是盗窃他人的劳动时间。①

又说：

> 节约劳动时间等于增加自由时间，即增加使个人得到充分发展的时间。②

我们实在没有任何理由像黑格尔一样，把主人仅仅设想为纯粹的享受主义者和消费主义者！

综上所述，在黑格尔的"主奴关系"的神话中，主人成了真正的白痴，似乎除了享受以外一无所能，即使得到了充分的自由时间，也不会去学习任何新的、更有价值的东西。同样地，奴隶则成了真正的智者。他们不仅兴高采烈地参与着种种繁重的、强制性的劳动，而且其独立意识也会像热带植物一样自发地成长起来。这不是哲学的神话又是什么呢？可怜的中国思想界，被黑格尔的思维方式和似是而非的哲学神话禁锢得实在太深了。必须摘去黑格尔头上的灵光圈，必须义无反顾地告别黑格尔制造的种种神话，中国人才能真正地用脚站在地上，并用自己的大脑进行独立的思考！

---

① 《马克思恩格斯全集》第 46 卷(下)，人民出版社，1980 年，第 218 页。
② 同上书，第 225 页。

霍耐特视阈中的黑格尔法哲学

王凤才

霍耐特(Axel Honneth),当代德国著名哲学家、社会理论家,法兰克福社会研究所现任所长,哈贝马斯的嫡传弟子,法兰克福学派第三代核心人物,批判理论第三期发展的关键人物。20 世纪 80 年代中期,霍耐特在德国学术界崭露头角,《权力批判:批判的社会理论反思各阶段》一书奠定了其学术基础。这个时期,霍耐特通过对从霍克海默到哈贝马斯的批判理论进行反思与重构,论证了批判理论的"承认理论转向"的必要性,从而为创立承认理论准备了理论前提。20 世纪 90 年代的一系列著作,譬如:《破碎的社会世界:社会哲学文集》《一体化的瓦解:社会时代诊断的碎片》,尤其是《为承认而斗争:社会冲突的道德语法》一书,不仅对当代社会进行了病理学诊断,更重要的是创立了使之获得国际声誉的承认理论,从而确立了霍耐特在国际学术界的重要地位。最近十年来,霍耐特出版了许多著作和文集,例如:《正义的他者:实践哲学文集》《不确定性的痛苦:黑格尔法哲学的再现实化》(以下简称《不确定性的痛苦》)、《再分配或承认? 哲学—政治论争》《不可见性:主体间性学说发展阶段》《物化:一个承认理论的研究》等,这些著述体现着霍耐特承认理论的进一步完善,并向多元正义构想与政治伦理学的拓展。因而可以说,从承认理论到多元正义构想,就是霍耐特政治哲学、道德哲学思想发展的基本轨迹。

尽管霍耐特最终试图构建一元道德为基础的多元正义构想，但他关于正义问题的思考最初却是从对黑格尔法哲学的诠释和重构开始的。[①]毋庸讳言，在当代政治哲学中，黑格尔哲学出现了“令人震惊的复兴”，甚至似乎为弥合分析哲学与大陆哲学之间的裂痕铺平了道路，不过在西方，从罗尔斯到哈贝马斯，占支配地位的做法是回到康德传统的理性法，黑格尔法哲学的理论模型在他们那里只起到很小的作用。与此同时，尽管社群主义者，如 C. 泰勒、M. 沃尔泽、A. 麦金泰尔等人，面对形式主义道德原则与个体自由意志，强调伦理共同体或社群的特殊价值，但是实际上，他们从来没有试图使黑格尔法哲学再次成为对政治哲学话语有益的，相反，他们尽可能地与黑格尔法哲学保持着距离。总之，迄今为止，黑格尔法哲学“在当代政治哲学中还没有恢复合法地位”[②]，没有产生应有的影响。在这种背景下，霍耐特在《不确定性的痛苦》中，强调黑格尔法哲学的当代价值，致力于“《法哲学原理》的间接的再现实化”[③]，并将黑格尔法哲学描述为规范的正义理论。由于受篇幅限制，在这里，我们既不能对霍耐特该著作进行全方位解读，更不能对黑格尔法哲学体系进行系统考察，而只想对霍耐特关于黑格尔法哲学的独特阐释进行分析。

---

① 1999 年夏季学期，霍耐特在荷兰阿姆斯特丹大学“斯宾诺莎讲座”演讲，题目是“不确定性的痛苦：黑格尔法哲学的再现实化”，2000 年与 2001 年，分别以英文、德文出版同名著作。该著作有三部分内容：一是“作为正义理论的黑格尔法哲学”，包括“个体自由观念：（个体）自主的主体间性条件”“黑格尔法哲学中的‘法权’：（个体）自我实现的必要领域”；二是“正义理论与时代诊断之间的内在关联”，包括“不确定性的痛苦：个体自由的病理学”“从痛苦中‘解放’出来：‘伦理’的诊疗学含义”；三是“作为规范的现代性理论的伦理学说”，包括“（个体）自我实现与承认：‘伦理’的条件”“‘伦理’的超制度化：黑格尔开始的难题”。

② 霍耐特：《不确定性的痛苦：黑格尔法哲学的再现实化》，斯图加特 2001 年，第 10 页。（A. Honneth, *Leiden an Unbestimmtheit. Eine Reaktualisierung der Hegelschen Rechtsphilosophie*, Stuttgart: Reclam 2001, S. 10.）

③ 霍耐特：《不确定性的痛苦：黑格尔法哲学的再现实化》，斯图加特 2001 年，第 16 页。（A. Honneth, *Leiden an Unbestimmtheit. Eine Reaktualisierung der Hegelschen Rechtsphilosophie*, Stuttgart: Reclam 2001, S. 16.）

一

根据霍耐特的看法，在《法哲学原理》中，黑格尔仍然坚持早期实践哲学的根本意向："个体自由"(individuelle Freiheit)[①]概念必须被理解为个体自我实现的媒介。因而，黑格尔像康德、费希特一样相信，每个规范的正义理论，原则上都必须植根于所有个体的自由意志中。但是他试图转到与康德、费希特理性法演绎不同的方向上：(1)普遍正义原则的合法性辩护不能从原子主义观念出发。(2)必须对作为社会条件合法性辩护的普遍正义构想进行研究。(3)黑格尔并未放弃青年时期带有亚里士多德色彩的观念，即规范的交往自由原则并不植根于行为规范的外在形式中，而是植根于习惯的行为模式与习俗中。(4)黑格尔有时比以前更加坚信，在伦理中的所谓交往自由文化，对社会行为领域而言不必被看作是非本质的空间。

在《法哲学原理》中，黑格尔将普遍的自由意志观念理解为法哲学的基本原则，并将自由意志的定在描述为个体自我实现所必需的外在的、社会的或制度的前提条件。霍耐特指出，从表面上看，黑格尔似乎接受了康德的"个体自决"(individuelle Selbstbestimmung)观念；但是实际上，他根本反对个体自决选择模型：消极的"自由意志"模型的局限在于，个体自决只能被描述为对所有癖好或行为目的的排除；选择模型的缺陷在于，个体自决行为必须被理解为不得不在不可把握的癖好或本能行为之间进行的反思性选择。这样，黑格尔就断言：一方面，尽管用个体自决的规定性能够把握个体自由的基本组成部分，但是却导致了人的完全无行为能力；另一方面，就不可避免地导致康德的义务与癖

① 霍耐特在阐发黑格尔法哲学时，使用了"个体自由""个体自主""个体自决"等概念，笔者认为可以这样来理解："个体自主""个体自决"是"个体自由"的两个规定性：前者体现着"消极的自由"，后者体现着"选择的自由"。

好、理想的道德原则与外在本能之间的二元论。[①]

在此，黑格尔疏忽了这个附加前提：每个个体必须能够拥有相应的癖好，以便能够从动机上转换自由的选择决断。不过现在，黑格尔之所以率先获得了普遍的现代正义理论，是因为他又与康德、费希特共同拥有了这个信念，即这个构想必须能够从本质上确定自主或“自由意志”实现的条件：如果个体自由首先和主要表征“自身在他者中的存在”，那么现代社会正义就能够同等地保障其所有成员交往体验的条件，并因此使每个个体参与不受伤害的互动关系成为可能。在这个意义上甚至可以说，黑格尔在个体自由名义下把交往关系视为“基本财富”(Grundgut)[②]——它在正义视角下根本控制着现代社会。

由此可见，在《法哲学原理》中，黑格尔论证的规范的现代社会正义原则，就是个体自我实现的所有必要条件。霍耐特说，一眼就可以看出，《法哲学原理》这个标题本身根本就是误解，或曰错误引导。因为按照通常的理解，“法哲学”应该给予“正当法权”的社会作用以规范的合法性辩护，但是在这里，黑格尔只给出了个体自我实现的社会条件的伦理描述。所以，最好用“正当法权的伦理理论”代替“法哲学”这一提法。[③]换言之，黑格尔法哲学必须被描述为规范的社会正义理论[④]。

---

① 霍耐特：《不确定性的痛苦：黑格尔法哲学的再现实化》，斯图加特 2001 年，第 24 页。(A. Honneth, *Leiden an Unbestimmtheit. Eine Reaktualisierung der Hegelschen Rechtsphilosophie*, Stuttgart: Reclam 2001, S. 24.)

② 在当代自由主义和社群主义语境中，“Grundgut”一词通常被译为“基本的善”；在黑格尔的语境中，笔者情愿将它译为“基本财富”。

③ 霍耐特：《不确定性的痛苦：黑格尔法哲学的再现实化》，斯图加特 2001 年，第 32 页。(A. Honneth, *Leiden an Unbestimmtheit. Eine Reaktualisierung der Hegelschen Rechtsphilosophie*, Stuttgart: Reclam 2001, S. 32.)

④ 同上书，第 34 页。(A. Honneth, *Leiden an Unbestimmtheit. Eine Reaktualisierung der Hegelschen Rechtsphilosophie*, Stuttgart: Reclam 2001, S. 34.)

二

隐藏在《法哲学原理》“导言”的纲领性描述背后的意图，本质上或许在于对个体自我实现交往条件的规范重构。在这里，黑格尔给自己提出的任务是：不仅描述自由意志的定在，而且从总体上规定法权，即个体自我实现的必要领域。对于“法权”的理解，黑格尔与康德、费希特是不同的。在后两者那里，法权概念意味着合法地调节公共生活的国家秩序，因而他们强调其国家强制性要素。在黑格尔那里，法权是个体主体实现“自由意志”的所有必要的社会前提。

在“抽象法”部分，黑格尔对现代自然法与理性法的规范内核进行了重构，目的是为了描述：抽象法对个体自由的实现的贡献在哪里。对黑格尔来说，抽象法的伦理价值就在于纯粹意识成为法权的承担者，因此它为个体在伦理领域被道德承认的可能提供了机会。这表明，黑格尔在其正义理论的构思中看到了抽象法的功能和界限：抽象法的功能就在于，在伦理内部维护合法个体的意识；而只有当所有社会关系在合法性要求范畴中再现时，抽象法的界限才会出现。

如果说，“抽象法”部分相对无问题的集中在具体的原理中，那么，“道德”部分则完全处于另外的情况：黑格尔试图尽可能地在时代诊断的观察与历史推论之间建立起理论联系，目的是为了能够为道德自主观念对社会生活实践的作用提供一个内容广泛的分析。① 事实上，在“道德”部分，黑格尔不仅确定了道德自主观念的伦理价值和局限，而且同时试图给出我们所能够相信的向伦理领域过渡的必要性的原因。在这里，黑格尔显然反对康德的道德自主观念，断言“绝对命令”

---

① 霍耐特：《不确定性的痛苦：黑格尔法哲学的再现实化》，斯图加特 2001 年，第 60 页。（A. Honneth, *Leiden an Unbestimmtheit. Eine Reaktualisierung der Hegelschen Rechtsphilosophie*, Stuttgart: Reclam 2001, S. 60.）

(Imperativ)范畴的用法是混乱的和空洞的。

迄今为止的重构表明,在《法哲学原理》前两个部分中,黑格尔解决了两个任务:在赋予两种自由观念以积极功能或伦理价值的同时,必须指出个体自我实现的必要的限度。这样,就能够确定它们在现代正义秩序总体中的地位。但是根据黑格尔的看法,抽象法和道德还不是习俗的东西,习俗的东西是作为自由的理念的伦理。[①] 因此,在"伦理"中,家庭作为"直接的或自然的精神实体" [②],它在所有伦理中的基础地位,归功于它接近于人的需要本性这个事实。市民社会"作为需要的体系" [③],是出现在家庭与国家之间的差别阶段。"国家是伦理观念的现实"[④],比市民社会具有更优先地位。

霍耐特断言,从总体取向看,"伦理"部分走向了这个观念:社会成员在国家中发现了一个互动领域——在其中,人们能够借助共同的、"普遍的"活动而达到自我实现的目的。但是,在黑格尔的国家学说中,关于政治公共领域、民主意志形成观念还未发现任何痕迹;此外,究竟在多大程度上能够把国家描述为公共自由关系?黑格尔也是不清楚的。[⑤]

三

应当承认,黑格尔正义理论构想与痛苦的时代诊断具有内在关联。

---

① 黑格尔:《法哲学原理》,美茵河畔法兰克福 1970 年,第 292 页。(G. W. F. Hegel, *Grundlinen der Philosophie des Rechts*, Frankfurt/M: Suhrkamp 1970, S. 292.)

② 同上书,第 307 页。(G. W. F. Hegel, *Grundlinen der Philosophie des Rechts*, Frankfurt/M: Suhrkamp 1970, S. 307.)

③ 同上书,第 346 页。(G. W. F. Hegel, *Grundlinen der Philosophie des Rechts*, Frankfurt/M: Suhrkamp 1970, S. 346.)

④ 同上书,第 398 页。(G. W. F. Hegel, *Grundlinen der Philosophie des Rechts*, Frankfurt/M: Suhrkamp 1970, S. 398.)

⑤ 霍耐特:《不确定性的痛苦:黑格尔法哲学的再现实化》,斯图加特 2001 年,第 124 页。(A. Honneth, *Leiden an Unbestimmtheit. Eine Reaktualisierung der Hegelschen Rechtsphilosophie*, Stuttgart: Reclam 2001, S. 124.)

正如霍耐特所说，黑格尔的"'客观精神'概念有助于走向正义理论与时代诊断之间大胆的、即独一无二的综合。……不过现在，在我的间接的再现实化中，首先必须突出黑格尔在正义构想中为抽象法、道德留有空间的积极作用，然后在引入'伦理'概念的框架中勾勒时代诊断"[①]。在社会的时代诊断中，黑格尔用诸如孤独、空虚、压抑等概念来表征社会病理学，此乃"不确定性的痛苦"。按照霍耐特理解，黑格尔的伦理的诊疗功能，就在于使个体主体从痛苦中解放出来，并为所有社会成员创造平等地实现自由的条件。此处的"痛苦"(Leiden)是在集体情绪或个体感觉意义上使用的，它是指人的生活意义的缺乏，或者指人的麻木或无感觉状态。而"解放"(Befreiung)概念具有双重含义，包括自由的消极的和积极的理解：在消极意义上，是从模糊的依赖性中摆脱出来；在积极意义上，是积极自由的获得。

我们已经看到，黑格尔把个体自由实现理解为主体间性过程，并又一次将它体验为"在自身中的存在"。现在不难看出，在《法哲学原理》中，伦理学说与承认概念之间具有内在关联。因为由主体间性行为构成的伦理领域，不仅必须满足个体自我实现的条件，而且必须满足相互承认的条件。正如霍耐特所说，伦理领域应该包括一系列主体间性行为，在其中，个体主体之间的相互满足被视为相互承认。[②]但是在这里，最大的困难本质上在于这个问题：到底为什么有一个精确的行为领域，其互动模式应该能够保证主体的个体自由的实现？为了解决这个问题，黑格尔提出了一个非常大胆的命题，即：自我实现、承认、教化之间

---

① 霍耐特：《不确定性的痛苦：黑格尔法哲学的再现实化》，斯图加特 2001 年，第 52 页。(A. Honneth, *Leiden an Unbestimmtheit. Eine Reaktualisierung der Hegelschen Rechtsphilosophie*, Stuttgart: Reclam 2001, S. 52.)

② 同上书，第 84 页。(A. Honneth, *Leiden an Unbestimmtheit. Eine Reaktualisierung der Hegelschen Rechtsphilosophie*, Stuttgart: Reclam 2001, S. 84.)

以挑战的方式相互协调。[①]

四

众所周知,《法哲学原理》包括三个组成部分,即“抽象法”“道德”“伦理”。其中,抽象法作为一种客观法,主要解决三方面问题:关于物的占有、使用的法律;关于契约(所有权转让的)的法律;关于制裁犯罪的法律。道德作为一种主观法,主要解决故意和罪责、意图和福利、善和良知等三方面问题。伦理作为主观与客观相统一的法,主要解决家庭、市民社会、国家等问题。黑格尔认为,不论抽象法,还是道德、伦理,都是法的表现,都在不同形式或阶段上体现着自由意志。在黑格尔那里,自由与意志是同义词,因为自由就是意志。没有自由,意志是一句空话。正像自由只有作为意志,作为主体才是现实的一样。[②]

依照霍耐特的诠释,在“抽象法”部分,黑格尔想要对现代自由观进行社会定位:据此,个体主体在主观法形式中实现其自由,这是一种形式的、消极的自由。在“道德”部分中,黑格尔试图勾勒现代自由观的合法地位:据此,个体主体通过道德自决能力来表征其自由,这是一种选择的、积极的自由。在这个意义上,“抽象法”与“道德”是《法哲学原理》的“真正的核心”,因为这是黑格尔系统解释个体自由规定性合法性诉求的尝试。[③]因而,尽管伦理部分非常重要,但是那种只能够集中在

① 霍耐特:《不确定性的痛苦:黑格尔法哲学的再现实化》,斯图加特 2001 年,第 93 页。(A. Honneth, *Leiden an Unbestimmtheit. Eine Reaktualisierung der Hegelschen Rechtsphilosophie*, Stuttgart: Reclam 2001, S. 93.)

② 黑格尔:《法哲学原理》,美茵河畔法兰克福 1970 年,第 46 页。(G. W. F. Hegel, *Grundlinen der Philosophie des Rechts*, Frankfurt/M: Suhrkamp 1970, S. 46.)

③ 霍耐特:《不确定性的痛苦:黑格尔法哲学的再现实化》,斯图加特 2001 年,第 39 页。(A. Honneth, *Leiden an Unbestimmtheit. Eine Reaktualisierung der Hegelschen Rechtsphilosophie*, Stuttgart: Reclam 2001, S. 39.)

伦理部分的取向,是完全没有根据的①。实际上,《法哲学原理》三个部分,应该被视为对现代社会三种自由模式的理解,或曰关于自由意志的三个构想。②笔者认为,霍耐特的诠释是比较确切的。

我们知道,霍耐特是一个具有原创性思想的哲学家,而不是哲学史家。他对黑格尔法哲学的诠释,并非是对《法哲学原理》的学究式解读,而是借助文本来阐发自己的思想。在将黑格尔法哲学描述为规范的正义理论过程中,霍耐特有三个重要见解,即自由意志观念是黑格尔规范的正义理论的出发点;法权观念是黑格尔规范的正义理论的核心;承认、教化、自我实现之间的相互协调,则是黑格尔规范的正义理论的目标。

从表面看来,霍耐特对黑格尔法哲学的诠释与重构,似乎与其多元正义构想关系不大,甚至是两条完全不同的路向,但是实际上,对黑格尔法哲学的诠释与重构,是霍耐特探讨正义问题的切入点。在承认理论的进一步拓展中,霍耐特试图构建一元道德为基础的多元正义构想。与 N. 弗雷泽不同,霍耐特认为,从多元的社会正义构想出发是正确的;社会承认关系质量应该构成为社会正义构想的立足点③;社会理论命题,而非道德心理学命题,"被描述为获得社会正义规定性的钥匙"。④在我看来,这些命题,就构成霍耐特多元正义构想的核心内容。

无疑,黑格尔哲学是霍耐特政治哲学、道德哲学的重要思想源泉之

---

① 霍耐特:《不确定性的痛苦:黑格尔法哲学的再现实化》,斯图加特 2001 年,第 41 页。(A. Honneth, *Leiden an Unbestimmtheit. Eine Reaktualisierung der Hegelschen Rechtsphilosophie*, Stuttgart: Reclam 2001, S. 41.)

② 同上书,第 38 页。(A. Honneth, *Leiden an Unbestimmtheit. Eine Reaktualisierung der Hegelschen Rechtsphilosophie*, Stuttgart: Reclam 2001, S. 38.)

③ N. 弗雷泽、霍耐特:《再分配或承认? 政治—哲学论争》,美茵河畔法兰克福 2003 年,第 292 页。(N. Fraser/A. Honneth, *Umverteilung oder Anerkennung? Eine politisch-philosophische Kontroverse*, Frankfurt/M: Suhrkamp 2003, S. 292.)

④ 同上书,第 297 页(N. Fraser/A. Honneth, *Umverteilung oder Anerkennung? Eine politisch-philosophische Kontroverse*, Frankfurt/M: Suhrkamp 2003, S. 297.)

一。无论霍耐特承认理论,还是其多元正义构想,都打上了黑格尔的深刻烙印。霍耐特不仅批判地继承了青年黑格尔承认学说的思维框架,而且接受了一些具体思想。我们甚至可以说,如果没有青年黑格尔承认学说,就不会有霍耐特承认理论。[1]不过,霍耐特至少有两个方面的创见:一是试图从耶拿早期著作中引发出承认理论;二是对《法哲学原理》的独特诠释和重构,将规范的正义理论作为多元正义构想的切入点。

应当承认,霍耐特对《法哲学原理》的诠释视角是独特的,将黑格尔法哲学重构为规范正义理论也是新颖的。不过,这里最大难题在于,规范正义与多元正义的关系是怎样的?霍耐特似乎没有说清楚,甚至没有意识到这个问题的重要性;另外,关于一元道德与多元正义的关系,霍耐特在此似乎也没有加以阐述,这不能不说是缺憾。

---

① 王凤才:《蔑视与反抗——霍耐特承认理论与法兰克福学派批判理论的"政治伦理转向"》,重庆出版社,2008 年,第 25 页。

第四编
马克思

经典中的经典

——《马克思恩格斯全集》历史考证版(MEGA)的历史、编辑的语文学基础与视角

曼弗雷德·诺伊豪斯

通过制作价廉物美的版本将诗人和有影响的思想家的文学遗产传给后世,是德意志文化和人文科学的一个特点。而应用于这些工作的科学程序也同样如此,以卡尔·拉赫曼(Karl Lachmann)为起点,在马丁·路德文章的魏默拉纳版(Weimerana)、歌德作品的索菲版本,还有百士纳(Friedrich Beißners)编辑荷尔德林所做的努力等诸如此类著名版本的出版期间,这种程序经由几代学者而成形,在今天作为出版学或文本学(Editionswissenschaft oder Textologie)得到国际社会的承认。

但在马克思和恩格斯这里,事情更加棘手:尽管马克思本人晚年在1866年2月20号于曼彻斯特指出,《资本论》不应当看作政治檄文,而是应当视为"**德意志科学的胜利**"(Triumph der deutschen Wissenschaft),但是恩格斯最终将他们的作品的出版看作是党派事务,并将这笔文学遗产(一共十万多册)委托给两个友好正直的党派政治家,即奥古斯特·倍倍尔(August Bebel)和爱德华·伯恩斯坦(Eduard Bernstein)。

因此，让马克思的文字学脱离政治利益局势，并驶入学院港湾，这花了足足一个世纪的时间。

朝着这个方向迈出第一步的是俄国学者大卫·梁赞诺夫(David Rjasanov)，而此人的悲惨命运一直到苏联结束都无人知晓。我们现在知道，梁赞诺夫，列宁的这个无礼的孟什维主义的同龄同志，多次挑衅过斯大林的人，1938 年 1 月 21 日在苏联最高法官的军事委员会会议前一个 15 分钟的诉讼后被判处死刑。

苏共中央马克思列宁主义研究院与德国统一社会党中央马克思列宁主义研究院于 1975 年开始出版《马克思恩格斯全集》(Marx-Engels-Gesamtausgabe)历史考证版，尽管有意识形态的压力并为政治所利用，这个项目还是通往学术性马克思版本道路上的一个里程碑。

只有在划时代的 1989 年之后，这个计划才可能有最终的突破，实现学术化和国际化。MEGA 项目的重建(或非意识形态化、非政治化、学术化和国际化)是复杂、痛苦的过程，但同时又是非凡的解放过程。这个过程经历了许多步骤，在出版方法论的层面上经历了

——出版语文学规范的修正，

——从一切政治附带条件中解脱，

——从 164 卷变为 114 卷工程的重新编排，

以及新方法的尝试，即通过电子技术将出版研究工作与排版印刷技术相结合。

从机构和人员的角度来说经历了

——向稳定的学术组织的逐步安顿，

——MEGA 项目与联邦德国的长期研究经费的整合，

——从一个党派性出版社向一个享有盛誉的学院出版社的转移，

以及最重要的一步即工作组(出版团队)的人员更新。

由三个洲的工作组组成的平等的国际性研究网络取代了外在于学术的等级森严的党派文化,该研究网络的核心,同时也是研究院计划的《马克思恩格斯全集》历史考证版的会议中心,在柏林—勃兰登堡科学院。

如果你们允许,现在我想插入说明一下《马克思恩格斯全集》历史考证版(MEGA)的出版语文学基础,对已谈到的论题做一个补充。这个基础是由几代学者在理论讨论和出版实践中构筑起来的。一开始是梁赞诺夫竖起了独石柱。他提出了重要的历史—语文学的原则,并以此建立了(如开头提到的)马克思恩格斯出版的学院传统。由于希特勒独裁和 20 世纪 30 年代恶化的斯大林主义恐怖统治,除梁赞诺夫外还有许多俄国和德国的编辑受害,MEGA 第一版先在柏林后于 1933 年之后在莫斯科出版 12 卷,一直是未完成作品。尽管如此,它仍然是第一个学院式的马克思恩格斯全集版本。这个版本除了将稿本完整印刷外(按照最后手迹原则),也标示了源于手稿和当时的出版技术设备所出的版本中的不同文本,以期进一步的文本起源分析。混合禁令在那个时候已然存在:所有文本要在确定的文本证据基础上以原来的语言呈现,在这个过程中,正字法和标点法被现代化和规范化,这不同于现今的出版实践。梁赞诺夫的国际化的出版团队在誊写复杂手稿方面做得非常出色。在对匿名或假名发表的作品进行作者身份确认以及对个别信件、手稿和摘录进行精确的日期标注的工作上,他们也做得很好。

尽管在斯大林于莫斯科去世之后的所谓政治缓和时期,梁赞诺夫的出版项目重启灶炉,但出版新的"第二版"MEGA 的想法在经过激烈的辩论之后,于二十年后也就是 20 世纪 60 年代和 70 年代才得以实施。为了新的历史批判的《马克思恩格斯全集》,在柏林和莫斯科被委以起草出版语文学规范重任的那些学者(讨论的意义就在此)对现代歌德和布莱希特语文学的文本学重新进行改造。从 20 世纪 30 年代开始,新日耳曼学的(neugermanistisch)出版理论及其实践已有巨大的进步。其中的关键点即古典语文学的出版范例的颠倒,就是如下的文本起源学原则:最高的要求不再是形成一个尽可能接近作者原意的文本,而是记录这个文本从最开始的草稿到最后的文本的形成。正是在这样的观念的引导下,逐渐形成了用新的 MEGA“第二版”来呈现马克思和恩格斯的文学遗产的构想。我们有充分的理由作出如下的完美假设:只有将全部文学遗产,即所有手稿、出版物、摘录和笔记以及通信第三人写给马克思恩格斯的信件,完整地再现出来,才能杜绝似乎总是一厢情愿的选择。因此,MEGA 将首次呈现马克思恩格斯的全部文学遗产——只要是流传下来的并能进入科学研究领域的。除了那些已然为人所知的文章、论文和信件,一系列至今未发表的或新发现的作品被添加进来,包括第三者写给他们的书信。而且,通过对作者身份的分析,证实或证伪了马克思或恩格斯之于大量文本的作者身份。

所有文本都严格按照时间顺序编排,并且根据作为基础的文本证据且保留原来的正字法和标点法而忠实地呈现出来。这构成研究马克思恩格斯的词汇和概念系统的语文学基础。未完成的手稿将在作者把它们遗留下来的那个工作时期呈现。通过运用现代出版方法,从动笔写下第一个想法一直进行到最后写出稿本的工作方式被呈现出来。类似乐谱的不同文本标识直观地说明得到许可的从手稿到刊印稿的文本发展。这些标识使得既可以对一个作品的每一单个文本进行分析,又可以从整体上对文本的发展进行分析。这样就有可能了解至今仍未清楚的作者的工作方式。年轻的中国学者鲁路教授在我们研究所访学期间已就这个方面做了令人印象深刻的描述。

MEGA“第二版”在结构上接受了梁赞诺夫关于作品种类的基本划分，然而，它还通过一个包含摘录、笔记本和旁注的独特的第四部分对它进行补充。

尽管人们肯定这个创新的文本学原则，然而对于整个MEGA项目的看法在许多年里却是矛盾的。一方面，在柏林和莫斯科，在德意志民主共和国的科学院里以及许多大学和高校里，语文学的研究工作在一丝不苟地进行着，学术界对这种工作很敬重。另一方面，MEGA“第二版”曾被认为是在“马克思列宁主义的国际攻势展开”的框架之内（如我们今天超现实地感受到的在那些年里宣传鼓动的断奏那样），有着一种政治功能，这不是什么秘密。按照一位主要活动家在回顾时所作的评价，这中间产生了“马列主义信条与科学要求之间以及出版者的小心谨慎和合法性目标之间的”紧张关系。我也有这样的感觉。这种每个编辑在其内心长期经历的冲突在1989年这个重要年份之后才能首次得到解决。

1989年和1990年间的极端政治变革再一次损害了这个项目，但这同时也开启了新的、至今仍不甚明了的机会，即我在开头用学术化（Akademisierung）和国际化（Internationalisierung）的概念加以界定的机会。然而，MEGA在德意志民主共和国和苏联结束之后是否能够且应当继续下去，这个问题在科学上和政治上都还有争议。

有三个选项：中止、重新开始或者在对业已完成的手头几卷和准备工作进行全面修正和重建之后将项目继续下去。

东西方的学者成功地重整和划分这个以前旨在为两个不成功的共产主义执政党赢得声望的项目，并将其导入柏林—勃兰登堡科学院（die Berlin-Brandenburgische Akademie der Wissenschaften）这一学术港湾，这几乎是一个奇迹。

1990年10月，荷兰皇家科学院（die Königlich Niederländischen

Akademie der Wissenschaften)的国际社会史研究院(das Internationale Institut für Sozialgeschichte)和弗里德里希·艾伯特基金会(Friedrich-Ebert-Stiftung)管理下的马克思故居,以及阿姆斯特丹的两家一直负责马恩著作出版的出版机构共同发起成立了国际马克思恩格斯基金会(die Internationale Marx-Engels-Stiftung)。国际马克思恩格斯基金会(IMES)的创立者们依靠科学共同体的团结而立足,并因日本学者的史无前例的支援行动而如虎添翼。当苏联政治体系崩溃、一切尚待安置时,各界科学家们违抗当时的时代精神,主张将历史上的马克思从国家社会主义流传的废墟中抢救出来,并重新衡量他的科学价值。

国际马克思恩格斯基金会拥有发行权,此后将 MEGA 作为学术项目以国际合作的方式继续进行下去。

根据哲学家迪特尔·亨利希(Dieter Henrich)1993 年主持的一个国际性评估,德意志联邦共和国的科学顾问推荐将 MEGA 项目纳入学术计划。马克思语文学(Marxphiliologie)在其多变的历史中第一次争取到学术家园。在长期谈判之后,在 1998 年 11 月,学院出版社(der Akademie Verlag)终于从卡尔·迪茨出版社(der Karl Dietz Verlag)接管了 MEGA 的出版工作。副刊注意到了这个出版社的变更并作如此评论:与 MEGA 工作进程联系在一起的三个愿望就是“去政治化、国际化和学术化”(Entpolitisierung, Internationalisierung und Akademisierung),乌尔里希·劳尔夫(Ulrich Raulff)在 1998 年 10 月 7 日的《法兰克福汇报》上做了如此总结,“离开迪茨出版社使得第一条得以实现:语文学中最后的党派的毒牙被拔出了。第三条的实现保证了项目在学院出版社的安置。蓝色的各卷与亚里士多德、莱布尼茨、维兰德(Wieland)、福斯特尔(Forster)和阿比·瓦尔堡(Aby Warburg)的巨卷并列,是经典中的经典。”

我将继续进行版本历史的题外讨论，直到我们对 MEGA 的指导原则、对马克思恩格斯著作的历史定位和思想背景还原(die intellektuelle Kontextualisierung)有了一个概要。前者更多的是在经验方面意指尽可能全面地重建当时的讨论语境，而思想背景还原则关注那些汇集于马克思思想之中的观念史的线索，全面地阐明这些线索，而不再像以前一样只局限于其适应马克思主义历史形象的部分。从这种科学史的视角来看，那些在马克思列宁主义正统中作为代表作而闻名的文本卷，如《德意志意识形态》或《资本论》与同时代的研究和讨论的联系有着未了的争论，需要首先恢复原貌。MEGA 与其他经典社会科学家和哲学家如马克斯·韦伯或尼采的文集版本一样都面临这种状况。古斯塔夫·赛伯特(Gustav Seibt)在一个知名的段落将这个状况描述如下："马克思抽象化所依赖的经验的、统计学的和科学史的基础变得明显，尤其是其与一个不复存在的物质'基础'或一个无法重复的历史的联系清晰可见。"

请允许我用我在过去几年所编辑的几卷中的几个例子来说明这个新的定位：首先我想请你们注意卷 I/14。卷 I/14 是一些在马克思恩格斯作品的研究和接受中受到冷遇的材料——他们 1855 年在《纽约每日论坛报》(New-York Tribune)和布雷斯劳的《新奥得报》(Neue Oder-Zeitung)做记者期间的共 200 篇文章和草稿，其中 33 篇是第一次在他们出版的作品中发表。此外，还主要涉及《纽约每日论坛报》上匿名发表的文章，这些文章被证明是马克思和恩格斯所写。从 1815 年到美国内战爆发的十多年中，马克思和恩格斯是作为世界上最大的、最有影响的报纸之一的报纸的社论作者。马克思和恩格斯这两个记者为《纽约每日论坛报》撰写的杂文和评论中有将近一半是匿名社论发表。这些文章的真实作者在遥远的曼彻斯特作为一个中小型纺织企业的经理而积极活动着，此人叫作弗里德里希·恩格斯，这在当时只有少数人知道，而这对于一个半世纪后的出版和研究也成了谜一样的东西。

因此，本卷的出版语文学的核心问题就是作者身份确认和真实性审查，这个过程使得马克思恩格斯的作品不断获得新的轮廓。

鉴于莎士比亚的、尼采的或卡夫卡的语文学的纠结道路，我们认为，除了识别文学伪造品以及辨认以匿名或假名发表的出版物的作者之外，确定每个文本结构的可靠性也是出版者的主要编辑任务。出版者像侦探一样寻求"踪迹"，获取"证据"，即确定"事实"，借助这些事实充分地证实或排除作者身份。在马克思恩格斯在《纽约每日论坛报》共事的例子中，有三种踪迹：首先是书信往来、笔记本以及马克思恩格斯早期和晚期的文本中相对应的地方；第二，与此同时《纽约每日论坛报》上的未注明姓名的社论中相同的文本章节；第三，当时作者和编辑的交流还不是通过电子邮件或传真进行，于是还包括横跨大西洋的邮件航运的重构。因此，在第二步基于文本上一致的对应之处开始进行真正的真实性审查之前，出版者首先要使所有证明作者身份的形式证据在一个相互不矛盾的证明链条中与时间上达到一致。

研究卷 I/14 带来的收获是不寻常的，在几代出版人已研究的马克思恩格斯全部作品之上，十几个"新的"文本补充进来。本卷的各种主题包括许多欧洲政治、外交、经济形势观察和议会报道等大问题，以及战争艺术和军事历史。借助受益于赫尔姆特·冯·毛奇(Helmuth von Moltker)和阿道夫·冯·察斯特罗(Adolf von Zastrow)的作品的分析学，恩格斯评论了克里木战争的战斗、屠杀、围攻行动。一张记录了关于如何分散俄国陆军和那令人吃惊的俄—法语言游戏"На-полеонь первый Napoléon premiere"(S. 976)82 表明，恩格斯在此中如何运用文字游戏和言外之意巧妙地进行工作。读者望着两个记者的写作工作室，他们同时为合众国的百万读者和受审查制约的普鲁士地方性报纸写稿，都为了读者而使用匿名。

和马克斯·韦伯、熊彼特(Joseph A. Schumpeter)和经济学以及社会科学领域其他经典作家一样,马克思没能将他的经济学代表作完成,而是仅仅发表了《资本论》第一卷的修改稿。第二卷和第三卷是由恩格斯将遗留下来的大量手稿材料编排在一起并出版的,所以《资本论》的可靠性直到今天仍有争议。在 MEGA 的第二部分,所有的文本和手稿稿本第一次得到历史性、批评性的重构。我的同事蕾吉娜·罗特(Regina Roth)将向你们说明迄今为止在这方面究竟获得了哪些新的认识。

请稍微注意 MEGA 的书信部分:在将近 60 年的时间内,马克思和恩格斯与几乎所有欧洲国家和美国的 2000 多人有通信往来。其中,1848 年和 1849 年革命失败之后的政治流亡者的书信网络更是一个主要的、但仅得到少许研究的与市民阶层传统书信文化并存的交往媒介。马克思恩格斯流传下来的通信包括 14400 封信,它们将在 MEGA 第三部分用 35 卷出版。自出版社变更以来出版的第三部分新的 4 卷中,写给马克思和恩格斯的信件将不再另外放在附录中,而是将所有写出和收到的信件都按照时间顺序编排出版。通过将所有通信人的信件按照时间顺序同等地印刷,书信往来中对话式的人物角色会显露出来。这种做法为读者带来很多好处。因为现在比如说可以比较容易地重构最终导致马克思与他的诗人朋友费迪南德·弗赖利格拉特(Ferdinand Freiligrath)关系破裂的关于党纪和艺术自治之间紧张关系的争论:“对我和每个诗人的本质而言”,弗赖利格拉特(Freiligrath)争论道,“自由都是必要的!政党也是一个鸟笼,它不会歌唱,即使对于政党自身,退出也比加入更好。”①

通过我们出版的第四部分几卷中他们的摘录和笔记,马克思恩格斯作品的全新方面就很清楚了。第一次在卷 IV/12 呈现出来的对西

① Ferdinand Freiligrath an Marx, 28. Februar 1860. In: MEGA^2 III/10. S. 320.

班牙历史的研究就是这样一个例子。马克思的兴趣涉及知名学者，但也包括在科学史记载中仅留下了少量踪迹现今至多只有专家才了解其真实性的学者。一位批判性的同行因此将 MEGA 第四部分评价为观念史的世纪之镜(Jahrhundertspiegel der Ideengeschichte)。

马克思从多种渠道获取对西班牙现代历史的事实认知，英国探索者的报道与法国和西班牙政治家与历史学家的著作，更多的是一个人的时代见证和编年史作品。

与从前的伟大光辉相比较，波旁王朝的西班牙对于马克思同时代人来说像是堕落和衰亡的庇护所。在那里，现代市民社会伴随冲突动力和暴力升级而展开，欧洲无处与之相似。以五个摘录笔记本中记下的资料为基础，马克思将西班牙从 19 世纪初的独立战争到 20 世纪的内战之间的一个世纪中宣告了 100 多个政府成立的军事起义和宫廷政变、革命与反革命以及改革与复辟相继发生的令人困惑的图景解释为“革命的循环”(revolutionary cycle)，期间市民社会虽然在痛苦地慢慢倒退，并由于政治运动的延缓而一再倒退，但还是中断了不可阻挡的道路。

虽然现代的历史编纂学表达过一些马克思从多个作者的作品中吸收到或受前人启发而得到的见识和知识，并在一些细节上或全方位地重新强调并修改过，但是这些工作中的大部分今天还能激起研究。

比如说，马克思对夏多布里昂(Chateaubriand)陪审团评判的抗议就是这样的，后者认为 1820 年到 1823 年间的自由派三年执政只是身着卡斯蒂利亚(kastilischen)戏装效仿法国大革命在马德里登台表演的滑稽剧，马克思反对这种评判，他认为，不同民族为走出社会的封建主义状态并走向市民秩序的斗争，通过产生于种族、国籍、语言以及习俗和习惯状况的特殊色彩而区分，除此以外不能期待它们以别的方式区分。

许多摘录表明,马克思对1812年3月19日在卡迪兹(Cádiz)通过的宪法的形成和作用非常关注,与此相结合,他还从比较的视角出发进行了一个宪法史的研究。这部宪法可算作欧洲自由主义的出生证,并影响了更多国家宪法的发展,它的起草、采用和被压制在当时的人看来是很稀奇的。旧制度(Ancien Régime)的拥护者认为这过于接近法国革命的宪法理论和实践,而在自由和民主的批评家看来,这个回归相对于西班牙本地的法律传统走得太远了。为了应付指责,他们的法律体系效仿战争敌人法国的宪法,卡迪兹(Caditaner)宪法的创立者们很重视唤醒中世纪的地方宪章(Fueros)和议会的新生,使之适应时代的条件。马克思注意到这些,他探讨了关于原创性的有争议的问题,后来还通过根本性的思考扩展了对个别情况的分析。宪法的适合与否一般是通过各自的历史语境确定的,而不是通过宪法抽象的规范性内容确定:"1812年宪法",他在一篇在我们的出版工作中才被确定的为《纽约每日论坛报》撰写的文章中论述道,"很显然同样具有不可行性的特征,这个特征刻画了所有在宪法变革时代的现代国家都曾起草的基本法的特征。这些基本法在使其得以产生的革命时代之不可行并非由于这个或那个章节,而仅仅因为其宪法特性。它们在宪法时代之不合适是因为它们充满了慷慨的装饰,这些装饰与社会改革的黎明密不可分。"

在他对较新和最新的西班牙历史的研究中,马克思还注意到了现在称为不对称作战的那种现象。使人惊奇的是,认真读过恩格斯在其党派理论语境中从德法战争得出的这方面看法的卡尔·施密特,在这方面的思想并不丰富。

请容许我大胆做出一个暂时的结论:尽管这个版本的结构调整和重新计算以及透明的出版方式取得了成功,然而,由于出版材料和国际数据链接的复杂性以及财政和人员的限制,未来的规划仍然是困难的。在计划内的114卷中有55卷已经印刷。如果能够如我所愿,这一年里还能完成更庞大的2卷(I/21和I/32),那就完成了一半。在柏林、哥本哈根、马尔堡、莫斯科、纽约、巴黎、仙台、东京和图卢兹另有大约20卷正在被编辑。你们可以在一个小册子中找到所有详细内容,幸运的是,在我尊敬的同事李文潮的努力下,这个小册子也有了中文本。

我们预计将在2010年完成《资本论》部分。随之,这个项目的一个重要部分也就完成了。正如蕾吉娜·罗特能说明的,所有现在完整出版的"资本论"手稿以及马克思和恩格斯生前出版的作品的数字文本、研究资料积累和索引累积,应当通过精心调研选择而丰富和补充经典的出版。

这之后应该优先完成的是第一部分,即"著作"(Werke)部分。我们在这方面特别关注早期作品中还未完成的几卷,也就是包括《神圣家族》《英国工人阶级现状》《德意志意识形态》《哲学的贫困》和《共产党宣言》在内的卷I/4、I/5和I/6。

与之平行的是保障信件部分连续的、尽可能按照时间顺序编排的更多几卷的出版。

在第四部分(摘录、笔记和旁注)中,通过首次出版在科学史上和主题上特别令人感兴趣的文本和材料而向公众呈现马克思作品新的方面,这条一直得到认可的道路应该继续下去。

请允许我在此结束:谁想要寻求真实的马克思和真实的恩格斯,我们建议选择我们这个版本。在这里还可以找到在马克思列宁主义的衰退时期(Tristesse)未被注意到的文本或者在审查中被搁置的文本。读者将遭遇这样一位思想家:他为法治国家关系辩护——"法典是一个民族的自由圣经"[①],他憎恶每一个对思想方式的审查(Gesinnungsjustiz):"凡是不以行为本身,而是以行为者的思想方式

---

① Marx: Die Verhandlungen des 6. Rheinischen Landtags. Erster Artikel: Debatten über Preßfreiheit und Publikation der Landständischen Verhandlungen. In: $MEGA^2$ I/1. S. 150.

(Gesinnung) 作为主要标准的法律，都无非是对非法行为的公开认可。”[①]而且他终生为新闻自由而斗争：我们在这个版本的第一卷的146页可以读到：“自由新闻的本质是自由的有特点的、合乎理性、合乎伦理的本质，审查过的报刊的特点是不自由的无个性的胡作非为，它是开化了的怪兽，是喷了香水的怪胎。”

我还要感谢我们的亲切的东道主，并向你们这里的精神(Genius loci)致敬：尽管马克思有着丰富的想象力，他也不能想象有朝一日他和他朋友的作品会以蔚为壮观的多卷本在北京出版。

我同时还以我的柏林同事的名义感谢你们的聆听和耐心，也很高兴听到你们的提问。

（符鸽　译　罗亚玲　校）

① Marx: Bemerkungen über die neueste preußische Zensurinstruktion. In: $MEGA^2$ I/1. S. 107.

审视马克思的工作室

——马恩全集中的《资本论》及前期准备工作[1]

蕾吉娜·罗特

卡尔·马克思毋宁是作为一位红葡萄酒和咖啡的喜爱者走进历史的,但他还是详细考察了来自中国的茶叶,并在1868年的文稿中写道:"俄国人早先在欧洲散布了如下迷信:通过沙漠骆驼商队运输来的茶叶比从广东海运到欧洲的茶叶更好;以及(另一个迷信)——海运破坏了茶叶的香味。这两个说法其实都是诡计。骆驼商队运输的茶叶和来自广东的海运茶叶其实都是来自于同一种植物。红茶主要来自福建省,花茶和其他颜色的茶来自安徽省。海运的影响完全取决于包装时所采取的预防措施。"马克思还补充了一个让人印象深刻的清单,记录在那个时期来自广东的茶叶需要辗转多少个站才能运输到俄国,茶叶从"Chuh-chan"[2]出发历经"Kin-chan"[3]到达上海[4]。马克思的这些观察只是在最近才被公开。包含这些内容的《资本论》第二卷手稿在去年出版的MEGA-Band II/11中才首次公开发表。类似的情况又比如,马克

① 本文的最初草稿于2009年9月在北京举行的"德国哲学:文本和文献"的学术会议上发表。我要感谢我的同事们,尤其是于尔根·赫尔斯(Jürgen Herres)和卡尔-埃里希·福尔格拉夫(Carl-Erich Vollgraf),他们促成了这一主题并提供了许多讨论意见。

② 或为"九江"——译者注。

③ 或为"镇江"——译者注。

④ MEGA² II/11, S. 72.

思于1864年写下了一个手稿，分别以英国、中国和印度为例，深入分析了工业发展与经济危机之间的相互关系，这个手稿也首次发表在MEGA-Band II/4.1。[①] 这些文献资料在（过去的）通行本《资本论》第二卷中都是没有的。

这些都该归因于一个众所周知的情况：卡尔·马克思本人只是公开发表了他的《资本论》第一卷，1867年是德文第一版，1872年是德文第二版，1872年至1875年发表的是法文版。马克思逝世后，恩格斯才通过整理马克思留下来的手稿，分别于1885年和1894年出版了《资本论》第二卷和第三卷。之后所有《资本论》的版本，无论是单行本还是全集本，都是以恩格斯编辑的版本为文本依据。20年代和30年代人们首次尝试将马克思关于《资本论》的各种文稿公开出版。这一企图在由大卫·梁赞诺夫（David Rjazanov）发起并由他长期领导的马克思恩格斯全集（MEGA）的框架下得以在莫斯科马克思恩格斯研究院（Marx-Engels-Institut）付诸实施。然而这项工作因斯大林主义的暴政而夭折于初期准备阶段。直到60年代，这项计划才重新由最新动议的"第二次"马恩全集工作（$MEGA^2$）继续实施，此次是在苏联和民主德国的马克思主义—列宁主义研究院的共同带领下。阿姆斯特丹的国际社会史研究所（das Internationale Institut für Sozialgeschichte, IISG）也参与了合作。这一项目从1990年开始转由国际马克思恩格斯基金会（IMES）接手进行，不受任何党派政治目的影响，而是被纳入联邦和各州的学术计划框架。[②]

弗里德里希·恩格斯在由他编辑出版的《资本论》第二、第三卷的

---

① $MEGA^2$ II/4.1, S. 190.

② 国际马克思恩格斯基金会（die Internationale Marx-Engels-Stiftung）由柏林勃兰登堡科学院（die Berlin-Brandenburgische Akademie）、阿姆斯特丹国际社会史研究所（das Internationale Institut für Sozialgeschichte in Amsterdam）、（艾尔伯特基金会）卡尔马克思特里尔（Trier）故居研究中心以及莫斯科的俄罗斯社会和政治历史国家档案馆（das Rußländische Archiv für Sozial-und Politikgeschichte in Moskau）共同组成。参见：罗延（Rojahn）1998；霍布曼等（Hubmann/Münkler/Neuhaus）2001（见文后参考文献）。

序言里明确说到：马克思留下的遗产一大部分是由“大多是残缺片段式的内容”组成的。这些资料中没有可以直接付梓的，而其中一些正如恩格斯所说就是一个“尤其不完备的、最初的草稿”。对恩格斯而言重要的是，“马克思应该以马克思的话”来呈现，而不是一部留下编者印记甚或经过编者改造的文集。但同时它又该是一部可读的书籍。因为恩格斯将所有这些著作视为在内容上“绝大部分”是已经展开的，视为一部“前后连贯、尽可能完满的作品”。①

这套马克思恩格斯全集的历史考证版使人们认识到编者本人为何做出上述评价，因为这是第一次将所有流传于世的文本、草稿和笔记集结出版。这套版本将呈现给读者一副完全不同的马恩全集图景：马克思所留下的，在很多方面比恩格斯呈现给公众的要不完备得多，而恩格斯的改动对人们的理解所造成的广泛影响，从今天的视角看来，远要超过人们基于他本人的评价所期待的。这里我想介绍的就是基于MEGA出版所呈现出来的这一不同图景，尤其是《资本论》不完备状态的一个原因：即马克思本人的工作方式。准确地说就是，马克思总是一再改写他的文稿，不断收集新的资料。这些新资料和由此进入他视野的新的角度，他必进行加工。本文的第二部分将展示，全集的编纂是如何应对这种工作方式的，之后是对《资本论》数字版的简短一览。

1. 马克思的工作方式

首先我们对马克思的工作阶段进行一个概述。在马克思本人命名为《资本论》的这一项目上，他花了近20年的时间去研究。最重要的阶段如下：

- 1862年12月，马克思第一次以《资本论》为他的《政治经济学批判》

---

① 恩格斯于1895年3月11日给魏尔纳·索姆巴德（Werner Sombart）的信；恩格斯写的《序言》（Vorwort）（汉堡，1885）见 MEGA² II/13，S. 5；恩格斯，《序言》（汉堡，1894）见 MEGA² II/15，S. 6f。

命名。①

- 之后从1863年到1865年，产生了三卷本的最初草稿。马克思修订了其中第一卷的部分并于1867年公开发表。②
- 1867年至1881年之间，直至他去世之前，马克思写下了数量极为庞大的关于《资本论》第二卷和第三卷的手稿，但在他生前没有公开发表。③
- 在1872年至1875年之间，马克思致力于《资本论》第一卷的德文第二版和法文版的工作；他还准备了一个英文版本，但没能看到它的出版。④（又见附录中的一览表）

众所周知，马克思的经济学研究其实早在这之前就已经开始了。马克思——正如他自己所说——和“他的经济学”(seiner Ökonomie)之间的研究互动，持续了差不多40年：

- 马克思的经济学研究开始于19世纪40年代中期，他写了一组《巴黎笔记》(Pariser Heften)，并且于1845年2月1日与出版商卡尔·列斯凯(Carl Leske)签订了一个二卷本的《政治与国民经济学批判》(Kritik der Nationalökonomie und Politik)的合约。这里要顺便提到一则轶事：对这一出版合约马克思和列斯凯商定稿酬为3000法郎，马克思先拿到了一半作为预付款。后来马克思没有交稿，列斯凯于1847年解除了合约，但那个预付款是否退回就不得而知了。⑤
- 1850年秋天到1853夏天年马克思尝试着能找到一位新的出版商，来出版他关于国民经济学的历史和批判的二卷本著作。⑥ 在这一背景

① 马克思于1862年12月28日给路易斯·库格曼(Louis Kugelmann)的信。

② MEGA² II/4.1, II/4.2 und II/5.

③ MEGA² II/4.3, II/14 und II/11.

④ MEGA² II/6—8.

⑤ MEGA² I/2 und IV/2；这个1845年2月1日缔结的合约可见MEGA² III/1, Erl. 492.3—5；马克思与卡尔·列斯凯(Carl Leske)在1846年8月1日以及1847年2月2日的通信可见MEGA² III/2, S. 22ff., 329；麦克莱伦(McLellan) 1974, S. 115ff., 149。（参见文后参考文献）

⑥ 麦克莱伦(McLellan) 1974, S. 302f。

下，他写了 24 本《伦敦笔记》（*Londoner Hefte*）。这些笔记涉及的内容十分丰富：主题从政治经济学到政治学，再到比如印度、历史、文化、数学、工艺学和农业化学，直到文学和语言学，等等。①

- 接下来几年马克思主要为《纽约每日论坛报》撰写文章，以承担其家庭日常开支。此外他还关注其他研究项目，比如国际外交史。②

马克思经济学研究的一个新阶段开始于 1857 年秋天：

- 1857 年至 1858 年形成关于一个"导言"（Einleitung）的构思和一个内容丰富的手稿，在这个手稿中，马克思试图总结他多年来的研究结果，由此诞生了著名的《政治经济学批判大纲》（*Grundrisse*）。③④
- 1859 年马克思公开发表了自己《1857—1858 年手稿》"第一笔记"（Erstes Heft）上的内容，以《政治经济学批判》（*Zur Kritik der politischen Ökonomie*）命名。⑤
- 1861 年至 1863 年间，马克思在他的《政治经济学批判》第一笔记的基础上继续写作。这些内容形成 22 个笔记的手稿，大约 1500 印张。⑥

可见，在他的工作室中积聚了大量资料，从中也可以得见马克思的工作方式。我认为有两个特征尤其重要，就是我下面想向你们介绍的。

第一个特征指马克思作为修改者（Umarbeiter）。首先马克思本人总是一再提到修改他的文章。比如在 1846 年 8 月 1 日，马克思就向他的第一个出版商卡尔·列斯凯（Carl Leske）宣布要进行一次修改。他

---

① MEGA² IV/7—11；参见吕贝尔（Rubel），1957。（参见文后参考文献）

② 对此研究的最广泛文本佐证见残篇《18 世纪外交史内幕》（*Revelations of the Diplomatic History of the 18th*），见英文版《马克思恩格斯全集》第 15 卷（MECW 15）。

③ 这个文本也就是马克思写于 1857—1858 年的经济学手稿。关于这个 „Grundrisse" 文本名称的译法国际国内学术界一直有争议，主要是存在《政治经济学批判（1857—1858 年草稿）》和《政治经济学大纲》两种译法，关于两种译法的历史及缘由可参见聂锦芳：《清理与超越——重读马克思文本的意旨、基础与方法》，北京大学出版社，2005 年，第 146—147 页。本文这里主要根据 MEGA² 编者的选择以及 Grundrisse 的字面意思"大纲""纲要"而译为《政治经济学批判大纲》。——译者注

④ MEGA² II/1.

⑤ MEGA² II/2.

⑥ MEGA² II/3.1—6.

强调,他是个"作家,不断往前工作着的",因此他不能将自己6个月前写的东西原封不动地直接出版。[①] 马克思总是一再遇到新的角度和新的想法,就像在1858年[②],他发现他的"完成稿并不令自己满意",于是他对文稿进行"完全的"改写,正如他在1862年所补充的。[③] 1881年12月,他考虑稍后要对资本论进行修改,如果当时他是另外一种生活境况,就已经开始修改了(他的妻子燕妮刚刚去世)。[④] 1882年秋天,马克思在人生最后一次旅行中还对女儿劳拉(Laura)提到他要修改《资本论》的事情。[⑤]

我想举几个例子,来说明这种"修改"工作是如何进行的,首先概略地介绍一下他关于"经济学"的计划。

1858年至1859年马克思形成自己关于经济学批判的一个铺得很开的写作计划,预计包括6册的内容:①资本,②地产,③雇佣劳动,④国家,⑤国际贸易,⑥世界市场。[⑥] 在具体的研究进程中,马克思总是会发现,显现出一些范畴和现象在这个框架中根本没有位置,或者存在某些关系,用这一框架是无法解决的。这之后马克思就集中精力进行原有计划中的第一部分,即资本这一部分的写作,同时却朝着一个新的方向对这部分进行了扩充。

我们还可以从一些独立的手稿中看到相似的情况,比如:马克思在1865年一方面写到,有关信贷和竞争的内容是在这个手稿的研究计划之外。另一方面我们又发现在手稿之中有关于这两个现象的岔开来的

① 马克思于1846年8月1日给Carl Leske的信,MEGA² III/2, S. 24。

② 马克思于1858年2月22日给拉萨尔(Lassalle)的信,MEGA² III/9, S. 72。

③ 马克思于1862年4月28日给拉萨尔(Lassalle)的信。

④ 马克思于1881年12月13日给丹尼尔逊(Daniel'son)的信。

⑤ Friedenthal 1990, S. 622.

⑥ 马克思于1858年2月22日给拉萨尔的信,1858年4月2日给恩格斯的信,MEGA² III/9, S. 72, 122ff。

探讨,其中一部分还是摘录和笔记的形态。[①]

这里关键的是其中体现出的他对研究工作的自我认识:马克思将他的研究计划、写作大纲或结构划分看成是研究假设,对此他不是简单地予以确认,而是进行复查。这样他就总是开放面对资料研究过程中所产生的改动和更新。[②] 自发的动力与外在的推动在马克思的认知过程中扮演了很重要的角色。[③] 他完成1861—1863年手稿之后曾对恩格斯抱怨,他怎样"必须推翻所有的,并且……有些部分必须面对不熟悉的资料……"[④]他很少说是一开始就确定了某些他想去确认的命题或结果。同样他的研究也很少会有确定的完成日期。正如在写作《政治经济学批判大纲》时,他曾经说过这样的话:如果手稿完成得太晚,以至于世界都"不太关心"这些东西了,那显然是他自己的过错。[⑤] 恩格斯害怕这种工作方式:"你在上一封信的某些说法引起了我的怀疑,好像你的研究又碰到了一个出乎意料的转折点,从而又将所有的一切变得不确定而延迟。"[⑥]

现在我们把注意力放到马克思对生前没有公开发表的《资本论》各卷的研究工作上来。这里我们发现:第一,有大量的草稿或构思,马克思经常觉得不太满意。这里简要进行一下总结就可以了:有一种或两种整体的草稿,其中一些中心问题根本没被涉及或者只是在初步构思中被涉及(比如有关扩大了的生产的问题);有些部分则包括对最重要的领域(比如信贷)的资料收集。因此马克思只是撰写了一些有关单个

---

① MEGA² II/4.2, S. 178, 469;还可参见,S. 431 und 852f.,更多的例子可参见:福尔格拉夫(Vollgraf) 2004, S. 13ff。(见文后参考文献)

② 早在1846年他已将手稿中的改动归因于研究过程中所产生的需要。参见马克思于1846年8月1日给卡尔·列斯凯(Carl Leske)的信。

③ 于尔根·罗延(Jürgen Rojah)已经非常生动地为1844年的手稿和摘录证明了这一点。参见罗延,1985年。(见文后参考文献)

④ 马克思于1863年8月15日给恩格斯的信。

⑤ 马克思于1858年2月22日给拉萨尔的信。

⑥ 恩格斯于1865年8月7日给马克思的信。

问题的内容，而远非针对所有问题领域，此外就是为两卷各自的开头部分所撰写的许多还很简短的草稿，最后就是一系列的笔记、引文汇编和有关其研究的结构划分的概述。此外我们还发现了有关各种问题的新的、丰富的摘录。

第二，从大部分手稿中我们可以看到许多处马克思的重复论述、按语、异文以及有关修订的评注。因为作为修改者的马克思一直活跃在他的每一个文本上。但是马克思一开始通常是相当规矩的，比如《资本论》第三卷原始草稿中的情况。经常是他一开始“纯粹写作”式的文稿，到后来或快或慢都变成了一种探讨，这种探讨与其说是为了表明自身立场，不如说是为了澄清，比如对剩余价值与利润率之间关系的讨论。为此马克思在此后的年月里撰写了若干手稿，但却从未给出有关利润率决定因子的系统阐述。[①] 一般而言常常会找到有关一个想法或一项论证的新文本。他删除、改动、增添，还常常划掉一整段内容，就为了重新书写。有关第二卷开头部分的草稿提供了这方面的好例子，类似情况也可见稍后撰写的第三卷开头部分。

一般而言我们经常看到他在方括号中以连续文本的形式写成的段落。这些段落包含对继续加工的注释，比如关于分段的考虑[②]；或者一个提示：“只有合理的才是可取的……”[③]同样经常有一些放到括号里的按语和思考，马克思写下来就是为了提醒自己不要忘记，而并不确定这些内容最终该在何处予以论述。[④] 这些数量庞大的“按语”中的一处

① 他关于利润率“规律”的推论大部分归结为对这一问题的新思考，哪些因素产生哪些影响，或者为了说明这些影响，归结为常新的数例。参见他的手稿，MEGA² II/4.2，II/4.3 und II/14。

② 比如，关于地租，MEGA² II/4.2，S. 816f.；还可参见《政治经济学批判大纲》，MEGA² II/1，S. 43；以及《1861—1863 年手稿》，MEGA² II/3.1，S. 285；II/3.5，S. 1861f。

③ MEGA² II/4.2，S. 83.

④ 例如 MEGA² II/11，S. 343。

可以在1861—1863年手稿中看到:“剩余价值理论。”[①]

总而言之,以上提及的各种各样的异文、按语还有资料收集等等,都可以在有关围绕资本主义生产方式所进行的分析而产生的中心议题的手稿中发现。此外还有一个情况:马克思在1867年之后好几次提到,想在他的《资本论》中考虑新的视角,比如,第三卷有关地租的章节中俄国和爱尔兰的情况或者有关信贷的章节中美国的情况。[②] 所有这些例子都非常清楚地表明:马克思并没有留下一个关于《资本论》后续写作的授权的版本[③]。马克思留给我们的遗产的特性更确切地说其实是一种未完成性,或者说是残缺性(fragmentarischer Charakter)。[④]

关于他的第二个特征,作为收集者(Sammler)而言,马克思很早就向我们显露出来了。阿尔诺德·卢格(Arnold Ruge)在1844年曾经这样描述马克思:“他读很多资料;他在非同一般的强度下工作。”[⑤]马克思作为收集者的工作方式,即观察从他的收集中能得出什么,这可以在1857年至1858年的文稿中得到很好的展示。10月的时候他开始写一个新的笔记,以“笔记I”命名。但他并没有一开头便写下他对“经济学”或其他某个研究对象的考虑。其中几个研究对象他已经在8月份的“导言”中记录下来。这部分文稿更确切地说其实是马克思在深入探讨法国人阿尔弗雷德·达里蒙(Alfred Darimon)1856年出版的《论银行改革》(*De la Réforme des Banques*)一书。只是在后来,正如异文目录所显示的以及我们在手稿中看到的那样,马克思才加了一个开头:首

---

① 马克思一开始将这个理论作为一个新笔记上的第五点;属于第三点“相对剩余价值”篇下面的“机器”篇没有写完,第四点还没有开始。这个第五点有何功能我们现在无法知道,马克思在他后来的文本分篇中没有采用这一点的内容。能够确定的是,这一点有助于他自己的剩余价值理论的发展,更确切地说是在对同时代其他作者的深入研究的帮助下。参见奥克利(Oakley) 1985, vol. 2, S. 3ff。

② 这一表述可能只是初步考虑,而不是有关对他的著作进行具体改动的提示。这些考虑表明他尤其对所在的那个时代的发展具有持久兴趣。

③ 这里德文原文是“续篇”的意思,联系上下文,这里的续篇是指马克思生前公开出版的《资本论》第一卷的后续创作,即马克思去世后由恩格斯整理出版的第二卷和第三卷。——译者注

④ 联系上下文,这里的“未完成性”“残缺性”主要是指“有很多解释空间”“开放性”。——译者注

⑤ 引自麦克莱伦,1974, S. 113。

先是“货币章”，之后是“笔记II”。[1]但马克思并没有给这一手稿命名。仅仅是1858年的最后一个笔记即笔记VII他才给了明确些的名字：《政治经济学批判(续)》。类似情况也出现在马克思关于《资本论》的最后一个手稿上，这部分内容收录在第二部分的第11卷中，于2008年才首次发表出来。它写作于1877—1881年之间，较之于草稿的形式，这个文本更像一个资料收集。马克思从1877—1878年开始写这篇文稿，就是在他因恩格斯对“欧根·杜林先生的科学变革”进行批判而深入研究欧根·杜林(Eugen Dühring)的作品的时候，恩格斯命名为《欧根·杜林先生在科学中实行的变革》(*Herrn Eugen Dührings Umwälzung der Wissenschaft*)的这一著作也就是我们熟知的《反杜林论》(*Anti-Dühring*)。[2] 之后，大概是在1879年至1881年之间，马克思在那个文稿中补充了一系列的解释性说明，有的也只是一个单个想法或者一个出处，常常是彼此间少有关联，因而就用宽线把彼此区分开来。这里可以找到比如说对弗朗斯瓦·魁奈(François Quesnay)的重农论著作《经济表》的赞赏，还有对亚当·斯密(Adam Smith)有关收入分配及其对再生产过程影响的想法所进行的深入分析，但也有对扩大再生产的初步分析。[3] 文本本身因此没有标题。最早的标题据推测也是在这些文本段落汇编在一起用作《资本论》第二卷第三章的内容之后才出现的。[4]

从以上这两个例子可看到马克思工作方式有一个基本特点：马克思很少根据一个体系固定的、先入为主的研究计划来进行自己的思考以及写作，而是经常让自己的研究资源和观察来引导。1879年马克思写给尼古拉·丹尼尔逊(Nikolaj Daniel'son)的一封讨论经济危机的信就反映了马克思对观察的重视：马克思这样写道，他必须要对危机的流程进行“观察……然后才能对它‘卓有成效地消费’”并将它纳入自己

① MEGA² II/1, S. 791. 顺便提一下，马克思没有给文本中的任何部分命名为“I.”或“III.”。

② MEGA² I/27.

③ MEGA² II/11, S. 698—828 und 1606ff.

④ MEGA² II/11, S. 1609.

的理论。[①] 他决定自己研究资源的方式,正如 19 世纪 40 年代早期就已开始的那样,系统地收集文献资料,对它们进行编目,然后尝试在图书馆中找到或者去购买。除了书籍、报纸和书评杂志以及书商和图书馆的检索目录,他还一再咨询他在国外的通信伙伴们。这一点尤其能在他的记录本上看到,其中有 20 本流传于世,还有在他的摘录本中也可以看到。[②] 无论是在资料汇编的过程中,还是在接下来的研究中,他都不会令自己只受到他最初观点和想法的主导,而是他对周边发生的一切保持一种开放的眼界和一种广泛的兴趣。当什么引起了他的兴趣时,他就会相当深入地去研究;一个偶然事情也常会产生影响,比如他读了什么或者什么时候他读了些什么。

这一点可以在《1861—1863 年手稿》中找到例证。马克思正在深入研究“剩余价值理论”的时候,拉萨尔(Ferdinand Lassalle)请求他将 1851 年卡尔·洛贝图斯(Karl Rodbertus)所著的探讨李嘉图(Ricardos)地租理论的一本书寄回来,这本书是马克思几个月前在柏林拜访拉萨尔时向他借的。[③] 这一请求促使了马克思去读这本书,书中关于地租理论的讨论是如此吸引他,以致他开始“跑题”,插入对洛贝图斯的探讨。之后他立即写下了自己关于地租的思考和看法,手稿有 70 多页。[④] 这个关于地租的“跑题”他最开始写在一个单独的笔记上,这个笔记上已经有了关于魁奈(Quesnay)、兰盖(Linguet)[⑤]以及布雷(Bray)的“跑题”。后来马克思将这本带有所有“跑题”的笔记编入自己

---

① 马克思于 1878 年 11 月 15 日给丹尼尔逊(Nikolaj Daniel'son)的信。

② MEGA² IV/32, S. 30ff.

③ 卡尔·洛贝图斯:《给冯·基尔希曼的社会问题书简。第三封:驳李嘉图的地租学说,并论证新的地租理论》,柏林,1851;拉萨尔于 1862 年 6 月 9 日给马克思的信。(Karl Rodbertus: *Dritter Socialer Brief an von Kirchmann. Widerlegung der Ric. Lehre von der Grundrente und Begründung einer neuen Rententheorie*, Berlin 1851; Ferdinand Lassalle an Marx, 9. Juni 1862.)

④ MEGA² II/3.3, S. 813—1000.

⑤ 或译为林奎特。——译者注

原先的手稿，并标上连续的页码。[①] 不久后，马克思告诉恩格斯，他已经了解了地租理论，而且最终揭示了李嘉图地租理论的骗局。[②]

作为收集者的马克思在他生命的最后十年仍然非常活跃，能证明这一点的，不仅有他的手稿，还有他的通信、他的摘录笔记以及他的丛书。一方面，《资本论》始终停留在马克思的研究视野中：1881 年的时候他还在写关于《资本论》的最后一个手稿[③]，而且还收集、阅读和摘录了大量来自各个领域的书籍和文章，这些触及他著作中的开放问题。另一方面，他还总是越过他著作中的具体问题看得更远，正如他 1865 年[④]之后的研究所显示的那样。[⑤]

马克思关于地租的研究至少有三个方面：①化学的；②理论的；③实践的。第一点指的是，新的化学知识在农业上的应用。为此他做了大量工作，正如若干摘录笔记和书中的旁注所展示的那样，而且持续了 1864 年至 1874 年间的若干年。[⑥] 在 1866 年的时候，马克思已经向恩格斯解释了自己的这个研究：新的农业化学比经济学家所写的有关地租的所有著作都重要。[⑦] 第二点指的是，他在理论上深入探讨了地租问题，比如他对亨利·凯利(Henry Carey)以及其他更早阅读过的作者

---

① 顺便提一下，马克思在魁奈之后就想开始研究李嘉图，但其间先后插入了对兰盖、布雷和洛贝图的研究，这一点可以从他同时开列的书刊目录的异文内容中看出。参见：MEGA² II/3, S. 2650 (Varianten zu ＊671.6, 7)。

② 马克思于 1862 年 6 月 18 日给恩格斯的信。

③ 这是他为《资本论》第二卷(MEGA² II/11)所写的。有关第三卷的议题他在 1878 年还在探讨着。参见：MEGA² II/14。

④ 这里应该是指 1865 年第一国际总委员会在探讨工人运动的未来发展道路的会议中，马克思用英文写了《工资、价格和利润》手稿，在会议上表达了自己的意见。——译者注

⑤ 接下来参见：福尔格拉夫(Vollgraf)2002：从 1868 年中期到 1883 年，马克思关于资本论第三卷的工作。载于 MEGA² II/14, 438—456，这里的内容参见 S. 445ff.，其中也可以发现一些零散的有关信件、摘录本、笔记本以及私人图书馆图书等等的证据。

⑥ 摘录的作者比如有尤斯图斯·利比希(Justus Liebig)和卡尔·福哈斯(Carl Fraas)。也参见 MEGA² IV/32，例如第 42 号摘录笔记以及其他 1864 年至 1874 年间的各个摘录笔记。

⑦ 马克思于 1866 年 2 月 13 日给恩格斯的信。

的研究。[1]第三点指的是，马克思对不同国家的农业情况进行了研究。[2]

信贷、利息、货币资本、银行，以及所有与资本主义生产方式下的货币市场和金融相关的东西，构成了马克思1865年之后研究的另一个重点，正好也包括在金融领域引发的经济危机。马克思制定了数量庞大的文献清单，并且广泛收集了关于货币市场上假公司和破产消息的剪报。这里他的通信伙伴再次成为重要的资料来源：比如社会民主党政治家和新闻工作者卡尔·希尔施(Carl Hirsch)介绍他与法兰克福一位年轻的民主倾向的银行家西格蒙德·肖特(Sigmund Schott)建立联系。后者从1877年开始就给马克思邮寄关于德国股份公司的材料。[3]同样，马克思不仅常常摘录有关现实问题的书籍和小册子，而且也摘录有关货币、信贷、银行等历史发展的内容。

俄国与美国对马克思有很大的吸引力。他对这两个主题的关注通过各种各样的方式表现出来，比如通信、文献清单以及摘录。关于俄国，马克思与圣彼得堡的一个银行家尼古拉·丹尼尔逊(Nicolaj Daniel'son)取得了联系。[4] 1869年马克思开始学习俄文，以便可以用原文研究俄国的社会情况与经济形势。为此他做了几个笔记本的摘录。[5] 1880年至1881年之交，马克思逝世前两年，他再次转向了对俄国农村状况的研究。他这段时期的研究重点也在一个专门书目中反映出来，他将这一书目命名为“我书亭里的俄国”(Russisches in my

---

① 他与恩格斯的通信展示了这一点，尤其是1868年年初和1869年年秋的书信。此外他还搜寻了对亨利·凯利进行批判的文献，参见马克思于1868年7月4日给麦耶(Sigfrid Meyer)的信；“级差地租”(1867/1868)，IISG，Marx-Engels-Nachlass，Sign. B 105，参见 $MEGA^2$ II/4.3。

② 马克思对英格兰、苏格兰和爱尔兰的情况尤其感兴趣，不过也对比利时、美国、俄国等等其他国家感兴趣。

③ 马克思从 Schott 那里还得到一本 Otto Glagau 写的《柏林的交易所投机买卖和开业骗局》。

④ 丹尼尔逊参与了将《资本论》第一卷翻译成俄文的工作（$MEGA^2$ II/13，S. 572f.；$MEGA^2$ IV/32，S. 39ff.）。

⑤ 另外在考夫曼(Ilarion Kaufman)的书中阐释得很详尽：Teorija i praktika bankogavo dela. Bd. 1，2. St. Petersburg 1873—1877。

bookstall)。[①] 同时他在几封信中表示，希望把俄国的地租形式补充进《资本论》第三卷关于地租的那部分章节中。[②] 关于美国，马克思在1879年4月提到：美国对现代经济学家而言是最有趣的研究领域。因为在英国持续了几百年的转型，在美国只用了几年。[③] 这里马克思也是通过他的通信伙伴收集了许多信息和文献，比如：一个在19世纪50年代移民美国的建筑师阿道夫·克鲁斯(Adolf Cruß)，之后还有教师弗里德里希·左尔格(Friedrich Sorge)，以及担任马萨诸塞州劳工统计局领导人的卡罗尔·戴维森·赖特(Caroll Davidson Wright)，他定期地寄给马克思年度统计数据。[④] 在这个过程中，马克思的研究兴趣得到广泛扩展：信贷与金融体系，黄金产量，农业生产与地租，尤其是危机的发展。

在一定意义上，这些主题都与《资本论》的研究有关，因为它们涉及在马克思的草稿中呈现开放状态的中心领域。但马克思对这些主题的研究同时还远超过这些。马克思在研究中常常会走上一些支路，引着他离开具体研究计划，越走越远，比如，有关所观察现象的历史发展，有时候会一直追溯到古代。

2. 版本中马克思工作方式的痕迹

现在我们来思考这一问题，作为修改者和收集者的马克思是怎样体现在他的著作的各个版本中的。《资本论》第二卷和第三卷的第一个版本是由弗里德里希·恩格斯根据马克思遗留下来的文稿编辑而成。马克思的草稿给编者恩格斯提供了一定的编辑空间，正因为这些草稿是如此的未完成状态。在此版的形成过程中恩格斯充分利用了这一编辑空间，多次为了便于读者进行了大量的文体风格和内容上的改进，但

---

① MEGA² IV/32, S. 39ff.

② 这一表述还“非常详尽”，参见马克思于1872年12月12日给丹尼尔逊的信。

③ 马克思于1878年11月15日给丹尼尔逊的信。

④ 参见：西尔维斯(Sylvers) 2004, S. 35ff。

总体而言是非常克制的。

恩格斯和他的读者的阅读兴趣与我们今天的有些不同。他最关注的问题是:关于资本主义生产的功能机制,马克思到底获得了什么样的认识,既然这些论述如此不完备的话?而很少去关注马克思思路的发展,关注其中所遭遇的障碍或走过的弯路。① 因此在这一版本中,马克思的未完成状态虽然是明显的,只是作为“修改者”的马克思不该被突显出来,而它也没做到这一点。

而这在 MEGA² 这一历史考证版中是不同的:作者马克思和他的发展以及其文本的发展正是这一版的重点,同样作为重点的还有作者马克思和编者恩格斯之间的不同。实现这个的前提就是独立而又完整地出版所有文本,所有马克思和恩格斯有关《资本论》所撰写的文本。这将使以下成为可能:1. 比较、对照马克思本人的不同文本;2. 比较马克思的文本与恩格斯编辑出版的文本,从而来看恩格斯的工作对马克思文本接受的影响。

MEGA 除了文本本身之外,还提供了哪些辅助工具来进行这些不同的比较?

- 异文索引记载了手稿内部的发展变化以及不同版本之间的差异。
- 出处索引显示了恩格斯在编辑出版时使用的文本段落的来源。
- 有关文本偏差的索引标明了恩格斯对采用的段落所进行的改动,可分为:文本扩充、文本删减、单词替换以及句型变换。②
- 指明恩格斯对原有文本所加的附录或者补充。③

在 MEGA 各卷中,下述恩格斯对马克思的草稿所做的编辑改动被

① 因此恩格斯也剔除了那些他认为只有开端没有进一步展开的内容。参见:MEGA² II/13, S. 540ff。

② 这提供了一个对比段落划分的独立索引,可以看到文本结构上发生了哪些改变。

③ 在出处索引(MEGA² II/12)或者某个独立索引(MEGA² II/15)中,另外也有在注释中的,比如可以参见 MEGA² II/15, Erl. 243.13—15 或者 II/12, Erl. 51.32—53.26。

显示出来[①]：

- 恩格斯通过对各种文稿和异文进行选择来汇编文本[②]；有些部分他进行了大规模的文本调整[③]，也删去了一部分文本内容。
- 恩格斯使手稿结构化，并且赋予了详细的分段。
- 恩格斯把马克思的按语融入连续文本中，同样也将脚注融入正文中。
- 恩格斯添加了一些内容上的补充，并进行了一些内容上的修正和更新。
- 恩格斯进行了概念上的调整，力图查明马克思后来的抉择并把它转加到早期的文本上，然而并不试图将草稿中的术语全部予以统一，从而掩盖马克思研究中概念确立的艰难过程。
- 在一些情况下，恩格斯对马克思所构想的思想内容有所限制，目的是缓和文本内部的矛盾。[④]
- 恩格斯也纠正了手稿中的一系列错误，比如计算上的错误。这些也会对后来的接受造成影响。[⑤]
- 恩格斯修订了文本的风格，增加了一些使文本更加通畅的过渡文字。
- 恩格斯检查、扩充以及翻译了马克思手稿中的引文。

这就是我们有关作者与编辑出版者之间差异的成果。通过区分作者和编者，为我们开启了另外一个理解马克思的可能途径：我们可以第一次独立于作为马克思思想的首要解说者的恩格斯，来探讨马克思对《资本论》第三卷主题的观点和想法的发展状况。

对全集的最初利用展示了恩格斯的编辑版本与马克思的文稿之间存在的清晰差别，个别情况下已经可以看出作者马克思和编者恩格斯

---

① 细节与证明参见 MEGA² II/12，II/13 和 II/14 中的导言。

② 特别是在第二卷，部分在第三卷。

③ 特别是在第三卷的第 5 篇。

④ 例如有关探讨信贷体系的问题。恩格斯修改了起始句。马克思说的是，相关分析不能被预先设定，而恩格斯改成，一种深入的分析不能被预先设定。参见：MEGA² II/4.2，S. 469；MEGA² II/15，S. 389。

⑤ 森健二（Kenji Mori）发现，第二卷中的几个再生产模式只是在恩格斯的版本中才被解释为均衡增长的先导。如此一来恩格斯至少是输送了这样一种解释。参见：MEGA² II/13，S. 544ff。

的不同侧重点。以《资本论》第三卷第三篇“利润率趋向下降的规律”为例可以证明这一点。从这里可以看到，恩格斯在编排中做了不小的侧重点转移：

1. 这一篇的结构的编排来源于恩格斯。马克思生前仅仅是留了一些线索：他给一些段落编了号，在很多段落里给文本的开头加了下划线。①

2. 恩格斯带来了这样的想法，必须有一个“普遍的”点，来“展开规律的内部矛盾”。尽管这部分文本内容确实来自马克思，但并不包括其中提到资本主义生产的崩溃这一点。②

3. 这一部分文稿里，马克思其实并没有用“崩溃”(Zusammenbruch)这个概念，而是用的一个比较模糊的表达：“(给资本主义生产)带来翻转”(zum Klappen bringen)。此外，关于资本主义生产的崩溃只是在此处成为讨论主题。其他地方“崩溃”的概念都是和价格或者信贷有关，几乎再没有和此处相近的用法。③

恩格斯的这些改动表明，马克思毋宁是把许多不同方面拿来相互权衡，并没有选择一个明确的立场。④ 相反地，恩格斯比较不畏惧清晰的见解，因而相应地使马克思的草稿尖锐化。

还有两个例子强化了这一印象⑤：

1. 马克思在文本的一个插入部分考虑过几种可能性，利润率在这些可能性下将保持不变或者有所提高。马克思并没有明确表述有多大的可能这些情况将会发生，而是将这些都评价为“抽象

---

① 比如：MEGA² II/4.2，S. 301ff。

② MEGA² II/4.2，S. 309—315；MEGA² II/15，S. 237—243.

③ 这里马克思所提到的大部分是“衰退”这个词。

④ 比如对于这样一个说法，没有反对力量，资本主义生产将崩溃。

⑤ 感谢海因茨 D. 库尔兹(Heinz D. Kurz)，这两个例子是他给我提供的。

的”(abstrakte)可能性。[1] 而正是恩格斯在这样的考虑之后加了一句话:“但是事实上,正如我们已经看见的,利润率将会持续下降。”[2]

2. 第二个例子来自一处由恩格斯添加的补充性说明。[3] 马克思的文稿讲的是:机器的使用,可以节省劳动力,但是却不会被使用,因为所需要的成本太高了。恩格斯由此做了一个值得注意的推论:资本主义生产“这样只会重新显示,自身将变得破旧和越来越过时”。[4] 而马克思并没有用这样清晰的语词来预见资本主义生产的未来,至少不会出现在《资本论》的这个篇章中。

虽然马克思认为利润率的趋向下降是“真实的趋势”,并认为这一规律对资本主义生产非常重要。[5] 但同时他不仅考虑了反作用的趋势,还想到了利润率不变或上升的可能性,正如上面的例子证明的那样。和恩格斯不同,他没有将这些可能性完全排除,而是让问题处于开放的状态。[6]

我们希望,这一研究被看成是一项吸引人的任务,即,使用MEGA,从而能够彻底研究更多有关作者马克思和编者恩格斯不同处理方式的情况。[7]

3. 网络空间的马克思恩格斯全集

最后我想简短介绍一下 MEGA 的数字化版本,这也可以从另一个

---

① MEGA² II/4.2, S. 319.

② MEGA² II/15, S. 227. 这一内容在目前出版的版本中还看不到。

③ MEGA² II/15, S. 259, Fn. 37.

④ MEGA² II/15, S. 257f.;马克思的话参见:MEGA² II/4.2, S. 334—336。

⑤ MEGA² II/4.2, S. 286.

⑥ 人们因而可以提出这样一个命题,即对这一规律的适用性,马克思要比恩格斯不确信。这一命题的令人信服性应该通过对其他文本——草稿、书信、摘录——的更多研究来进行检验或者考虑,有可能哪些因素对这种不同的态度和各自的影响而言是重要的。更多例子可见:MEGA² II/14, S. 408ff. 和414f.;MEGA² II/13, S. 540ff。第一卷第四次印刷本中还有一个关于这种侧重点转移的例子,可参见福尔格拉夫(Vollgraf)2004,S. 22。见文后参考文献。

⑦ 这方面的最初研究,参见:海因里希《价值的科学》(Heinrich, *Die Wissenschaft vom Wert*) 2001, S. 284 ff. 以及《导论》(*Einführung*),载于 MEGA² II/14, S. 411 ff。

角度看一下关于《资本论》的工作室。第二部分的全部15卷都将被数字化并在网络上发布；配套的文本相互间都将有电子链接，文本和参考资料都是如此。目的是呈现马克思的各种手稿与恩格斯公开出版稿之间的复杂关系。现在有两个项目(方案，规划)致力于将这个数字化计划实现出来(http://telota. bbaw. de/mega)：

项目1:《资本论》第三卷的著作剪辑：已经出版的MEGA-Bandes II/15的第三部分文本，即有关“利润率趋向下降的规律”的部分，将与它的各种参考资料(异文、注释、出处索引、恩格斯补充的重要索引，等等)建立链接。通过注释人们可以打开MEGA其他卷的已出版文本，尤其是MEGA² II/4. 2的文本。这份马克思于1864年至1865年间完成的手稿也曾是恩格斯编辑的文本基础。我们这个项目的实现得益于与柏林-勃兰登堡科学院的TELOTA工作组的密切合作。这里给出一个屏幕截图，希望能给你们一个最初的印象：

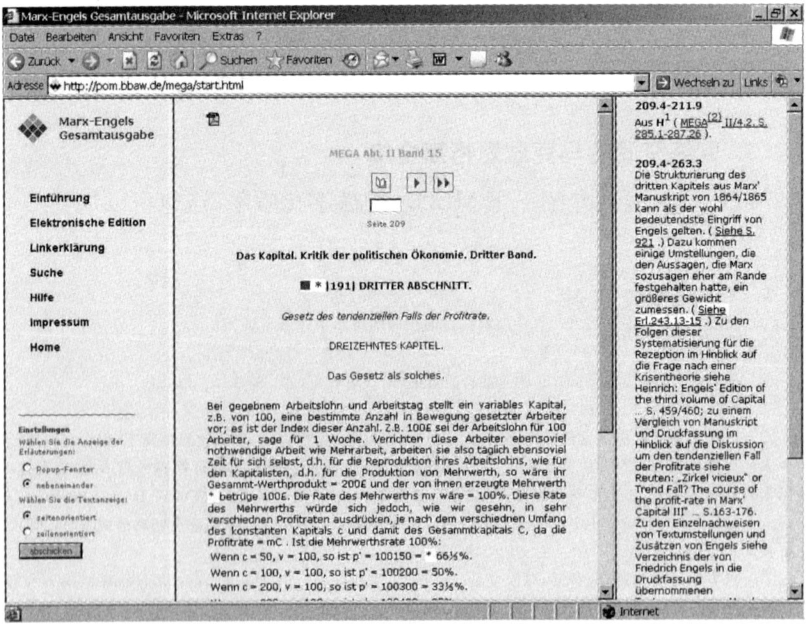

项目 2:包括《资本论》第二卷所有文稿和草稿的数字化版本(MEGA² II/4.1, 11, 12 和 13)以及一个数字化内容索引,这个索引包括所有这些文本,并且在概念与各个文本位置之间建立链接。这个项目是我们与位于日本仙台东北大学的日本同事合作的成果。关于这个项目也有一个屏幕截图如下:

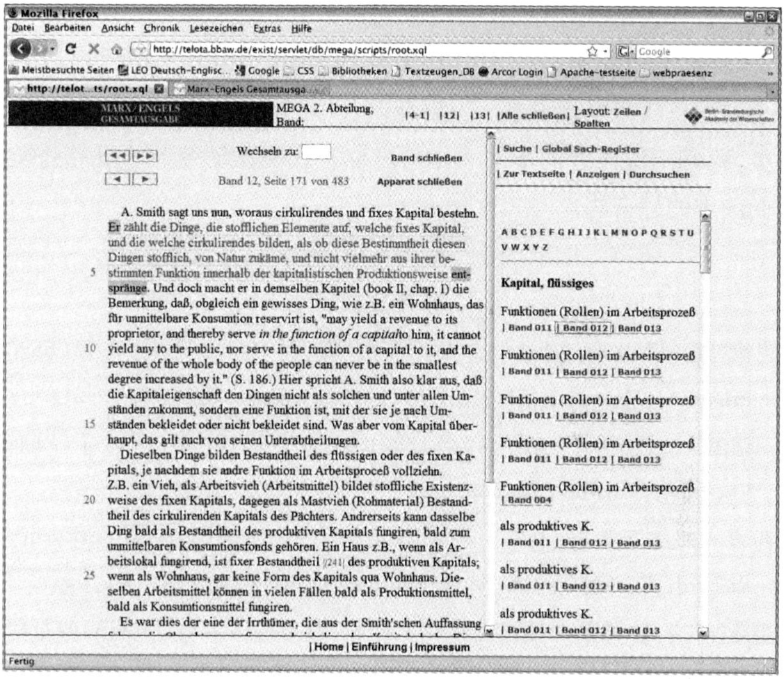

现在网上有:

- 已出版的三卷 MEGA 文本:MEGA² II/4.1, 12 和 13;另外两卷 MEGA 文本将在今年年底之前可供使用:MEGA² II/11 与 1。此外我们还提供了两卷 MEGA 的部分内容:MEGA² II/4.2 的第 285—340 页和 MEGA² II/15 的第 209—263 页。
- 关于 4 卷 MEGA 的内容索引:MEGA² II/4.1, 11, 12 和 13 卷。
- 关于 MEGA² II/15 卷中一部分的全部参考资料。

结语

关于两个作者之间的差异——在《资本论》中就是作者与编辑出版者的差异——一直是历史考证版关注的中心问题，其实所有二人共同参与的著作都涉及这个问题。① MEGA 另一个同样重要的关注点是作者马克思的开放性，对他在深入研究各种主题时所走的不同道路的呈现，以及对他为此所援引的资料来源的呈现。MEGA 将开启通向卡尔·马克思与弗里德里希·恩格斯以及他们浩瀚著作的新入口。我们希望，我们两位作者的不同工作与思维方式能推动今天的研究并唤醒我们读者的好奇心。

参考文献

弗里德里希·恩格斯："序言"(汉堡 1885)，MEGA² II/13，第 5—21 页(Engels, Friedrich: „Vorwort“ [Hamburg 1885]. In: MEGA² II/13, S. 5—21)。

弗里德里希·恩格斯："序言"(汉堡 1894)，MEGA² II/15，第 5—23 页(Engels, Friedrich: „Vorwort“ [Hamburg 1894]. In: MEGA² II/15, S. 5—23)。

理查德·弗里登撒尔：卡尔·马克思，第二版，慕尼黑，1990 年(Friedenthal, Richard: *Karl Marx*. 2. Aufl. München 1990)。

霍布曼等："'……重要的是改变世界'：论马克思恩格斯全集(MEGA)的重新开始"，德意志哲学期刊，第 49 卷，2001 年第 2 期，第 299—311 页(Hubmann, Gerald, Herfried Münkler, and Manfred Neuhaus: " '... es kömmt drauf an sie zu *verändern*'. Zur Wiederaufnahme der Marx-Engels-Gesamtausgabe [MEGA]." In: *Deutsche Zeitschrift für Philosophie*, Bd. 49, 2001, Nr. 2, S. 299—311)。

戴维·麦克莱伦：卡尔·马克思传，慕尼黑，1974 年(McLellan, David: *Karl Marx*.

① 比如《纽约每日论坛报》上的文章、《反杜林论》或者《德意志意识形态》。

Leben und Werk. München 1974)。

卡尔·马克思:政治经济学批判,柏林,1859 年, MEGA² II/2(Marx, Karl: *Zur Kritik der politischen Ökonomie*. Berlin 1859. In: MEGA² II/2)。

英文版《马克思恩格斯全集》,第 15 卷,“马克思和恩格斯:1856 年至 1858 年”,莫斯科,1986 年(*Karl Marx Friedrich Engels Collected Works*, Volume 15. Marx and Engels 1856—1858, Moscow,1986)。

MEGA² I/27:弗里德里希·恩格斯:欧根·杜林先生在科学中实行的变革(反杜林论),柏林,1988 年(MEGA² I/27: Friedrich Engels: Hern Eugen Dührings Umwälzung der Wissenschaft [Anti-Dühring]. Berlin 1988)。

MEGA² II/1:卡尔·马克思:1857—1858 年经济学手稿,第二未变更版,柏林,2006 年(MEGA² II/1: Karl Marx:Ökonomische Manuskripte 1857/58. 2., unveränd. Aufl. Berlin 2006)。

MEGA² II/2:卡尔·马克思:1858—1861 年经济学手稿与文本,柏林,1980 年(MEGA² II/2: Karl Marx:Ökonomische Manuskripte und Schriften, 1858—1861. Berlin 1980)。

MEGA² II/3.1—6: 卡尔·马克思:政治经济学批判(1861—1863 年手稿),柏林,1976—1982(MEGA² II/3. 1—6: Karl Marx: Zur Kritik der politischen Ökonomie. [Manuskript 1861—1863]. Berlin 1976—1982)。

MEGA² II/4.2: 卡尔·马克思:1863—1867 年经济学手稿,第二部分,柏林,1992 年(MEGA² II/4.2: Karl Marx:Ökonomische Manuskripte 1863—1867. Teil 2. Berlin 1992)。

MEGA² II/4.1: 卡尔·马克思:1863—1867 年经济学手稿,第一部分,柏林,1988 年(MEGA² II/4.1: Karl Marx:Ökonomische Manuskripte 1863—1867. Teil 1. Berlin 1988)。

MEGA² II/11: 卡尔·马克思:1868—1881 年资本论第二卷手稿, 柏林,2008 年(MEGA² II/11: Karl Marx: Manuskripte zum zweiten Buch des „Kapitals“ 1868 bis 1881. Berlin 2008)。

MEGA² II/12: 卡尔·马克思:资本论:政治经济学批判,第二卷,1884—1885 年由恩格斯编辑的手稿,柏林,2005 年(MEGA² II/12: Karl Marx: Das Kapital.

Kritik der Politischen Ökonomie. Zweites Buch. Redaktionsmanuskript von Friedrich Engels 1884/1885. Berlin 2005)。

MEGA² II/13：卡尔·马克思：资本论：政治经济学批判，第二卷，汉堡，1885 年，柏林，2008 年（MEGA² II/13: Karl Marx: Das Kapital. Kritik der politischen Ökonomie. Zweiter Band. Hamburg 1885. Berlin 2008)。

MEGA² II/14：卡尔·马克思，弗里德里希·恩格斯：1871—1895 年资本论第三卷手稿与编辑文本，柏林，2003 年（MEGA² II/14: Karl Marx, Friedrich Engels: Manuskripte und redaktionelle Texte zum dritten Buch des *Kapitals* 1871 bis 1895. Berlin 2003)。

MEGA² II/15：卡尔·马克思：资本论：政治经济学批判，第三卷，汉堡，1894 年，柏林，2004 年（MEGA² II/15: Marx, Karl: Das Kapital. Kritik der politischen Ökonomie. Dritter Band. Hamburg 1894. Berlin 2004)。

MEGA² IV/32：卡尔·马克思和弗里德里希·恩格斯的图书：对已查明藏书所做的目录。柏林，1999 年（MEGA² IV/32: Die Bibliotheken von Karl Marx und Friedrich Engels. Annotiertes Verzeichnis des ermittelten Bestandes. [Vorauspublikation.] Berlin 1999)。

艾伦·奥克利：马克思的政治经济学批判，2 卷本，伦敦，1985 年（Oakley, Allen: *Marx's Critique of Political Economy*. 2 vol. London u. a. 1985)。

于尔根·罗延：新马恩全集（MEGA）中的马克思的 1844 年手稿，社会史档案，第 25 卷，1985 年，第 647—663 页（Rojahn, Jürgen: Die Marxschen Manuskripte aus dem Jahr 1844 in der neuen Marx-Engels-Gesamtausgabe [MEGA]. In: *Archiv für Sozialgeschichte*, Bd. 25, 1985, S. 647—663)。

于尔根·罗延：政治与科学紧张状态下的出版（马克思/恩格斯论），收录在汉斯-格尔特·罗洛夫编辑的：科学与社会中的出版的功能，柏林，1998 年，第 133—204 页（Rojahn, Jürgen: Edition im Spannungsfeld von Politik und Wissenschaft [Marx/Engels]. In: Hans-Gert Roloff [Ed.]: *Die Funktion von Editionen in Wissenschaft und Gesellschaft*. Berlin 1998. S. 133—204)。

马科斯米里安·吕贝尔：卡尔·马克思的著作书目，社会史国际评论，第 2 卷，1957 年，第 392—420 页（Rubel, Maximilien: Les cahiers de lecture de Karl

Marx. In: *International Review of Social History*. Vol. 2, 1957, S. 392—420)。

马尔科姆·西尔维斯:马克思、恩格斯与美国——对一个很少被关注的课题的研究,马克思-恩格斯年鉴,2004 年,第 31—53 页(Sylvers, Malcolm: Marx, Engels und die USA-ein Forschungsprojekt über ein wenig beachtetes Thema. In: *Marx-Engels-Jahrbuch* 2004, S. 31—53)。

卡尔-埃里希·福尔格拉夫:在 19 世纪 70 年代到 80 年代马克思关于资本论第三卷的工作,收录在沃尔夫冈·雅恩纪念文集:完整的马克思,汉堡,2002 年,第 33—66 页(Vollgraf,Carl-Erich:Marx' Arbeit am dritten Buch des Kapital in den 1870/1880er Jahren. In:In memoriam Wolfgang Jahn:*Der ganze Marx. Alles Verfasste veröffentlichen, erforschen und den "ungeschriebenen" Marx rekonstruieren*. Hamburg, 2002, S. 33—66)。

卡尔-埃里希·福尔格拉夫:恩格斯的资本主义图景与他对资本论第三卷内容所做的增补,马克思-恩格斯研究,2004 年续辑,第 7—53 页(Vollgraf, Carl-Erich: Engels' Kapitalismus-Bild und seine inhaltlichen Zusätze zum dritten Band des *Kapitals*. In: *Beiträge zur Marx-Engels-Forschung*. N. F 2004, S. 7—53)。

（田园　译　李红霞　校）

文本的命运

——《德意志意识形态》手稿保存、刊布与版本源流考

聂锦芳

一部书的命运犹如个体生命的历程，曲折而多变。对于《德意志意识形态》这部表征马克思主义哲学最重要的文本来说，不仅写作过程断断续续，几经周折，最终作者留下的是一部由若干写法不同、各章篇幅不均的手稿、誊清稿和刊印稿等构成的相当松散的著述[①]；进一步考察还会发现，这些遗稿的保存地点在以后的岁月中多次转换，有的散落，有的受到"老鼠的牙齿的批判"，有的字迹也变得模糊不清，尤其是经过不同保管者的手之后，他们都进行过不同方式的编码、归档以及对其内容的逻辑处理，手稿从零散发表到全书出版，费时近 90 年，其中的《费尔巴哈》章更出现了多种结构编排不同的版本，近年 MEGA^2"《德意志意识形态》研究小组"又提出新的编排设想以及编排顺序。凡此种种，给作者原始思想的准确呈现和客观理解增添了阻碍和困难。显然，弄清楚这些曲折和源流也成为《德意志意识形态》研究中不可或缺的一环。

---

① 关于《德意志意识形态》写作过程的梳理，请看拙文《未完成的文本如何表述思想——对〈德意志意识形态〉写作过程的考察》，《现代哲学》，2006 年第 6 期。

一、马克思、恩格斯在世时的刊布情形

作为《德意志意识形态》写作“前奏”的马克思对布鲁诺·鲍威尔发表在《维干德季刊》1845 年第 3 期上的《评路德维希·费尔巴哈》一文中对《神圣家族》的责难的答复,即短评《对布鲁诺·鲍威尔的反批评的回复》最早刊登在《社会明镜》(*Gesellschaftsspiegel*)1846 年第 2 卷第 7 期上,未署名。这是宽泛意义上的《德意志意识形态》写作中发表最早的篇目,但严格说来,马克思、恩格斯是在写完这篇答复之后才朦胧地形成创作《德意志意识形态》的写作计划的,所以还不能把它作为严格意义上的《德意志意识形态》的组成部分,特别是不能把它等同于《德意志意识形态》中的《圣布鲁诺》一章。①

此后,马克思、恩格斯一边写作《德意志意识形态》,一边为该书将来的正式刊印和出版做着努力,特别是在进入第二卷的写作之后,他们与众多出版商有着频繁的书信来往。除了自己联系出版事宜,马克思还委托约·魏德迈与出版商、实业家直接接触和谈判。事情的进展并不顺利。出版商们表面看来对这部书很感兴趣,但出于商业利益或者观点分歧,还没有谁真正愿意接受这本未完成的书,再加上当时德国的书报检查制度的干扰,出版的事一直未能得到落实。

在威斯特伐利亚创办一家用来出版这部两卷本著作的出版机构的计划宣告失败,对于《德意志意识形态》最终没有完成产生了直接影响。当时《费尔巴哈》部分还没有写完,对“真正的社会主义”思潮进行批判的第二卷手稿也还处于分散状态,没有统一调整和合并。1859 年 1 月马克思在写作《〈政治经济学批判〉序言》时谈到《德意志意识形态》的写作和出版时曾说:“在布鲁塞尔时,我们决定共同阐明我们的见解与德

① 当然这里也需要说明,这篇短评的文字同《圣布鲁诺》章中的一处非常雷同,参看《马克思恩格斯全集》第 42 卷第 364—367 页和第 3 卷第 109—111 页,北京:人民出版社,1979、1960 年。

国哲学意识形态的见解的对立，实际上是把我们从前的哲学信仰清算一下。这个心愿是以批判黑格尔以后的哲学形式来实现的。两厚册八开本的原稿早已送到威斯特伐里亚的出版所，后来我们才接到通知说，由于情况改变，不能付印。既然我们已经达到了我们的主要目的——自己弄清问题，我们就情愿让原稿留给老鼠的牙齿去批判了。"①

当然，尽管马克思、恩格斯在世时《德意志意识形态》全书没有能够出版，但其中的部分章节在当时还是以零散的方式发表了一些，其具体情况是：

作为第二卷中一章的《反克利盖通告》于 1846 年 5 月以石印单行本形式发行②，同时由于布鲁塞尔共产主义通讯委员会的要求，克利盖也于 1846 年 6 月 6—13 日在他主编的《人民论坛报》第 23 号和 24 号上发表了这一文件，该通告还曾刊登于《威斯特伐里亚汽船》杂志 1846 年 7 月号上；

起初作为第一卷中一章的赫斯所写的《"格拉齐安诺博士"的著作：(阿・卢格：)〈巴黎二载。文稿和回忆录〉》于 1847 年 8 月 5、8 日刊登在《德意志—布鲁塞尔报》第 62、63 号上；

作为第二卷第四章的《卡尔・格律恩。〈法兰西和比利时的社会运动〉(1845 年达姆斯塔德版)或"真正的社会主义"的历史编纂学》于 1847 年 8—9 月刊登在《维斯特伐里亚汽船》杂志第 3 年卷第 8、9 期上；

作为第二卷中一章的恩格斯所写的《诗歌和散文中的德国社会主义》于 1847 年 9 月 12、16，11 月 21、25、28，12 月 2、5、9 日刊登在《德意

---

① 马克思：《〈政治经济学批判〉序言》，《马克思恩格斯选集》，第 2 卷，人民出版社，1995 年，第 34 页。

② 恩格斯在 1885 年谈到《反克利盖通告》的出版时说，它是"在问题涉及当时正在形成的共产党的内部事务的特殊场合"发出的。见恩格斯：《关于共产主义者同盟的历史》，《马克思恩格斯选集》，第 4 卷，北京：人民出版社，1995 年，第 198 页。

志一布鲁塞尔报》第73、74、93—98号上。

我们可以看出,这里发表的几乎都是《德意志意识形态》第二卷的内容。

此后,《德意志意识形态》的出版问题就一直没有再提起。

事隔16年之后的1883年,在马克思去世之后,恩格斯鉴于当时思想斗争的实际状况以及“真正的社会主义”思潮的影响仍然存在,曾经考虑过发表《德意志意识形态》中的一些内容。6月12—13日他在给伯恩施坦的一封信的附言中写道:“1847年马克思和我写了一部**无比**大胆的著作,痛斥了至今仍然盘踞在帝国国会里的‘真正的社会主义者’,您认为把该文作为小品文发表在《社会民主党人报》上是否适合时宜?这是所有用德文写的著作中最大胆的。”[①]6月22日,他在给伯恩施坦的另一封信中再次提到《德意志意识形态》的手稿,说“您如果去巴黎,务必渡过海峡[②]到我们这里呆几天……这里房间已经给您准备好了。到时我要给您看的既有前一封信提到的大胆的稿子,也有其他的稿子。”[③]不过,在8月27日的信中恩格斯最终放弃了发表这部手稿的念头,认为“关于大胆的稿子的建议,不如说是一个不好的玩笑。只要存在反社会党人法,只要《社会民主党人报》是唯一能够存在的机关报,那么无论如何不能由于这类次要问题而向党的队伍投下一只纠纷的苹果,如果有人想把这当作‘原则性问题’,那就会发生这种情况。”[④]

伯恩施坦1896年5月在《新时代》杂志上引用了这些书信的内容,

① 《恩格斯致伯恩施坦的信(1883年6月12—13日)》,《马克思恩格斯全集》,第36卷,北京:人民出版社,1974年,第40页。

② 指去英国,当时恩格斯在伦敦,这封是从伦敦发出的。

③ 《恩格斯致伯恩施坦的信(1883年6月22日)》,《马克思恩格斯全集》,第36卷,北京:人民出版社,1974年,第41页。

④ 《恩格斯致伯恩施坦的信(1883年8月27日)》,《马克思恩格斯全集》,第36卷,北京:人民出版社,1974年,第55页。

并报道了他 1884 年春拜访恩格斯的情形："关于那部'无比大胆的著作'，(他)在此只是说那是挖苦讽刺'真正的'社会主义的所有代表人物和著作的作品，它有时充满讽刺性的幽默——比如以把吕宁和皮特曼及其伙伴诙谐地比喻为大熊和小熊，有时又显得冷峻辛辣，而'真正的'社会主义的诗人们遭到了格外尖锐的批判。"[①]根据伯恩施坦的回忆，那部"无比大胆的著作"还应当包括恩格斯 1847 年年初作为第二卷的延续部分写成的手稿，即 1932 年由苏共中央马克思列宁主义研究院第一次用原文发表时编者加上了《"真正的社会主义者"》标题的那篇短评。此外，伯恩施坦还回忆了恩格斯关于批判施蒂纳和费尔巴哈部分手稿的一些看法，并且说恩格斯在谈论这些部分时没有一次提到由这些部分所组成的两卷著作《德意志意识形态》总的情况。

无疑恩格斯在发表《德意志意识形态》手稿问题上的反复，直接导致了伯恩施坦这种带有倾向性的回忆，这对他以后处理手稿的态度和行为产生了很大的影响。

二、手稿的保存、归档情况

马克思逝世以后，恩格斯、倍倍尔、伯恩施坦、德国社会民主党档案馆先后接手过有关《德意志意识形态》的手稿。恩格斯和伯恩施坦对手稿做过标记和编码。有些手稿散失，有些手稿在发表后底稿被毁，还有些手稿是 60 年代才找到的。

1. 恩格斯的标注和归类

马克思逝世后，恩格斯接管了他的手稿。现在还弄不清楚他是在什么时候、什么情况下翻阅《德意志意识形态》遗稿的，但有一点是清楚

---

① Bernstein. Marx und der "Wahre" Sozialismus, in: *Die Neue Zeit*, 14/2, S. 217, Stuttgart, 1895—1896. 转引自 Tnge Taubert. Die Überlieferungsgeschichte der Manuskripte der "Deutschen Ideologie" und die Erstver öffentlichungen in der Originalsprache, S. 35—36, in: *MEGA Studien*, 1997/2。

的，即他在原始手稿中的五篇的最后一页，写下了标注，并且初步排列了顺序：

> "一、费尔巴哈。唯物主义观点和唯心主义观点的对立"
> "二、布鲁诺·鲍威尔 1845/1846"
> "一、'真正的社会主义'的哲学"
> "格律恩 四、'真正的社会主义'的历史编纂学"
> "库尔曼"

以上标注涉及除《圣麦克斯》以外《德意志意识形态》的大部分内容，但在《圣麦克斯》手稿中没有见到恩格斯手写的这种标注。

在恩格斯晚年，路·费莱贝格尔"根据恩格斯的吩咐、按照恩格斯口授的内容编制"了一份以《将军的笔记》为标题的清单，其中有几条涉及《德意志意识形态》的手稿：

> ……
> 2）施蒂纳，1845/1846，摩尔和我
> 3）费尔巴哈和鲍威尔，1846/1847，摩尔和我
> ……
> 13）'真正的社会主义'，1847，摩尔和我
> ……①

这份清单据说是总共 21 条。清单的结尾处有一个标记，注明清单所提到的手稿中哪些该交给爱琳娜·马克思。第 2、3 和 13 条所提到的手稿不属此列。清单没有提到《序言》的手稿。这份清单证实，恩格斯当时是将保存下来的手稿按不同主题分别捆扎起来的。现在保存下来的第二卷的 4 卷手稿无疑也属于第 13 条的内容。但是也可以推测，

① 资料来源于 Tnge Taubert. Die Überlieferungsgeschichte der Manuskripte der "Deutschen Ideologie" und die Erstver öffentlichungen in der Originalsprache, S. 35, in: *MEGA Studien*, 1997/2。

第13条的内容指的是恩格斯在1847年年初所写的“真正的社会主义者”手稿。

2. 伯恩施坦及德国社会民主党的处理

1893年7月29日，恩格斯在其最后的遗嘱中将自己的遗稿托付给倍倍尔和伯恩施坦，这其中包括了《德意志意识形态》的手稿。根据伯恩施坦的说法，恩格斯逝世以后，这部分手写的遗稿“被装在一个箱子”，交给倍倍尔监管。它们“在很长时间内保存在德国社会民主党档案馆中，后来——在倍倍尔逝世前几年——被转移到我的住处，由我保管”。① 1924年11月21日由伯恩施坦、鲍·尼古拉耶夫斯基和约·欣里克森在柏林共同签署过一份目录，叫作《交还给党的档案馆的马克思恩格斯手稿以及他们所写的和所收到的书信目录》。② 这份目录涉及《德意志意识形态》的部分是：

1. 手稿

a. 手稿 施蒂纳，几叠手稿的页码：74＋149＋202＝425页
b. 手稿“真正的社会主义”＝4页
c. 手稿《莱茵年鉴》或“真正的社会主义”的哲学＝36页
d. 手稿“真正的社会主义”的预言＝12页
e. 手稿 卡·格律恩：“真正的社会主义”的历史编纂学＝56页
f. 手稿 路·费尔巴哈＝112页（第1—64页及69—116页）
g. ……

---

① Eduard Bernstein. Friedrich Engels' Testamengt. Seine Bedeutung und sein Schicksal. in: *Der Abend. Spätausgabe des Vorwärts*, Nr. 438, 18. September 1929, Beil.; Eduard Bernstein. Geist und Ausführung des Engelsschen Testamengts, in: *Der Abend. Spätausgabe des Vorwärts*, Nr. 442, 20. September 1929, Beil.

② Internation Institute of Social Geschiedenis. Marx-Engels-Nachlaß, Sign. 095; Internation Institute of Social History. Dossier“Zur Geschichte des Marx-Engels-Nachlasses und MEGA[1]”.

2. 书信

第 1 包书信:……

第 2 包书信:1 张手稿(1 页)……

第 6 包书信:恩格斯《“真正的社会主义者”》一文的手稿……

第 9 包书信:恩格斯有关“德国社会主义文学”的手稿……

第 14 包书信:恩格斯的各种手稿[①]

这份目录没有收录《莱比锡宗教会议》和《圣布鲁诺》的手稿,后者当时已经被收进德国社会民主党档案馆保存。

根据“f. 手稿 路·费尔巴哈”这一部分手稿中所编的页码 1—64 和 69—116,可以重现那些部分以怎样的顺序分别属于以下各编的内容:

1 和 2=《一、费尔巴哈。正如德国的玄想家们所宣告的……》

3—6=《一、费尔巴哈。A. 一般意识形态……》(“一、费尔巴哈”开头部分的第一篇异文。第 A 节)

7—12=《各个民族之间的相互关系……》(誊清稿,马克思和恩格斯未注页码)

13 和 14 空白页

15—40=《福音书批判研究》

41—44=《一、费尔巴哈。正如我们德国的玄想家们所许诺的……A. 一般意识形态,特别是德国哲学》(“一、费尔巴哈”开头部分的第二篇异文。“导言”和“第 1 节”的草稿)(不包含第 2 张,这一张的最后一页上写有“无法编排”字样)

45—48=《由此可见,事情是这样的:……个人……》(誊清稿,马克思和恩格斯未注页码)

① 资料来源于 Inge Taubert. Die Überlieferungsgeschichte der Manuskripte der“Deutschen Ideologie”und die Erstver öffentlichungen in der Originalsprache, S. 36—37, in: *MEGA Studien*, 1997/2。

49—64 以及 69—116＝《一、费尔巴哈。草稿和笔记》(不含第1、2、29 页和未编页码的背面的内容)

后来伯恩施坦还单独编制过一份《恩格斯所遗留的手稿目录》，其中关于《德意志意识形态》的部分是这样写的：

……

12. 批判施蒂纳的手稿

……

18. 批判费尔巴哈和布鲁诺·鲍威尔的手稿

19. 批判"真正的社会主义"的手稿

……

25.《福音书批判研究》①

从这里可以看出，实际上伯恩施坦当时对《德意志意识形态》由哪几部分组成并不清楚，他竟然把《福音书批判研究》归入其中。

后来，在德国社会民主党档案馆《马克思恩格斯档案目录。目录1》中，恩格斯名下的书稿登记涉及《德意志意识形态》部分的情形是：

卷帙编号：

134《费尔巴哈》手稿第 16—19 页遗漏的内容

201《关于费尔巴哈。唯物主义观点和唯心主义观点的对立。对青年黑格尔运动的批判》

《卡尔·格律恩：〈法兰西和比利时的社会运动〉或"真正的社会主义"的历史编纂学》

《"荷尔斯泰因的格奥尔格·库尔曼博士"或"真正的社会主义"的预言》

---

① 资料来源于 Inge Taubert. Die Überlieferungsgeschichte der Manuskripte der"Deutschen Ideologie"und die Erstveröffentlichungen in der Originalsprache, S. 37, in: *MEGA Studien*, 1997/2。

《德意志意识形态。四、"真正的社会主义"》

202 第2篇论文:《私有制、国家、法律》

228《圣麦克斯》第1、2部分,《新约:"我"》

229《莱比锡宗教会议》。[1]

此外,目录中还收录了以下内容:

卷帙编号:

128 关于"德国社会主义"的文学,1847年

170《经济与消费(属〈德意志意识形态〉的内容)》

177《"真正的社会主义者"》,1847年

180 关于费尔巴哈哲学的论述和笔记。[2]

3. 阿姆斯特丹国际社会史研究所的收藏

我们知道,马克思、恩格斯大部分手稿后来为阿姆斯特丹国际社会史研究所收藏,该所德国组组长布鲁门博格于20世纪60年代编辑的《马克思手稿和读书笔记目录》中记载《德意志意识形态》手稿情况是这样的:

编号A7 共8札对摺纸662页[3],其中10页空白

第1札 费尔巴哈——写了85页,5页空白

第2札 私有制、国家和法——写了133页,3页空白

第3札 莱比锡宗教会议——写了37页,1页空白

第4札 圣麦克斯——写了151页,1页空白

第5札 新约:"我"——138页

---

① 资料来源于 Tnge Taubert. Die Überlieferungsgeschichte der Manuskripte der"Deutschen Ideologie"und die Erstveröffentlichungen in der Originalsprache, S. 38, in: *MEGA Studien*, 1997/2。

② 同上。

③ 其中主要是恩格斯的手稿,其中包括几页马克思和魏德迈的手稿,手稿中多处是经马克思修改的,有26页磨损很大,文字磨损处已被修补。

第 6 札 真正的社会主义——40 页

第 7 札 真正的社会主义的历史编纂学——56 页

第 8 札 霍尔施坦的格奥尔格·库尔曼博士等等——12 页

编号 A8《圣麦克斯》对摺纸 6 页(有破损)[①]

编号 A9 石印的《反克利盖通告》。布鲁塞尔[②],1846 年 5 月 11 日[③]

三、从零散刊布到全书出版

马克思、恩格斯去世后,由于《德意志意识形态》的各种手稿处于散乱状态,能够接触手稿的人几乎都没能从总体上把握其原始结构,所以很长一段时间它没有被集中发表,只是零星刊出,这其中接触过原始手稿的是梅林、伯恩施坦、迈尔和梁赞诺夫等人,他们在整理、编辑方面起过各不相同的作用。

1. 梅林大致明了全书的总体结构,但由于轻视其思想的重要性而没有将其出版。

恩格斯去世后,梅林开始编辑出版《马克思、恩格斯和拉萨尔遗著选》《马克思恩格斯文集》等[④]。在编辑过程中,梅林从保存于伦敦的马克思、恩格斯藏书中的《德意志—布鲁塞尔报》上发现了马克思 1847 年 4 月 8 日发表在该报上的一篇短评[⑤],其中马克思谈到了"**弗·恩格斯**和我合写的**《德意志意识形态》**(对以费尔巴哈、布·鲍威尔和施蒂纳为

---

① 上面有伯恩施坦写的一句话:"《圣麦克斯》——在社会党文件中已节略地刊印过。"

② 手稿署名者:恩格斯、日果、海尔堡、马克思、载勒尔、冯·威斯特华伦、沃尔弗。

③ 资料来源于布鲁门博格编辑的《马克思手稿和读书笔记目录》。笔者手头的这份目录,由日本学者川锅正敏 1965 年从阿姆斯特丹国际社会史研究所抄回,刊登在日本《立教经济学研究》杂志 1966 年第 20 卷第 3 号上,1980 年中国人民大学马列主义发展史研究所的李光谟等人将其译成中文。

④ 梅林计划编辑的这些论著并没有完成,值得称道的工作只在于,他再版了《神圣家族》和首次出版了"博士论文"和一些书信。

⑤ 马克思:《驳卡尔·格律恩》,《马克思恩格斯全集》,第 4 卷,北京:人民出版社,1958 年,第 42—45 页。

代表的现代德国哲学和以各式各样的预言家为代表的德国社会主义的批判)一书”。本来按照这样一条线索,再加上梅林本人对马克思、恩格斯著述比较熟悉的优势,况且《“真正的社会主义者”》的手稿以及第二卷第一章和第五章的手稿当时也放在他那里,凭这些条件他是可以完整地出版《德意志意识形态》的。但对这部著作重要性认识的不足,使他没有这样做,而只在 1896 年 6 月的《新时代》上公布了马克思那篇短评中的两个段落。

2. 伯恩施坦由于不明白遗稿内容之间的逻辑关系,甚至不知道它们是哪一部书的组成部分,所以只是零散刊登了一些章节。

如果说,梅林是大致明了总体结构但由于轻视其思想的重要性而没有出版《德意志意识形态》的话,那么伯恩施坦虽然发表了其中的一些章节,但由于他不明白这些内容之间的逻辑关系,甚至不知道它们是哪一部书的组成部分,所以只能零散刊登。

首次由伯恩施坦发表出来的是批判格律恩的部分。1899 年由其编辑、以《卡尔·马克思论作为“社会主义”的历史编纂学家的卡尔·格律恩》为题发表在《新时代》杂志第 18 年卷第 1 册第 4—11、37—46、132—141 和 164—172 页。伯恩施坦在编者《前言》中写道:“以下文稿系从恩格斯遗稿中发现的手稿刊印。……手稿是恩格斯抄写的,马克思本人在上面作了个别简短的补充。可以推测,虽然马克思是此文的主要作者,但是恩格斯也参与了实质内容的写作。”[①]伯恩施坦指出,还无法确定这篇手稿是不是(已经刊印的)文稿早期的或晚期的异文。而在 1896 年 5 月,他还认为这篇文章是“马克思写的”。“手稿很可能是恩格斯抄写的一份副本,马克思把它留在身边以备将来使用。”[②]伯恩

① Karl Marx über Karl Grün als Geschichtschreiber des Sozialismus, in: *Die Neue Zeit*, 18/1, S. 5, Stuttgart, 1899—1900.

② Bernstein. Marx und der“ Wahre” Sozialismus, in: *Die Neue Zeit*, 14/2, S. 216, Stuttgart, 1895—1896.

施坦在付印时划掉了原稿中的编号“Ⅳ”,而没有提醒人们注意到对手稿的辨认。伯恩施坦也没有说明这篇手稿在其他手稿中的位置。

1902 年 12 月由伯恩施坦主持推出“社会主义文献”丛书时,他以“《社会主义文献》编辑部”的名义撰写了《前言》,其中写道:“在恩格斯通过遗嘱委托倍倍尔和本杂志主编人保管的手稿中,也有一篇评论或者批判麦・施蒂纳的文章。”伯恩施坦称这篇手稿是“马克思……和恩格斯合写的”,他这样说的根据是一份“来自……恩格斯的清单”。伯恩施坦没有深究有多少内容出自马克思之手,多少内容出自恩格斯之手这样一个问题,但他推测赫斯也参与了这项写作,而且认为赫斯在其中担负的工作“不仅仅是抄写”。他这样说的根据是恩格斯对他所做的一个口头说明。他首次指出,遗稿中有一篇赫斯撰写的批判先知库尔曼的手稿。伯恩施坦写道:“手稿上端有一个罗马数字‘Ⅲ’,这说明它当时被视为整部著作中的一部分。它的前几句与《莱比锡宗教会议》一文相衔接,后者即是梅林在前面提到的那本书的第 99 页及以后几页中所谈论的那篇文章,它讽刺了布・鲍威尔和麦・施蒂纳 1845 年发表在《维干德季刊》第三卷的著作。与其他任何文章一样,这篇手稿也把施蒂纳称作教父‘圣麦克斯’。”①

伯恩施坦没有完整地发表《圣麦克斯》章,他首次发表的部分包括:第一部分《旧约:人》当中的第 1、2、3、6 小节的全部内容和第 4 小节的部分内容;第二部分《新约:我》当中的第 1、2、3 小节的全部内容。第一部分第 5 小节没有发表。手稿的连载未加说明就中断了。

1913 年伯恩施坦在 3 月 9 日的《劳动者》专刊第 8 期第 207—213 页和 3 月 14 日的《前进报》第 52 号娱乐版第 205—207 页上发表了《我的自我享乐(马克思的没有发表的遗稿)》。伯恩施坦在《前言》中仍然

① Der “heilige Max”. Aus einem Werk von Marx-Engels über Stirner. Vorbemerkung, in: *Dokumengte des Sozialismus*, hrsg. von Eduard Bernstein, Bd. 3, S. 17—18, 19, Stuttgart, 1903.

把《圣麦克斯》归类为“对那些部分地或完全地停留在市民社会基础上的激进青年黑格尔主义代表人物进行批判的文章”。“这些文章是合写的，无法确定它们有多少内容出自马克思之手，有多少内容出自恩格斯之手。……上述文章中最有意义的一篇是与麦·施蒂纳进行论战的那篇文章。”[①]伯恩施坦在发表时对两处作了删节，并用省略号标出。

在刊登以上两部分内容时，伯恩施坦始终没有谈到它们是《德意志意识形态》这部著作的组成部分。

3. 迈尔有意识地把马克思、恩格斯遗稿中不同地方、不同部分的内容按类、逻辑与篇目挑拣出来进行整合，并用俄文发表了关于施蒂纳和鲍威尔的部分。

1913 年无政府主义者古·迈尔用俄文发表了《德意志意识形态》中关于施蒂纳的部分，标题为《批判施蒂纳的学说》；1921 年他又编辑出版了《圣布鲁诺》章。

从迈尔开始，才有意识地把马克思、恩格斯遗稿中不同地方、不同部分的内容按类、逻辑与篇目挑拣出来进行整合。迈尔首次把《莱比锡宗教会议》和《二、圣布鲁诺》归类到“对费尔巴哈、布·鲍威尔和施蒂纳所代表的黑格尔以后的哲学以及各式各样先知所代表的德国社会主义的批判”中，并且把《莱比锡宗教会议》《二、圣布鲁诺》和《三、麦克斯》的手稿都当作《德意志意识形态》这部著作的组成部分联系起来。然而，他在发表前两篇手稿时所用的标题还是《莱比锡宗教会议》。“其他手稿都存在于恩格斯的遗稿中，而这一篇手稿却偶然地被保存于社会民主党档案馆的遗稿里面。梅林在编辑出版经典作家的遗稿时发现了这篇手稿，但是，他当时没有弄清这篇手稿的归属，而仅仅认为它是‘弗·

---

① *"Mein Selbstggenuß". Unveröffentlichtes aus dem Nachlaß von Karl Marx*, hrsg. von Eduard Bernstein, Unterhaltungsblatt des Vorwärts, Nr. 52, 14. März 1913, S. 205.

恩格斯的一篇诙谐的文章'。"[①]

与梅林的认识不同,迈尔指出,马克思和恩格斯都是这篇手稿的作者。然而,他错误地认为,这篇手稿是梅林准备编辑《马克思恩格斯文集》时从保存于社会民主党档案馆的马克思遗稿里面发现的。根据梅林的说法,这篇手稿见于恩格斯的遗稿。伯恩施坦的言论证实了梅林的说法,伯恩施坦说他把这篇手稿交给了梅林,但没有从他那里收回来。梅林大概在编辑《马克思恩格斯文集》前两卷之后交还马克思博士论文手稿时,把这篇手稿一并交给劳拉·拉法格,后者 1911 年 11 月逝世以后,梁赞诺夫于 1912 年 12 月替社会民主党执委会把这批遗稿运回柏林。[②]《馆藏马克思-拉法格遗稿目录》对以上两件遗稿作了登记:**"34,马克思的博士论文;35,恩格斯的手稿(《莱比锡宗教会议》)。"**

迈尔在《序言》中提到 1846 年 1 月出版的《社会明镜》第 7 期上刊登的《晚近的哲学家》和《对布鲁诺·鲍威尔的反批评的回答》。但他错误地认为这两篇文章都出自恩格斯之手。

迈尔后来根据自己掌握的资料写作了著名的《恩格斯传》,这时他已经获得了这样正确的认识:"《德意志意识形态(对费尔巴哈、布·鲍威尔和施蒂纳所代表的黑格尔以后的哲学以及各式各样先知所代表的德国社会主义的批判)》是一部准备写够 50 张八开本双页纸的手稿的标题,他们在 1845 年 9 月至 1846 年 8 月期间几乎写完这部手稿。"[③]

虽然迈尔对第一卷(《费尔巴哈》《莱比锡宗教会议》《圣布鲁诺》《圣麦克斯》)的手稿作了描述;但对第二卷的情况他并不清楚,描述起来也很含糊,其中提到了《"真正的社会主义"的哲学》的手稿,但没有论及批

---

① Das Leipziger Konzil. von Friedrich Engels und Karl Marx. Mit Einführung von Gustav Mazer,in: *Archiv für Sozialpolitik*, 47,S776,Tübingen,1920—1921.

② 参看 Jürgen Rojahn. Aus der Frühzeit der Marx-Engels-Forschung: Rjazanovs Studien in den Jahren 1907—1917 im Licht seiner Briefwechsel im IISG,in:MEGA-Studien,1996/1,S. 37—39。

③ Gustav Mayer. *Friedrich Engels. Eine Biographie*. Bd. 1: Friedrich Engels in senner Frühzeit. 1820 bis 1815,S. 240,Berlin,1920.

判格律恩和库尔曼著作的手稿。

4. 大卫德·梁赞诺夫首次完成了对《德意志意识形态》结构的"重建",把不同地方的手稿组合起来了,但可惜的是他也没有能够全文发表此书。

是大卫德·梁赞诺夫首次完成了对《德意志意识形态》结构的"重建",把不同地方的手稿组合起来了,但可惜的是他也没有能够全文发表此书。

梁赞诺夫首先于1926年在由其主编的苏共中央马克思恩格斯研究院杂志《马克思恩格斯档案》第1卷上发表了《马克思恩格斯论费尔巴哈。〈德意志意识形态〉第一部分》,包括《序言》《一、费尔巴哈。唯物主义观点和唯心主义观点的对立》。

梁赞诺夫为此写了八千字的《编者前言》,介绍了他从伯恩施坦那里获得了手稿的过程:"我费了很大工夫,终于把我们所感兴趣的几乎所有手稿片段收集起来。我之所以说'几乎',是因为我毕竟只拥有伯恩施坦交给我的那些手稿。我们没有见到恩格斯本人所编制的清单;我们不能肯定,当人们在恩格斯逝世以后以难以置信的轻率态度对待他的遗稿的时候,会去设法仔细清点那些遗稿。"[①]梁赞诺夫指出,伯恩施坦"把两篇手稿弄混淆了",《福音书批判》不属于"以《路·费尔巴哈》为标题的手稿"。在另外一页上,梁赞诺夫又认为"在遗稿中发现的恩格斯手写的……一页脱落出来的手稿"应当编入《费尔巴哈》章的手稿。这页手稿指的是《一、费尔巴哈。正如我们德国的玄想家们所许诺的……A. 一般意识形态,特别是德国哲学》("一、费尔巴哈"开头部分的第二篇异文。"导言"和"第1节"的草稿)的第二张手稿,这张手稿的

---

① Marx und Engels über Feuerbach. Der erste Teil der"Deutschen Ideologie", *Marx-Engels-Archiv. Zeitschrift des Marx-Engels-Instituts in Moskau*, hrsg. von D. Rjazannov, Bd. 1, S. 209, Frankfurt/M., 1926.

最后一页上标着“无法编排”的字样。此外,梁赞诺夫还写道,在交给他的手稿中缺少编号为“Ⅱ”的手稿。“伯恩施坦肯定地对我说,当时有这样一份手稿,其内容是对布·鲍威尔的批判,但是他把这份手稿交给梅林了,后者一直没有交还。”[①]关于手稿的流传过程,梁赞诺夫作了两种不同的解释,他先是认为,“早在 1901 年,《莱比锡宗教会议》……就被用某种秘密方式——关于这点人们只能去猜测——从保存在伯恩施坦那里的手稿中抽出来,送进德国社会民主党档案馆”。过了两页,他又写道:“梅林从伯恩施坦那里得到这份手稿以后,很可能把它同马克思的博士论文手稿一起还给了档案馆。”陶伯特经过研究后认为,“这两种说法都是不对的。”[②]

梁赞诺夫采取了以下方式重建了“全集的结构”:“《德意志意识形态》第一卷由批判费尔巴哈的手稿、批判布·鲍威尔的手稿(第Ⅱ号手稿)和第Ⅲ号手稿组成;第二部分由第Ⅰ号手稿(‘真正的社会主义’的哲学)、第Ⅵ号手稿(‘真正的社会主义’的历史编纂学)、第Ⅴ号手稿(库尔曼或‘真正的社会主义’的预言)组成。第二卷当中还应当编入《反克利盖通告》(‘真正的社会主义’的策略和经济学),以及批判格律恩和倍克的两篇文章(‘真正的社会主义’的诗歌)。这两篇文章曾于 1846 年和 1847 年在《维斯特伐利亚汽船》杂志和《德意志—布鲁塞尔报》上发表过。此外,我们还有一篇恩格斯的手稿,其内容也是评论‘真正的社会主义’的。”[③]

---

① Marx und Engels über Feuerbach. Der erste Teil der“Deutschen Ideologie”, *Marx-Engels-Archiv. Zeitschrift des Marx-Engels-Instituts in Moskau*, hrsg. von D. Rjazannov, Bd. 1, S. 209, Frankfurt/M., 1926.

② Tnge Taubert. Die Überlieferungsgeschichte der Manuskripte der“Deutschen Ideologie”und die Erstveröffentlichungen in der Originalsprache, S. 44—45, in: *MEGA Studien*, 1997/2.

③ Marx und Engels über Feuerbach. Der erste Teil der“Deutschen Ideologie”, *Marx-Engels-Archiv. Zeitschrift des Marx-Engels-Instituts in Moskau*, hrsg. von D. Rjazannov, Bd. 1, S. 210, Frankfurt/M., 1926.

此外，梁赞诺夫还把《序言》编入《德意志意识形态》的手稿，并首次发表出来。

在梁赞诺夫主持下，1924 年《马克思恩格斯文库》俄文版第一次发表了《费尔巴哈》章。1926 年《马克思恩格斯文库》德文版又刊出这一章。

5.《德意志意识形态》全书出版

1932 年 MEGA[1] 第一部分第 5 卷在美因河畔法兰克福出版，才全文刊登了《德意志意识形态。对费尔巴哈、布·鲍威尔和施蒂纳所代表的现代德国哲学以及各式各样先知所代表的德国社会主义的批判(1845—1846)》，在国际马克思恩格斯著作出版界它被视为《德意志意识形态》的第一个完整的、历史考证性的版本。

6.《德意志意识形态》失佚稿的发现并发表

1962 年文献专家西·班纳在阿姆斯特丹国际社会史研究所整理资料时，意外地发现属于《德意志意识形态》的 3 页手稿，上面有马克思编的页码 1、2、29，这是《费尔巴哈》那一章的失佚稿，遂将其以《马克思和恩格斯〈德意志意识形态〉的几处补充文字》为题，发表在《国际社会史评论》1962 年第 7 卷第 1 分册上。

至此，涉及《德意志意识形态》的所有遗稿全部发表出来了。当然对于其中的《费尔巴哈》章出现了好几种不同的编排方案，这正是我们在下面要着重介绍的。

四、《费尔巴哈》一章的不同版本

从 1932 年之后，《德意志意识形态》的版本多了起来。不同版本之间在其他章节方面的差别不是很大，唯独在第 1 卷的第 1 章《费尔巴哈》不同版本之间多有差异，不同方式的编排会形成对马克思本人的思想逻辑和体系结构的不同理解。

进行编排主要的依据是手稿的页码顺序和思想的逻辑顺序。前者经过文献专家的考证现在可以说是大致清楚,但不是彻底清楚,因为同一手稿有的编了页码,有的则没有编码,不同编者的页码又不完全一致,而且不同手稿之间页码也不连续;而后者则争议非常大。

除《序言》外,《费尔巴哈》章由 5 个相对独立的部分组成,即有 5 份手稿。第一、二、三手稿是全章的未誊清稿,第四、五两个手稿是两个誊清稿,即第一誊清稿和第二誊清稿。就该《费尔巴哈》章手稿留存的情况看,有三种笔迹的编码,即恩格斯、马克思和伯恩斯坦的编码,有几张没有编码。恩格斯的编码,被马克思在校订手稿时划掉了。这五个手稿的编码情况如下:

第一手稿,恩格斯的编码是第 6—11 页,马克思的编码是第 1—29 页,其中缺 3—7 页,恩格斯的 1 页相当于马克思的 4 页。

第二手稿,恩格斯的编码是第 20、21 页,马克思的编码是第 30—35 页。

第三手稿,恩格斯的编码是第 84—92 页,马克思的编码是第 40—72 页,其中缺 36—39 页。

第四手稿,即第一誊清稿,共 5 页,这个手稿的第 1、2 页的文字和第二誊清稿的相应部分相同(只是个别不重要的词不同)。

第五手稿,即第二誊清稿,共 16 页,恩格斯的编码第 1—5 页。

伯恩施坦的编码没有区分原始手稿和誊清稿,是整合在一起统一进行编码的,即从第 1—116 页,后来证明其中第 15—40 页是错编进去的,把这一部分去掉,这就是第 1—14 页和第 41—116 页,共 89 页。其中有一些删掉的页码和应归入施蒂纳章的页码。

由于遗稿的流传情况复杂,造成这一章至少已经有七种不同的版本:

梁赞诺夫版(Marx-Engels-Archiv. под редакцией В. Адораского, Bd. 1, 1926)

梁赞诺夫最先对《费尔巴哈》章的两类手稿,即原始手稿和已经着手抄写的誊清稿作了区分。根据这种区分,页码为 1—4 的几张手稿(在手稿描述中第 1 页手稿始终被视为 1 张)属于已经着手抄写的誊清稿。他采取的是将已经收集到的手稿如实排印的方式,按照伯恩施坦编的号码进行排印,把伯恩施坦错编进去的部分去掉,一些删掉的页码和应归入施蒂纳章的页码也都未排印在内。梁赞诺夫保留了恩格斯加的标题《费尔巴哈。唯物主义观点和唯心主义观点的对立》[①],手稿中删掉的一些字句及其标题《1. 一般意识形态,特别是德国哲学》等保留在正文中,用小字号表示,并用〈 〉括起来。此外,梁赞诺夫还把《序言》编入《德意志意识形态》的手稿,并首次发表出来。

梁赞诺夫版的编排基本上是与马克思的编码一致的。从当时的情况来看,这一版本最有意义的价值在于,《德意志意识形态》中如此重要的一章从不被重视到公开发表,这对马克思主义形成史的研究是一个很大的贡献。其次,该章的发表也驳斥了当时关于马克思和恩格斯是费尔巴哈主义者的错误看法。当然,这个版本的缺陷也非常明显,如对原文的辨认和译文都有意思上的错误,因为那时对马克思、恩格斯的手稿及其结构,还未展开充分的研究。

阿多拉茨基版(Karl Marx/Fridrich Engels historisch-kritische Gesamtausgabe, под редакцией В. Адораского, Bd. 5, 1932)

1932 年马克思恩格斯列宁研究院[②]用原文出版了《德意志意识形

① 他特别指明:"这个标题是恩格斯用铅笔写在基本手稿的最后一页上的。"见 Marx und Engels über Feuerbach. Der erste Teil der "Deutschen Ideologie", *Marx-Engels-Archiv. Zeitschrift des Marx-Engels-Instituts in Moskau*, hrsg. von D. Rjazannov, Bd. 1, S. 233, Anm. 1, Frankfurt/M., 1926。

② 这一研究机构名称的具体演变过程是:1921 年 1 月成立俄共(布)中央马克思恩格斯研究院,1924 年 5 月成立列宁研究院,1931 年 11 月两个机构合并为统一的俄共(布)中央马克思恩格斯列宁研究院,1956 年改名为苏共中央马克思列宁主义研究院。

态》的第一个完全的版本，载于 MEGA[1] 第一部分第五卷，它由维列尔准备，阿多拉茨基编辑的，通常被称为阿多拉茨基版。该版刊布前阿多拉茨基等人对手稿进行了仔细辨认和审核，因而原文是极为准确的。但是这个版本关于《费尔巴哈》一章没有按照“历史考证版”的通常要求进行编排。与梁赞诺夫版不同，它把原文按照编者的理解人为地分成三部分，并冠以新的标题，内容如下：

一、费尔巴哈。唯物主义观点和唯心主义观点的对立

A. 一般意识形态，德意志意识形态

[1]历史

[2]关于意识的生产

B. 意识形态的现实基础

[1]交往和生产力

[2]国家和法同所有制的关系

[3]自然产生的和由文明创始的生产工具与所有制形式

C. 共产主义——交往形式本身的生产

其中一和 A 是作者的原标题。方括号[ ]中的是编者加的标题和序号，这些标题有的来自马克思、恩格斯在手稿边写的词语(按照编者的理解，作者在手稿边上加的词语，都是这一章的必要提示)，有的则是编者自己根据内容加的。

从标题可看出，编者的意图是明显的。他从内容上把《费尔巴哈》章概括为 A、B、C 三个大标题，即意识→意识形态的基础→共产主义，想以这样的概括方法给予手稿以一个完整的体系构架。

由于阿多拉茨基版试图根据自己的理解重构《费尔巴哈》章的结构，所以正文的编排除作为开始部分的两个誊清稿外，并没有按照马克思编的第 1—72 页的号码进行，而是编者按照自己的想法把马克思的编码打乱后编排的。此外，该版还删去了马克思亲笔作的一个札记，相

当于新的单行本的第Ⅳ部分第 12 节。这个札记在梁赞诺夫的版本中实际上已经收进去了。

阿多拉茨基版的这种做法后来受到很多研究者的批评，比如巴加图利亚就指出：这样的编排破坏了手稿的研究和叙述的内在逻辑，用人为的甚至是虚构的联系，代替了本质的联系，编者的这一套标题不符合手稿的结构和内容。[①]

但这个版本的影响却是很大的。1933 年据此出版了俄译本，并于 1933—1938 年多次再版。这些版本分别作为单行本出版或收入《马克思恩格斯全集》俄文第一版第四卷。1955 年出版了新的俄译本，是以《马克思恩格斯全集》第二版第三卷的形式出版的，由普赖斯和维博准备，并于 1956 年再版。我们现在通行的《马克思恩格斯全集》中文第 1 版就是根据这个版本翻译的。在 1955 年俄文版的基础上，又出版了法、英、意、日以及东欧一些国家的译本。这些版本虽然都有了不同程度的新的改善，很多编写了详尽的注释，但在正文的编排和分段上和 1932 年版本完全一样，因此，它们都算是同一个版本。

巴加图利亚版(1966 年)

苏联的马克思主义文献学专家格·巴加图利亚从 20 世纪 50 年代末开始专注《德意志意识形态》的研究，先后发表了《马克思和恩格斯的〈德意志意识形态〉的写作、发表及研究史》(载于论文集《马克思主义的形成和发展史》，莫斯科 1959 年)、《马克思和恩格斯〈德意志意识形态〉第 1 章手稿的结构和内容》(载于《哲学问题》1965 年第 10 期)、《〈关于费尔巴哈的提纲〉和〈德意志意识形态〉》(载于《马克思恩格斯著作研究室科学情报公报》1965 年第 12 期)、《马克思和恩格斯的手稿遗产研究经验谈。〈德意志意识形态〉第一章的结构》(载于《史料学》莫斯科

① Г. А. Багатурия. “Тезисы о Фейербахе” и “Немецкая идеология”, Научноинформацинный бюллетень Сектора произведений К. Маркса и Ф. Энгелъса, Москва1965, стр. 110.

1969 年版)、《马克思和恩格斯〈德意志意识形态〉在马克思主义史上的意义》(博士论文,莫斯科 1971 年版)等论著。这些为他重新编排《费尔巴哈》章打下了扎实的文献学基础。

苏共中央马克思列宁主义研究院于 1965 年在《哲学问题》杂志第 10 期和 11 期发表了《费尔巴哈》章的新编排,1966 年出了单行本。这个版本是由巴加图利亚和勃鲁什林斯基等人编辑的,通常被称为巴加图利亚版。

这一版本矫正了阿多拉茨基版在编排和分段上的做法,严格根据手稿的编码次序进行编排,并根据原文的内容作了段落划分,即把五个手稿分成四个组成部分,共 27 节(其中包括一个没有标题的引言)。总标题是:《费尔巴哈。唯物主义观点和唯心主义观点的对立》。全部手稿被编为四部分,即[I][II][Ⅲ][Ⅳ]。各编主要内容如下:

[I]

引言

1. 一般意识形态,特别是德国意识形态

2. 唯物主义历史观的前提。

3. 生产和交往。劳动分工和所有制形式:部落所有制;古代的公社所有制和国家所有制;封建的或等级的所有制。

4. 唯物主义历史观的实质。社会存在和社会意识。

[II]

1. 人的真正解放的条件(——手稿缺 5 页)

2. 对费尔巴哈唯物主义直观性和不彻底性的批判

3. 原始的历史关系,或社会活动的基本方面:生活资料的生产、新的需要的产生、人的生产(家庭)、交往、意识)

4. 社会分工及其后果:私有制、国家、社会活动的"异化"

5. 生产力的发展是共产主义的物质前提

6. 唯物主义历史观的结论：历史过程的继承性，历史向世界历史的转变，共产主义革命的必然性。

7. 唯物主义历史观的要点。

8. 全部旧唯物主义历史观的破产，特别是黑格尔以后的德国哲学的破产。

9. 对费尔巴哈及其唯心主义历史观的再批判。

III

1. 统治阶级和占统治地位的意识。黑格尔关于精神在历史上的统治的观点是怎样形成的。

IV

1. 生产工具和所有制形式。

2. 物质劳动和精神劳动的分工。城市和乡村的分离。行会制度。

3. 进一步的分工。商业和工业分离。各城市之间的分工。工场手工业。

4. 最广泛的分工。大工业。

5. 生产力和交往形式之间的矛盾是社会革命的基础。

6. 个人的竞争和阶级的形成。个人和他的生活活动的条件之间对立的发展。在资产阶级社会条件下各个人的虚假共同体和共产主义社会中各个人的真正联合。社会生活条件服从于联合起来的个人的权力。

7. 个人和他的生活活动条件之间的矛盾是生产力和交往形式之间的矛盾。生产力的发展和交往形式的更替。

8. 暴力（征服）在历史上的作用。

9. 在大工业和自由竞争条件下生产力和交往形式之间的矛盾的发展。劳动和资本之间的对立。

10. 消灭私有制的必要性、条件和结果。

11. 国家和法同所有制的关系。

12. 社会意识的形式。

巴加图利亚认为,这四个部分中的任何一部分都是一个有内在逻辑的整体,它们互相补充,而总的看来,又提供了一幅关于马克思、恩格斯于1845—1846年形成的唯物主义历史观的完整画面。根据他的分析,作者的写作方案大体上是这样的:开始对德意志意识形态作一般的评述,接着叙述自己的唯物主义历史观,以之与唯心主义历史观相对立,最后则是批判唯心主义历史观。更具体地说,就是:

1. 对德意志意识形态的一般评述(第一部分的引言和第1节,第二部分第1节)

2. 唯物主义历史观的前提(第一部分第2节)

3. 唯物主义历史观的基本概念:生产(第二部分第3—5节,第一部分第3节,第四部分第1—5节);交往(第四部分第6—10节);政治上层建筑(第四部分第11节);社会意识的形式(第三部分第1节,第四部分第12节)。

4. 关于唯物主义历史观的本质的结论和概括(第二部分第6—7节,第一部分第4节)。

5. 对一般唯心主义历史观的批判,特别是对青年黑格尔派和费尔巴哈的批判(第二部分第8—9节和第2节,第三部分第1节)

巴加图利亚版正文的编排与马克思的编码是一致的。开始部分以第二誊清稿为主(第1—5张),并补充了第一誊清稿中未删去的部分(第3—5页),接着就是马克思编码的三个手稿初稿(第1—72页)。

这个新版本还收入了班纳1962年在阿姆斯特丹国际社会史研究所发现的、马克思编码为第1、2、29页的三页手稿,因此,它是《费尔巴哈》章现有版本中最全的。1970 年和 1983 年苏联出版的《马克思恩格斯选集》三卷本都原样不动地把这个版本收了进去。

新德文版(Deutsche Zeitchrft für philosophie, 1966)

1966 年《德国哲学杂志》第 4 期也用德文重新发表了《费尔巴哈》章,编排与巴加图利亚版基本相同,但删除了 26 节标题,结构变成:

[Ⅰ]

一、费尔巴哈

A. 一般意识形态,特别是德意志意识形态

1. 一般意识形态,特别是德国哲学

[Ⅱ]

[Ⅲ]

[Ⅳ]

国家和法同所有制的关系

我国于 1988 年出版的《费尔巴哈》单行本和 1995 年出版的《马克思恩格斯选集》第 1 卷所选内容依据的就是这个版本。

MEGA^{2}试编本(Marx-Engels Gesamtausgabe,Probe-band,1972)

1972 年出版了 MEGA^{2}的试验版,收录了《德意志意识形态》中的《费尔巴哈》章。它的新颖之处在于排版方式上的变化,即已经开始按照原始手稿的模式将一页纸对折分开,使得读者对左边恩格斯的誊写稿与右边马克思和恩格斯的修改、补充之间的关系一目了然。但是在每一段文字的相应部位仍然只是标注了马克思的页码,对于恩格斯标注页码和马克思标注页码的关系仍然是放在文章后面的解释中加以说明。其编排顺序是:

《一、费尔巴哈。A. 一般意识形态……》(《一、费尔巴哈》开头部分的第一篇异文。第 A 节);

《一、费尔巴哈。正如我们德国的玄想家们所许诺的……A.一般意识形态,特别是德国哲学》("一、费尔巴哈"开头部分的第二篇异文。"导言"和"第1节"的草稿);

《各个民族之间的相互关系……》(誊清稿,马克思和恩格斯未注页码);

《由此可见,事情是这样的:……个人……》(誊清稿,马克思和恩格斯未注页码);

《一、费尔巴哈。草稿和笔记》

广松涉版(《新编辑版〈德意志意识形态〉》,1974年)

1974年日本出版了由广松涉编译的《新编辑版〈德意志意识形态〉》(第1卷第1章)。与其他版本相比较,这个版本的优点是,它将恩格斯标注页码和马克思标注页码同时在页面中体现出来,使读者对其结构上的变化有一个直观的了解。同时,他通过不同字体的方式将马克思和恩格斯的文字区别开来,并且用不同大小字体和相应符号的方式将删除、修改过程在页面上体现出来,大大方便了研究者对不同执笔者和删改过程的了解。其内容顺序如下:

《一、费尔巴哈。正如德国的玄想家们所宣告的……》;

《一、费尔巴哈。A.一般意识形态……("一、费尔巴哈"开头部分的第一篇异文。第A节);

《一、费尔巴哈。草稿和笔记》:马克思所编页码的第8—35页;

《各个民族之间的相互关系……》(誊清稿,马克思和恩格斯未注页码);

《一、费尔巴哈。草稿和笔记》:马克思所编页码的第40—72页;

《一、费尔巴哈。草稿和笔记》:马克思的笔记;

《一、费尔巴哈。草稿和笔记》:马克思所编页码的第1、2页;

《一、费尔巴哈。正如我们德国的玄想家们所许诺的……A. 一般意识形态，特别是德国哲学》(“一、费尔巴哈”开头部分的第二篇异文。“导言”和“第1节”的草稿)：同马克思所编页码第11—12页并行编排；

《由此可见，事情是这样的：……个人……》(誊清稿，马克思和恩格斯未注页码)：同马克思所编页码第13—17页并行编排。

广松版的问题在于，他是采用了对折的方式，但是他没有像试验版那样以本来面目展现原始页面风貌，而是在右边加了过多的版本解释，这本来是可以放在脚注或尾注中的。另外广松版在恩格斯的页码后面都加上了本来没有的a、b、c、d的分页字样，我们认为原本没有的东西最好不要加进来，以免给不明真相者接近原始情形增加新的阻碍。

英文版(*Collected Works Karl Marx/Frederick Engels*, Volume 5, 1976)

由英国伦敦劳伦斯—威沙特出版社、美国纽约国际图书出版公司和苏联进步出版社共同编辑出版的英文版《马克思恩格斯全集》于1976年出版了《德意志意识形态》新版。英文版基本上是以新德文版为基础编辑出版的，但又有变更。其内容安排如下：

《一、费尔巴哈。正如德国的玄想家们所宣告的……》

《一、费尔巴哈。A. 一般意识形态……(“一、费尔巴哈”开头部分的第一篇异文。第A节)

《一、费尔巴哈。正如我们德国的玄想家们所许诺的……A. 一般意识形态，特别是德国哲学》(“一、费尔巴哈”开头部分的第二篇异文。“导言”和“第1节”的草稿)取消现有标题，接着第1部分第5卷第7编编排；

《各个民族之间的相互关系……》(誊清稿，马克思和恩格斯未注页码)；

《由此可见，事情是这样的：……个人……》(誊清稿，马克思和恩格斯未注页码)；

《一、费尔巴哈。草稿和笔记》

由于世界上马克思的研究者中以利用英文者居多，所以英文版的出版为扩大马克思著作的影响和吸引更多研究者的参与提供了便利。

除了以上影响较大的几版本之外，韩国的郑文吉①、我国的侯才②、日本的涩谷正和小林昌人③等学者都提出了自己的意见或新的编排方案，有的着眼于编排原则的修正，有的重新甄别了写作时间，还有的致力于思想内容的逻辑重建，限于篇幅，这里就不一一介绍了。以下我们专门谈 $MEGA^2$ 的编排设想以及编排顺序。

五、$MEGA^2$ 的编排设想以及编排顺序

民主德国马克思列宁主义研究院的英格·陶伯特是《德意志意识形态》文献研究方面迄今为止最权威的专家之一。根据笔者查阅到的资料，早在 1968 年她就在《德国工人运动史论丛》上发表了《论马克思和恩格斯的唯物史观。〈德意志意识形态〉第 1 章的几个理论问题》。$MEGA^2$ 重新启动后，她成为第一部分第 1 卷④的编者之一。在该卷于 1975 年出版后，由她领导的研究小组就投入到第 5 卷，即《德意志意识形态》卷的资料收集、研究和编辑准备工作当中。大约到 1987—1988 年间，即在东欧剧变之前，她的研究小组完成了《德意志意识形态》卷初步的编辑设想以及非常详细的内容概述。据此她撰写了《〈马克思恩格

① 参看郑文吉：《对"〈德意志意识形态〉的结构"专家会议(特利尔，1996 年 10 月 24—26 日)材料的几点说明》，《韩国政治学评论》第 30 年卷第 4 期，首尔，1996 年。

② 参看侯才：《〈德意志意识形态〉第一章文稿结构的重建》，北京大学马克思主义文献研究中心编，《马克思主义与全球化——〈德意志意识形态〉的当代阐释》，北京：北京大学出版社，2003 年。

③ 参看韩立新：《〈德意志意识形态〉的文献学和日本学界对广松版的评论》，《中国社会科学》2006 年第 2 期。

④ 收录马克思从中学到 1843 年 3 月以前的著作、文章、文学习作。

斯全集〉历史考证版第一部分第2和3卷的新认识及其对确定第5卷的研究与出版工作的意义》《〈费尔巴哈〉手稿的形成过程和将其编入〈马克思恩格斯全集〉历史考证版第2版第一部分第5卷的情况》《关于莫·赫斯参与〈德意志意识形态〉的写作。论阿·卢格的〈巴黎二载,文稿和回忆录〉》三篇论文,刊载于1989年出版的《马克思恩格斯研究论丛》第26辑上。

1990年2月在特里尔马克思故居研究所专门召开了关于《德意志意识形态》卷的学术讨论会,陶伯特在会上发表了长达78页(德文)、总题目为《马克思、恩格斯的〈德意志意识形态〉是怎样产生的?新的理解、疑问和争论》的研究报告,包括了《对黑格尔以后的哲学的批判。关于马克思和恩格斯〈德意志意识形态〉第1卷的写作过程》《从马克思、恩格斯和施蒂纳的争论中反映出来的法国革命》两篇论文。此外,艾克·莫利格(Elke Röllig)、赫尔穆特·埃斯纳尔(Helmut Elsner)、马里奥·巴泽尔(Mario Barzen)、雅克·格朗让(Jacques Grandjonc)等专家都发表了自己的研究论文,这些成果以《关于马克思首次在巴黎的活动和〈德意志意识形态〉的诞生的研究》为题作为《卡尔·马克思故居研究文集》43辑于当年出版。

东欧剧变给 $MEGA^2$ 的编辑出版工作既造成了一定的困难,同时也提供了新的发展契机。1990年10月成立了不受任何政府和意识形态控制的国际马克思恩格斯基金会,1992年年初为了加强国际合作、协调编辑工作,由德国特里尔马克思故居研究所、法国普罗旺斯—艾克斯大学、巴黎第十大学等机构的有关研究人员组成了 $MEGA^2$“德法项目组”,其中由陶伯特、雅克·格朗让和汉斯·佩尔格组成了“《德意志意识形态》工作小组”。由于其他小组成员都肩负着好几卷的编辑工作,雅克·格朗让又于2000年10月去世,所以实际上只有陶伯特本人专注于《德意志意识形态》卷的工作。

自 1993 年起,《德意志意识形态》卷又有了一个新的编辑框架。为了形成一个最终的稿本,曾进行过多次讨论。在此基础上"德法项目组"于 1996 年 10 月 24—26 日在特里尔又一次召开关于《〈德意志意识形态〉的编辑框架大纲》专题讨论会。陶伯特在会上发表了《〈德意志意识形态〉的手稿与印刷稿(1845 年 11 月至 1846 年 6 月)。问题和结果》和《〈德意志意识形态〉手稿的留传过程及首次以原文发表的情况》;她还与汉斯·佩尔格、雅克·格朗让联名发表了《〈马克思恩格斯全集〉历史考证版第一部分第 5 卷的结构。卡尔·马克思、弗里德里希·恩格斯、莫泽斯·赫斯:德意志意识形态,手稿与印刷稿(1845 年 11 月至 1846 年 6 月)》和《马克思 1847 年 4 月 3 日的声明》的研究报告,这些成果都收入了《MEGA 研究》1997 年第 2 期。

这是迄今为止 $MEGA^2$ 编者对新版《德意志意识形态》提出的最权威的编辑设想。

这一设想是陶伯特等人在考察了《德意志意识形态》现存所有手稿、誊清稿和刊印稿、研究了过去所有的版本之后提出来的。他们特别指出,从 1926 年梁赞诺夫真正主持出版《德意志意识形态》起,过去所有的版本都想把这部实际上未完成的文本编成一部完整的著作,尤其是所有的编排方式都试图给其中的《费尔巴哈》章建立一种逻辑体系结构,或者试图对流传下来的手稿进行逻辑体系编排。陶伯特认为,这些版本都有一定的根据,也有各自的特点,但是,都有独断的特征。

为此,陶伯特等人根据近年来的研究结果和 $MEGA^2$《编辑准则》,决定在编辑新版《德意志意识形态》时不能再沿袭这种传统做法,而准备把流传下来的手稿作为独立成篇的文稿收录进来,并编成独立成篇的论文,并且原样收录流传下来的刊印稿;同时收文范围也有所扩大,将赫斯作为该书的作者之一,收录其两份手稿和四篇文章。这样,$MEGA^2$ 第一部分第 5 卷的书名就成为:卡尔·马克思、弗里德里希·

恩格斯、莫泽斯·赫斯:《德意志意识形态,手稿与印刷稿(1845 年 11 月至 1846 年 6 月)》。

陶伯特等人提出的编排顺序如下①:

1. 正文

MEGA² Ⅰ/5—1 [卡尔·马克思:]《答布鲁诺·鲍威尔》②

MEGA² Ⅰ/5—2 卡尔·马克思:《序言》

MEGA² Ⅰ/5—3 卡尔·马克思、弗里德里希·恩格斯:《Ⅰ. 费尔巴哈。草稿和笔记》

MEGA² Ⅰ/5—4 弗里德里希·恩格斯、卡尔·马克思:《费尔巴哈》

MEGA² Ⅰ/5—5 卡尔·马克思、弗里德里希·恩格斯:《Ⅰ. 费尔巴哈。A. 一般意识形态,特别是德国的意识形态》

MEGA² Ⅰ/5—6 卡尔·马克思、弗里德里希·恩格斯:《Ⅰ. 费尔巴哈。正如我们德国的玄想家们所许诺的……1. 一般意识形态,特别是德国哲学》

MEGA² Ⅰ/5—7 卡尔·马克思、弗里德里希·恩格斯:《Ⅰ. 费尔巴哈。正如德国的玄想家们所宣告的》

MEGA² Ⅰ/5—8 卡尔·马克思、弗里德里希·恩格斯:《各个民族之间的相互关系……》

MEGA² Ⅰ/5—9 卡尔·马克思、弗里德里希·恩格斯:《由此可见,事情是这样的:……个人……》

MEGA² Ⅰ/5—10 卡尔·马克思、弗里德里希·恩格斯:《莱

① Tnge Taubert, Hans Pelger, Jacques Grandjonc. Die Konstituion von MEGA2 Ⅰ/5 "Karl Marx, Friedrich Engels, Moses Hess: Die deutsche Ideologie. Manuskripte und Drucke (November 1845 bis Juni 1846)", S. 57—58, in: *MEGA Studien*, 1997/2.

② 即《对鲍威尔·布鲁诺的反批评的答复》一文,见《马克思恩格斯全集》,第 42 卷,第 364—367 页。过去有人误以为这篇文章就是《德意志意识形态》的《圣布鲁诺》一章。

比锡宗教会议》

MEGA² Ⅰ/5—11 卡尔·马克思、弗里德里希·恩格斯:《Ⅱ.圣布鲁诺》

MEGA² Ⅰ/5—12 卡尔·马克思、弗里德里希·恩格斯:《Ⅲ.圣麦克斯》

MEGA² Ⅰ/5—13 卡尔·马克思、弗里德里希·恩格斯:《莱比锡宗教会议闭幕》

MEGA² Ⅰ/5—14 莫泽斯·赫斯(卡尔·马克思参与):《"格拉齐安诺博士"的著作:(阿·卢格:)〈巴黎二载。文稿和回忆录〉》

MEGA² Ⅰ/5—15 卡尔·马克思、弗里德里希·恩格斯:《"真正的社会主义"》

MEGA² Ⅰ/5—16 卡尔·马克思、弗里德里希·恩格斯:《Ⅰ.〈莱茵年鉴〉或"真正的社会主义"的哲学》

MEGA² Ⅰ/5—17[弗里德里希·恩格斯]:《卡尔·倍克〈穷人之歌〉,或"真正的社会主义"的诗歌》

MEGA² Ⅰ/5—18 卡尔·马克思:《Ⅳ.卡尔·格律恩:〈法兰西和比利时的社会运动〉(达姆施塔特 1845 年版)或"真正的社会主义"的历史编纂学》

MEGA² Ⅰ/5—19 莫泽斯·赫斯(弗里德里希·恩格斯参与):《"荷尔斯泰因的格奥尔格·库尔曼博士"或"真正的社会主义"的预言。〈新世界或人间的精神王国。通告〉》

2. 异文

MEGA² Ⅰ/5—1a[卡尔·马克思:]《答布鲁诺·鲍威尔》

MEGA² Ⅰ/5—18a 卡尔·马克思:《卡尔·格律恩:〈法兰西和比利时的社会运动〉(达姆施塔特 1845 年版)或"真正的社会主义"的历史编纂学》

3. 莫泽斯·赫斯的文稿，收入资料卷，并且说明、解释其形成过程

MEGA² Ⅰ/5—20[莫泽斯·赫斯：]《晚近的哲学家》

MEGA² Ⅰ/5—21[莫泽斯·赫斯：]《阿尔诺德·卢格》

MEGA² Ⅰ/5—22[莫泽斯·赫斯：]《共产主义预言家的密谋活动》

MEGA² Ⅰ/5—23[莫泽斯·赫斯：]《奥古斯特·贝克尔的月刊：〈宗教运动和社会运动的快乐信使〉》

与过去的各种版本相比，上述编排办法的突出特点就是不再人为地编造一个体系，维持了手稿或刊印稿的原貌，把进一步的解释工作留给研究者去做。

2003年出版的《马克思恩格斯年鉴》收录了按照上述思路编辑的《德意志意识形态》的第1、2章。[①] 它被视为MEGA²《德意志意识形态》正式版的"先行版"。在排版方式上它遵照原始手稿的对折模式，并且使用不同字体凸显马克思加的着重号。在页码上在每一段文字的相应部位只是标注了马克思的原始页码，对于恩格斯标注页码和马克思标注页码的关系放在文章后面的解释中加以说明。

六、版本考证与文本解读、思想阐释的关系

至此为止，我们根据目前所收集到的文献资料，在甄别和辨析的基础上，完成了对《德意志意识形态》手稿的保存、刊布和版本的考察与梳理。之所以花费这样大的精力进行细节考证，体现了笔者对文本研究中版本考证与文本解读、思想阐释之间关系的理解，在本节中我将集中陈述我的看法。

① *Marx-Engels Jahrbuch*, Akademie Verlag GmbH, Berlin, 2004.

首先，我必须说，版本考证是文本解读、思想阐释的基础和条件。精深的文本研究绝不能面对一部现成的、经过别人编辑而成的著述马上就进行解读，尤其忌讳单纯根据其中的只言片语便对其思想进行概括和评论，首先应做的前提性工作是对文本写作的原初背景和写作过程进行考察，对该文本的原始手稿的各种版本进行甄别，因为我们虽然把文本看成是作者思想的表达，然而同时又必须保持警觉，即文本与原始思想之间实际上不可能是完全对应的关系，就是说作者的思想未必已经完全通过文本表达尽净了。而文本研究必须尽可能根据文本及其相关文献把文本与作者思想之间的一致或差异作出分析。这样，从文本本身出发虽然最初提炼和抽象的只是文本中的问题和思想，但版本考证中的各项细致工作已经廓清了它们产生的文本语境、原初含义，以及相同问题的内涵演变与当代体征，这就使我们既看到历史延续和累积，也可以把握创新与重构，使文本中的原始思想的当代价值真实地得以呈现出来。

为了呈现一个完整的文本解读基础，对于那些思想深邃而又命运多舛的作品，应当对关乎此文本的所有文献，包括准备材料、先行稿、最初草稿、过程稿、修改稿、誊清稿、刊印稿、失佚稿以及其他相关材料进行全面性的收集和详实的考证。《德意志意识形态》正属于这样一种类型的作品。我们可以看出，除却写作过程中的特殊情形（如出版形式一直不能确定[①]、对某些批判对象的有关著作或文章不太了解，另有《政治和政治经济学批判》和《英国社会史》的写作计划等等），它之所以没有顺利完成，就内在的思想根源说，一定程度上缘于马克思等人了断与青年黑格尔派哲学及当时德国流行的其他社会主义学说之间关系和因缘的艰难，以及新的思想的剥离、锻造和建构过程的艰难，因此关乎那

① 即是在杂志上发表还是出版单行本？这一问题能否很快落实直接影响这一著述的行文、选材和篇幅。

些原属于同一阵营、观念互为背景和参照的思想历练过程中众多的文献文本都是我们研究《德意志意识形态》必须注意的材料;再从最直接的关系考虑,昭示马克思等人思想进程的那些文本、被马克思喻为“莱比锡宗教会议”的《维干德季刊》第 3 卷上鲍威尔、施蒂纳等人的文章、施蒂纳的《唯一者及其所有物》、费尔巴哈、卢格、赫斯以及其他“真正的社会主义”者的著述也都属于《德意志意识形态》准备材料的范围,因此,也需要对这些著述给予程度不同的关注,甚至详细解读。

而就《德意志意识形态》本身来说,它的写作过程异常复杂,写作之初还没有通盘的框架构思。待确定了批判对象后,先写出一些短稿,这些篇章虽然后来也没有成为《德意志意识形态》的组成部分,但实际上是正式写作前的“尝试”或“演练”,因此,可将其视为《德意志意识形态》的“先行稿”。如果不算《论犹太人问题》《神圣家族》和《关于费尔巴哈的提纲》,那么至少《对布鲁诺·鲍威尔的反批评的答复》是属于这样的“先行稿”,对此我们也就不能视而不见。关于《德意志意识形态》最初的草稿、两卷本体系框架的形成过程、特别是《费尔巴哈》章文稿的各不相同的手稿,还有迄今所有版本都没有收录的一些刊印稿、作为原属第一卷组成部分的《“格拉齐安诺博士”的著作》和第二卷遗失的两章等等属于《德意志意识形态》的过程稿、修改稿、誊清稿、刊印稿、失佚稿以及其他相关材料,更是我们需要关注的重点。至于《费尔巴哈》章多种不同的编排方案,我们当然需要将这些重要的版本集中在一起进行比较和鉴别①。

所有这些并不是“博士卖驴”式的卖弄和炫耀,不是搞“烦琐哲学”;相反,可以说,版本考证深入和准确的程度与对作者思想把握和理解的客观程度是成正比的。在这里我不得不特别要表达对国外马克思主义

① 因此,我们特别需要在 $MEGA^2$ 新版外,将这些不同的重要的版本集中在一起,编辑、出版一本“阅读版”的《德意志意识形态》。

文献学家所做工作的敬意，特别是对他们在研究中所体现的谨慎、严谨的治学态度的钦佩。联想到国内长期以来对《德意志意识形态》，那是一种怎样的情形呢？绝大多数研究者撇开对这一著述的写作过程、版本源流、文体结构的探究，甚至对其内容也不作全面性的解读和梳理，单纯根据通行本中的某个段落甚至一句话就无限演绎、提炼，根据当代现实和流行的观念去挖掘、比附马克思的思想，把马克思的原始思想弄得与当代社会现实和流行的思潮具有比肩而立的地位。现在看得很清楚了，这种没有学术依据、蹈空阐释的所谓"研究"，只有时效性，没有恒定性，从而也就很少有科学性和学术性，以至于包括《德意志意识形态》在内的马克思文本研究方面的积累是如此薄弱，对马克思本人思想的理解长期没有达到马克思本人所实现了的哲学变革的高度，而是处于一种低于马克思的或"前马克思"的层次和水准。

把版本考证的重要性强调到如此重要的地步，是不是意味着它就是文本研究的全部呢？也不是。行文至此，我又不得不表达通过近年持续跟踪国外马克思学术研究动态、出入《德意志意识形态》各种版本研究后形成的一种感受：话分两头说，在表达对国外同行工作敬意的同时，我又感到需要防止另一种极端的状况。即版本考证只是基础和条件，但它并不是文本研究的全部和归旨，文本研究不能至此止步，孜孜于文本版本的枝节考证而遗忘了对思想的总体关注，与撇开版本、单纯依据文本段落甚至话语就随意演绎、提炼思想一样，都不是完整的文本研究。

就拿《费尔巴哈》章排序问题来说，自从 1965 年巴加图利亚提出对长期流行的阿多拉茨基版结构和内容的不同理解以来，时间已经过去 40 年了，国外的文献专家们不厌其烦地在内容的顺序编排上进行考证和重构，特别是《德意志意识形态》工作小组成立以来，陶伯特等人更是在不同方案中爬梳、比较，难下决断。到 1997 年第 2 期《MEGA 研究》

出版，大致方针本来已经确定，准备启动 $MEGA^2$ 第一部分第 5 卷的出版。但在征求包括巴加图利亚等人的意见后，巴加图利亚明确表示不同意他们的方案。这样围绕《费尔巴哈》章内容的顺序编排越来越成为一种排列组合的游戏，局内人乐此不疲，局外人则感到异常琐屑。很多论著置《德意志意识形态》中其他章节和马克思复杂而丰富的思想于不顾，老在一些枝节和细节上做文章，意欲何为呢？要知道，研究马克思文本的版本，不是为版本而版本，为研究而研究，而是以此为媒介把握马克思的思想，只停留在枝节和细节上消耗智慧，而遗忘了研究的真正目的和意旨，是不是有点舍本逐末了呢？而且，在一次性提出一个绝对客观、人人认同的永久性方案不太可能的情形下，根据现在的研究成果暂时拟议和创设一种范型，来进一步探究马克思的思想，如果这种探究能够深入下去，或者遇到了困难，反过来不是可以对这种范型的合理性和不合理性做出评判、检视和调整吗？

此外，就 $MEGA^2$ 新版的编排来说，完全放弃内容的逻辑构架，而固执于时间顺序，也值得进一步考虑。

我认为，在具体文本编辑中，实际上很难单独按照时间顺序或逻辑顺序进行编排，二者并不是截然区分、判然有别的。从前面的梳理中，我们知道，虽然《德意志意识形态》在马克思、恩格斯生前没有出版，甚至个别章节没有写完，致使就现在留存下来的手稿看，是一部结构上相当松散的著述。但是，对手稿的研究结果证明，马克思、恩格斯对其中一些部分还是进行了定稿处理，对内容做了一些编排；就是对《费尔巴哈》章也是如此，只是这一部分留下来的手稿、誊清稿和刊印稿有几份，有的页码和内容上又不连贯，还有则遗失了，致使对其进行逻辑体系编排增添了难度。从这个意义上讲，放弃逻辑顺序的编排，特别是过分地指责这种努力的必要性，甚至认为“由于缺少足够的线索和根据，那样做的结果将是一种随意编成的结构”[①],是不公允的。“随意”的断语下得太“随意”了,举凡前面历数过的关于《费尔巴哈》章的各种编排,研究者都不是凭空臆想出来的框架。就是对于论者诟病最多的阿多拉茨基版来说,把原文分成三部分是编者的理解,但各个章、节、目所冠以的标题,有的是手稿原有的,其余的则都是来自作者在手稿边写的词语,编者将它们视为相应内容必要的提示。因此,广松涉为了突显他的编排方案的正确而指称阿多拉茨基版“事实上等于伪造”是一种缺乏同情理解的评判。对于按照逻辑顺序编排的编者来说,我觉得重要的不是放弃这种编排,而是“力图避免将自己的诠释抬高为绝对真理,并因此排除其他有道理的观点”。[②]

如果认为,“把留存下来的手稿和刊印稿编成一部著作,那就意味着要去完成马克思和恩格斯所没有完成的东西”[③],进而主张不按“逻辑顺序”进行编排,那就要按时间顺序编排。但实际上,后一种方案的麻烦一点也不会少。

按时间顺序编排的条件是能够基本上断定各个章节的写作时间,或至少能断定大概的写作顺序。可是,《德意志意识形态》的手稿和刊印稿并不具备这个条件。就大多数文稿而言,人们无法准确地弄清它们的手稿是何时至何时写作的,它们的样稿是何时至何时完成的;也无法完全断定哪篇手稿或样稿完成于前,哪篇完成于后,即很难确定内容连贯的文稿的日期。那些没有流传下来的样稿也是如此。通常只有一些可靠的线索能够说明这些手稿或样稿的写作至早开始于何时,至迟

---

① Tnge Taubert. Manuskripte und Drucke der“Deutschen Ideologie”(November 1845 bis Juni 1846). Probleme und Ergebnisse, in: *MEGA Studien*, S. 6, 1997/2.

② Helmut Elsner. Über die Arbeit der “Deutschen Ideologie” am Karl-Marx-Haus in Trier. 中文节译见北京大学马克思主义文献研究中心编:《马克思主义与全球化——〈德意志意识形态〉的当代阐释》,北京:北京大学出版社,2003年,第7页。

③ Tnge Taubert. Manuskripte und Drucke der“Deutschen Ideologie”(November 1845 bis Juni 1846). Probleme und Ergebnisse, in: *MEGA Studien*, S. 6, 1997/2.

结束于何时:《维干德季刊》的出版,卢格的《巴黎二载》、格律恩的《法兰西和比利时的社会运动》、倍克《穷人之歌》等书的出版,赫斯抵达和离开的时间,魏德迈抵达和离开的时间,恩格斯前往奥斯坦德的时间,等等。为数不多的一些暗示着某些历史事件的说法又往往非常含糊,几乎无法让人信服。这种情况下,编者通常要依靠推测。此外,完全按时间编排也会破坏各篇著作的完整性。譬如,仅从写作时间上考虑,就得分解《三、圣麦克斯》和《一、费尔巴哈。草稿和笔记》的手稿,而这样做是有悖于出版原则的。

其实,对于时间顺序与逻辑顺序并不是截然区分、判然有别的这种状况,那些多年浸润在手稿文献中、对提出一种既符合作者原初意旨又可以获得人人认同的方案之难有深刻体味的学者也意识到了,为此,作为"《德意志意识形态》工作小组"成员之一的雅克·格朗让提出了"相对"时间排序(relativen Chronologie)的原则,这也符合 $MEGA^2$ 的《编辑准则》规定,即"遇到某篇著作有多篇文稿的情形,可选择较早写成的文稿收录,如果可以明显看出此文稿内容连贯的话。""所编著作在每一部分之内按时间顺序编排:编排时主要依据完稿(写作)时间,而非准备时间或者发表时间。……若某些著作的写作时间较长,可视其写作过程而定。"①

总之,版本研究与文本解读、思想阐释和体系建构是基础与目的的关系,它们之间既是递进的,同时也是相互依存的。缺乏版本研究的支撑,只是凭借由后人编辑而成的现成的文本,把一部未完成的著述俨然视为完整的作品去进行解读,甚至单纯根据其中的只言片语就对其思想进行概括和评论,必然会造成误读和歧解;而离开对文本思想意旨和总体构架的了解,版本考证实际上也不能顺利进行下去,那些散乱的片

---

① *Editionsrichtlinien der Marx-Engels-Gesamtausgabe*, hrsg. von der Internationalen Marx-Engels-Stiftung Amsterdam, S. 26/22, Berlin, 1993.

断、中断了的叙述、失佚稿的内容和逻辑，只有靠文本思想的整体把握，才能得到接续、联系和“复原”。尊重文本原貌、再现原始思想与揭示体系构架的工作之间只有处于一种相互支持、融通的关系中，真正体现出“三位一体”，文本研究才能达到比较高的水准。

第五编

尼　采

尼采著作的批判全集

——开场白

福克尔·格哈特

虽然间或出现质疑，但尼采还是属于大思想家之列。即使他的著作几乎都是未完成的，尽管他的很多思想都是以鼓动人心的方式表达的，而且在他的著作中几乎没有一个观点是在别的地方未曾出现过的，他还是成为了哲学的大家。19 世纪是否以一种巨大的歪曲反映在尼采身上，或者尼采是否有意识地描绘了这一歪曲，人们在这些问题上尚摇摆不定，而与此相对的是，他的著作很久以来就是哲学传统的确定的组成部分。在他的影响史的少数时期内，他的挑衅者反而最终变成了他的圣典学者(Kanoniker)，以他的名义出版的杂志、书系、研究机构、科学联盟都要归功于这些人。谁若想追寻对人类此在的深刻见解，追寻准确的时代和问题诊断，追寻人类自我表达的顶点或者仅仅是追寻哲学思考的价值判断，都不能回避尼采。他是最卓越的现代思想家。

然而如同人们经常将他的价值视为与所有经典的东西对立的、对哲学的反叛大家一样：尼采通过一个主张保留了一个例外，即不仅仅作为艺术家产生影响，而是其本身就是一件艺术品。在影响的渊源方面通过其著作尼采在柏拉图、塞涅卡、但丁、伏尔泰、卢梭或者席勒身上找到了自己伟大的先驱。而根据他自己的此在的艺术家的形式，尼采则是独一无二的：他的美学意志(ästhetischer Wille)并不仅仅与他的音乐的、诗歌的、预言的和格言的创作有关。倒不如说在他的著作中他自己的实存的美学化得以表达了出来。

以此为目的他并不意在创作一部自成一体的个别作品。它不是绘画也不是雕塑,非交响乐也非戏剧诗。他所感兴趣的是悲剧事件的进程,一如在阿提卡的悲剧主角和一再更新编队中的合诵之间的交互影响所表达的。尼采将个体与大众之间的对立美学化成神秘的事件,在这一事件中个体可以上升到最高的形式,以在其中必然地遭遇失败。建设与瓦解、生成与消逝导致了永劫回复,不仅是生命,诸文化也在其中形成。在此关键的不是终结,而是在历史行为中所被体验的各种力量的上升与消解。

所以人们可以如此总结,尼采在与哲学的矛盾中进行哲学思考,其独特性在于,他从未单纯地作为哲学家,而是一直同时作为艺术家而存在。

对他来说对其著作进行编纂是适当的。遗憾的是,尼采著作的编纂史几乎如同其作者本人的生命一样是个悲剧。愈发显得幸运的是,我们还有两位意大利学者科利(Giorgio Colli)和蒙提那里(Mazzino Montinari)所推动的《尼采作品和书信考证全集》(***die*** *Kritische Gesamtausgabe der Werke und der Briefe Nietzsches* ,KGW 和 KGB)。

魏玛工作组的主管和项目主管哈泽(Marie-Luise Haase)将向大家报告此方案的情况。她从 70 年代开始即跟蒙提那里合作并致力于完成后者的伟大计划。

(方博　译)

尼采 1885 年之后的遗稿编订[①]

玛丽-路易丝·哈泽

1. 尼采遗稿

由科利(Giorgio Colli)与蒙提那里(Mazzino Montinari)奠定的《尼采考订版全集》(*Kritische Gesamtausgabe der Werke Friedrich Nietzsches*)自从 1967 年出版以来,迄今已有 42 卷问世。这一全集本分为八个系列,不过,这里我想向你们介绍后增的第九系列。

这一系列采取形态学原则(topologischen Prinzip)来呈现尼采遗稿,其呈现方式迥异于从前的版本。这正是我打算介绍给诸位的。

第九系列称为《尼采 1885 年初以来的手稿复原转写版》(*Der handschriftliche Nachlaß ab Frühjahr 1885 in differenzierter Transkription*),以编辑笔记为目的。它一方面补充了第七与第八系列的文本,另一方面又替代了第六与第八系列尚阙如的校勘记(Nachberichte)。自从 2001 年来,第九系列已有八卷面世,其中包含尼采的四本笔记(Notizhefte)与十一本工作册(Arbeitshefte)。后续五卷以及补记也将紧随而至。

在我具体处理尼采晚期遗稿的版本之前,我想在有限的篇幅内先勾画一下第九系列的史前史,因为它涉及解释这一部分构想的合理性

① 在本文翻译中参考了余明锋先生高质量的译文,受益颇多,在此致以谢意。也感谢黄晶校读了全文,修订了一些失误。——译者注

问题。

在尼采精神崩溃之后，他和母亲弗兰西斯卡·尼采(Franziska Nietzsche)一同住在瑙姆堡(Naumburg)。就在这里，他的妹妹伊丽莎白·福斯特-尼采(Elisabeth Förster-Nietzsche)于1894年成立了尼采档案馆(Nietzsche-Archiv)。在尼采的母亲于1897年逝世之后，瑙姆堡的房产被变卖，尼采兄妹迁往魏玛的小镇希伯布里克(Silberblick)，于是尼采档案馆也搬到此处。当尼采于1900年8月25日去世，他的所有手稿就成了遗稿，随之也成为编辑史上复杂多端并且争议重重的对象。1945年后，他的遗稿被归入歌德—席勒(Goethe-und Schiller-Archiv)档案馆，并且保存迄今。

尼采遗稿所含文献时间跨度约二十年，即他从1869年开始在巴塞尔执教一直到1889年年初疾病暴发。它包含46个速记册(Notizbücher)，72本笔记(Hefte)，32个包含散页、遗著手稿、手校打字稿的档案册(Mappen)以及约2000封书信。传世的遗稿总计超过2万页。

尼采原则上将一切都写在速记册和笔记本里：这里的“一切”包含著作计划、目录、作品的草稿、改定与扩充、誊写稿、书信草稿，书信关键词甚至日常生活的备忘录，比如购物单、旅馆地址、书名等等。

为了让诸位对于我们所编辑的材料有一个直观的认识，我从不同的笔记中选取典型的几页展示给你们。这里，我不打算进入对内容的具体分析，而只是希望给出一个视觉的印象。

在图一页面左侧，我们可以看到尼采的日常生活：购物单、茶叶订单，其中包括中国小种茶(Souchong)和地址等。而在页面右侧，他则在玄思“此在的视域性”。这其实是《快乐的科学》中格言374的预备。

在图二页面左侧上方，你们可以看到一个经过重重修改的草稿。由于尼采本人也无法在此书捋清头绪，结果他就在右边重新修订，以便

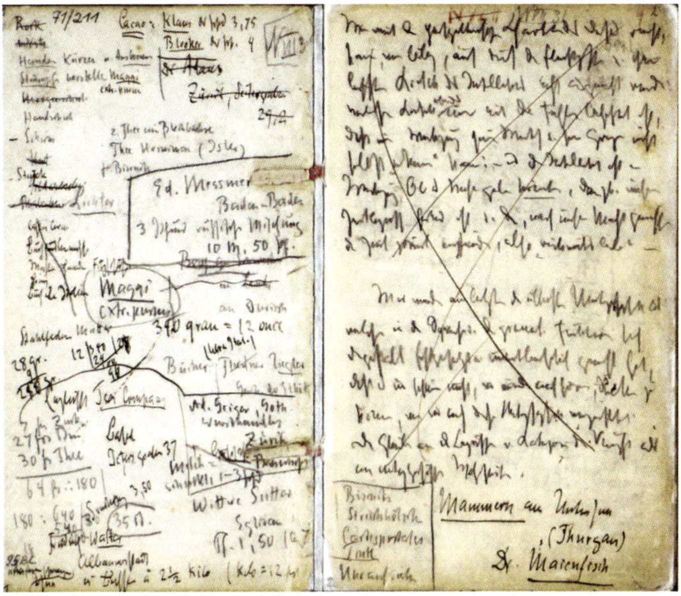

图一　速记本 N VII 3，写于 1886 年夏至 1887 秋，摘自页 1—2。

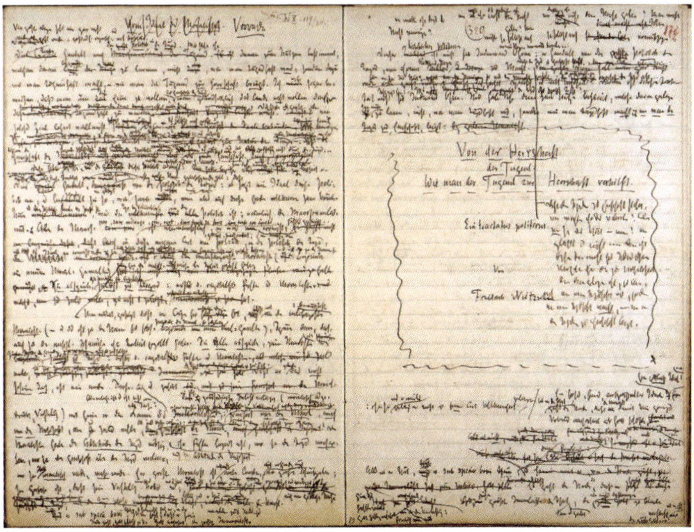

图二　源自写于 1887 年 11 月至 1888 年 3 月期间的工作册 W II 3，页 176—177。

能接着写第三个新思路。

在图三左边页面,你们可以再次看到,尼采将写过的部分划去,然后重新修订。而在右侧页面的右下角则是《反基督》第 53 节的草稿。

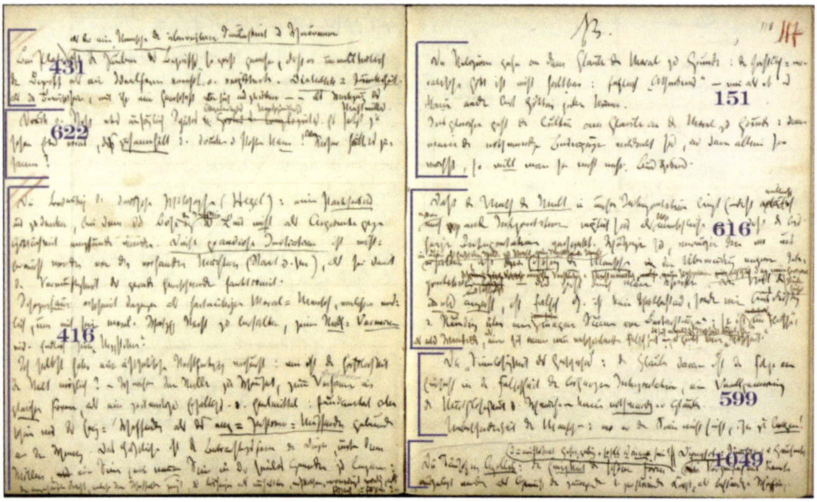

图三　来自写于 1888 年年初的工作册 W II 5,页 44—45。这一笔记收入我们编订的版本卷八,在柏林付印。

面对如此卷帙浩瀚的手稿遗存,人们根本不必惊讶,写作占据了尼采日常生活的每一天。换句话说,写作是他唯一的生活内容,构成了他的生活本身。所以,在一封写给母亲的信里(1886 年 1 月 30 日),尼采称自己为一个"年迈的书写动物"(altes Schreibe-Thier)。

这里,我不得不略去尼采亲手出版的著作以及 1885 年之前遗稿的出版史。因为既然我的报告围绕晚期遗稿的编纂,我就集中于 1885 年之后,即《查拉图斯特拉如是说》之后的史料。

2. 权力意志

在福斯特-尼采(Förster-Nietzsche)的领导下,尼采档案馆于 1896

年开始出版尼采遗著。正当我们的精神病人尚躺在隔壁房间时，他的妹妹和几个忠心耿耿的助手已经以“权力意志”为题出版了所谓尼采“理论哲学的代表作”（theoretisch-philosophische Hauptprosawerk）。

福斯特-尼采显然一开始就力促此书出版。在写给一位女性朋友的书信中，她解释了贯彻这一可疑意图的动机：她希望反击一种错误的认识，即她哥哥仅仅写出些不成体系的哲学断片。于是她就力图表明，尼采完全拥有写出系统哲学著作的能力，由之，他不仅仅是一个格言写手，甚或美文家，而是无异于哲学史上那些构建体系的**哲学家**。然而，我们想想，尼采就体系与系统主义者说过些什么，根据《偶像的黄昏》第26 节：

> 我不信任任何体系构建者，对他们我避之不及。构建体系的意愿缺乏真诚。

尽管如此，兄长的自我定位却仍旧无法阻止福斯特-尼采在其行为冲动中追求系统著作的意愿。

1901 年，《权力意志：重估一切价值的尝试》出版。这一著作包含483 条所谓格言。

此书 1906 年就发行了第二版，颇让人瞠目结舌的是，此时格言书目增至 1067 条，比第一版的两倍还多。而当时所谓的作者已经去世六年！

这一拼凑之作利用了 1880 年至 1889 年的笔记，其谋篇与布局颇为武断随意。来自笔记本 W I 8（页 117—118）的图四给出了明确的证据：

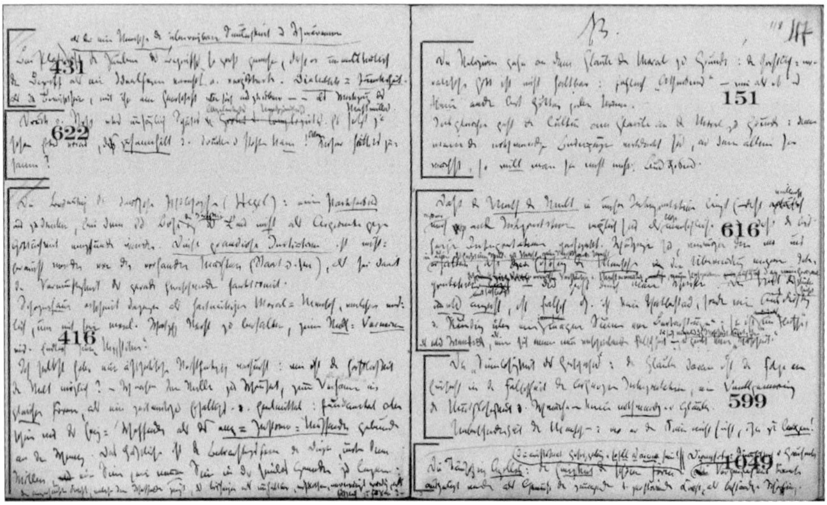

图四

编者强行将文本段落从语境中割裂，然后根据自己的，特别是主题化的标准将它们拼接在一起，并且为它们在《权力意志》中编号：在左边页面是条目 431，622 与 416，而右边页面上则是条目 151，616，599 与 1049。为了造成此书已经完稿的迹象，书稿遭到了严重的窜改：完善文句、添加过度、添加标点。这意味着断片性质的笔记被抹平，仿佛成了作者亲自授权的付印本。

1911 年，权力意志的“全新增订第二版”（zweite, völlig neu gestaltete und vermehrte Ausgabe）问世，这一版被收入所谓大八开本全集版（Großoktavausgabe）卷 15 与卷 16。从首页看，它宣称是四卷本的遗著（nachgelassenes Werk），这里强调的正是**著作**（Werk）一词。经典著作《权力意志》就此诞生了，并且开始了贻害重重、影响深远的接受历程。

尼采笔记中无数的书目草案证明，他的确一度设想这样的一部著作，并数次更换标题，最终称其为《重估一切价值的尝试》，甚至这部作品也确分为四卷。“权力意志”设想为标题，第一次出现在 1885 年。随后尼采公开在《善恶之彼岸》(1886)的封底与《道德的谱系》(1887)III 27 中预告，一部名为《权力意志：重估一切价值的尝试》正在筹备中。直到 1888 年的 8 月，一个签有“1888 年 8 月的最后一个周日，于西尔斯—玛利亚(Sils-Maria)”的书名提案(参图五)还证明了这一计划的存在。在左侧你们可以看到书名提案，右侧则是一份目录草稿，全书预计四卷，每卷三章。

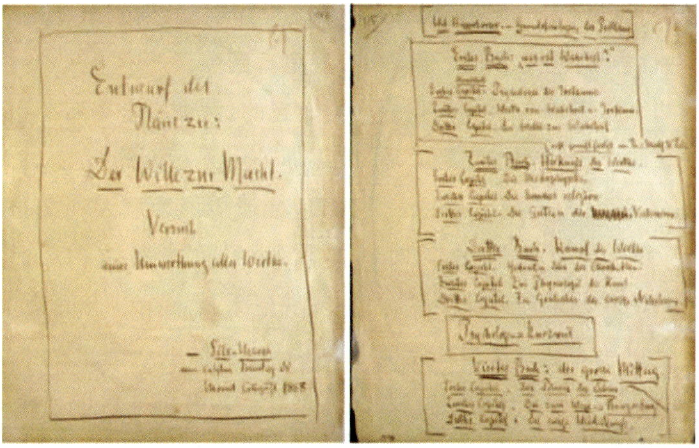

图五

1888 年 11 月 26 日，其时尼采即将来临的精神崩溃或许已显露，他在一封信中言及：“我对一切价值的重估已经完成，我称之为《反基督》。”蒙提那里认为，尼采由之已经明确放弃了名为《权力意志》的独立著作。

人们普遍指责福斯特-尼采作伪。不过除了对书信的粗暴篡改，她更多地依赖许多并不引人注目的改动，以便将散落各处的笔记伪装成一个融贯的文本。而真正关键并且不可原谅的作伪——实实在在的丑闻——乃是拼凑了一部所谓尼采的**理论—哲学代表作**，命名为《权力意志》，虽然尼采实则并未写就此书。

3. 科利(Colli)与蒙提那里(Montinari)的考证版全集

很快就有人(其中包括海德格尔与雅思贝斯)要求对尼采所谓的**代表作**进行澄清。他们甚至要求通过对手稿的忠实再现来代替当时已出版的遗稿。人们考虑过影印手稿，但终因尼采字迹的难以辨认而放弃。1956 年，卡尔·施莱希塔(Karl Schlechta)在他的三卷本中没有采用这部 1906 年出版的劣品中的武断编排，在正确的方向上前进了一小步。但无奈尼采的读者与研究者并没有由之受到触动，他们数十年来始终将《权力意志》视为尼采的一部著作，甚至直到今天。

当两个意大利人科利与蒙提那里发起的《考证版全集》，在意大利、法国并且最终也在德国出版之后，才逐渐地出现意识的转变。1958 年开始，二人就致力于实现将尼采著作，包括遗稿译为意大利文的计划。但 1961 年，当蒙提那里在魏玛的歌德席勒档案馆(Goethe-und Schiller-Archiv)亲自审阅手稿时，才发现尼采档案馆编订的版本没有提供一个可靠的文本基础。这样他做出一个勇敢的——如果不是鲁莽的——决定，重新编辑一切材料，特别要"忠实可靠地再现尼采遗稿"(蒙提那里语)。迄今为止的所有尼采版本都致力于通过文本证据的类型化，而给予读者一条穿越遗稿迷宫的阿里阿德涅之线。科利和蒙提那里的方案是将材料依照已编订的著作分类，这与大八开版差异不大。没有被尼采考虑纳入其作品的笔记被称为**断片(Fragmente)**。而如果某些笔记与著者授权出版的著作行文一致，就被视为著作直接的预备，从而称为**初稿(Vorstufen)**或**誊写稿(Reinschriften)**。

编辑们为了指称之便而将断片依次编号，并收入独立的文本卷(Textband)付印。与之相对，初稿则收入补注卷(Nachberichtband)。这样，本是笔记同一页的文本就必然从其书写脉络中剥离出来。

通过笔记本 VII 1 的 39—40 页(参图六)，我希望向你们清晰地展示这一编订方法:页面左侧以红线括起的段落与整个第 40 页被视为断片 37[9]的初稿,并且在文本卷 VII 4/2 的补注中出版(断片本身在文本卷 VII 3)。

绿线围起的段落是断片 34[214] 及 34[215],在文本卷 VII 3 中出版。

蓝线围起的段落则是《善恶之彼岸》格言 62,属于计划中的补注卷 VI 5。

那么根据这一编辑原则,这两页的内容划分到不同的卷:即 VI 5, VII 3 和 VII 4/2。

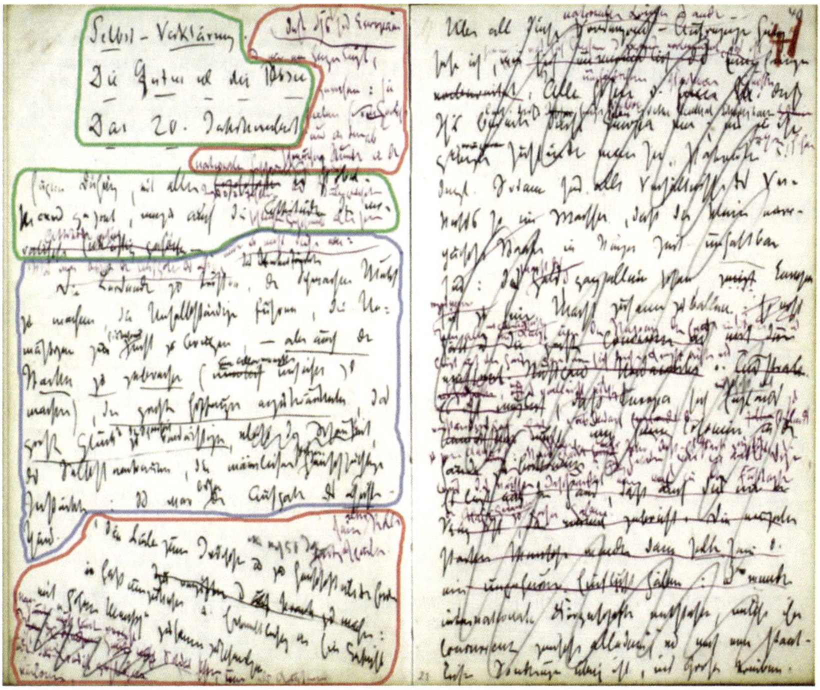

图六

4. 笔记版(Heftedition)

在多年围绕补注卷的编辑工作之后,编者们洞察到,不能再依照当下的传统来编订本属于第八系列的补注卷——其含有后期文稿,即正好涵盖权力意志杂稿。60 年代构想的词条式校勘栏(lemmatische Apparattypus)缺乏灵活性,由之难以合宜地展现复杂的文稿状态。

遗稿札记本身的状况就要求采取与"考订版全集"文本和补注卷相异的编订方式。复原转写稿提供了非线性的文本结构,并且试图在技术许可的范围内兼顾尼采书写方式的实情。我们编订文本的方式旨在明晰手稿可辨识的时空关系,并且方便读者把握它们。复原的手稿既未经文本修复,也没有加区分符(diakritische Zeichen)。

通过笔记(Heft W II 5) 的第 131 页(图七),我想展示以不同的原则来编订这一文本的尝试分别有什么样的结果。尼采档案馆的编辑通过构建一个闭合的、融贯的文本,从中制成了《权力意志》第二版的格言 432 与 433。但一眼望去便知(参图八),这些混乱的评注不可能是某一完结著作的构成部分。

考订版全集将这一页作为断片 14[92]在第八系列付印。通过图九你们可以看到科利与蒙提那里如何尝试解决展示这一复杂集成文本的难题。他们也必须给予这一"评注马赛克"以某种秩序,但是同时不像《权力意志》的编辑那样,从中构建出一个多少具有延续性的文本。虽然他们尽力让评注保持原始特征,但是印刷稿必然具有的线性特征却无从传达出页面的速写印象。

与之相对,第九系列,即笔记版(参图十)的发起者们并不提供尼采档案馆版与考订版全集意义上的解答,而仅仅旨在使笔记对任何人都变得可读。如若人们要避免传统编者的组织之手,那么唯一的结果就是,人们放弃任何一种介入、编排、补充与删减,正如笔记版的同一页所展示的。

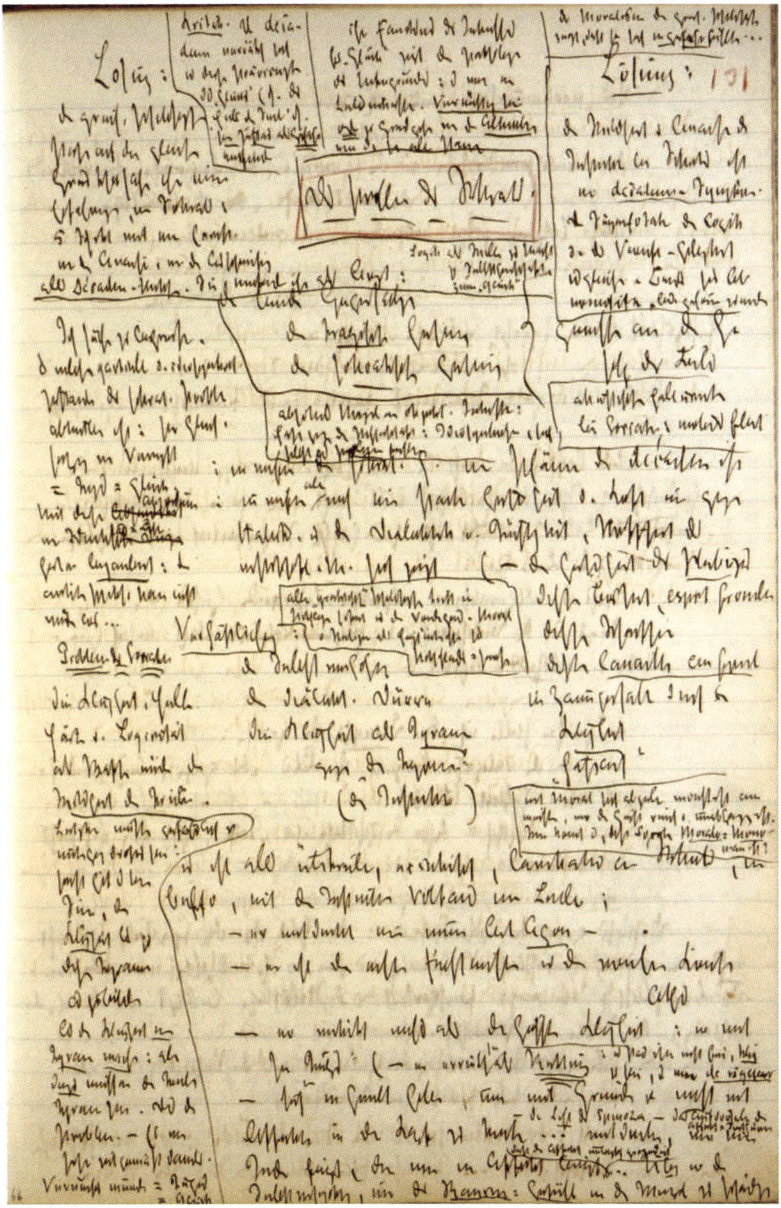

图七

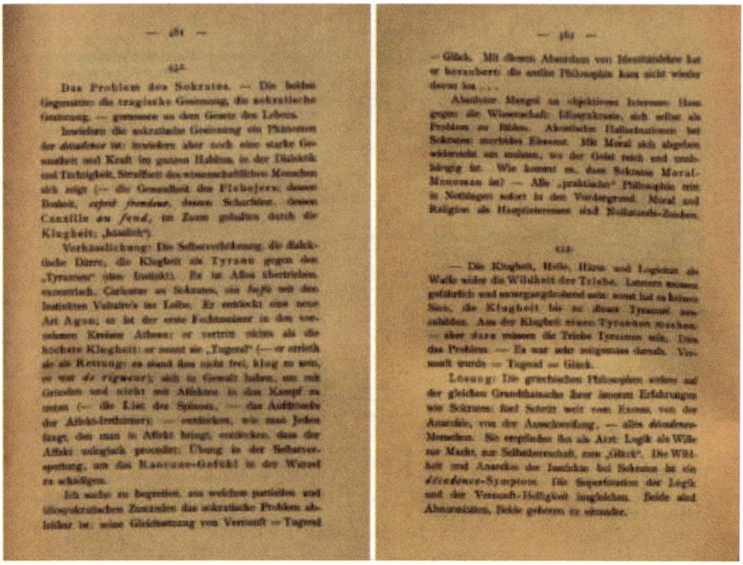

图八

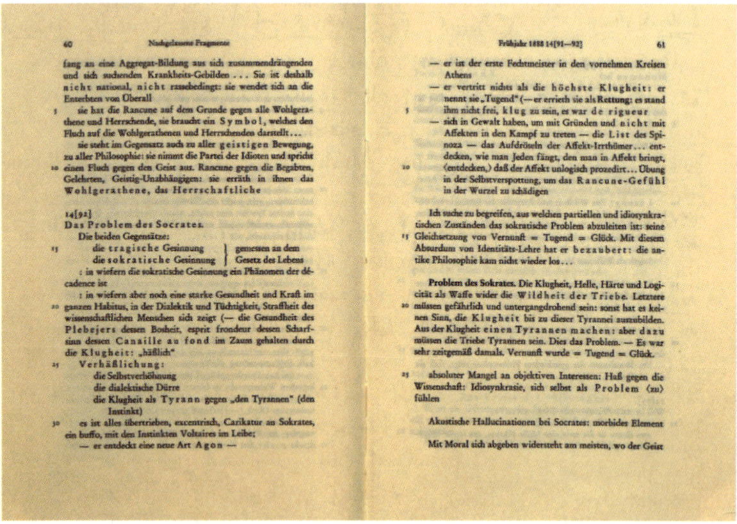

60 Nachgelassene Fragmente

fang an eine Aggregat-Bildung aus sich zusammendrängenden und sich suchenden Krankheits-Gebilden ... Sie ist deshalb nicht national, nicht rassebedingt: sie wendet sich an die Enterbten von Überall

sie hat die Rancune auf dem Grunde gegen alle Wohlgerathene und Herrschende, sie braucht ein Symbol, welches den Fluch auf die Wohlgerathenen und Herrschenden darstellt ...

sie steht im Gegensatz auch zu aller geistigen Bewegung, zu aller Philosophie: sie nimmt die Partei der Idioten und spricht einen Fluch gegen den Geist aus. Rancune gegen die Begabten, Gelehrten, Geistig-Unabhängigen: sie erräth in ihnen das Wohlgerathene, das Herrschaftliche

14[92]
Das Problem des Socrates.
Die beiden Gegensätze:
die tragische Gesinnung } gemessen an dem
die sokratische Gesinnung } Gesetz des Lebens
: in wiefern die sokratische Gesinnung ein Phänomen der décadence ist
: in wiefern aber noch eine starke Gesundheit und Kraft im ganzen Habitus, in der Dialektik und Tüchtigkeit, Straffheit des wissenschaftlichen Menschen sich zeigt (— die Gesundheit des Plebejers dessen Bosheit, esprit frondeur dessen Scharfsinn dessen Canaille au fond im Zaum gehalten durch die Klugheit: „häßlich"
Verhäßlichung:
die Selbstverhöhnung
die dialektische Dürre
die Klugheit als Tyrann gegen „den Tyrannen" (den Instinkt)
es ist alles übertrieben, excentrisch, Carikatur an Sokrates, ein buffo, mit den Instinkten Voltaires im Leibe;
— er entdeckt eine neue Art Agon —

Frühjahr 1888 14[91—92] 61

— er ist der erste Fechtmeister in den vornehmen Kreisen Athens
— er vertritt nichts als die höchste Klugheit: er nennt sie „Tugend" (— er errieth sie als Rettung: es stand ihm nicht frei, klug zu sein, es war de rigueur
— sich in Gewalt haben, um mit Gründen und nicht mit Affekten in den Kampf zu treten — die List des Spinoza — das Aufdröseln der Affekt-Irrthümer ... entdecken, wie man Jeden fängt, den man in Affekt bringt, ⟨entdecken,⟩ daß der Affekt unlogisch prozedirt ... Übung in der Selbstverspottung, um das Rancune-Gefühl in der Wurzel zu schädigen

Ich suche zu begreifen, aus welchen partiellen und idiosynkratischen Zuständen das sokratische Problem abzuleiten ist: seine Gleichsetzung von Vernunft = Tugend = Glück. Mit diesem Absurdum von Identitäts-Lehre hat er bezaubert: die antike Philosophie kam nicht wieder los ...

Problem des Sokrates. Die Klugheit, Helle, Härte und Logicität als Waffe wider die Wildheit der Triebe. Letztere müssen gefährlich und untergangdrohend sein: sonst hat es keinen Sinn, die Klugheit bis zu dieser Tyrannei auszubilden. Aus der Klugheit einen Tyrannen machen: aber dazu müssen die Triebe Tyrannen sein. Dies das Problem. — Es war sehr zeitgemäß damals. Vernunft wurde = Tugend = Glück.

absoluter Mangel an objektiven Interessen: Haß gegen die Wissenschaft: Idiosynkrasie, sich selbst als Problem ⟨zu⟩ fühlen

Akustische Hallucinationen bei Socrates: morbides Element

Mit Moral sich abgeben widersteht am meisten, wo der Geist

图九

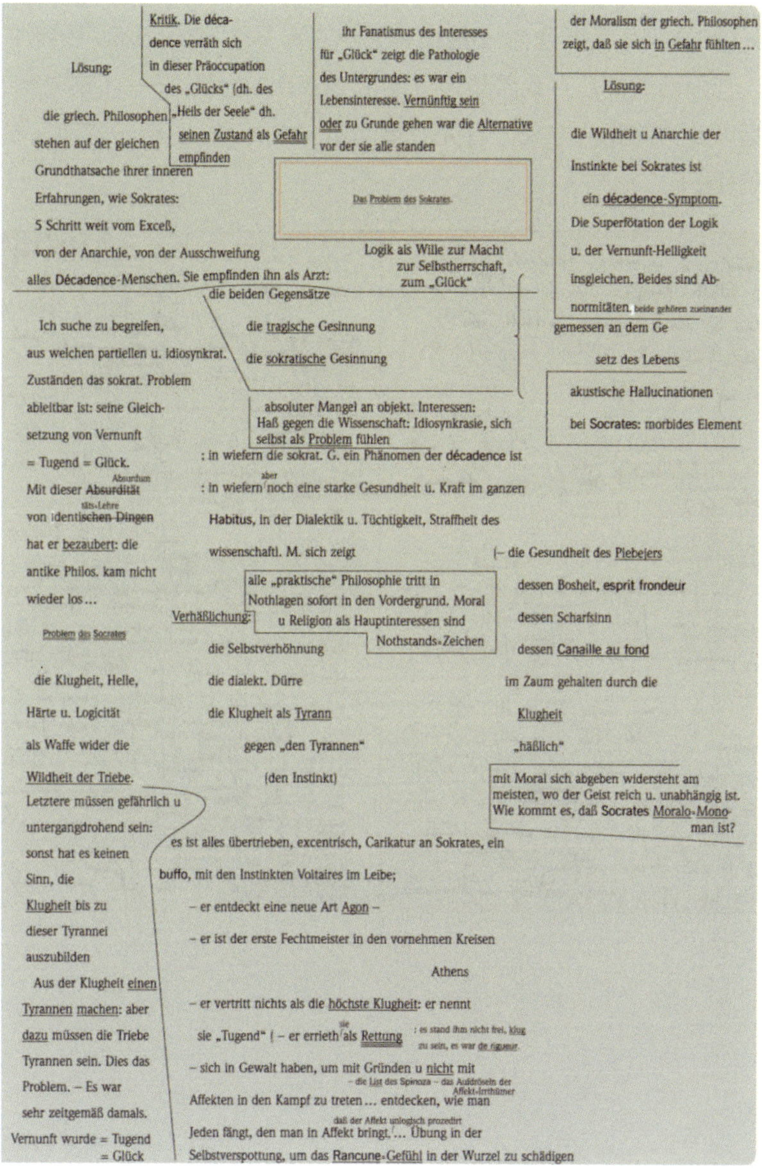

Lösung:

Kritik. Die décadence verräth sich in dieser Präoccupation des „Glücks" (dh. des „Heils der Seele" dh. seinen Zustand als Gefahr empfinden

ihr Fanatismus des Interesses für „Glück" zeigt die Pathologie des Untergrundes: es war ein Lebensinteresse. Vernünftig sein oder zu Grunde gehen war die Alternative vor der sie alle standen

der Moralism der griech. Philosophen zeigt, daß sie sich in Gefahr fühlten …

die griech. Philosophen stehen auf der gleichen Grundthatsache ihrer inneren Erfahrungen, wie Sokrates: 5 Schritt weit vom Exceß, von der Anarchie, von der Ausschweifung alles Décadence-Menschen. Sie empfinden ihn als Arzt:

Das Problem des Sokrates.

Logik als Wille zur Macht zur Selbstherrschaft, zum „Glück"

Lösung:

die Wildheit u Anarchie der Instinkte bei Sokrates ist ein décadence-Symptom. Die Superfötation der Logik u. der Vernunft-Helligkeit insgleichen. Beides sind Abnormitäten, beide gehören zueinander gemessen an dem Gesetz des Lebens

die beiden Gegensätze

die tragische Gesinnung

die sokratische Gesinnung

Ich suche zu begreifen, aus welchen partiellen u. idiosynkrat. Zuständen das sokrat. Problem ableitbar ist: seine Gleichsetzung von Vernunft = Tugend = Glück. Mit dieser ~~Absurdität~~ Absurdum von identi~~schen Dingen~~ täts-Lehre hat er bezaubert: die antike Philos. kam nicht wieder los …

akustische Hallucinationen bei Socrates: morbides Element

absoluter Mangel an objekt. Interessen: Haß gegen die Wissenschaft: Idiosynkrasie, sich selbst als Problem fühlen

: in wiefern die sokrat. G. ein Phänomen der décadence ist

: in wiefern aber noch eine starke Gesundheit u. Kraft im ganzen Habitus, in der Dialektik u. Tüchtigkeit, Straffheit des wissenschaftl. M. sich zeigt

(– die Gesundheit des Plebejers dessen Bosheit, esprit frondeur dessen Scharfsinn dessen Canaille au fond im Zaum gehalten durch die Klugheit „häßlich"

Problem des Socrates

alle „praktische" Philosophie tritt in Nothlagen sofort in den Vordergrund. Moral u Religion als Hauptinteressen sind Nothstands-Zeichen

Verhäßlichung: die Selbstverhöhnung die dialekt. Dürre die Klugheit als Tyrann gegen „den Tyrannen" (den Instinkt)

die Klugheit, Helle, Härte u. Logicität als Waffe wider die Wildheit der Triebe. Letztere müssen gefährlich u untergangdrohend sein: sonst hat es keinen Sinn, die Klugheit bis zu dieser Tyrannei auszubilden

Aus der Klugheit einen Tyrannen machen: aber dazu müssen die Triebe Tyrannen sein. Dies das Problem. – Es war sehr zeitgemäß damals. Vernunft wurde = Tugend = Glück

mit Moral sich abgeben widersteht am meisten, wo der Geist reich u. unabhängig ist. Wie kommt es, daß Socrates Moralo-Monoman ist?

es ist alles übertrieben, excentrisch, Carikatur an Sokrates, ein buffo, mit den Instinkten Voltaires im Leibe;

– er entdeckt eine neue Art Agon –

– er ist der erste Fechtmeister in den vornehmen Kreisen Athens

– er vertritt nichts als die höchste Klugheit: er nennt sie „Tugend" (– er errieth sie als Rettung : es stand ihm nicht frei, klug zu sein, es war de rigueur

– sich in Gewalt haben, um mit Gründen u nicht mit Affekten in den Kampf zu treten … entdecken, wie man Jeden fängt, den man in Affekt bringt, daß der Affekt unlogisch prozedirt … Übung in der Selbstverspottung, um das Rancune-Gefühl in der Wurzel zu schädigen – die List des Spinoza – das Auftröseln der Affekt-Irrthümer

图十

晚期的所有笔记将按照一页页、一行行的顺序依次被编订。对于区分性的转写，需要注意一些惯例，这在每一卷“编辑凡例”中都有明示。其中的关键几点我希望通过笔记 N VII 1 的页 33—34 来介绍，不过是以非常简化的方式。首先我展示给你们原稿（图十一），随后是转写稿（图十二）。

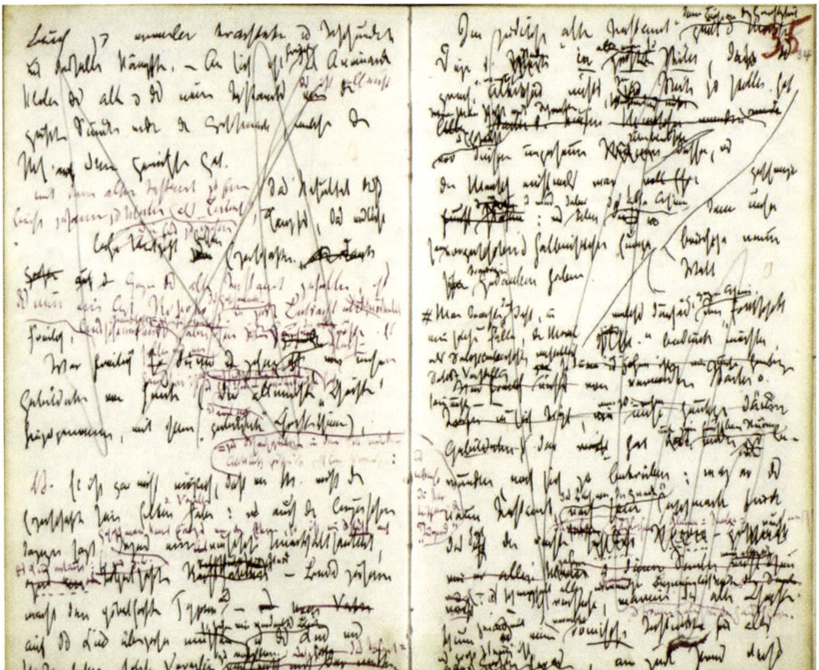

图十一

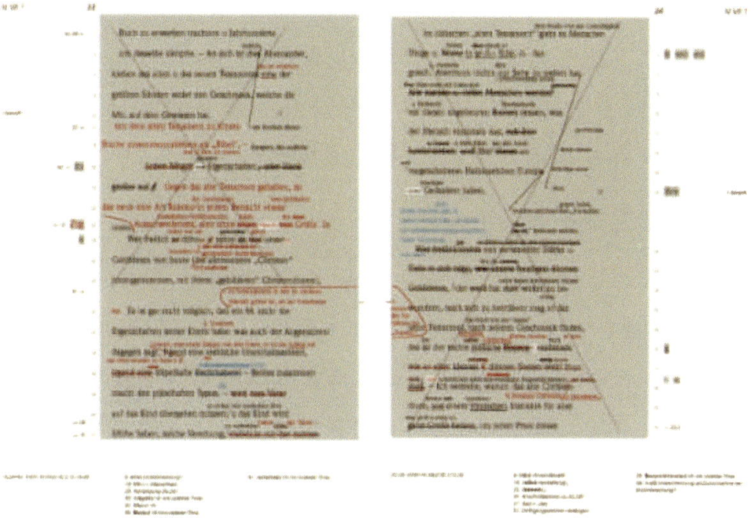

图十二

A. 印刷页标有色泽突出的转写域，记录了尼采手书笔记稿的原始形式。

1. 为了区分具体的书写与修改进程，我们以不同大小的字型来进行转写；第一稿采用普通字体，后期的插入与添加则采用较小的字号。

2. 德语手写体对应圆体（Antiqua），拉丁手写体与印刷体（34，30："Rococo"）对应无衬线体（seriphenloser Schrift）。

3. 我们通过不同的色彩与线条粗细来表示不同书写媒介的运用：黑色墨水（印本中为黑）、棕色墨水（印本中为红）、紫色墨水（印本中为蓝）、最后校稿的墨水（印本中为绿，本页未含此元素！）、半粗体表示黑铅笔、红铅笔与蓝铅笔（本页未含此元素！）

4. 手稿中的图像元素，诸如删除线或者插入符等等也经过了类型化；针对段落或整页的对角删除线将如实给出，其他形式（平行或多重删除线，阴影或十字删除线）则以X型的取消号表示。

5. 一种菱形是转写域内唯一异样的因素。这是为他人——主要是从前的编者们——的标记与评注保留的空间。比如(34，18)此处红笔标记的J代表《善恶之彼岸》。

B. 页边外部是为如下信息所备：

1. 一切源于他人的加工痕迹，如上文所展示的，这里有一J，其后部是书写工具的信息："红铅笔"。

2. 行码（主行用偶数，中间行用奇数）具有方便查找引用之功效。

3. 从转写域中排除，并且同样以色彩凸显的片断包括在手稿中通过叠写而被取消的文字（33，22，这里首先是Zug一词）。而叠写则处于在转写域中同样的着色域（33，22：„Zug"由„Hauch"所替代）。

4. 指示箭头表示对文字衔接的提示。

C. 如果这些段落已经在《考订版全集》(*Kritischen Gesamtausgabe*)和《学生版全集》(*Studienausgabe*)中，页脚外缘会包含它们与之相应的页码。同样在这个领域也会按条目给出转写的校勘记。各种符号分别对应条目中的粗体字，其含义如下：

? 问号意味文本状况不确定，对之的释读难以与材料中的笔迹吻合。

ъ 代表严重磨损或异常的书写，这是说：该词的释读尽管确信无疑，但个别字母却不明确或被误写。

Vk 表示出自尼采亲手的修改，当他将某一誊写不清的词修订清晰时。

〉尖括号意为"读作"，它表示笔误或者对缩写的还原（比如缺失的引号或者将"Mh."还原为Menschheit）

既然每卷都附有包含相应手稿胶片的光盘,使用者就可以亲自将转写与尼采手书比较并对其进行检验。鉴于这样的直观性,我们就不再进一步多言一般性的转写和显示规则了。

5. 手迹

最后我还想就尼采的手迹说几句。通常认为它很难释读,这从我展示给你们的几页样稿中就不难发现。晚期尼采几乎仅仅以德文体进行书写,偶尔采用拉丁体或者印刷体,特别是涉及外来语时。

尼采在给朋友奥弗贝克(Overbeck)的书信(1881 年 7 月 13 日)中,表达了对自己手书的评价。他视它们代表着“野蛮”并且宣称,必须将他的想法付印,以便自己也足以读懂它们。就此,尼采言辞上自我批判的极致乃是德国人在如此处境下常挂在嘴边的一句粗话:

> 我就像一头猪一样写字。(1883 年 3 月 22 日)

对第九系列的释读还带了一个不应该低估的附带影响,即对当前已经编订过的文本的全面修订。以这种方式,人们发现了为百年来所有版本所继承的一些错误,有些对尼采的解释并非无关紧要。这里我仅仅从无数的错误释读中举一个显而易见的例子:

在《权力意志》第二版的格言 619 中,有言:

> 常胜的概念“力”,我们的物理学家凭借它**创造了**上帝与**世界**(und die Welt)

然而尼采在笔记本 W W I 4 页 26 写道:

> 常胜的概念“力”,我们的物理学家凭借它**从世界中**(aus der Welt)**创造了**上帝

弗里德里希·尼采将书写视为命定,视为自己所屈从的命运,他在给友人克泽利茨(Köselitz)的书信中透露(1881 年 8 月底):“我感到自

己整个就像涂鸦，它被无名的力量拉向纸面，为了实验手中**新笔**。”

正如我向诸位介绍的，尼采晚期遗稿的新版本希望能够公正地对待这位作者，并且能为尼采研究者与读者的独立钻研提供一个值得信赖的文本基础。至于赞同、反对还是漠视这位作者，也就因此留给每个人自身来决断。

（程炜　译）

有关尼采查拉图斯特拉形象的若干问题

孙周兴

1. 狄奥尼索斯与查拉图斯特拉

在尼采的思想历程中有两个核心人物(实为神物):一是狄奥尼索斯,二是查拉图斯特拉。前者是神话神祇,后者是宗教先知,均具神秘色彩。对于尼采哲学来说,这两个形象具有极重要的标志作用。尼采常拿两者说事,通过两者表达自己的思想,先后成就了《悲剧的诞生》(1872)和《查拉图斯特拉如是说》(1884)两部名著。

狄奥尼索斯形象在尼采巴塞尔时期就已经出现和定型,成为早期著作《悲剧的诞生》的主角和主题,并且贯穿尼采全部思想著述。及至思想生涯的最后一年里(1888),尼采还创作了一组晦涩莫名的诗歌《狄奥尼索斯颂歌》;而同年所著的自传体著作《瞧,这个人》的结束语竟是:"人们弄懂我了吗?——狄奥尼索斯反对被钉十字架者……"[①]尼采差不多以此给自己的思想下了一个最后结论:狄奥尼索斯 contra 耶稣基督。

查拉图斯特拉形象稍有不同,是尼采迟至 1880 年代才公开采用的一个新形象,成为 1884 年以后晚期尼采哲学的主角。尼采曾多次称之

---

① 尼采:《瞧,这个人》,科利版《尼采著作全集》第 6 卷(KSA6),第 374 页。

为“我的儿子”(不过有时也称之为“我的父亲”),可见其珍爱的程度了。[①] 尼采高度重视《查拉图斯特拉如是说》,该书第一卷完稿的当天,尼采即致信出版商,说它是“一部‘诗作’,或者第五‘福音书’,或者某种尚无名字的东西”。[②] 后来尼采甚至把该书喻为《圣经》,声称“我的《查拉图斯特拉如是说》将像《圣经》一样被阅读”。[③] 最后在《瞧,这个人》中,尼采也总结道:《查拉图斯特拉》是“我给予人类的前所未有的最大馈赠”。[④]

毫不夸张地讲,唯有弄懂了狄奥尼索斯和查拉图斯特拉这两个“神物”形象,我们才可能接近和理解尼采哲学。然而,要弄懂这两个形象又谈何容易?尽管尼采自诩他是“理解狄奥尼索斯神奇现象的第一人”,[⑤]但在德国思想史上却有一个悠久的有关狄奥尼索斯的思想学术传统,自温克尔曼、哈曼、赫尔德到德国浪漫派,直到谢林的《神话哲学》,以及尼采友人巴赫奥芬等,差不多形成了一门可以叫“狄奥尼索斯学”的学问。[⑥] 查拉图斯特拉则是“外来和尚”,琐罗亚斯德教(又称袄教、火教、崇火教、波斯教)的创始人,虽然在历史上与欧洲不无关联(据传查拉图斯特拉是毕达哥拉斯的老师),但毕竟属于东方血统,突然被尼采用作“形象代言”,个中复杂性亦自不待言了。

本文作者不久前完成了《查拉图斯特如是说》的汉语新译(据说已经是第十几个中文译本了)[⑦],眼下对于查拉图斯特拉更有些热情,故主要就自己感兴趣的几个问题来讨论查拉图斯特拉形象。我关心的主要问题是:尼采是怎样采用查拉图斯特拉形象的,有何文本/文献上的

---

① “对于我的儿子查拉图斯特拉,我要求的是敬畏;而且只有极少数人才得到许可,得以去倾听查拉图斯特拉”。参看科利版第12卷,6[4]。

② 尼采:《书信全集》,科利和蒙提那里编,柏林2003年版,第6卷(KGB6),第327页。

③ 同上书,第8卷(KGB8),第492页。

④ 尼采:《瞧,这个人》,科利版第6卷,第259页。

⑤ 同上书,第311页。

⑥ 参看鲍默:“尼采与狄奥尼索斯传统”,载奥弗洛赫蒂编:《尼采与古典传统》,田立年译,华东师范大学出版社,2007年,第272页以下。

⑦ 尼采:《查拉图斯特拉如是说》,中译本,孙周兴译,上海人民出版社,2009年。

来历和依据？再者，查拉图斯特拉形象喻示着什么，或者说，尼采为何要启用这个查拉图斯特拉形象？通过这些追问，我们或许可以接近另一个问题：查拉图斯特拉与狄奥尼索斯两个形象之间有何关联？

2. 查拉图斯特拉的起源：尼采如是说

我们现在可以确定的是，在尼采生前公开出版的著作中，“查拉图斯特拉”形象首次出现在《快乐的科学》第一版（1882 年）的最后一个箴言（即该书第 4 卷第 342 节）中。[①] 约两年以后，该箴言也成为《查拉图斯特拉如是说》“序言”的第一节，即《查拉图斯特拉如是说》一书的开篇之言。而比较令人奇怪的是，在《快乐的科学》中，这节文字（第 342 节）的开头立有一个小节标题：Incipit tragoedia［悲剧的起源、开始］。这是何意呢？是否暗示查拉图斯特拉“下山”是一出悲剧的开始？抑或如海德格尔所言，尼采在此指的是“欧洲悲剧时代的开始”？[②]

或许更值得我们注意的是，这个查拉图斯特拉形象的首次公开露面显得十分突兀，没有任何先兆，也没有任何铺垫，尼采上来就说：“查拉图斯特拉三十岁时，离开了他的故乡和乌尔米湖……”诚然，《快乐的科学》时期的尼采哲学差不多已经没有了“辩”和“论”的逻辑要求，但如此无厘头的讲法仍旧不免让我们吃惊。[③]

不过，在尼采笔记（遗稿）中，查拉图斯特拉形象的出现还要往前推一年，即 1881 年的夏天。科利版《尼采著作全集》编者称：1881 年 8 月初，尼采写下了有关“永恒轮回”的草案；三个星期之后，准确的日期和地点是“1881 年 8 月 26 日，塞尔斯—马里亚”，“查拉图斯特拉”这个名

---

① 尼采：《快乐的科学》，科利版第 3 卷，第 571 页。

② 海德格尔认为：尼采在此指的是“存在者之为存在者的悲剧”，“当轮回思想得到思考时，悲剧性本身就成为存在者的基本特征。历史地看，这就是‘欧洲悲剧时代’的开始”。参看海德格尔：《尼采》上卷，中译本，商务印书馆，2002 年，第 269—270 页。

③ 查拉图斯特拉形象还在《快乐的科学》中出现过二次，不过落在新版（1887 年）所加的第五卷和附录中，即第五卷第 381 节（科利版第 3 卷，第 635 页）和附录“放浪公子之歌”第 13 首“塞尔斯—马利亚”中（科利版第 3 卷，第 649 页）。不过，这二次出现均已在《查拉图斯特拉如是说》（1884 年）之后了。

字出现在与一本新作《正午与永恒》之标题相联系的语境里。此后，这个名字就反复出现在尼采残篇遗稿(笔记)中了。[①]

这里所说的笔记是笔记本 M III 1(作于 1881 年春至秋)中的一节，现被辑为科利版《尼采著作全集》第 9 卷，11[195]："**正午与永恒**/对一种新生活的指示/查拉图斯特拉，出生于乌尔米湖畔，三十岁时离开了他的故乡，前往阿里亚(Aria)省，他在山上孤独地待了十年，撰写了《阿维斯陀经注解》(*Zend-Avesta*)。"[②]

这则笔记大概是目前我们能够确定的尼采对"查拉图斯特拉"这个名字的第一次采用。看得出来，这则笔记是在为稍后的《快乐的科学》第 342 节(即《查拉图斯特拉如是说》序言第一节文字)做准备。不同之处在于，尼采在此笔记中点出了一个具体的地名(阿里亚省)和一本波斯经书(《阿维斯陀经注解》)。这是有意思的，要知道《查拉图斯特拉如是说》虽然通篇以波斯先知查拉图斯特拉发言，但全书压根儿没有提及任何与古波斯和波斯教(琐罗亚斯德教)相关的人、事和物——总是只有一个"查拉图斯特拉如是说"。

如上所述，这则笔记写于 1881 年 8 月 26 日，此后，在同年秋季的笔记本中，相当密集地出现了"查拉图斯特拉"这个名字，主要见于笔记本 N V7(1881 年秋)和笔记本 M III 4a(1881 年秋)，共计有 11 则笔记(被收入科利版第 9 卷)[③]，加上前述的《快乐的科学》第 342 节以及第 9 卷的笔记 11[195]，共计 13 处，它们就是尼采在《查拉图斯特拉如是说》出版之前提到"查拉图斯特拉"形象的全部材料了。

---

① 《尼采著作全集编注》，科利版第 14 卷，第 279 页。

② 尼采：《1880—1882 年遗稿》，科利版第 9 卷，第 519 页。

③ 根据科利版第 9 卷的标号，这些笔记依次为：12[79]、12[112]、12[128]、12[131]、12[136]、12[157]、12[225]、15[8]、15[17]、15[50]、15[52]。其中比较值得关注的是笔记有：12[157]、12[225]、15[17]、15[50]、15[52]等。

3. 查拉图斯特拉的起源:爱默生与穆勒

我们为何要做上面的文本材料清点呢?是因为我们希望弄清楚尼采的查拉图斯特拉形象的来历和渊源。但在上列的笔记材料中,我们还看不出尼采是从哪里获得"查拉图斯特拉"这个形象和名字的。对此,科利版编者一方面也直言"不得而知",而另一方面又为我们指出了爱默生的随笔《尝试集》,并引用了其中的一段文字,认为它也许是一个"最明显的出处了"。[①] 这个看法是不乏依据的。因为也正是在尼采比较密集地使用"查拉图斯特拉"这个名字的时期,时间上就是在1881年8月至秋季,他同时正在深入阅读爱默生的随笔《尝试集》,并且在笔记中高度赞扬了这位美国作家和哲学家:"爱默生/我从未在一本书中有如此这般的在家之感……我不能赞扬它,它于我太过亲近了"。[②] ——众所周知,尼采待人过于挑剔和尖锐,是难得表扬谁的。这个爱默生算是少数例外之一了。

1881年秋季,尼采在自己所藏的爱默生著作上做了不少札记;接着又在1882年初,尼采对爱默生的随笔作了摘录——这两份材料,现在同样也被收入科利版《尼采著作全集》第9卷中了,亦即该卷中的第13个笔记本(="爱默生样书")和第17个笔记本(=笔记本M III 7,"爱默生随笔摘录")。

上述科利版编者所引用的爱默生的文字如下:

> 我们要求一个人如此伟岸并且圆柱般地矗立于风景当中,当他起身准备赶往另一个地方时,是值得来报道一下的。最可信的形象在我们看来就是伟人形象,这些伟人首次露面就占了上风,并且到处传布自己的思想;就像那位东方圣人的情况一样,后者受到

① 《尼采著作全集编注》,科利版第14卷,第279页。
② 尼采:《1880—1882年遗稿》,科利版第9卷,12[68]。

> 派遣，去考验查拉图斯特拉或者琐罗亚斯德的丰功伟绩。波斯人告诉我们，当这位希腊圣人[优纳尼圣人]抵达巴尔克[中亚地名]时，古施塔斯普[古波斯王之一]定了一个日子，要把每个地方的穆贝德[波斯教中的教职]集合起来，并且为这位希腊圣人准备了一把金椅。然后，广受爱戴的尊者，即先知查拉图斯特拉，出现在集会中间了。当这位希腊圣人见到那个头目[指古施塔斯普]时，就说道："这种人物，这种步态和举止，是不可能欺骗的，从中只能产生真理。"①

科利版编者指出：在尼采藏书中，这段文字屡屡被划了线，旁边还加了一个批注："就是这个！"——可见尼采读到此段文字时的兴奋情景了。尼采为何兴奋呢？无非是因为其中出现了"查拉图斯特拉"形象。

不难看出，也不难证明，爱默生对于尼采的查拉图斯特拉形象的形成和确立产生过重要的影响，甚至完全可能是一种决定性的影响；我们也知道，尼采在中学时代就爱读爱默生，1870 年代中期再读，至 1881 年秋不光是阅读，而且还做了笔记。这些都没有问题。但我认为，我们还不能由此推断：尼采的查拉图斯特拉形象完全——仅仅——来自爱默生。根据我们上引的第 9 卷笔记 11[195]来看，尼采的查拉图斯特拉形象应该还有宗教学或古典学（东方学）文献方面的来源。这个来源具体是什么呢？我们能不能从现有的尼采笔记遗稿中找到一点蛛丝马迹呢？

虽然尼采是在 1881 年 8 月的笔记中才首次启用"查拉图斯特拉"这个名字，但我们也看到，此前他使用过这个名字的希腊语表达"琐罗

---

① 《尼采著作全集编注》，科利版第 14 卷，第 279 页。引文中方括号内的文字为中文引者所加。上面这段引文中的"希腊圣人"（或也可译为"优纳尼圣人"）德语原文为 der Weise von Yunnan，我推测是德文版译者或科利版编者的误译，因为爱默生的英文原文为 the Yunani sage，其中 Yunani（"优纳尼人"）是阿拉伯人对爱奥尼亚人的称呼，亦泛指古希腊人。是不是德文译者把原文的 the Yunani sage 误解为"来自（中国）云南的智者"了？抑或纯属误植？在此姑且存疑。

亚斯德"(Zoroaster)。目前我们能够查明的至少有两处:笔记本 U I 3—3a(1870 年 9 月—1871 年 1 月,科利版第 7 卷,5[54],第 106 页)和早期遗稿《希腊悲剧时代的哲学》(1872 年,科利版第 1 卷,第 806 页)。笔记本 U I 3 是尼采为准备《悲剧的诞生》而作的,其中的一则笔记(科利版第 7 卷 5[54])提到了琐罗亚斯德:"祆教徒(拜火教徒)有一种令人费解的对于光和火的畏惧,他们是唯一不抽烟的东方人,他们谨防把火光吹灭。/大流士一世没有战胜希腊,琐罗亚斯德的宗教却统治了希腊。"①

尼采这则笔记是阅读马克斯·穆勒的《散论集》第一卷《比较宗教文集》(1869 年出版)时做的札记。② 马克斯·穆勒(Max Müller,1823—1900)是尼采同时代著名的德国语言学家、印度学家(东方学家)和宗教学家,并且被公认为是比较宗教学的创始人。③ 尼采在上列笔记本中对马克斯·穆勒的《比较宗教文集》作了 19 处摘录和评论,可见他对穆勒此书是下了一番功夫的。④ 在这些摘录和评论中,尼采引证了穆勒关于佛教、犹太教、希腊宗教(神话)、北欧神话、波斯教等宗教类型的观点和言论。关于波斯教,除了上引的科利版第 7 卷 5[54],接着还有一则相关的笔记(科利版第 7 卷 5[55]):"祆教徒信仰一个自己的祈祷所指的神:他的道德——思想、话语、行动的纯洁性。他相信恶人

---

① 尼采:《1869—1874 年遗稿》,科利版第 7 卷,5[54]。系尼采对马克斯·穆勒《比较宗教文集》第 152、145 页的摘录。

② 马克斯·穆勒的《散论集》共分两卷,第一卷为《比较宗教文集》(*Beiträge zur vergleichenden Religionswissenschaft*),第二卷为《比较神话学和民俗学文集》(*Beiträge zur vergleichenden Mythologie und Ethologie*),出版于 1869 年。

③ 有关马克斯·穆勒的生平、著作和思想,可参看埃里克·夏普:《比较宗教学史》,吕大吉等译,上海人民出版社,1988 年,第 44 页以下。

④ 参看尼采:《1869—1874 年遗稿》,科利版第 7 卷,5[30]、5[31]、5[34]、5[37]、5[40]、5[50]、5[51]、5[53]、5[54]、5[55]、5[56]、5[57]、5[58]、5[59]、5[60]、5[61]、5[64]、5[65]、5[71]。并参看《尼采著作全集编注》,科利版第 14 卷,第 534—535 页。就目前能了解的材料来看,我们没有看到尼采对马克斯·穆勒著作过更多的引证和评论。

必受惩罚、善人必得报答，他期望通过神的恩赐使自己获得赦罪。”①

我们看，尼采著作（含笔记遗稿）中仅有两次出现了“袄教徒”(Parsi)这一名称，即上面引用的第7卷5[54]、5[55]，而且都是从马克斯·穆勒书中摘引来的。不过，这两则笔记（摘录）更多地只具有文献学的意义。而紧接着的一则笔记（科利版第7卷5[57]）虽然也是一个摘录，但可能对于尼采1880年代的思想进展、对于尼采查拉图斯特拉形象的确立具有实质性和决定性的意义，也可以表明身为语文学家、宗教学家、哲学家的穆勒对于尼采思想的重要影响。这则笔记如下：

> “所有神都必死”——此乃原始德意志人的观念，这个观念至今仍以至高的力量贯彻于科学之中。奥丁大神(Odin)的后裔西格德(Sigurd)之死未能免除奥丁之子巴尔德(Balder)之死；巴尔德死后，接踵而来的是奥丁之死和其他神之死。②

这是尼采引用马克斯·穆勒那里的一个北欧神话的内容。“所有神都必死”——这个说法对于尼采的影响想必是十分重大的，它差不多是后期尼采哲思的前提。我们知道，后来的查拉图斯特拉下山后告诉人们的第一件事就是：“上帝死了。”而《查拉图斯特拉如是说》第一卷的结束语是：“‘所有神都死了：现在我们要使超人活起来’——在这伟大的正午，就让这一点成为我们最后的意志吧！”③尼采这里所谓的“所有神都死了”，显然与他通过穆勒了解到的日耳曼神话观念——“所有神都必死”——相关。

尽管查拉图斯特拉形象的起源是复杂的，是我们现在无法完全还原和彻底澄清的，但上述马克斯·穆勒和爱默生肯定是其中的两个明显的重要因素。现在我们至少可以推测，早在1870年代，尼采通过穆

① 尼采对穆勒《比较宗教文集》第158页的摘录。
② 尼采：《1869—1874年遗稿》，科利版第7卷，第107页。
③ 尼采：《查拉图斯特拉如是说》，科利版第4卷，第102页。

勒(或者还包括其他人)的研究文献,已经对包括波斯教(祆教、拜火教)在内的东方宗教文化有所了解,虽然这种了解似乎是比较有限和表层的,但至少可以表明"琐罗亚斯德"及其宗教已经在1870年代进入了尼采的视野,"查拉图斯特拉"形象已经在尼采心中开始酝酿了。而至1881年秋季,正如科利版编者所指明的那样,尼采一直喜爱的美国作家爱默生成为一个重要的刺激因素,特别是后者关于"超人"(天才、英雄、圣人)的观念,以及爱默生特别的写作风格,推动尼采走向查拉图斯特拉形象和《查拉图斯特拉如是说》的构想。

4. 查拉图斯特拉:非道德论者[①]

上面我们还只是初步理出尼采查拉图斯特拉形象的两个可能的来源。我们的问题还没有完。进一步的问题是:尼采为何要启用查拉图斯特拉形象?尼采为何不自己"如是说",而要让查拉图斯特拉"如是说"?即使尼采不便夫子自道,为何不让他早已熟悉的、已经多有传达的狄奥尼索斯"如是说"?尼采为何要弄出这么个东方的先知来为自己代言呢?还有,如海德格尔所追问的,到底谁是尼采的查拉图斯特拉?

人们一般认为,尼采只是托名"查拉图斯特拉",说的却是他自己的思想,故《查拉图斯特拉如是说》其实就等于《尼采如是说》。如是看来,正如不少论者指出的那样,尼采的查拉图斯特拉就只是一个艺术人物。[②] 这个看法基本不会有错,但形成这样一个"等式",仍旧过于粗率和简单了,无助于我们真切地理解问题。

也许是因为对于波斯教和查拉图斯特拉原型了解不多,尼采很少正面直接描写和评论查拉图斯特拉。有一则笔记算是对此形象的直接

---

① 此节及下节是对拙文"查拉图斯特拉之谜"一文(载《文景》2009年第4期)相关内容的扩充和改写。

② 如可参看彼珀:《动物与超人之间的绳索:〈查拉图斯特拉如是说〉第一卷义疏》,中译本,李洁译,华夏出版社,2006年,第20页。丹豪瑟认为,尼采对查拉图斯特拉和查拉图斯特拉主义只有最浅显的了解,并且主张:查拉图斯特并非就是尼采本人,而是尼采的自我理想化。参看丹豪瑟:"查拉斯特拉与苏格拉底",载刘小枫选编:《尼采与古典传统续编》,田立年译,华东师范大学出版社,2008年,第32页。

议论了(科利版第 11 卷,25[148]):“我必须对查拉斯图特拉,一个**波斯人**,表示敬意:波斯人对历史整体做了宏大的**思考**。一个发展序列,每一个都由一位先知来执掌。每个先知都有其哈扎尔(hazar),有其千年王国。”①在尼采眼里,查拉图斯特拉成了一个历史哲学家。

尼采这里讲的“历史整体”为何?已有论者正确地指出,查拉图斯特拉虽然是古波斯的先知,但却是西方文明两大传统(即希腊哲学和犹太—基督教)的共同起源。② 因为尼采在《瞧,这个人》明确地说:查拉图斯特拉把道德(善恶)形而上学化,从而制造了一个“极其灾难性的错误”。③ 在尼采看来,这个错误后来就被柏拉图主义哲学和基督教神学继承了。这也就是说,查拉图斯特拉首先是一个“道德论者”,从而是希腊哲学和基督教的“真实世界”“另一个世界”的肇始者,即所谓柏拉图主义形而上学传统的源头。

由这个源头出发,在欧洲历史上才形成了真实世界/虚假世界、彼世/此世、超感性领域/感性领域的“二元对立”,尼采简称为“另一个世界”的观念。在《权力意志》中,尼采曾有一则笔记总结了“真实世界与虚假世界”的对立,其中说到“另一个世界”观念的起源:“‘另一个世界’这个观念的**发源地**:/哲学家虚构了一个理性世界,**理性**和逻辑功能所适合的世界——由此得出‘真实的’世界/宗教家〈虚构了〉一个‘神性的’世界——由此得出‘非自然化的、反自然的’世界/道学家虚构了一个‘自由的世界’——由此得出‘善的、完善的、正义的、神圣的’世界。/三个发源地的**共性**……/**心理学的**错误……生理学的混淆/**总观点**:是**厌世本能**,而不是生命本能,创造了另一个世界。”(14[168])在尼采看来,传统哲学、神学与道德学的本质是共同的,都是基于一种否弃生命

---

① 尼采:《1884—1885 年遗稿》,科利版第 11 卷,第 53 页。

② 参看吴增定:《尼采与柏拉图主义》,上海人民出版社,2005 年,第 51 页。

③ 尼采:《瞧,这个人》,科利版第 6 卷,第 367 页。

的“厌世本能”虚构出一个“真实世界”观念。

而在《偶像的黄昏》中，尼采以“真实世界如何最终成了寓言”一节，更是对“真实世界”或“另一个世界”的柏拉图主义/基督教传统进行了历史的分析。尼采分六个步骤来清理“真实世界”观念的形成、发展和终结。前五步是对从苏格拉底—柏拉图、基督教神学到近代哲学与神学的“真实世界”观念史的概括。最后第六步到了终结性的转折点上：“我们已经废除了真实世界：剩下的是什么世界？也许是那个虚假的世界？……但是不！连同那真实的世界，我们也废除了那虚假的世界！/（正午；阴影最短的时刻；最长久谬误的终结；人类的顶峰；查拉图斯特拉的起源。）”①

看起来，作为“道德论者”的查拉图斯特拉就是旧形而上学（包括基督教）的根源了。但上面引文结尾处分明已经透露了一个类似于海德格尔后来所讲的“转向”：查拉图斯特拉的起源（Incipit Zarathustra）。于此，尼采为我们端出查拉图斯特拉形象的另一面相，说这个查拉图斯特拉，这个道德/形而上学的始作俑者又基于经验、特别是基于波斯人的“诚实”德性，也第一个认识到了这个“错误”，并且着手克服道德，成了“第一个非道德论者”。尼采写道：“基于诚实而发生的道德的自我克服，道德论者的自我克服——变成其对立面，即变成**我自身**，此即我所讲的查拉图斯特拉这个名字的意义。”②

如是看来，在尼采眼里，查拉图斯特拉实有“两个”：一是作为“道德论者”的查拉图斯特拉，是通常所谓“两希文明”的精神源头，是希腊哲学和基督教神学的“理性世界”“道德世界”“彼岸世界”——概言之，“另一个世界”——的肇始者；二是作为“非道德论者”的查拉图斯特拉，他认识到是自己的错误造成了否定此世、否定尘世生活的“柏拉图主义”

① 尼采：《偶像的黄昏》，科利版第6卷，第80页。
② 尼采：《瞧，这个人》，科利版第6卷，第367页。

传统，于是在两千五百年之后重返人世，要来纠错，并且作为“超人”和“永恒轮回”的教师（“传道者”）来肯定现世生活、肯定生命——充当“生命的辩护人”。

这“两个”查拉图斯特拉看起来完全是矛盾的、不相容的，而且如果要问“谁是尼采的查拉图斯特拉”，我们显然只好认为，首先是作为“非道德论者”的查拉图斯特拉。作为“非道德论者”的查拉图斯特拉是一个否定者，他既是苏格拉底—柏拉图（柏拉图主义）的否定者，又是基督（基督教神学）的否定者，这是尼采愿意强调的。但另一方面，这“两个”查拉图斯特拉又是同一个——因为尼采通过艺术（戏剧）手法把这“两个”查拉图斯特拉一体化，化为一个具有历史之眼、对历史进行整体思考的先知。

尼采经常自称为“非道德论者”，是历史的“非”者。“我是第一个非道德论者：因此我是卓越的毁灭者。”①查拉图斯特拉形象首先被尼采用来充当道德的否定者，从而成为尼采虚无主义诊疗方案中的关键人物，一个具有历史解构作用的形象。

5. 查拉图斯特拉：永恒轮回思想的思想家

不过，反传统的、否定性的查拉图斯特拉还只是事情的一方面。尼采采用查拉图斯特拉形象的主要目的是让他来宣告“永恒轮回”学说。“查拉图斯特拉”这个名字总是与“永恒轮回”联系在一起的。如上所引，尼采首次在笔记本里使用“查拉图斯特拉”这个名字是在一则题为“正午与永恒”的笔记里（科利版第 9 卷 11[195]），是与“永恒”问题相关的。而尼采首次公开地在《快乐的科学》第 342 节里使用“查拉图斯特拉”这个名字也是基于在同样性质的语境里，因为此前的第 341 节首次公布了“永恒轮回”学说，其中的核心说法是：“存在的永恒沙漏将不

---

① 尼采：《瞧，这个人》，科利版第 6 卷，第 366 页。

断地反复转动，而你与它相比，只不过是一粒微不足道的灰尘罢了！”并且设问：“对你所做的每一件事，都有这样一个问题：‘你还想要它，还要无数次吗？’这个问题作为最大的重负压在你的行动上面！”①

这个“最大的重负”是如何发现的？“永恒轮回”思想又如何落实到查拉图斯特拉形象上面了？

对于后期尼采的思想进展来说，1881 年 8 月是一个特别重要的月份。尼采首次到达瑞士上恩加丁地区的塞尔斯马里亚(Sils-Maria)，被那里的美丽风光所吸引，此地从此成为尼采的主要写作地点(尼采在那里度过了七个夏天)。就在这个月月初，尼采首次形成“相同者的永恒轮回”思想，即他所谓“思想中的思想”，或者说“我们所能获得的最高的肯定公式”。据尼采在《瞧，这个人》中做的回忆，其时他在西尔瓦普拉那湖畔的林中散步，在一块巨岩旁边，他灵感突发，这个伟大的思想在他心中油然而生。②

接着在 8 月 26 日，尼采写下了我们上面已经引用过的笔记“正午与永恒”(科利版第 9 卷 11[195])，其中首次提到了查拉图斯特拉。同一天的另一则笔记也表达了轮回思想：“第四本书：酒神颂歌式的、无所不包的：‘Annulus aeternitatis’[永恒之环]。渴望再次体验这一切，无数次地体验这一切。”

这就表明，尼采在 1881 年夏天完成了两件大事：首先是灵感式地直观到“相同者的永恒轮回”思想；进而为这种思想找到了思想者和代言人。海德格尔正确地把握了这一点，明确指出：“查拉图斯特拉乃是第一位关于这个思想中的思想的真正思想家。**去成为**第一位关于相同者的永恒轮回思想的真正思想家，**是查拉图斯特拉的本质**。”③

---

① 尼采：《快乐的科学》，科利版第 3 卷，第 570 页。

② 尼采：《瞧，这个人》，科利版第 6 卷，第 335 页。

③ 海德格尔：《尼采》上卷，中译本，第 272—273 页。

不过问题依然是:为什么尼采需要这个查拉图斯特拉来传达“永恒轮回”思想?海德格尔为我们提供的解释是:“相同者永恒轮回”思想太过沉重了,常人无法忍受这种思想,尼采本人也无力承担,所以尼采只好“创作”了这个思想家形象。海德格尔把查拉图斯特拉称为“英雄的思想家”,并且断言:“**这个英雄形象的基础就是永恒轮回思想;即便在没有专门谈论这个思想的地方,情形亦然**。因为这个思想中的思想及其学说需要一位独一无二的教师。在这位教师形象中,这个学说将得到间接的描绘。”[①]海德格尔的这种解释是不是一种无奈之举呢?

海德格尔对尼采的查拉图斯特拉形象有着持久的兴趣,他在 1953 年做的一个演讲的题目就立为:“谁是尼采的查拉图斯特拉?”海德格尔讨论的基本结论大抵是:“对查拉图斯特拉这个形象来说本质性的事情始终是,这位教师教某个本身共属一体的双重的东西,即永恒轮回与超人。在某种意义上讲,查拉图斯特拉本身就是这种共属一体。从这个角度看,查拉图斯特拉也还是一个谜团,我们几乎还没有看见的一个谜团。”[②]尤其在三四十年代,海德格尔差不多以十年时间来深究尼采哲学,动因之一也是为了解开这个“谜团”。

那么,海德格尔解开了这个“谜团”了吗?他是如何解此“谜团”的呢?海德格尔的想法比较简明:尼采的“相同者的永恒轮回”表示“存在者之存在”,“超人”则表示响应这种存在的“人之本质”。两者,即存在与人,是如何共属一体的?——此即作为“永恒轮回”和“超人”的教师的查拉图斯特拉之谜。

备受学界内外争议的尼采“超人”(Übermensch)之说,就其本来意义来讲,是根本没有什么政治色彩的,更不可能带有法西斯主义的色彩。“超人”完全摆脱了传统的价值,其行为是以尘世(“大地”)的标准

---

① 海德格尔:《尼采》上卷,中译本,第 275 页。
② 海德格尔:《演讲与论文集》,中译本,孙周兴译,三联书店,2005 年,第 129 页。

为准绳的,与之相反的是依然屈服于虚构的上帝、醉心于同情的道德的“庸众”“末人”。虽然“超人”追求强力和权力,但它的标志却不在于权力,而在于它“忠实于大地”——在此意义上“超人”就不是“超拔者”,而倒是“降落者”;若从尼采本人的学理上讲,“超人”能够忍受和理解“永恒轮回”思想,或者说,是为“权力意志”和“永恒轮回”所要求的那个人类。

海德格尔总想把尼采置入形而上学的线路之中。按照海德格尔在其《尼采》书中提供出来的解释,尼采是用“权力意志”和“相同者的永恒轮回”两个基本词语来重解和重构形而上学,来回答形而上学的“本质”(essentia)问题和“实存”(existentia)问题,也就是存在者“什么存在”和“如何(如此)存在”的两大问题。[①] 为此,海德格尔曾引用过尼采的虚无主义者断言:“对于如其所是地存在的世界,他断定它不应当存在;对于如其应当是地存在的世界,他断定它并不实存。”[②]简言之,本质(存在)世界不应实存,而应当(理想)世界并不存在。——海德格尔看到尼采的这个句子,是不是也会像尼采读爱默生时发出一声赞叹:“就是这个!”

至少,海德格尔看到了表面上狂野不羁的尼采文字所蕴含的坚实稳重的思想脉络——这一点无论如何都是海德格尔的尼采解释的过人之处。在海德格尔看来,尼采的理路似乎很简单,也合乎常识:一切存在者本质上都是“权力意志”,“权力意志”的本质在于不断生成和提高,但生成和提高却是以保存为前提的,不然的话,权力就会失于无度,就会趋向于无限泛滥。因此权力本身必须为自己设定提高与保存为一体的“条件”。这些“条件”就是尼采所谓的“价值”(又称“支配性构成

① 主要可见海德格尔:“尼采的形而上学”,《尼采》下卷,中译本,孙周兴译,商务印书馆,2002年,第889页以下。

② 尼采:《权力意志》,第585条;科利版《尼采著作全集》第12卷,9[60],柏林,1988年;据科利版译出的《权力意志》中译本上卷,孙周兴译,商务印书馆,2007年,第418页。

物”),诸如科学、艺术、政治、宗教等,实即权力意志的价值表现形态。权力意志既永恒生成,又在其形态方面受到限定,于是必然得出一点:作为权力意志的存在者整体必须让相同者重新出现,而且相同者的轮回必须是一种永恒的轮回。“永恒轮回”说构成尼采的世界解释的极点,尼采称之为“观察的顶峰”。① 在《瞧,这个人》中,尼采也明言,“永恒轮回”思想是《查拉图斯特拉如是说》的“基本构想”,它是“人类能够达到的最高的肯定公式”。②

海德格尔显然是在形而上学意义上对尼采哲学作了一个定位,也即对尼采哲学作了一种“存在学”(“本体论”)与“神学”(暨“实存论”)的定位。如若我们接受了海德格尔所做的尼采哲学解释的基本结论,那么,我们就得承认《查拉图斯特拉如是说》一书在尼采思想进程中的顶峰地位。正是由于尼采在其中构造起来的“权力意志”和“永恒轮回”的形而上学哲学,海德格尔才有理由把尼采命名为“最后一个形而上学家”。

在这样一种哲学定位中,尼采的查拉图斯特拉就不只是一位“非道德论者”和“破坏者”了,而是重又成了一位哲学家、形而上学家。在海德格尔的解释中,查拉图斯特拉形象——作为永恒轮回思想的思想者——被重塑为尼采哲学主楼的建设者,从而成了一个具有建构作用的形象。

6. 查拉图斯特拉与狄奥尼索斯:舞者的风格

在哲学角度,我个人比较愿意接受上述海德格尔的尼采解释,以为是迄今为止最深刻、最有力的一个解释方案。尽管对海德格尔的尼采解释一直都有种种责难,但似乎尚未出现特别坚实有力的反驳。值得我们注意的是法国思想家德里达提出的指责。德里达采取了更为激进

---

① 尼采:《权力意志》,第617条;科利版第12卷,7[54],柏林,1988年;据科利版译出的《权力意志》上卷,第359—360页。

② 尼采:《瞧,这个人》,科利版第6卷,第335页。

的解释——解构——策略，把矛头直指海德格尔的形而上学解释框架，即一个“整体性”的解释框架。在德里达眼里，海德格尔的尼采解释无非是为海德格尔自己的形而上学观(哲学观)和形而上学史观服务的，所以实际上是从形而上学角度、以形而上学方式“强暴”了尼采。德里达本人更愿意关注尼采思想和写作风格的多变性和丰富性，认为并没有一个唯一的、专名的、整体的尼采，更没有一个作为形而上学家的尼采。尼采是多重的、繁复的，是复数的“尼采们”(Nietzsches)。[①]

海德格尔号召我们理解一种尼采哲学；而德里达却说：不，我们不说一种尼采的哲学，我们只说尼采的风格。虽然他对海德格尔的尼采解释方案的质疑并不可靠，但应该承认，德里达对尼采思想和表达风格的强调是大有道理的。尼采本人也强调自己风格的多样性，并认为这是基于他自身内心状态的“异常多样性”。[②] 特别是在《查拉图斯特拉如是说》一书中，诚如编者科利在“编后记”中所指出的那样，尼采做了一种严肃的试验，试图把哲学“提升”——实为“降落”——到一个“非秘传的”(exoterisch)层面上，以反对苍白无力的智慧木偶。从风格上讲，尼采是十分“非哲学的”——以科利的说法，尼采是要以此来推动一种“对哲学解释的彻底变革”。[③] 尼采在早期的《悲剧的诞生》中，进而在中期的几本著作中就已经开始了这种变革实验，而《查拉图斯特拉如是说》无疑是在非哲学的思想表达风格方面走得最远的。[④]

---

① 海德格尔的尼采解释成为德里达与伽达默尔 1981 年“巴黎论战”的争论焦点之一。有关情况可参看孙周兴等编译：《德法之争：伽达默尔与德里达的对话》，同济大学出版社，2003 年。

② 尼采：《瞧，这个人》，科利版第 6 卷，第 304 页。

③ 尼采：《查拉图斯特拉如是说》编者说明，科利版第 4 卷，第 414 页。

④ 因为上述风格上的原因，在尼采身后，《查拉图斯特拉如是说》既被当作哲学名著，更被视为德语文学的经典——尼采自己更把它看作超越歌德和莎士比亚的旷世之作。它到底是哲学还是文学，抑或既哲学又文学，本身也成为一个值得讨论的问题了。也许文体在尼采这里已经变得无关紧要了——自尼采始，更多地自《查拉图斯特拉如是说》始，哲学与文学的传统分界在文体上已经模糊了，两者的差异化区分不再仅仅以文体和风格为标识了；但另一方面，或许我们更应该说，正因为有了尼采，文体和风格已经变成一个极其重要的问题了。

我们看到,《查拉图斯特拉如是说》是尼采凭着一种惊人的激情写成的,其中第一部只用了十天时间,第二部用了半个月,第三部也只用了十天时间,唯第四部是断断续续地写成的,费时较多,不过也只是用了大约三四个月时间。书中充满了反讽、双关、隐喻、暗示、象征、影射等文艺手法,也采用了戏剧叙事的艺术技巧,而全然缺乏在哲学传统中惯用的"推论式辩护"。问题出来了:没有"论证"——"推论式辩护"——的思考和写作还能叫"哲学"吗?① 这在今天这个所谓"后哲学"时代里依然是一个问题,更不消说在当年,在19世纪的语境里了。

让我们回头来继续考察查拉图斯特拉形象。或问:尼采的查拉图斯特形象的形成有没有风格或表达上的考虑呢?上面我们描述了作为"非道德论者"的查拉图斯特拉与作为"永恒轮回思想的思想家"的查拉图斯特拉。我们仿佛已经端出了两个不同的、甚至于矛盾的查拉图斯特拉形象。"非道德论者"旨在否定;而"永恒轮回思想的思想家"则意在肯定。尼采直言,查拉图斯特拉既以一种闻所未闻的程度"说不",否定人们迄今为止所肯定的一切,又是对一切事物的永恒肯定,在此意义上——在这种既否定又肯定的双重性意义上,尼采称查拉图斯特拉是一个"舞者"。②

这个"舞者"如何跳舞?该有怎样的节奏?这在尼采那里实际上就成了一个风格问题。在1881年8月初形成"相同者的永恒轮回"思想之后,尼采面临着如何表达的难题。我们知道,尼采本人精于音乐艺术,因而追求有节奏和韵律的语言表达,一直排斥传统体系哲学的表达方式。尼采这种音乐化的语言表达欲望,无疑是他在自己的思想作品

---

① 笔者另撰有"非推论的思想还能叫哲学吗?"(清华大学"西方哲学的方式和方法"会议论文),虽然议题是关于海德格尔的,但问题却起于尼采。

② 尼采:《瞧,这个人》,科利版第6卷,第345页。

中引入查拉图斯特拉形象的一个重要动因。[①]

丹豪瑟在讨论尼采为何要以查拉图斯特拉作为面具的问题时，除了指出我们前面讨论的“非道德论者”的历史思考这个原因外，还提出三条理由：首先，查拉图斯特拉这个名字本身会在欧洲读者心中唤起一种奇异的东方意象，从而有利于尼采对西方传统的批判；其次，通过一位宗教先知的口气说话，有利于显突尼采的非传统哲人身份；再次，以“查拉图斯特拉如是说”为结束语具有惊人的暗示效果，既排除又指向耶稣的替代者。[②] 不待说，这三条理由实际上都与风格问题相关联。

尼采在概述自己的风格技巧时曾经说过：“用符号、也包括符号的节奏，来传达一种状态，一种激情的内在紧张——此乃任何风格的意义。”[③]那么，查拉图斯特拉这样一个形象需要何种语言呢？尼采说：酒神颂歌（Dithyrambus）的语言。[④] 此所谓“酒神颂歌”又是何种语言，何种声音？仿佛是作为“酒神颂歌”的例证，尼采在此引用了《查拉图斯特拉如是说》第二部的“夜歌”一节：

> 是夜里了：现在所有的喷泉越来越响亮。而我的灵魂也是一个喷泉罢。
>
> 是夜里了：现在爱人们的全部歌声才刚刚唤起。而我的灵魂也是一个爱人的歌罢。
>
> 在我心里有一个从未平静、也不可平静的东西；它想要声张。在我心里有一种对爱的渴望，它本身说着爱的语言。
>
> 我是光明：呵，但愿我是黑夜！然则我被光明所萦系，此乃我

---

① 丹尼尔·哈列维：《尼采传：一个特立独行者的一生》，中译本，刘娟译，贵州人民出版社，2004年，第150页。

② 丹豪瑟：“查拉图斯特拉与苏格拉底”，载刘小枫选编：《尼采与古典传统续编》，田立年译，华东师范大学出版社，2008年，第33—34页。

③ 尼采：《瞧，这个人》，科利版第6卷，第304页。

④ 尼采颇为自得地声称：“我是酒神颂歌的发明者。”参看尼采：《瞧，这个人》，科利版第6卷，第345页。

的孤独。

呵，但愿我是昏暗的和黑夜般的！我要怎样吮吸光明之乳！

……

呵，你们这些黑暗者，你们这些漆黑如夜者，惟有你们才能从发光者那里取得自己的热量！呵，惟有你们才从光明之乳房里畅饮乳汁和琼液！

呵，我的四周都是冰，我的手在寒冰上烧焦！呵，我心中的渴望啊，它渴望着你们的渴望！

是夜里了：呵，我是必定成为光明的！还有对黑夜的渴望！还有寂寞！

是夜里了：现在我的渴求就像一道泉水喷涌而出——我渴求言说。

是夜里了：现在所有的喷泉越来越响亮。而我的灵魂也是一个喷泉罢。

是夜里了：现在爱人们的全部歌声才刚刚唤起。而我的灵魂也是一个爱人的歌罢。

这“夜歌”是美的。尼采称之为“不朽的声音”，又说那是狄奥尼索斯的叹息——没有人能够写出这样的诗句，因为只有狄奥尼索斯神才有如此遭遇。而要说这“夜歌”中有什么“诗眼”，那必定就是一句：“我是光明：呵，但愿我是黑夜！”——查拉图斯特拉就要用这样的“酒神颂歌”说话。

如前所述，尼采哲学中的基本对立是：狄奥尼索斯 contra 耶稣基督。作于 1888 年的一则笔记更清楚地道出了这种对立的基本点：

“十字架上的上帝”是对生命的诅咒，是一种暗示，要人们解脱生命受到肢解的狄奥尼索斯则是生命的**福兆**：生命将永远再生，从毁灭中返乡。[①]

那么，查拉图斯特拉呢？查拉图斯特拉当然不是狄奥尼索斯，而是狄奥尼索斯的“代言人”——“辩护人”。查拉图斯特拉自己说得明白：“我，查拉图斯特拉，生命的辩护人，痛苦的辩护人，循环的辩护人……”[②]作为狄奥尼索斯的“代言人”，查拉图斯特拉以“酒神颂歌”的声音歌唱生命，既承担着“非道德论者”的否定，又以“永恒轮回思想的思想者”担当超越虚无主义的最高肯定。

① 尼采：《1887—1889年遗稿》，科利版第13卷，14[89]。

② 尼采：《查拉图斯特拉如是说》，中译本，孙周兴译，上海人民出版社，2009年，第278页。相关讨论可参看海德格尔：《演讲与论文集》，美茵法兰克福，2002年，第101—102页。

从虚无主义到“被钉十字架的狄奥尼索斯”

——兼谈尼采对基督教和佛教的比较

吴增定

引　言

在当代西方基督教思想史上，尼采一直占据着一个非常独特的位置。一方面，他对西方传统的基督教进行了史无前例的批判，其激烈的程度比斯宾诺莎、费尔巴哈和马克思等无神论先驱有过之而无不及。但另一方面，他也对当代的基督教神学（尤其是新教神学）产生了重大影响。当代著名的新教神学家卡尔·巴特（Karl Barth）和朋霍费尔（Dietrich Bonhoeffer）等，都在尼采的批判基础上对基督教的历史和精神实质进行了全新的诠释。

尼采不仅深谙基督教的思想传统，而且对佛教也有很深的素养和理解。他虽然没有写过关于佛教的专门著作，但在他的笔下，有关佛陀和佛教的言论却是随处可见。尤其值得注意的是，尼采关于佛教的说法几乎都是针对基督教，他甚至将基督教比作西方的佛教。他对基督教和佛教的比较研究，不仅对神学家和哲学家马克斯·舍勒（Max Scheler）以及社会学家马克斯·韦伯（Max Weber）产生了决定性的影响，而且至今仍然对西方的比较宗教学和宗教社会学具有相当重要的借鉴意义。

佛教和基督教，作为东西方两大主流宗教，在过去的两千多年时间里，分别对东西方社会产生了深刻影响。今天，它们都已经被纳入一个全球化的世界。鉴于此，我们有必要提出这样的问题：尼采关于基督教和佛教的比较研究，究竟是出于何种问题意识或思想关怀？这就是本文所探讨的主要问题。为此，本文将首先将简要地介绍尼采哲学的主要观点，然后分别探讨他对基督教和佛教的具体看法，最后试图对尼采的相关思想做一个简要的总结。

一、“上帝之死”与“虚无主义”

首先需要指出的是，尼采对基督教和佛教的讨论，并不是出于单纯的学术研究兴趣，而是体现了他对西方文明之内在危及的深层哲学思考与关怀。用尼采的话来说，这一危机的具体表征就是：“上帝死了。”[①]不过，这里所说的“上帝”不仅仅指犹太教和基督教传统中的人格神，而是代表了西方文明所追求的最高目标。换言之，“上帝”就是西方文明的形而上学基础。[②] 因为在尼采看来，自柏拉图以降的西方文明，就一直在追求某种超出尘世、历史或此岸的绝对真理、永恒价值或彼岸世界。但是，具有悖谬意味的是，这种形而上学的追求却导致人们得出了一个与初衷完全相悖的结论：事实上，根本没有所谓绝对真理、永恒价值或彼岸世界之类的东西存在，它们都不过是某种自欺欺人的神话或幻觉。一旦认识到这一点，那么结果就必然是：“上帝死了。”

① 尼采在《快乐的科学》中第一次明确地提出了“上帝死了”的论断，并且借一个疯子之口指出，恰恰是人对上帝的信仰杀死了上帝。参见：Nietzsche, *Die Fröhliche Wissenschaft* (*Kritische Studienausgabe* [=KSA] 3, Herausgegeben von Giorgio Colli und Mazzino Moninari, Dünndruck Ausgabe, Deutscher Taschenbuch Verlag GmbH & Co. KG, Müchen: Walter de Gruyter, 1988.), 108, 125。中译参见尼采：《快乐的科学》，黄明嘉译，漓江出版社，2000 年 1 月第 1 版，第三卷，第 108 格言（“新的战斗”），第 125 格言（“疯子”）。

② Martin Heidegger, "Nietzsches Wort 'Gott is tot'", in: *Holzwege* (*Gesamtausgabe*, Band. 65, Vittorio Klostermann, Frankfurt am Main 1989), SS. 216—217. 中译参见海德格尔：“尼采的话‘上帝死了’”，孙周兴译；引自《林中路》，孙周兴译，上海译文出版社，1997 年 12 月第 1 版，第 223 页。

在《偶像的黄昏》中，尼采将西方文明的形而上学历史看成是一个“错误的历史”。按照他的解释，这一“错误的历史”包含了五个阶段：

第一，在这个历史的开端，柏拉图宣称：只有超感性的理念世界是“真实世界”，而且是一切“有智者、虔信者、有德者”可以达到的世界。

第二，在此后漫长的历史中，人们把柏拉图制造的神话当成绝对真理，把柏拉图的理念世界进一步转变成一个超越尘世的上帝，一个无法企及的彼岸世界。这就是中世纪基督教的上帝或“上帝之国”。基督教坚决否认人可以达到这个“真实世界”，但却相信它可以被“许诺”给“有智者、虔信者、有德者”。

第三，基督教虽然延续了柏拉图主义的传统，但却拥有一种独特的精神：“理智的诚实。”正是这种“理智的诚实”，成为现代理性启蒙思想的源头。一旦现代人发现，上帝的观念无法经受理性的质疑，那么他们就必须诚实地认为，“真实世界”(理念、上帝)既“不可达到”，也“不可许诺”，更“不可证明”。不过出于信仰的需要，康德教导现代人说，“真实世界”“本体”或上帝虽然不能在知识论上予以证明，却必须在道德实践中成为某种公设，成为“一个安慰、一个义务、一个命令”。

第四，在现代性晚期，实证主义作为“理性的第一个哈欠”真正觉醒。出于“理智的诚实”，现代人宣布了“真实世界”、彼岸或上帝的死亡，相反从前被贬斥或否定为虚假世界的此岸世界或感觉世界，现在成了“真实世界”。

第五，既然坚持理智的诚实，那么现代人就必须进一步承认，“‘真实世界’，既是一个不再有任何用处的理念，甚至也不再有什么约束性，也是一个无用的、已经变得多余的理念，因此是一个已经被驳倒的理念：那就让我们把它废除！”[①]这就是尼采的结论：“上帝死了。”

---

① Nietzsche, *Götzen-Dämmerung* (KSA 6), SS. 80—81. 中译参见《偶像的黄昏》，周国平译，北京：光明日报出版社，1996 年 9 月第 1 版，第 26—27 页。译文略有改动。

当然,倘若将“上帝死了”简单地当成尼采的无神论立场宣示,那么我们无疑就忽视了他的根本洞见。事实上,早在尼采之前,费尔巴哈和马克思等无神论者就提出了类似的看法。但是,与这些庸俗的无神论者不同的是,尼采并没有简单地为“上帝死了”的结局欢欣鼓舞。正如他在《论道德的谱系》中所说,“人宁可追求虚无,也不能无所追求。”[①]在尼采看来,人不能没有信仰和追求,他必须为自己设定一个为之献身的目标。因此,他敏锐地看到,“上帝死了”并非意味着人就直接进入了“尘世的天堂”,因为它同时隐含了一个致命的结论:假如没有上帝,那么人的生活就丧失了最终的目标,其结果必然是“虚无主义”(Nihilismus)。

对于尼采来说,虚无主义意味着“最高价值的自行废黜”,意味着人的有限尘世生活变得毫无意义和价值。不仅如此,倘若将这种虚无主义推向极端,那么或许结论会更令人恐怖:这种无意义的生活并非只是发生一次,而且会一而再、再而三地重现,甚至“永恒轮回”(ewig wiederkehren)。

在《快乐的科学》中,尼采借一个恶魔之口,道出了“永恒轮回”(Ewige Wiederkehr)的虚无主义后果:

> 假如恶魔在某一天或某个夜晚闯入你最难耐的孤寂中,并对你说:“你现在和过去的生活,就是你今后的生活。它将周而复始,不断重复,绝无新意,你生活中的每种痛苦、欢乐、思想、叹息,以及一切大大小小、无可言说的事情皆会在你身上重现,会以同样的顺序降临,同样会出现此刻树丛中的蜘蛛和月光,同样会出现现在这样的时刻和我这样的恶魔。存在的永恒沙漏将不停地转动,你在沙漏中,只不过是一粒尘土罢了!”你听了这恶魔的话,是否会瘫倒

① 尼采:《论道德的谱系》,谢地坤译,漓江出版社 2000 年 1 月第 1 版,第 132 页。

在地呢？你是否会咬牙切齿，诅咒这个口出狂言的恶魔呢？你在以前或许经历过这样的时刻，那时你回答恶魔说："神明，我从未听见过比这更神圣的话呢！"倘若这想法压倒了你，恶魔就会改变你，说不定会把你碾得粉碎。"你是否还要这样回答，并且一直这样回答呢？"这是人人必须回答的问题，也是你行为的着重点！或者，你无论对自己还是对人生，均宁愿安于现状、放弃一切追求？①

这里所说的"恶魔"正是传统的上帝或形而上学的化身。在尼采看来，一切无神论者和形而上学的否定者都必须面对"恶魔"的这一问题：假如生活没有一个绝对真理或超验目标，而仅仅是毫无意义的"永恒轮回"，那么人还是否愿意活下去？尼采认为，对于这一问题，人只能有两种选择：要么是安于现状，接受上帝或上帝的某种替代物，哪怕他知道这仅仅是一个神话或谎言；要么是彻底抛弃上帝及其各种形而上学变体，承认并且肯定生命自身的"无意义"或"永恒轮回"。

尼采当然选择的是后者。可以说，他一生的思考都是为了回应"虚无主义"的挑战。自《悲剧的诞生》开始，尼采便力图将有限的生命、尘世或此岸从上帝的阴影之中解放出来，获得自身的意义。在《查拉图斯特拉如是说》中，尼采明确地用"超人"(Übermensch)取代上帝作为"尘世的意义"(der Sinn der Erde)。② 从历史的维度来看，所谓"超人"无外乎是尼采在《悲剧的诞生》中所赞美的前苏格拉底的"希腊悲剧时代"。这是西方文明的开端时期，也是一个前形而上学的时代。在这个伟大的时代，希腊人虽然意识到生命的短暂或有限性，但他们并不追求一个超验或彼岸的上帝，而是积极地投入生活和战斗，充分地肯定有限的尘世生活。这就是尼采在《悲剧的诞生》和《查拉图斯特拉如是说》中

---

① Nietzsche, *Die Fröhliche Wissenschaft* (KSA 3), 341. 中译参见《快乐的科学》，第 341 格言。

② Nietzsche, *Also sprach Zarathustra* (KSA 4), S. 14. 中译参见尼采：《查拉图斯特拉如是说》，孙周兴译，上海人民出版社，2009 年 4 月第 1 版，第 7 页。

所说的狄奥尼索斯(Dionysus)精神。

但尼采认为,返回到这个前形而上学的"希腊悲剧时代"或狄奥尼索斯世界,却并不是一件轻而易举的事情,因为它已经被苏格拉底和柏拉图以来的形而上学,尤其是被中世纪的基督教完全遮蔽和扭曲。譬如说,现代的启蒙思想家和无神论者虽然也批判和否定上帝,但在尼采看来,他们依然笼罩在上帝的阴影之下,因为他们恰恰把人本身变成了一种上帝的替代物、一种上帝式的"主体"。① 因此,要想回到真正的尘世,并且获得生命的自我肯定,就必须对包括基督教在内的西方形而上学历史进行彻底批判,或者用尼采本人的话说,必须对这一历史进行"价值重估"(Umwertung),将被颠倒和被扭曲的价值秩序重新校正过来,恢复尘世或此岸生命自身的意义或价值。就此而言,尼采对基督教与佛教的批判与诠释,在本质上都属于一种"价值重估"。

二、尼采对基督教的批判

尼采的基督教批判之要旨,就是认为基督教完全扭曲、遮蔽和否定了生命的现实(Wirklichkeit)与真理,并且以一个伪造的、信仰的或信以为真的虚幻世界取代了真实或现实的世界。具体而言,他对基督教的批判首先是澄清基督教神学、原始基督教和基督三者之间的复杂关系:首先是基督教神学与原始基督教的关系,其次是原始基督教与耶稣基督的关系。先说第一点。

根据前文所述,尼采把基督教视为西方形而上学历史的一个环节。作为一种神学体系,基督教在本质上是一种柏拉图主义式的形而上学变形,或者用尼采本人的话说,是一种"民众的柏拉图主义"

---

① 在《快乐的科学》中,尼采认为尽管上帝死了,但现代人仍然笼罩在上帝的阴影之下。他这样说,"上帝死了。依照人的本性,人们也会构筑许多洞穴来展示上帝的阴影的,说不定还要绵延数千年呢。而我们,我们必须战胜上帝的阴影。"参见 Nietzsche, *Die Fröhliche Wissenschaft* (KSA 3), 108,中译参见《快乐的科学》,第三卷,第 108 格言("新的战斗")。

(Platonismus fur's Volk)。[①] 这种基督教神学的始作俑者是希腊和拉丁教父,如奥利金(Origenes Adamantius)和奥古斯丁等。正是他们用柏拉图和其他希腊哲学家的概念和体系,将《福音书》和原始基督教的教义改造为一种系统的神学或形而上学。但在尼采看来,这种基督教神学同原始基督教的真正精神毫不相干,因为后者的来源是《福音书》,或者更确切地说,是《福音书》中所记载的耶稣生平与实践活动。

一旦抛去了神学或形而上学的外衣,那么原始基督教的真实历史便昭然若揭。在尼采看来,要理解原始基督教的历史形成或精神实质,我们必须考察它所诞生的土壤。从历史的角度看,基督教起源于犹太教,但它绝不只是对犹太教的简单继承。相反,基督教一方面是对犹太教的彻底推进,另一方面也是对它的革命。这一点要从犹太人的命运以及犹太教的上帝谈起。按照尼采在《敌基督者》一书中的叙述,犹太教的上帝最初同希腊人的诸神一样,都是一种自然性的神,或一种民族神,都是一种对生命的肯定。作为犹太人的民族神,耶和华"表达的是权力意识,是对自己的快乐,是对自己的希望:正是耶和华让人期望胜利与得救,正是耶和华让人相信自然会给予这个民族必需之物。"[②]

但是,随着耶路撒冷的沦陷和圣殿的被毁,犹太人开始了悲惨的流亡命运。正是在流亡的过程中,犹太人的上帝观念慢慢地发生了变化。犹太的祭司和教士将上帝从一位自然性的民族神,变成了一位"去自然化"(Entnatüralichung)的彼岸之神和启示之神,并且用它来否定犹太人在列王时期的伟大历史,否定包括罗马在内的一切世俗统治秩序和政治权威。他们不仅创造了弥赛亚、末日审判等观念,而且伪造了一种因果关系,"把一切幸福都解释为赏赐,把一切不幸都解释为对不顺从

---

① Nietzsche, *Jenseits von Gut und Böse* (KSA 5), „Vorwort".

② Nietzsche, *Der Antichrist* (KSA 6), 25.

神、对'罪'的惩罚。"[1]简言之,犹太人用一个虚假和错误的"道德世界秩序"取代了现实或真实的自然世界。

尼采指出,犹太人虽然将上帝改造为一位彼岸世界的启示之神,但他们的真正意图却是为了在漫长的流亡时期维持自己民族的世俗生存。不过历史的悖谬恰恰在于,犹太教的这种上帝观念恰恰孕育出了反对自己的力量。作为一种自然的延伸和推进,一小撮处于边缘地位的犹太人,也就是原始基督徒,恰恰将这种反抗的矛头指向犹太教本身。他们不仅反抗犹太祭司和教士所代表的世俗权威和等级秩序,甚至在根本上否定了上帝的犹太民族特征。用尼采的话说,"这是一场针对'善人与义人'、针对'以色列的圣徒'、针对社会等级的反抗——不是反抗其败坏,而是反抗等级、特权、秩序、程式;这是对'高等人'的**不信仰**,是对一切教士和神学家所是者说**不**(Nein)。"[2]就此而言,原始基督教恰恰是犹太教的彻底化,或者说将犹太人对"现实"的否定和怨恨本能发挥到极致:正如犹太人因为无法忍受罗马人的统治从而虚构出一种"末日审判",原始基督徒也是出于对犹太上层统治者(尤其是法利塞人)的怨恨从而虚构出一个"上帝之国"。

不过尼采再三强调,以保罗为代表的原始基督徒尽管将耶稣看成是他们心目中的拯救者和精神导师,但是,他们的这种怨恨本能却同耶稣本人毫不相干。在尼采的笔下,耶稣就如同一个没有发育成熟的孩童,一个智力未开化的"白痴"。对于耶稣来说,尘世间的一切都没有独立存在的意义,而是变成了上帝的某种象征。进而言之,上帝之于耶稣也不是一个超验和永恒的绝对实体,而是代表了他的内心体验。正因为如此,尼采将耶稣看成是一位"象征主义者"。在耶稣那里,"生命""真理"或"光"之类的概念所表达的都是他的内心体验;一切现实世界,

---

① Nietzsche, *Der Antichrist* (KSA 6), S. 25.

② Ebd. S. 27.

对他来说，仅仅具有一种符号、象征或隐喻的价值。在《敌基督者》中，尼采这样总结了耶稣所代表的福音精神：

> 拯救者的生命不外乎是这种实践——他的死亡也同样如此……他同神的交往不再需要任何程式、任何仪式——甚至不需要祈祷。他抛弃了犹太教的所有忏悔与和解学说；他知道，只有通过生命的实践，一个人才能感觉到自己是“神圣”“幸福”“符合福音”，在任何时候都是一个“神的孩子”。通向神的道路不是“忏悔”，不是“为祈求宽恕而祈祷”：只有福音的实践才通向神，它恰恰就是“神”！福音所要废除的，正是犹太教的“罪”“罪的宽恕”“信仰”“通过信仰获得拯救”的概念——犹太教的全部教会学说，都在“福音”中被否定了。[①]

就此看来，所谓的基督教和基督徒本身就是一个悖谬或反讽，因为它们恰恰是对其创始人耶稣的彻底误解和背叛。事实上，耶稣本人已经完全抛弃了犹太教的观念，甚至没有任何仇恨和敌对的情感。但是，耶稣的门徒和早期追随者却不能理解他的这种精神，所以便根据他们自己肤浅和粗鄙的先入之见来理解和误解耶稣的言行，最终将那些被他抛弃掉的东西，如罪、忏悔、惩罚、复仇和末日审判等犹太教观念，重新肯定下来，甚至变成了耶稣本人的教义。正因为如此，尼采才认为，“只有一位基督徒存在过，而且他已经死在十字架上。‘福音’**死**在十字架上。从这个时刻开始被称为‘福音’的东西，已经成为他所经历过的一切的对立面：是一种‘**坏**消息’（*schlimme* Botschaft），一种**反福音**（*Dysangelium*）。”[②]

这样，我们似乎不难理解，尼采虽然猛烈地抨击基督教神学和原始

---

① Nietzsche, *Der Antichrist* (KSA 6), S. 33.

② Ebd. S. 39.

基督教，但却非常谨慎地把耶稣本人排除在外。不仅如此，他甚至对耶稣个人给予了很高的评价。在《查拉图斯特拉如是说》第一卷中，尼采就为耶稣的过早去世感到惋惜。[①] 他认为，倘若耶稣能够活得再长一些，哪怕多活十年时间，他就一定能够成功地达到查拉图斯特拉式的自我克服(Selbst-Überwindung)，对生命的智慧有更深刻的领悟，从而使自己从一个尘世的彻底否定者变成一个彻底的肯定者，一个在创造与毁灭中永恒轮回的狄奥尼索斯。

三、尼采对佛教的诠释

尼采对西方形而上学传统的批判，似乎指向了两个截然相反的方向：一个是前苏格拉底时代或前形而上学时代的狄奥尼索斯，另一个是《福音书》中被钉十字架的耶稣基督。但是，尼采显然意识到，这两者的基本精神恰恰是相互对立：如果说狄奥尼索斯是对有限尘世和生命的完全肯定，那么耶稣基督则体现了对尘世和生命的彻底否定。考虑到尼采希望从耶稣基督最终回到狄奥尼索斯，我们必须继续追问：他究竟如何协调耶稣与狄奥尼索斯这两种精神之间的尖锐冲突？尼采对佛教的阐述，多少能够为我们提供一些解决问题的线索。

从“价值重估”的立场出发，尼采将基督教和佛教都看成是一种虚无主义的宗教，或者说，都是一种“颓废”(*décadence*)的宗教，因为它们的基本精神都是对生命本身之意义或价值的否定。不过比较起来，尼采对这两种虚无主义宗教的态度似乎非常不同。他这样说到，“在对基督教进行指控时，我希望自己没有不公正地对待另一种相近的宗教，后者的信徒数目甚至更大：我希望没有不公正地对待**佛教**。”[②]对于基督教，他几乎是全盘否定；而对于佛教，他却是相当宽容，甚至赞赏有加：

---

① Nietzsche, *Also sprach Zarathustra* (KSA 4), S. 95. 中译参见《查拉图斯特拉如是说》，第 91 页。

② Nietzsche, *Der Antichrist* (KSA 6), S. 20.

“佛教是一种为**成熟**的人、为良善、温和以及已经变得极端精神化的种族而准备的宗教(——欧洲至今仍然没有成熟到配得上这种宗教)。”①

在尼采看来,佛教与基督教都体验到了生命的短暂或“受苦”(Leiden)的现实或事实,但是它们的态度却完全不同:佛教直面“受苦”的事实,承认生命本身即是没来由的受苦,所以它既不逃避,也不自欺,更不是利用某种虚构的信仰来扭曲或遮蔽“受苦”的事实,而是平静地接受它;相反,基督教却无法接受“受苦”的事实,所以一定要为“受苦”寻找某种原因、根据或解释,最终发明出上帝、魔鬼和原罪等虚幻的宗教和道德观念,并且用它们来将“受苦”合理化和道德化,从而扭曲和遮蔽了受苦的事实或真理。

基督教与佛教的这一区别,在很大程度上可以追溯到它们的起源和形成过程。正如前文所说,基督教原本起源于犹太教,并且从一开始就继承了犹太教的全部遗产,甚至将后者的“怨恨”道德发挥到了极致。与之相反,“佛教继承的遗产是客观而冷静地提出问题,它是在持续一个世纪的哲学运动**之后**出现;当它出现时,‘神’的概念已经被废黜。”②也就是说,佛教从一开始就是一种无神论的宗教,它没有任何关于上帝与魔鬼或“罪”与“罚”之类的观念。对于佛教来说,人生在世之所以充满苦难,不是因为人犯了什么背叛上帝的“罪”,而是因为人缺乏智慧,不能看破尘世的幻相,执著地追求某种永恒和绝对的东西。在这个意义上,尼采把佛教看成是一种独一无二的“实证主义”(positivistisch)宗教。所谓“实证主义”即是意味着,生命本身即是一个变化无常的现象,既无所谓善,也无所谓恶。因此从哲学上讲,佛教非常符合尼采的“超善恶”(jenseits von Gut und Böse)精神。

既然佛教认为既不存在“罪”与“罚”,也无所谓善与恶,那么它也就

① Nietzsche, *Der Antichrist* (KSA 6), S. 22.

② Ebd. S. 20.

不需要忏悔、祈祷和禁欲主义，更不需要信仰某种彼岸和超验的上帝。用尼采的话说，"佛教不是让人仅仅向往完善的宗教：完善就是常态。"[①]简言之，佛教所关心的并不是如何通过信仰来获得"罪"的宽恕或拯救，而是如何消除"苦"。对佛教来说，受苦首先是一个能否理解人生在世之幻相的"认识论问题"，其次是一个能否克服外在刺激的生理学问题。关于这一点，尼采说：

> 佛陀以卫生学的方式(hygienisch)抵抗消沉。为了抵抗消沉，他使用的手段是自由自在的生活、漫游的生活；有节制并且精心挑选饮食；谨防一切酒类；同样谨防一切导致愤怒、引发冲动的情绪；没有牵挂(Sorge)，既不牵挂自己，也不牵挂他人。佛陀所提出的观念，要么让人平静，要么使人神清气爽——他发明了与他人隔绝的手段。按他的理解，善和良善状态(Gütig-sein)就是促进健康。既排斥祈祷，也排斥苦行(Asketismus)。没有绝对命令，也没有一般性的强迫，甚至不局限于寺庙团体生活(——一个人可以再次离开)。所有这些命令、强迫和寺庙生活，都是强化那种极度敏感性的手段。正因为如此，佛陀才无须同异端进行斗争；他的教诲不过是反对复仇、厌恶和怨恨的情感。[②]

从这段引文可以看出，佛教的确在很多方面都非常契合尼采本人的哲学思想。从根本上说，不管是佛教，还是尼采，都深刻地洞察到了生命的现实或真理：在佛教看来，生命是一个缘聚缘散的现象；在尼采看来，生命是一个权力意志(Wille zur Macht)的不断创造与毁灭过程。相应地，他们都把生命看成是一个"超善恶"或"非道德"的事实，认为它同上帝与魔鬼、罪与罚以及善与恶等一切道德观念与谎言都毫不相干。

---

① Nietzsche, *Der Antichrist* (KSA 6), S. 21.

② Ebd. S. 20.

鉴于此,尼采得出了这一结论:与基督教相比,“佛教要冷静、诚实、客观百倍。”①

问题在于,即使一个人获得了关于生命的智慧,或者说洞察了生命的现实或真理,这也并不能保证他就能够并且愿意肯定生命自身的意义或价值。毋宁说,结论或许刚好相反:正因为他深刻地洞察到了尘世短暂、生命无常的真理,他才对生命本身感到厌倦,并且最终否定了它的意义和价值。在尼采看来,佛教之所以堕入一种厌世或颓废的“虚无主义”,就是因为它对生命的洞察太过“冷静、诚实、客观”。这也表明,要想返回到前苏格拉底时期的“希腊悲剧时代”或“狄奥尼索斯”世界,我们就不能停留在一种佛教式的生命智慧或洞察,而是必须进一步将这种智慧本身变成对生命的无限肯定。那么对尼采来说,这一点又是如何可能的呢?

四、“被钉十字架的狄奥尼索斯”

毋庸置疑,尼采对佛教的批评涉及一个纠缠他一生的核心问题:生命与智慧或真理的冲突。从早期的《悲剧的诞生》和《历史对于生命的用途和滥用》,到过渡时期的《人性,太人性的》,直至在后期的《查拉图斯特拉如是说》和《敌基督者》等著作中,尼采一直都在追问:究竟是谎言,还是智慧或真理,在根本上有益于生命?② 尼采对基督教的批判似乎暗含着这样的结论:真理有益于生命,而上帝之类的道德和宗教谎言则是对生命的扭曲、遮蔽和否定。但是,他对佛教的诠释和批判似乎又表明:恰恰是关于生命的智慧或真理导致了对生命的厌倦和否定。那么,尼采究竟如何化解生命与智慧之间的二律背反?在《查拉图斯特拉如是说》中,尼采借查拉图斯特拉的思想变化过程给出了回答。

---

① Nietzsche, *Der Antichrist* (KSA 6), S. 23.

② Ebd. S. 55.

查拉图斯特拉第二次回到山上之后，悟出了“生命就是权力意志的创造”的智慧或真理，于是他便开始下山宣讲自己的智慧。但是，恰恰由于他领悟到了这一关于生命的智慧，他很快便觉察到了爱智慧与爱生命之间的冲突。因为倘若一切都是权力意志的表达或创造，那么所有的一切就注定会最终毁灭，不管是生命、还是关于生命的智慧都变得毫无意义，都会变成“同一个东西的永恒轮回”。尼采借一个侏儒之口，形象地表达了智慧与生命的对立：

> “呵，查拉图斯特拉”，他一字一顿地讥诮道，“你这智慧的石头啊！你把自己高高地抛出，但每一块被抛的石头都必将——掉落下来！
>
> 呵，查拉图斯特拉，你这智慧的石头，你这石弹，你这星球的毁灭者啊！你把自己抛得那么高，但每一块被抛的石头——都必将掉落下来！
>
> 已经注定要成为你自己，成为你自己的投石击毙：呵，查拉图斯特拉，你确实把石头抛得很远——但它将回落到你自己身上！”①

同前文提到的恶魔一样，“侏儒”在这里也认为智慧或真理是对生命的否定，也就是说，查拉图斯特拉恰恰由于洞察了“生命就是权力意志”的智慧，所以才体验到生命本身的无意义，并且反过来被“智慧的石头”砸死。

但是，查拉图斯特拉既没有退回到犹太教和基督教的道德自欺，也没有堕入一种佛教式的厌世。相反，他勇敢地接受了侏儒的挑战。他坦然地告诉侏儒，一切现在发生的东西，甚至包括他和侏儒的谈话，都已经发生过了，并且将来必定再次发生。他不仅清楚地洞察了生命是

---

① Nietzsche, *Also sprach Zarathustra* (KSA 4), S. 198. 中译参见《查拉图斯特拉如是说》，第 199 页。

权力意志的不断创造与毁灭的事实，而且坦然地接受了这一事实，甚至想要(will)这个短暂的生命能够“再来一次”(da capo)，能够“永恒地返回”。这意味着，他的智慧本身就是生命作为权力意志的体现。用尼采的话说，智慧作为“求真意志”是一种最高和最富精神性的“权力意志”。这种“求真意志”非但不与生命相冲突，反而是对生命本身的最大肯定；它不仅想要这一有限的生命再来一次，而且想要生命的永恒轮回。因为从根本上说，智慧对生命的肯定恰恰是生命的自我肯定。

在《超善恶》中，尼采进一步总结了如何将智慧从对生命的否定转变为一种对生命的无限和最高肯定：

> 假如谁像我这样怀着一种谜一般的渴望把对悲观主义的思考贯彻到底，并把它从半基督教、半德国式的，尤其在这个世纪以叔本华哲学的形态所表现出来的狭隘和偏执中解放出来；假如谁真正以亚洲和超亚洲的眼光深刻地洞察了一切可能思考方式中最彻底地否定世界的思考方式，并且高高在上地审视这种思考方式——这是一种超善恶的审视，而不再像佛陀和叔本华那样陷入道德的魔障和幻觉之中——那么他恰恰由此张开双眼看到了相反的理想(尽管他并非真正有意这么做)：看到了那种最骄傲、最有生命力和最肯定世界之人的理想；这种人不仅学会顺应和容忍一切曾在和现在(was war und ist)，而且想要如其曾在和现在地(wie es war und ist)重新拥有一切曾在和现在，想要永恒地重新拥有它，永不知足地呼喊“再来一次”；他的呼喊不仅针对自己，而且针对整个剧本和戏剧，不仅针对一部戏剧，而且在根本上针对那些恰好需要这部戏剧——并且使之成为必要——的人：因为后者自己一再(immer wieder)需要这部戏剧。[①]

① Nietzsche, *Jenseits von Gut und Böse* (KSA 5), S. 56.

这段话清楚地表达了尼采的意图：一旦我们将佛教式的悲观主义或虚无主义逻辑贯彻到底，那么结论就恰好相反。正所谓“人生一世，草木一秋。”生命固然是一个短暂和有限的过程，是权力意志的不断创造与毁灭，但这并非意味着它就是“有罪”，就是毫无意义，毋宁说，生命恰恰在自己的智慧、在“求真意志”或“创造意志”中获得了自我肯定。这种“最骄傲、最有生命力和最肯定世界的人”，就是尼采在后期著作中所说的“被钉十字架的狄奥尼索斯”。

“被钉十字架的狄奥尼索斯”的说法形象地表明，尼采恰恰是用基督教，尤其是原始基督教，来补救并且克服佛教的不足。尽管原始基督教在智慧上无法同佛教相提并论，但它拥有某种佛教所不具备的东西，即体现在耶稣身上的信仰或决断力量。正如德国当代学者陶伯斯(Jacob Taubes)所说，“不管在狄奥尼索斯，还是在基督那里，问题的关键都是殉道(Martyrium)，都是受苦。”[①]只不过在尼采那里，狄奥尼索斯不是为上帝而殉道和受苦，而是为自己、为有限的尘世生命而殉道或受苦。与耶稣类似，狄奥尼索斯曾经被命运撕成粉碎；但不同于耶稣的是，狄奥尼索斯最终却通过智慧或真理赢得了自我解救。不仅如此，他在“复活”之后，重新找回了被抛弃的女人——作为生命之象征的阿里亚德涅(Ariadne)，给她命名为“永恒”，并且最后同她举行了婚礼。在这个意义上说，“被撕成碎片的狄奥尼索斯恰恰是一种对生命的承诺：生命将永恒地重生，并且从毁灭中复归。”[②]

结　语

在前文中，我们已经指出，尼采对基督教和佛教的批判与诠释，并

① Jacob Taubes, *Die Politische Theologie des Paulus* (Wihelm Fink Verlag, Muenchen 1993), S. 116

② Nietzsche, *Nachgelassene Fragmente* 1887—1889 (KSA 13), S. 267.

不是单纯的学术研究，而是为了从根本上回应现代社会的虚无主义危机。但是，尼采清醒地意识到，克服虚无主义的途径，不是借尸还魂，继续信仰一个已经死去的“上帝”，而是应该对包括基督教在内的一切传统价值进行无情的批判与解构，或者说进行“价值重估”。就此而言，尼采对佛教的诠释也从属于他对基督教的“价值重估”。对比基督教，佛教的意义在于：首先，佛教完全否定了“上帝”“罪”和善恶等道德观念，清醒地洞察了生命的现实或真理；其次，佛教不是通过信仰上帝来获得拯救，而是平静地接受了“人生即苦”的事实或命运。

不过，尼采同时也看到，佛教对生命的深刻洞察非但没有克服虚无主义，反而更加彻底地否定了生命的意义。所以他认为，要想摆脱佛教式的悲观主义或虚无主义，那就必须拥有一种耶稣式的意志力量和信仰决断，将对人生苦短、生命无常的智慧变成对生命本身的最高肯定；或者用他自己的话来说，生命通过权力意志肯定了自己的永恒轮回。对于尼采而言，这种自我肯定的象征就是“被钉十字架的狄奥尼索斯”——他不是为了上帝而是为了自己走上十字架，因为他在创造与毁灭的“永恒轮回”中无限地肯定了自己的有限生命。通过“被钉十字架的狄奥尼索斯”，尼采希望能够最终返回到他梦想中的前苏格拉底的“希腊悲剧时代”。

尼采生活在 19 世纪晚期。他虽然准确地预见了虚无主义的来临，却没有亲眼看到这一危机如何最终变成了活生生的现实，甚至有愈演愈烈之势。在他死后的一个多世纪里，人类经历了两次“世界大战”，经历了法西斯主义和共产主义的兴衰，经历了半个世纪的意识形态冷战，经历了从现代性向“后现代”的所谓转向。更有甚者，随着全球化的不断扩张，虚无主义的危机不再局限于西方的基督教世界，而是蔓延到其他宗教和文明世界，成为一种不折不扣的普世现象。相比之下，尼采心目中的“希腊悲剧时代”却越来越成为一个遥不可及的梦想。因此，就现代社会的虚无主义危机来说，尼采对基督教和佛教的诠释、批判与比较，与其说是给出了一个现成的答案，不如说给我们留下了一个永久的疑问。

口传性、书写性与哲学

——对尼采“巴塞尔柏拉图讲义”的一个评注[①]

程 炜

一

尼采与柏拉图的关系不仅广为人知,而且又因为其明显的自相矛盾而臭名昭著。[②] 一方面他似乎追随柏拉图将文学与哲学以某种方式达成结合或者妥协,另一方面他又是柏拉图主义在现代最为坚定的反对者之一。无论这一所谓的分歧如何解决,但鲜为人知的是他在巴塞尔任教期间多次在大学与兼职的中学(Pädagogium)讲授柏拉图,并且留下一部修订数次的柏拉图导论讲义(以下在引用时简称《讲义》),而这一讲义实则是我们拥有的尼采对柏拉图最系统的论述。《讲义》并非近期才问世的“珍本秘籍”,早期的尼采版本比如《大八开版》(Großoktavausgabe,参 Abt. 3, Bd. 19)与《穆萨里昂版》(Musarionausgabe 1921,参 Bd4)中均收录了这一文本,尽管相比于晚近的《考

---

① 本文初稿于 2009 年 9 月在北大德国哲学文献会议宣读,感谢李猛、吴天岳等师友以及在场同仁的批评指正。黄晶的建议促使我修正了不少瑕疵;韩水法教授则校读了全文,提出了有益的修改建议。当然,毋庸置疑文本中仍旧存在的失误均由笔者承担。由于报告时间所限,一些相关论证无法具体展开,对于尼采巴塞尔柏拉图讲义更为详细的研究,参见我的论文《尼采的柏拉图——以巴塞尔“柏拉图讲义”为中心》(商务印书馆《中国学术》,待刊)。

② “尼采与柏拉图”的相关文献根据《魏玛尼采目录》(Weimarer Nietzsche-Bibliographie 1867—1998)收有 45 条,而根据《魏玛尼采目录》在线版(http://ora-web.swkk.de/swk-db/niebiblio/)则增至 118 条(1998 到 2013)。需要说明的是,这个目录所提供的书目也并非完全。

订版全集》①(简称 KGW),它们由于大量武断的删减而存在着不少缺憾,但因为其尚基本保留了尼采独特的解释框架②,并不太影响对于他整体观点的考察。然而不考虑出版作品,即使相比于尼采的其他讲义,这部讲稿所受到的冷遇也显得突出,尽管柏拉图是尼采在巴塞尔授课期间(1869—1879)讲授最多的古代作者,并且同时仅有这一部讲义流传下来。③

对这部讲义的漠视,在无论是从当下的尼采研究,还是柏拉图研究来看,似乎都可以寻得理由。就尼采研究而言,学者们倾向于一种神

---

① Nietzsche Werke. Kritische Gesamtausgabe. Begründet von Giorgio Colli und Mazzino Montinari, Berlin/New York (Walter de Gruyter) 1967ff.

② 《穆萨里昂版》(Musarionausgabe)的文本完全依照《大八开版》(Großoktavausgabe,简写为 GA),唯不含后者书后所附的校勘记,可以视为后者的普及版。这两版每章前列举了完整的目录,随后有简短的说明,除了最后一部分对"柏拉图哲学的系统概述",正文有大量删除,特别是对对话录的逐个讲解。由于其中多数内容被编者奥托·库休斯(Otto Crusius)和威廉·奈斯特勒(Wilhelm Nestle)判为意义不大的内容概述,删除百分之八九十的内容,仅仅保留《政制》《礼法》《斐德若》《会饮》《高尔吉亚》与《普罗塔戈拉》几篇对话的部分内容。尽管 GA 编者对尼采对话录解释部分的整体判断无误,但这一删减工作不仅有悖于基本的文本编辑原则,而且实际的执行也过于严格,导致这一部分中不少有益的内容也被无情删除。例如,海宁(Henning)谈论柏拉图对话《克拉底鲁》与尼采语言批判的关系时,就利用了尼采讲义中对这一对话的解读,但这一部分内容在 GA 与《穆萨里昂版》(Musarionausgabe)中实际被略去了(参见 Henning: Platons „Kratylos"-Dialog in der Sprachkritik Nietzsches. in: Nietzsche Forschung Bd. 7,第 42—54 页)。尼采讲义其他部分的删节,虽然没有这一部分那么严重,但也存在类似的问题。因为即使可以依据文本重要与否来删减原文,编者也很难给出一个可信并且可行的客观标准来判定哪一部分文本重要,哪一部分不重要;哪一部分可以删除,哪一部分不应该。例如在"柏拉图生平"部分,编者去掉了"柏拉图的教育"一节,但这一内容实则是尼采讲义最为关键的基础之一,他正是以此出发来构建柏拉图其人其说与苏格拉底的区别,以展示柏拉图在哲学史上的特殊意义(我的重构参后,这两部早期版本的其他问题,若有必要,之后将随文略做讨论)。但 GA 版相比于 KGW 并非一无是处,较为详细的校勘记与编辑说明仍有无可替代的利用价值。与之相对,KGW 不仅对于这一讲义的手稿编订、版本流变等缺乏相应说明,而且缺乏学术性的校勘记。因此本文虽然主要依据 KGW,在必要处,也考虑 GA 版。

③ 根据杨茨(Janz):Friedrich Nietzsches Akademische Lehrtätigkeit in Basel 1869 bis 1879, in: Nietzsche Studien. Bd. 3. Berlin, New York, 1974,第 201—202 页,尼采除了四学期的柏拉图导论外,还讲授《斐多》六次、《普罗塔戈拉》四次、《申辩》三次、《会饮》两次、《高尔吉亚》一次、《斐德若》一次以及《政制》一次。仅《申辩》有一短篇文稿流传下来,收入 KGW II 5, S. 521—524。此文观点与柏拉图导论讲义完全一致。其次,最受尼采关注的作者是埃斯库罗斯(Aeschylos),共讲授 13 次,这显然与其退化论的悲剧观一致,参 Hösle (2009). Die Rangordnung der drei griechischen Tragiker. Ein Problem aus der Geschichte der Poetik als Lackmustest ästhetischer Theorien, Basel, 第 95—114 页。此外,布博耶(Brobjer)告诉我们,尼采在波恩大学期间尚有夏尔施密特(Schaarschmidt)的柏拉图课程笔记,这一笔记在魏玛档案馆中尚未出版(参 Brobjer [2004]: "Nietzsche's wrestling with Plato and Platonism"。载于 Bishop 编:Nietzsche and Antiquity: His Reaction and Response to the Classical Tradition. Rochester, NY: Camden House, 第 241—259 页)。

话，即作为教师的尼采与作为哲学家尼采的分裂，于是前者仅仅是循规蹈矩地复述学界成见，后者才真正畅快淋漓地表达自身。而尼采离开学院则象征着后者对于前者最终的克服。因此，我们在尼采讲义中并不能寻得对于哲学家尼采而言任何积极的东西，倘若有，那也是曾经侵扰并且最终被克服的过气语文学的例证。如果我们略微浏览这部讲义，其基本构架似乎也证实了这个流行的故事。文本除导言之外，分为四个部分：1. 柏拉图研究新近文献；2. 柏拉图生平；3. 诸对话录导论；4. 柏拉图哲学梗概。具体来说，尼采首先简单点评了施莱尔马赫（Schleiermach）、宇博维格（Ueberweg）、策勒（Zeller）、伯尼茨（Bonitz）、苏西米尔（Susemihl）与阿斯特（Ast）等人的研究，随后根据第欧根尼·拉尔修（Diogenes Laertius）、阿普列尤斯（Apuleius）、柏拉图书信等史料重建了柏拉图的生平，接着分别简单介绍了从《政制》（*Politeia*）、《礼法》（*Nomoi*）一直到《菲勒布》（*Philebos*）的梗概；最后系统地从自然哲学、伦理学、本体论等方面概述柏拉图哲学。概而言之，这部讲义集中于年代考证、研究综述和对话录内容概述，我们几乎看不到任何哲学家尼采的影子。而从柏拉图研究来看，阅读这部作品也似乎难以有所斩获。他用力反驳的施莱尔马赫似乎至少在柏拉图学界比他的柏拉图形象更有影响力。他对于间接流传文献的过度依赖既加强了我们对于这部讲义中柏拉图形象的不信任感，也说明了他似乎仍旧屈服于旧语文学的一些保守偏见。至于这篇讲义中对柏拉图作品的概述，不仅枯燥乏味，而且其中包含了少量错误①，甚至这些文字——正如尼采其他讲义中的大量内容——极可能来自其他作者，而非尼采本人。无论如何，如果当代的读者试图寻找一本关于柏拉图引导性的手册，有大量选择均远胜于尼采。

---

① 比如将《会饮》中阿里斯托芬的演讲归于阿卡比亚德（Alkibiades）；参 ESP，第 107 页；将《政治家》中的部分内容混入《智者》的概述（同上，第 134—135 页）。

尽管近期的研究倾向于将语文学家的尼采和哲学家的尼采统一起来[①],但上述分裂的尼采形象并没有完全消失。虽然越来越多的研究,特别是对于尼采遗稿和残篇的研究指向这些作品对于尼采哲学发展的关键意义,对于尼采柏拉图讲义的冷遇始终并未根本改变。[②] 人们就

---

① 尼采与历史考证语文学,参先行者 Howald (1920)的专著 *Friedrich Nietzsche und die klassische Philologie*. Gotha: F. A. Perthes,晚近的著作值得一提的有:Figl (1984). "Hermeneutische Voraussetzungen der philosophischen Kritik. Zur wissenschaftlichen Grundproblematik im Denken des jungen Nietzsche", in: NSt. 13, S. 111—128; Müller (1993). *Antikes Denken und seine Verarbeitung in Texten des Schülers Nietzsches*. Dortmund, Univ., Diss.; Cancik (1995). *Nietzsches Antike: Vorlesung*. Stuttgart: Metzler; Porter (2000). *Nietzsche and the Philology of the Future*. Stanford, Calif.: Cambridge: Stanford University Press; Cambridge University Press; Hödl (2005). *Der letzte Jünger des Philosophen Dionysos: Studien zur systematischen Bedeutung von Nietzsches Selbstthematisierungen im Kontext seiner Religionskritik*. Berlin: de Gruyter.,特别是第 252—266 页;Wilkerson (2006). *Nietzsche and the Greeks*. London: Continuum.; Figl (2007) *Nietzsche und die Religionen: Transkulturelle Perspektiven seines Bildungs-und Denkweges*. Berlin: De Gruyter,特别第 159—266 页以及《新尼采研究杂志》(New Nietzsche Studies)杂志于 2000 年的"尼采与语文学"专号,以及 Bishop (2004) *Nietzsche and Antiquity: His Reaction and Response to the Classical Tradition*. Rochester, NY: Camden House 中的部分文章(有华师大 2011 中译本)。笔者以为,对于这一问题尤其重要的研究是 Benne (2005). *Nietzsche und die historisch-kritische Philologie. Monographien und Texte zur Nietzsche-Forschung*, Bd. 49. Berlin: W. de Gruyter。而重新从古典学术史的**内部**考察《悲剧的诞生》及尼采的狄奥尼索斯形象,参 Silk & Stern(1981) *Nietzsche on Tragedy*. Cambridge: Cambridge U. P.; Henrichs (1984) "Loss of Self, Suffering, Violence: The Modern View of Dionysus from Nietzsche to Girard", in: *Harvard Studies in Classical Philology*, Vol. 88 (1984),第 205—240 页,氏著(2005). "Nietzsche on Greek Tragedy and the Tragic". in: *A Companion to Greek Tragedy*, ed. Justina Gregory, Oxford, Blackwell Publishing.; Reibnitz (1992) *Ein Kommentar zu Friedrich Nietzsche, "Die Geburt der Tragödie aus dem Geiste der Musik" (Kap. 1—12)*. Stuttgart: Metzler; Latacz (1998) *Fruchtbares Ärgernis: Nietzsches "Geburt der Tragödie" und die gräzistische Tragödienforschung*. Basel: Helbing & Lichtenhahn; Brobjer (2005) "Sources and influences on Nietzsche's The birth of tragedy".-In: NSt.,第 278—299 页等。

② 就笔者所见,仅有布博耶(Brobjer)在其讨论尼采与柏拉图的杰出论文专辟一节处理尼采在巴塞尔的柏拉图讲义,并且强调了这一讲义的重要性,参 Brobjer (2004), Nietzsche's wrestling with Plato and Platonism.-In: Bishop (2004),特别是第 247—249 页,对比一个更为精短的版本 Brobjer (2008) *Nietzsche's philosophical context: An intellectual biography*. International Nietzsche studies. Urbana: University of Illinois Press,第 25—28 页)。我相信,正是由于他重视这一讲稿,尽管由于篇幅关系未能深入讨论,但至少没有陷入研究界盛行的对尼采与柏拉图的狂热联想与类比之中。不来梅(Bremer)1979 年的长文也较多地利用了这一讲义(参 Bremer [1979]: "Platonisches, Antiplatonisches: Aspekte der Platon-Rezeption in Nietzsches Versuch einer Wiederherstellung des frühgriechischen Daseinsverständnisses".-In:NSt. Bd. 8. Berlin, New York,第 39—103 页),但过于片面地理解了尼采对柏拉图作为政治家面相的强调——因为从文本后部尼采对柏拉图学说的系统概述来看,尼采对柏拉图的政治哲学并不敏感,也没有将其置于核心地位(参见后文及相关注释)——而对整个讲义未有全面地考量。而 2008 年 Burke 的相关作品显然根本不知道这部讲义。

像错误地认为亚里士多德在《修辞学》中仅仅是讲述流行的看法一样[①],认为尼采在柏拉图讲稿中隐藏了自己。的确,虽然我们不能想象尼采在讲义中仅仅关注宣扬自身的哲学而全然不顾学界通识,但是事实上,我们同样也不能想象一个哲学家在系统论述切己的哲学问题时,能够并且愿意完全回避自身的想法。或许将尼采的其他讲义作为类比可以给出一些提示:尼采不仅在《人性的,太人性的》(*Menschliches Allzumenschliches*, 1878—1879)一书中直接摘抄、改写自己1875—1876年冬季学期与1877—1878年冬季学期所作的系列讲座"希腊人的祭神仪式"(Der Gottesdienst der Griechen)[②]以及1875/1876年讲授的"希腊文学史"[③];1872年的讲座《前柏拉图哲人》(*Die vorplatonischen Philosophen*)奠定了遗稿《希腊悲剧时代哲学》(*Philosophie im tragischen Zeitalter der Griechen*)基础;甚至根据拉库-拉巴特(Lacoue-Labarthe)的阐释[④],尼采主持修辞学讲座甚至导致他开始与青年时期的形而上学告别,它与"尼采和瓦格纳决裂"以及"尼采放弃语文学"等事件一同构成了尼采生命中的重大转折。尽管上述对于尼采讲义价值的肯定未免有夸张之处,因为大量的史源研究已经告诉我们,面对尼采的未出版作品,尤其面对史源未明的讲稿,我们不应该像海德格尔那样高估其价值,但是尼采讲义与尼采哲学不可否认的关联至少足以说明,将这些作品漠然置之恐怕也并非称得上研究

---

① 对这一观点的有力反驳,参 Rapp 2002 年出版的《修辞学》注释(Berlin: Akademie Verlag)。

② 第336页,行28 & 第368页,行31 =《人性的,太人性的》I, III (KGW IV2, 第112—116页);第436页,行3 & 第437页,行30=《人性的,太人性的》II 222 (KGW IV3, 第111—112页)。这里仅仅是一个非常不完备的列举,更为系统的研究参见 Orsucci (1996). *Orient, Okzident: Nietzsches Versuch einer Lösung vom europäischen Weltbild*. Monographien und Texte zur Nietzsche-Forschung, Bd. 32. Berlin: W. de Gruyter,第4—5页。

③ 参 Figl (2007),前揭,296。

④ Philippe Lacoue-Labarthe: "Der Umweg", in: Nietzsche aus Frankreich, hg. Werner Hamacher, Berlin 1986, 第75—110页;也参 Behler (1994): "Die Sprachtheorie des frühen Nietzsche: Berlin"; New York, 1994, in: NSt. Beiheft 27, 第99—111页,其对前者的看法略有保留。

的明智之举。[1]

就柏拉图研究而言，尼采在19世纪后半期对施莱尔马赫的激烈批判似乎和者寥寥并且显得不合时宜。施莱尔马赫摒弃间接文献，支持柏拉图对话录形式与内容的统一原则很快成为德语古典学界多数学者的共识，以至于今天大家甚至常常遗忘了施氏巨大的历史功绩。另一方面，尽管战后在英美以分析哲学为主导的柏拉图研究长时间对于施莱尔马赫所倡导的艺术形式并不热衷[2]，但对于亚里士多德以及柏拉图主义名下间接文献的怀疑则与施式原则并无本质差异。[3] 而施莱尔马赫自20世纪50年代末到现今在德语区重新遭到所谓图宾根学派的猛烈攻击，尽管足以令人惊异，但是围绕相关问题的论战也重新让人们忆起其研究的深远影响。先不必具体考察图宾根的柏拉图主义者克雷

---

① 除了海德格尔对于尼采遗稿的过高评价，当下部分学人，特别是意大利学界或夸张了尼采讲义对于尼采哲学的价值。这里，我无意于从论证上加强这一极端立场，而仅仅在不否认《柏拉图讲义》保守一面的同时，揭示其部分并非明晰的积极价值。新近分别由 Guarde-Paz 和 Casares 对于《柏拉图讲义》的史源研究很好地展示了尼采如何在这部讲义中利用、修订和再造二手文献。参见 Guarde-Paz（2013），"Beiträge zur Quellenforschung"，载于 *Nietzsche-Studien* 42，第299—304、308—318、322—329页以及 Casares(2014)"Nachweise aus Carl Schaarschmidt, Die Sammlung der platonischen Schriften (1866)"，载于 Nietzsche-Studien 43，第195—199页。

② 这一境况在今天已经大有改观，尽管存在具体实践的差异，兼顾论证与文学形式可以视为主流柏拉图学界的理论共识。

③ 这一路向比较重要的代表为 Cherniss (1944). *Aristotle's Criticism of Plato and the Academy: Vol.* 1. Baltimore: The Johns Hopkins Press; 氏著(1962). *The Riddle of the Early Academy*. New York: Russell & Russell。

默(Hans Krämer)和斯勒扎克(Thomas Szlezák)对施式批评的合法性[①],至少,我们可以在新近论辩的视野下,重新审视尼采的批判。这样尼采呈现给我们的可能不再是立场的保守,而是其嗅觉的敏锐。特别是他将研究综述的大半火力都放在与施莱尔马赫的对话之上,而对如日中天的策勒[②]等人的研究则轻描淡写带过,这似乎并非偶然,而是出于某种解释学的考量。对于尼采而言,这一解释学的后果不仅在于从文献学上确认哪些史源可以作为研究柏拉图的合法资源,更在于重新定义柏拉图的哲学活动与书写活动,从而重新绘出他在思想史中的定位。深受尼采影响的哈夫洛克(Havelock)[③]在其名作《柏拉图前言》(*Preface to Plato*,1963)将柏式视为希腊文化从口传范式到书写范式这一媒介转化的转折性人物,如果他读过尼采的"柏拉图讲义"以及其他讲稿,或许就不会误以为尼采在《悲剧的诞生》等系列出版作品中没有意识到希腊思想史的这一面相;而是相反,他或许会惊异地发现,早在 19 世纪尼采就做出了类似的判断。

无论如何,如果上述勾勒重新引发对于柏拉图讲义的兴趣,那么我

---

① 参 Krämer (1990). *Plato and the Foundations of Metaphysics*, New York, 页 3—27; Szlezák (1997). "Schleiermachers Einleitung zur Platon-Übersetzung von 1804. Ein Verlgleich mit Tiedemann und Tennemann", in: *Antike und Abendland* 43, Göttingen; (2002). "Friedrich Schleiermacher und das Platonbild des 19. und 20. Jahrhunderts", in: *The Internet Journal of the International Plato Society* (2): http://www.nd.edu/～plato/plato2issue/Szlezak.htm;(2010). "Von Brucker über Tennemann zu Schleiermacher. Eine folgenreiche Umwälzung in der Geschichte der neuzeitlichen Platondeutung". in: Neschke-Hentschke; Howald (hgg,). *Argumenta in Dialogos Platonis*. Basel: Schwabe。对施莱尔马赫的柏拉图解释学的汉语简介,特别其与小施莱格尔的关系,参程炜 (2009):《书写批判视域下的柏拉图》,载于 Szlezák (2009)《读柏拉图》中译附录,南京,第 213—302 页(修订版:程炜《柏拉图释义问题》,载于《中国学术》(28)2011,第 89—171 页)。与之相对,试图弱化其柏拉图解释学独特性的尝试,特别是反驳图宾根学派对于施莱尔马赫的思想史定位,参 Tigerstedt (1974). *The Decline and Fall of the Neoplatonic Interpretation of Plato*. Helsinki-Helsingfors. 以及施坦纳(Steiner)为施莱尔马赫《论柏拉图哲学》(*Über die Philosophie Platons*, Hamburg, 1996)所写前言,对 Tigerstedt 的批评,特别参 Szlezák (1978). "Probleme der Platoninterpretation", in: *Göttingische Gelehrte Anzeigen* 230, 1978, 1—37。

② 关于策勒的古希腊哲学研究,参 Hartung 编 (2010). *Eduard Zeller: Philosophie-und Wissenschaftsgeschichte im 19. Jahrhundert*. Berlin: de Gruyter。

③ 哈夫洛克与尼采的关系,参 Burke (2008). *The Ethics of Writing: Authorship and Legacy in Plato and Nietzsche*. Edinburgh: Edinburgh University Press,特别是第 73—83 页。

们自然还要继续追问这部作品具体而言如何对理解“尼采的柏拉图”，甚至对把握今天的柏拉图做出贡献。这里，我并不准备全面地回答这一问题，而仅仅试图通过集中阐发尼采这部讲义中的施莱尔马赫批判给出一些相关提示。[①] 在进入我们的具体考察之前，我们先概述一下这部讲义的基本情况。

二

尼采分别于 1871—1872 年冬季学期，1873—1874 年冬季学期，1876 年夏季学期，1878—1879 年冬季学期讲授柏拉图哲学[②]，课程名称依次为《柏拉图对话录研究导论》《论柏拉图生平与作品》《论柏拉图生平与学说》《柏拉图研究导论》。讲义内容应该在 1871—1872 年就已经成型，之后除了开端较多补充之外，其余的部分修订极少(GA Bd. 19, 第 403 页)。

讲义封面题有“一个尝试:为希望阅读柏拉图并且认为有必要做准备的读者”。此外，笔记本封面尚有两处信息值得关注。其一为拉丁文的大字“我爱柏拉图，但——”(Plato amicus sed—)，而省略了后文“我更爱真理”(magis amica veritas)，这里似乎显示了尼采对于柏拉图态度的保留。[③] 大字下方题为“柏拉图及其前人”(Plato und seine Vorgänger)，位于笔记本正中偏下，显然它可以作为讲义四种标题(参上)之外的第五种标题。不过我们知道，尼采在这部讲义中其实并没有

---

① 对于这一讲义更为详细的讨论，参笔者的《尼采的柏拉图——以巴塞尔“柏拉图讲义”为中心》(《中国学术》待刊)。

② GA 版卷 X，第 501 页注释. 所附编者恩斯特·菏泽(Ernst Holzer)与奥古斯特·霍纳夫(August Horneffer)的报告(Nachbericht)认为尼采最后一次柏拉图导论讲座为春季学期 1878 恐有误。参见 Janz (1974)，“Friedrich Nietzsches Adademische Lehrtätigkeit in Basel 1869 bis 1879”，in：NSt. Bd. 3. Berlin，New York，第 201 页以及 KGW III 第 4 页。

③ 与笔者全然不同的解读，参 Bremer (1979). Platonisches，Antiplatonisches：Aspekte der Platon-Rezeption in Nietzsches Versuch einer Wiederherstellung des frühgriechischen Daseinsverständnisses. -In：NSt. Bd. 8. Berlin，New York，第 103 页。

专门处理前柏拉图哲学家，那么这部讲义或许可以视为一个更大的研究计划的一部分。

在文本的开端，尼采直接称课程为“对话录导论”(Einleitung in die Dialoge)，并且计划重点介绍对话录的构架(Disposition，尼采加了着重号)，关注对话的艺术形式(Kunstform)，其特性与美(KGW II 4, S. 7)。可是如果我们浏览一遍尼采对每个对话录的讨论，我们将发现他完全没有兑现之前施莱尔马赫式的许诺。除了大段的内容概述，就是枯燥的编年考证，仅有几篇对话略有简短的哲学分析[①]，而对艺术形式他未置一词。为什么尼采没有兑现他的承诺呢？这不是他的疏忽或者缺乏责任，而是由于他对柏拉图对话录**反施莱尔马赫式的**特殊理解。因为他坚信，尽管柏拉图本人不乏艺术天赋，不乏哲学的激情(*pathos*)，但对话录的**艺术形式**不是柏拉图哲学的关键，甚至，从根本上说，**柏拉图的对话不配称为尼采意义上的艺术**。或许也就是这个原因，随后的三次讲授，尽管内容大同小异，尼采却不断变换标题。并且从最后一次讲义的标题看，柏拉图其人获得了比其文本或者学说更重要的地位，正如尼采一开端就明言的：“其人比其书更值得关注。”(Der Mensch noch merkwürdiger als seine Bücher)

就柏拉图哲学而言，为何尼采认为我们更应该关注其人与生活胜过其书写作品？一个流行的解释认为，因为对于尼采而言，人的可能性是无限敞开与生动的，而书本与论文却是僵死而缺乏生命的。[②] 不同于这种生存主义的回答，另一个更为学院派的解释认为，受到早年对第欧根尼·拉尔修研究的影响，尼采认为把握早期哲学的为人与行动比

---

① 对参 GA 版和 KGW 版的柏拉图讲义，前者删除了对话梗概部分，仅有 253—262 共 10 页，而 KGW 未加删节的版本，56—147，有 89 页！

② 这一导向的作品太多，恕不罗列。不过由于其影响深远，于是尽管不来梅(Bremer)反驳了海德格尔对尼采柏拉图主义的解释(Bremer 1979，前揭，页 73)，但仍旧将尼采对柏拉图其人的强调转化为对“永恒的生动性”、对柏拉图作为“当下的对话伙伴”的强调(同上书，第 47—48 页)。

把握其学术更能体现其哲学的本质。[①] 前一种解释没有注意到尼采关注的视阈仅仅是早期哲学，他绝不会认为像康德这样的哲学家可以适用于前述解读原则，而后一种解释一方面高估了早期尼采语文学研究的效应历史，另一方面未能注意到尼采对第欧根尼·拉尔修的写作方式并不乏恶评。[②] 与之相对，笔者认为，尼采的柏拉图解释原则事实上更多地奠基于他对希腊文化独特性的理解。对他而言，这一文明根本特征之一就是，它根本上不是奠定在**书写文化**的基础上，而是始终贯彻着**口传文化**的印记。[③] 这也就是尼采曾强调希腊文化对于我们这些现代人来说太陌生(zu fremd)的意义之所在。[④]

需要强调的是，这里所言及的"口传文化"和"书写文化"在尼采这里均是相对，而非绝对的概念。[⑤] 换句话说，尼采将希腊文化视为"口传文化"，其一，并没有否认书写在这一文化体系的作用，其二，口传文化的标识是在与罗马与近代文化对比的视域下给出的。与之相应，当尼采将罗马文化视为书写文化时，这只有在与希腊文化比较的视域下才成立；当他将罗马文化与现代文化相比较时，罗马文化又接近希腊文

---

① 穆勒(Müller)持这一观点，参 Müller (2005): *Die Griechen im Denken Nietzsches*. Berlin: De Gruyter，第 103—117 页。

② 关于尼采与第欧根尼·拉尔修的关系，除了提及的穆勒(Müller [2005]，前揭)；也参 Barnes (1986). "Nietzsche and Diogenes Laertius". -In: *Nietzsche-Studien*. Bd. 15. Berlin, New York. 第 16—40 页；Gigante (1994). "Friedrich Nietzsche und Diogenes Laertius". ——载于 Borsche, Gerratana, & Venturelli (1994) *Centauren-Geburten: Wissenschaft, Kunst und Philosophie beim jungen Nietzsche*. Berlin: W. de Gruyter，第 3—16 页。

③ 这一观念在尼采那里的重要意义，仅被少数学者强调，如 Reibnitz (1994). "Vom Sprachkunstwerk zur Leselitteratur. Nietzsches Blick auf die griechische Literaturgeschichte als Gegenentwurf zur aristotelischen Poetik"，载于 Borsche, Gerratana, & Venturelli (1994) 前揭，第 47—66 页；Benne (2005). *Nietzsche und die historisch-kritische Philologie*. Berlin: W. de Gruyter. 第 301 页；Hödl (2005). *Der letzte Jünger des Philosophen Dionysos: Studien zur systematischen Bedeutung von Nietzsches Selbstthematisierungen im Kontext seiner Religionskritik*. Berlin: de Gruyter. 第 283 页。

④ 穆勒(Müller)谈到"在布克哈特与尼采处希腊人的异在性"("Die Fremdheit der Griechen bei Burckhardt und Nietzsche"，前揭，第 74—96 页)，居然未及此点，让人吃惊。

⑤ 在新近对于口传性和书写性的研究中，Thomas 也批评了 Havelock 等人对于这两个范畴的绝对化理解，参 Thomas (1992). *Literacy and Orality in Ancient Greece*. Cambridge University Press，第 1—28 页。

化而有着更多口传文化的印记。这样他有时将罗马文化视为书写文化之始(参《偶像的黄昏》),有时将罗马文学(作为整个古代文学的一部分)相对于现代文学的优越性建立在口头演讲的基础上(参其《修辞学讲义》[*Rhetorik Vorlesung*]),这并非尼采自相矛盾,而是出自不同角度审视的结果。最后,所谓口传文化并非仅仅指向口头朗诵与阅读,而是在更宽泛的意义上包含各种维度的演述(performance),因此在某种意义上也可以称为演述文化。从此出发来看悲剧,其重心在于表演,是集舞蹈、音乐与布景等为一体的**综合性艺术**(也参 KSA7 26—27; 57—58),而非亚里士多德《诗学》呈现的阅读剧(Lesedrama)[①];而一个讲辞,它是供朗诵与倾听,而非供一人默默阅读。[②] 不仅《悲剧诞生》前后有大量的遗稿残篇在强调这个问题(参 KSA 7,页 11; 21; 29; 31; 74; 78; 80—81; 85 等)。而且在其《希腊文学史讲义》的第三部(Geschichte der griechischen Litteratur III, WS 1875—76),尼采便尝试以口传文化和书写文化的对立为框架来系统重写文学史,因此他以"希腊古典文学作为非书写主导之教育的例证"作为开篇导论,随后讲述了读者群体的生成、文类之间的混合,读者、作家与修辞家的关系,作家的出身与死亡等独特的文学史研究主题。

尽管尼采对于希腊文化的这一理解,受到奥古斯特·沃尔夫(Friedrich August Wolf)荷马研究的深刻影响[③],但后者描述性的规定在尼采这里变成了规范性的规定,而后者关注的文本层累现象在尼采

---

① 参 Reibnitz (1994),前揭。需要指出,除了出自希腊研究本身的证据,尼采的这一观念也受到瓦格纳戏剧观的影响,这一面相本文不再展开。

② 当然这一论题在当下的研究有所争论,反对默读在古代缺席的论文,参 Knox (1968). "Silent Reading in Antiquity", GRBS 9: 421—35; Burnyeat (1997). "Postscript on Silent Reading", in: *The Classical Quarterly*, New Series, Vol. 47, No. 1, 第 74—76 页; Gavrilov (1997). "Techniques of Reading in Classical Antiquity", in: *The Classical Quarterly*, New Series, Vol. 47, No. 1,第 56—73 页。

③ 关于尼采与沃尔夫(Wolf)的关系,参 Riedel (1996). "Die Erfindung des Philologen : Friedrich August Wolf und Friedrich Nietzsche". -In: *Antike und Abendland*. Bd. 42. Berlin. 第 119—136 页。

那里变成了观念的系谱学和语言与声音的形而上学。① 这里我们不能详细追踪这一转化,但 20 世纪的媒介主义者显然可以在尼采那里,而非在 Wolf 那里发现他们思想的先声。

回到柏拉图对话。事实上,在尼采看来,口传文化到书写文化的转化对应于悲剧精神到科学主义的转化,而柏拉图的作品正是这一转化的关键表征。而由于古典学界没有注意到柏拉图著作的这一历史语境,根据尼采语文学手稿(Philologica)②的研究计划(P. V. S. 3, 参 GA 卷 19,页 404),他批判当时学者的柏拉图研究"过度重视**作家**"(Uebergewicht [⋯] auf dem Schriftsteller)及其作品。与之相对,尼采的方法是讲述柏拉图的生命(Leben),目标是勾勒出柏拉图其人(den Menschen Plato herauszuziehen)。正是出于这种考虑,他无法认同施莱尔马赫将柏拉图的出版作品视为理解柏拉图唯一合法的史料。在柏拉图讲义中,他根据柏拉图生平的史料与《斐德若》中的"书写批判"猛烈攻击施莱尔马赫的柏拉图解释,从而试图从书写与口传哲学的关系中重新描述柏拉图的哲学活动特征。

三

在柏拉图讲义的开端,尼采就对柏拉图文本的性质进行了规定:1. 作为作家的柏拉图仅仅是作为**教师**的柏拉图的复制(εῖδωλον,《讲义》页 8,着重号为原文所有)。2. 柏拉图的对话录仅仅是学园讨论的某种回顾(Ὑπομνηϭιζ,同上),也就是说所有的柏拉图对话都以学园的成立为前提。尼采指出,对于现代研究者的挑战就在于如何在利用书写作品的同时避免由于当下强势书写文化引发的偏见。这里,研究的目标不再是重构文本,而是如何在文本的基础上重构作为哲学家的作者,甚

① 参黄晶(Jing Huang)在柏林自由大学正在进行中的博士论文。

② 尼采柏拉图讲义手稿的情况,参见 GA 卷 19,第 403 页的简述。

至重构作者所处的学术共同体。换句话说，尼采看来，研究柏拉图的学说就不仅仅要关注于其文本下的学说，还要关注文本之外学园的实践。

这样，在对新近研究文献的回顾中，尼采重点批判了施莱尔马赫。尼采不仅认为，施莱尔马赫是从时代误置的书写文化出发，将对话录作为某种完美的文学作品来看待，并且认为他的思路影响了谢林与索尔格(Solger)模仿柏拉图的对话录写作，以及伯耶克(Boeckh)、海因多夫(Heindorf)、阿斯特(Ast)等著名古典学者的柏拉图研究。

尼采眼中，施莱尔马赫功绩在于“第一次有力地关注到《斐德若》275A 中柏拉图自身对书写活动的认信”(《讲义》页 10)，但是施氏却错误地解读了这一段关键的文本，导致他认为：1. 柏拉图出于书写批判必须寻找一种与口传教育类似的书写教育(Belehrung)；2. 由此，柏拉图构想了对话录作为一种特殊的文本，其足以将无知的读者引向知识。[①] 3. 在这一视域下，施莱尔马赫认为柏拉图的对话录构建了一种教育体系：早年作品向晚年作品的过渡等同于教育从基础阶段向最高阶段的过渡。然后，尼采指出这一解读的最大失误在于它与《斐德若》的文本根本不相符合。因为书写在柏拉图那里并非自足的文本，而是对于有识者(Wissenden)的回忆助手(Erinnerungsmittel，《讲义》页 10)，于是书写只能让有识者回顾其如何成为有识者，而无从使得无知者成为有识者。在这一意义上，书写作品难以完成施莱尔马赫归于书写的**教育**目标。甚至如果要认同施莱尔马赫的对话录，尼采指出，那么就必须要预设柏拉图始终为一个理想学生写作一份渐进的同一教程，但是由于不同读者/学生天赋各异，同一读者/学生亦会不断变化，这一写作计划无异于空中楼阁。况且在柏拉图的著作中也得不到任何相关

① 与(1)(2)点类似的当代《斐德若》书写批判解读，参 Friedländer (1964). *Platon*, Bd. 1 Berlin, 页 177；Burger (1980). *Plato's Phaedrus. A Defense of a Philosophic Art of Writing*, Alabama, 第 90 页；Griswold (1996): *Self-Knowledge in Plato's Phaedrus*, Yale University, 第 230 页以下。

暗示，如果他真有一个这样的书写教育计划。尼采讥讽施莱尔马赫将对话录视为自己《论宗教》(*Reden über die Religion*)一样的文本，而这种理解“只有在书写统治的时代才是可能的”(《讲义》页13)。

尼采对阿斯特(Ast)的名作《柏拉图的生平与著作》(*Platon's Leben und Schriften*, Leipzig 1816)的批判可以看作对施莱尔马赫的继续，不仅仅因为他与施莱尔马赫分享对柏拉图发展与作品真伪类似的观点，更是因为与施氏相同，要求以文学与审美标准来衡量对话录。与之相对，尼采认为审美完善性的标准在柏拉图那里根本没有获得自主性，他的相关论证同样以《斐德若》为基础：首先，一个普遍的审美标准与柏拉图将书写归为回顾(Ὑπομνησις)不相吻合，尽管尼采不否认，柏拉图在这里或者那里客观上达到了某种审美的标准，但艺术品并非柏拉图写作的本然目标。其次，柏拉图作品所谓的艺术性并不具有特殊性。他认为，柏翁的艺术冲动与希罗多德或修昔底德无异，是一种**希腊人普遍**的艺术冲动，而**特殊的柏拉图式的**元素，则以辩证法与政治为特色，后者极力削减审美因素。因此，“不应该**戏剧式地**考察对话录(着重号为尼采所加)，而是应该将其作为辩证谈话的再回忆”(《讲义》页14)。随后，尼采强调，从柏拉图本人来看，他同样没有将自己的作品视为艺术品。既然他将自己的作品作为自己与学园成员的回忆助手，自然难免在书写中带入很多偶然与无关紧要的元素。尽管柏拉图本人也希求在作品中达到某种完善性，但这种完善性绝非**审美的**完善性，而是其作为**教师**这一意义上的完善性。[①]

不难看出，尼采对柏拉图整体把握的关键之一，就是《斐德若》中的书写批判。因此在文献回顾中，他既因此表彰了施莱尔马赫，也因之对其进行了猛烈的批判。同样从这一视域出发，他没有特别关注知名的

① 但这并不代表，可以以辩证的完善性来取代审美的完善性来更好地判断柏拉图，尼采认为这两种完善性均不足以判断对话录，参《讲义》第15页。

策勒与布兰迪斯(Brandis)的研究，却对在“书写批判”理解上与自身观点类似的腾尼曼(Tennemann)与赫尔曼(Hermann)多有讨论。尽管通过上文的分析，尼采对《斐德若》的理解已经部分得到了彰显，但鉴于这一问题的关键性，仍旧有必要总述尼采的《斐德若》解读。

与古代柏拉图主义主流相异，尼采将修辞学和书写问题作为《斐德若》的真正主题，而仅仅将美与爱的学说视为修辞学运用的范例(《讲义》页 99—100)；与施莱尔马赫相同，由于对修辞和书写问题的重视，尼采视这一对话为柏拉图写作的纲领(Programmschrift)，同时是柏拉图写作的第一部文本(《讲义》页 16；页 41；页 48—49；页 98—99 等)。[①] 尽管根据当代学界普遍认可的语体分析，尼采对这一作品的编年定位无疑是错误的，因为无论从文风还是从内容上看，《斐德若》都更接近中晚期的成熟之作，而非早期作品，更不用说是作者的处女作了。[②] 不过，在这一问题上，尼采的失误并没有如初看那样离谱。不仅因为 20 世纪之前大量学者——既包含古代的伊壁鸠鲁主义者第欧根尼·拉尔

---

① 《斐德若》的编年问题，恐怕是这一讲义讨论最多的问题之一，因此尼采自己就明言：“编年问题对于这一文本最为重要。”(《讲义》第 98 页)从中可以看出，尼采并非完全反对语文学枯燥的编年考证(参见尼采笔记中对编年考证的抱怨 3[92]，KSA7 S. 85，前引)，而是反对对于理解文本缺乏贡献，成为无关痛痒的历史知识的考证。当编年问题成为理解的关键时，尼采丝毫不吝笔墨。

② 参 De Vries (1969). *A commentary on the Phaedrus of Plato*. Amsterdam, Adolf M. Hakkert. 第 7—11 页；Brandwood (1990). *The Chronology of Plato's Dialogues*, Cambridge。挑战这一说法，试图延续古代传统的当代尝试，参 Tomin (1997). Plato's First Dialogue. Ancient Philosophy 17 (1)：31—45 以及氏著：*The Lost Plato Volume 1: Plato's Struggle With Socrates*，第 4 章：The Dating of the Phaedrus: Ancient Sources，在线版 http://www.juliustomin.org/ancientsources.html 但他放弃风格学，而仅仅从主题出发，尤其从柏拉图对于波勒马霍斯(Polemarchus)在《斐德若》和《政制》中看似矛盾的评价出发，试图将前者定在苏格拉底去世前创作的假设显然是不成功的。这里不是与之论战的合适之处，仅仅需要指出，就笔者所见这一鲁莽的论证似乎并无追随者。

修(参 DL. III 38)[①]与柏拉图主义者赫米阿斯(Hermeias),也包含近代的施莱尔马赫等——均将《斐德若》视为柏拉图的第一部作品,乌苏纳(Usener)甚至认为本文写于苏格拉底生前[②],从这一角度看尼采表达的仅仅是主流学界共识。而且不同于施莱尔马赫与乌苏纳等人,尼采认为柏拉图在40岁左右才开始写作的,也就是在学园成立之后。这样对尼采而言,**《斐德若》尽管是柏拉图的第一部作品,但并非柏拉图的青年/早年作品**[③],而是成熟时期之作。这样尼采就与支持中晚年订年的学者——比如当时赫尔曼,以及今天主流学界——实际相差无几。那么,尼采如何论证自己的这一立场呢?[④]

在柏拉图研究的传统上,将《斐德若》视为柏拉图"青年作品"(Jugendschriften)的论述通常诉诸两个核心论证:其一,这部作品的主旨"论爱"(*Eros*)是典型的青年问题[⑤];其二,这部作品拥有酒神颂(Dithyramben)文体的特征[⑥]。有趣的是,尼采并没有提出反对这两个

---

① Couvreur 编:Hermiae *In Platonis Phaedrum scholia* 65,13,3—4。除了上述两人,同样看法也为奥林匹奥多(Olympiodorus,参 *Olympiodori Vita Platonis* III)以及被称为《匿名柏拉图哲学导论》(*Anonymous Prolegomena in Platonis philosophiam*,3,3—4 Westerink 编)的作者所共享,参 Erler (2007). *Platon. Die Philosophie der Antike* Bd. 2/2, Basel,页216。并且第欧根尼·拉尔修的证言说明这一看法并非仅仅为他本人所持有,而是在他之前就存在的传统:"**据说**,他首先写了《斐德若》"(λόγος δз πρᾳτον γρωφαι αÜτὸν τὸν Φαΐδρονυ DL III. 38, 1—2,强调为笔者所加)。Olympiodorus 的证言类似:"因为柏拉图第一个写作了这篇对话(按:《斐德若》),**正如人们所说**。"(ᾶτε τοûΠλάτωνου τοςτον πράτον γρωφαντοϗ διελογον, ως λεγεται,载于 Westerink[1956]编 In Platonis Alcibiadem commentarii 2. 64—65)。但是也有少量古代作者将《斐德若》定为中晚期作品的,参西塞罗《演说家》(Orator 42)。

② Usener (1879). Abfassungszeit des Platonischen Phaidros, 载于 *Rheinisches Museum für Philologie*,131—151。

③ 上述将《斐德若》视为柏拉图第一部作品的学者均将这部著作视为柏拉图的早年作品。

④ 与尼采持类似立场的传统学者还包括施塔鲍姆(Stallbaum)与梭社(Socher)等,参 Schaarschmidt (1866), *Die Sammlung der platonischen Schriften zur Scheidung der echten von den unechten untersucht*, Bonn 1866, 第29页。

⑤ Krische (1848). *Ueber Platon's Phaedros*. Gottingen: Vandenhoeck und Ruprecht. 第5页。

⑥ Olympiodorus,In Platonis Alcibiadem commentarii 2. 63—64:"柏拉图曾联系酒神颂,这从《斐德若》中清晰可见,因为这一对话充满了酒神颂的气息。"(Ŏτι δε καὶ τοὺøδιθυράμβους ὸ Πλάτων ηϭκητο, δηλον εκ τοû Φαδρουτο διαλγου πονυ πνεων τον διθυραμβοδουο χαρακτορο)也参 *Anonymous Prolegomena in Platonis philosophiam*,24. 1—19 Westerink 编。

论题的具体论证。或许他看到，无论是因为“论爱”的主题，还是其中所谓的酒神颂文风都远远不足以达成证明《斐德若》是早期作品的论证目标。于是他回避了与这两个脆弱的论证的直接交锋，而是攻击“青年作品”(Jugendschriften)这一概念本身，将其视为上述论证背后隐藏的更深刻的学术偏见。因为(1) 这一概念其实隐含着这些作品相对于其他作品某种程度的不成熟，但是尼采坚持认为伟大的天才在 20 岁到 30 岁之间，其实已经心智上已足以承担其伟大，并且已然无限丰厚(《讲义》第 16 页)；(2) “青年作品”是非希腊的现代概念，因为在一个非书写文化主导的时代，促使年轻人投身书写的动机并不强烈，相反他们往往心怀其他的理想与冲动。(3) 一些被归为“少作”的作品在尼采看来，实则是成熟的大师手笔(《讲义》第 48 页)，如《申辩》[①]；另一些所谓的少作，既不符合柏拉图当时的性格(具体涉及尼采对柏拉图青年时期教育的重构)，也不符合其丧师之痛(《讲义》第 48 页)。

具体到《斐德若》，尼采首先认为书写批判对于写作年代的界定最为关键。一方面，它道出了柏拉图的书写动机，可视为柏拉图对话录的导论，所以当为柏拉图的首部作品。这一论证是传统上将《斐德若》视为柏拉图处女作的典型论证[②]，尼采与之并没有什么不同。有趣的是，尼采在另一方面则全力论证尽管这部对话是柏拉图的首部作品，但必须视为中晚期著作。于是他又分享了将《斐德若》订年靠后的论证。尼采首先强调了来自书写批判内部的证据，他认为既然柏拉图将书写规定为**对口传的回忆**，这就预设了学园口头教学的存在(《讲义》第 98 页，第 104 页)，那么这部作品一定产生于学园成立之后。不仅如此，尼采还尝试从其他各方面论证这部作品的成熟性：1. 作品中出现诸多毕达

---

① 并参《讲义》第 145—146 页，另参见尼采笔记“苏格拉底之申辩”(Die Apologie des Sokrates)，KGW II 5，第 523—524 页。

② 参见 *Anonymous Prolegomena in Platonis philosophiam* 24.11。

哥拉斯学派元素,比如灵魂转世的学说[①],柏拉图接受这一学说当是在其第一次西西里之行之后。[②] 2.《斐德若》中对僭主的批评极可能是对狄奥尼索斯一世(Dionysius I)的讽刺,这也预设了西西里之行。3. 文中出现多次对埃及的机构与传说的影射,这可能与柏拉图出行埃及有关。[③] 4.《斐德若》预设了回忆学说和与之相关的理念论、宇宙论,它们均是柏拉图成熟时期的产物(《讲义》第47页)。一言以蔽之,《斐德若》包含柏拉图**成熟**哲学体系的诸多元素,即预设了柏拉图书写与教学的开端,同时也反映了柏拉图成熟的思考。

当尼采将《斐德若》规定为柏拉图第一部作品,并且同时是约40岁左右,也就是学园成立,其政治构想、哲学体系基本成形时期的作品之后,那么显然就导致的结果是,其他所有的柏拉图对话录均同样以学园和柏拉图的成熟体系为预设。如果一些文本没有显现出所谓柏拉图体系这样的特征,那么显然是柏拉图出于书写意图的考虑将其略过。它截然迥异于发展史式的柏拉图解读,其预设柏拉图不仅并且总是写出他所知道的一切。[④] 不过也由于上述理解框架,尼采实则得到了一个比图宾根学派更为极端的结论,因为后者认为至少**在《政制》(*Politeia*)之后**,柏拉图的作品预设了成熟哲学体系的存在,也就是柏拉图在学园口传的本原学说;尽管柏氏在作品中略过或者仅仅暗示了这一学说,而

---

① 柏拉图作品中出现的毕达哥拉斯元素常常被发展史论者用来证明一些对话录属于柏拉图告别苏格拉底之后的中期对话(参见 Vlastos [1991]: *Ironist and Moral Philosopher*, Cambridge University Press, 第54页)。但这里往往遭遇如何为《高尔吉亚》和《克里同》订年,因为前者的毕达哥拉斯派学说色彩是显而易见的,后者也隐射过灵魂不朽的信仰,但二者常常被视为早期对话,卡恩(Charles Kahn)便在这一点上攻击过夫拉斯托斯(Vlastos)。参见氏著"Vlastos' Socrates",载于 *Phronesis*, Vol. 37, No. 2 (1992),第242页。但尼采的提案显然可以回避这个攻击。

② 将《斐德若》订年在第一次西西里之行之后和第二次西西里之行之前可谓是目前主流学界的共识,参见 Heitsch (1997). *Platon. Phaidros*, Göttingen,第233页。

③ 关于柏拉图是否拜访过埃及的讨论,可参见 Steinen (1951). Plato in Egypt. 载于 *Bulletin of the Faculty of Arts* XIII N° 1 : 107—127。

④ 对于发展史的柏拉图解释比较有力批评,参见 Charles Kahn 对 Vlastos 的评论"Vlastos's Socrates",前揭,第233—258页。

未充分论述之，于是我们仅仅能够通过亚里士多德以及其他柏拉图后学的记载，部分地重构这一学说。而根据尼采，柏拉图哲学体系的预设贯穿整个柏拉图的书写作品，而非仅仅是《政制》之后的著作。如果说图宾根学派的立场可以视为温和统一派，那么尼采则是极端统一派的代表之一。

尼采通过他的对话录阐释不仅仅再一次强调了古典时期书写并不具有自足性这一论题，并且这一观念反过来影响了他对哲学与语文学的把握。他敏锐地指出，在口传文化的语境下，**哲学活动不等于哲学写作，哲学写作也不是唯一的和最为重要的哲学活动**，或者进一步说，哲学写作以活生生的哲学活动为前提，这样作为作家的柏拉图与作为教师的柏拉图才能统一起来，并且后者对于柏拉图其人而言更为基础。于是，当关注柏拉图其人时，也就不能仅仅关注他自著的文本，也要关注其他历史文献，特别是其后学与先人，以重构他为人为学的历史语境及其学说的真义。于是尽管尼采并不完全信任亚里士多德的记载（《讲义》第 26 页），但当他概述柏拉图学说时，亚里士多德的记载乃是最为重要的关键线索（《讲义》第 148—149 页）。

四

通过上面的考察，我们重新来理解尼采对于柏拉图的认同和批判。当他在“我感激古人什么”（Was ich den Alten verdanke）[①]中称自己不向柏拉图学习写作时（《偶像的黄昏》，KSA 6：155），这一断言具有双重的含义：一方面就普遍而言，柏拉图身处于希腊口传文化的传统中，由之写作既不是其哲学活动的全部，也不是其哲学活动最为关键的部分，而仅仅是学园口头交谈的部分回顾。这样在书写中，他首要关注的不是书写的技艺，而是口传的辩证法，于是崇尚风格与文体的尼采不会

---

① 对这一段文字简洁但敏锐的分析，参见 Cancik（1995）. *Nietzsches Antike：Vorlesung*. Stuttgart：Metzler，S. 152—156。

向他学习**写作**。另一方面，柏拉图的作品根本上不同于希腊悲剧或喜剧，因为它们缺乏歌队、音乐与宗教主题，从而已经不是口传文化代表性的综合性艺术，已经不引向实践与演述，而是引向阅读。因为“人们越对逻辑和科学感兴趣，书写作为工具就越得到尊重”(GA 18,139)，在这一意义上尼采又称柏拉图对话录为**反对希腊戏剧的“文学剧”**(Literaturdrama)[①]，是希腊艺术的败坏者。于是，试图将艺术与哲学结合的尼采同样不会学习以哲学压倒了艺术的柏拉图。从这一角度，尼采解释了柏拉图在西方世界历史上的转折点意义[②]：就**普遍性而言**[③]或者对于我们来说，柏拉图可谓以概念思维为代表的现代人中的古人，既然口传文化在他那里保持着如此深厚的印记；从**柏拉图的特殊性**而言或者说**对希腊人**而言，柏拉图又是古人中的现代人，因为他开启了概念书写的先声[④]。

从19世纪60年代末到70年代以来，尼采就已经看到当人文教育奉希腊为圭臬，却又不真正理解希腊时的危机。从学院生涯之始一直到精神崩溃，他始终关注我们**如何**向古人学习并且学习**什么**这一问题。

---

① 参见 NF I[108]II, KSA 7, 44。这里的概念 Literaturdrama(文学剧)等同于 Lesedrama(阅读剧)，即以阅读而非以表演为主导目的的戏剧。

② 哈夫洛克(Havelock)得到了与尼采类似的结论，但是他没有似尼采般严肃对待柏拉图的《斐德若》，参见 Havelock (1963) 第56页。

③ 尼采在《希腊雄辩术史》中写道：“从整体上说希腊人感觉自身为言说者。”(im Ganzen fühlen sich die Griechen als die Redenden)，参见 GGB 369。

④ 参见：“柏拉图是**第一个**风格败坏者”(《偶像的黄昏》，KSA 6: 155)。另参遗稿(Nachgelassene Fragmente 3[50] KSA7, 第74页)：“柏拉图确立了**阅读诗**(Lesepoesie)的产生。”笔记 NF 3[75], KSA7, 页80：“柏拉图对话是阅读性的诗、阅读性的史诗，阅读性的戏剧等等之父”(**着重号**均为尼采所加)。尼采对于柏拉图这一区分式的判断其实也适用于他对亚里士多德的评判，一方面，他比柏拉图更为依赖于书写性(当代的研究者一般也认为，亚氏那里古典世界书写性的统治地位正式确立，参见 Rösler [2001]: “*Schriftlichkeit-Mündlichkeit*” In: *Der Neue Pauly*. Herausgegeben von Hubert Cancik und Helmuth Schneider, Bd. 11, 第241—246页)，特别以“阅读剧”的解读模式“误解了悲剧”(参见 Reibnitz 1994，前揭)，另一方面因为他是希腊人，因此没有忘记朗诵相对于阅读而言的关键意义，区分了 λέξιζ γραφική与λεξιγωνιστικ，前者指向阅读，后者指向公共性的演述性的朗诵(参亚里士多德《修辞学》卷 III,1，尼采在《希腊修辞学史》[Geschichte der griechischen Beredsamkeit, KGWII/4] 第372页中有所引用)。

他越过经典时期转而强调古风时期[①],他对希腊悲剧、苏格拉底以及柏拉图问题的处理,对口传性与书写性的区分[②],正是试图对这一问题进行回答的一系列尝试。作为一个古典语文学家,他知道尽管与文本打交道不是理解古代的唯一方式,但却很可能是最重要的,甚至不可回避的方式。面对这样一个悖论——古典的教养并不根本建立在书写文化的基础之上,但悖谬的是,现代人却必须通过书写的文本来了解古典文化的价值[③],尼采就不断强调,必须学会阅读(Lesen),以避免时代错置的失误。他在 1871 夏季学期巴塞尔人文中学讲授古典学导论时,写道:

> 既然流传下的东西通常都是文本,那么我们就必须重新学习**阅读**。我们必须重新学习**阅读**,这一由于我们膜拜印刷品而已经荒疏的技能。于此最重要的是认识到:对于古代文学来说,阅读仅仅是一个替代品或者是一种回顾(**着重号**为尼采所加)[④]

也就在这里尼采的"阅读"[⑤]概念不仅越过了传统历史—考据语文学的界限,也迥异于种种以解释文本为中心的阅读理论。它既不关注于通过文本重建历史实事的序列与真伪,也不是通过字里行间的细致阅读发现某些隐微的含义,而是在阅读中把握**阅读本身与阅读对象的可能性与局限**。具体到希腊文化中,就要考虑到传世文本的书写性中所蕴含的与遮蔽的口传性因素。当这种口传性因素不能仅仅通过这一文本来进行

---

① 尼采对古风时期的发现,参见 Cancik (1995). *Nietzsches Antike*: *Vorlesung*. Stuttgart: Metzler, 第 35—49 页。

② 口传性与书写性问题与教育的关联,参《希腊修辞学史》KGWII/4,第 368 页。

③ 参见 KGW IV 3[25]。

④ 参见《古典语文学教育全书》(Encyclopädie der klassischen Philologie), KGW II3, 第 373 页。1873 年到 1874 年的冬季学期尼采再次讲授这一课程。

⑤ 尼采有时直接将古典学规定为"阅读的技艺",甚至成为一切学科的基础。参见《人性的,太人性的》I 270, KSA 2 第 223 页。关于尼采阅读概念的多面性,参见 Brobjer (2008), 前揭,第 18—21 页,不过他并未涉及本文处理的维度。

重构时，那么研究也就必然要考虑其他文本；当它们甚至不能通过文本来重构时，研究也就要**越过文本的界限**，而在可能的范围内考察其他**非文本对象**。如是，尼采从经典古典学走向人类学、宗教学[1]与文化科学[2]，并且对剑桥仪式学派，特别是简·哈里森(Jane Harrison)和道茨(Dodds)产生深远影响绝非偶然。就20世纪的学术史而言，剑桥仪式学派的希腊宗教研究，多伦多学派对于"媒介性"的讨论(特别是哈夫洛克)，帕里(Parry)极其后学对于口传诗歌与程式的考察，图宾根学派对柏拉图口传学说的强调与重构[3]都沿着这一方向前进。时至今日，口传性与书写性的探索已经是古典和中世纪研究最为活跃的领域之一[4]，而尼采正是这一路线无可置疑，但往往被遗忘的先行者。

---

① 尼采尽管没有希腊宗教的专著(我们不考虑其大量依赖于同时代希腊宗教研究的希腊宗教仪式讲稿，Der Gottesdienst der Griechen，载于 KGW II/5)，但其以仪式、文化人类学为导向的研究方法完全符合当前希腊宗教研究的主流进路，与之相对，维拉莫维茨(Wilamowitz)的相关研究尽管不乏细节的洞见，但整体范式却显得过时。参亨利希斯(Albert Henrichs)对于维拉莫维茨最后的专著《希腊人的信仰》(*Der Glaube der Hellenen*)的学术史定位，Henrichs (1985). "Der Glaube der Hellenen": Religionsgeschichte als Glaubensbekenntnis und Kulturkritik，in W. M. Calder III，H. Flashar and T. Lindken (eds.)，*Wilamowitz nach*。

② 尼采论希腊"文学"的非文学起源，即希腊文学的仪式渊源，参见《悲剧的诞生》。尼采对人类学著作大量的阅读与接受，参见 Orsucci (1996)，前揭；尼采对印欧比较语言学与兴起的宗教学，特别通过库休斯(G. Curtius)对马科斯·穆勒(Max Müller)宗教理论的接受，参见 Figl(2007)，前揭。尼采在《悲剧的诞生》中越过希腊经典文本，引入东方主要是印度的平行材料进行类比，除了受到叔本华、克洛泽(Creuzer)和穆勒(M. Müller)等人的影响，实则蕴含了其内在思路的一种必然性。维拉莫维茨则对尼采从希腊到东方的"僭越"进行了嘲讽，参见 Wilamowitz (1872). *Zukunftphilologie*，重载于：*Streit um Nietzsches Geburt der Tragödie*. Hildesheim : G. Olms. 1989，特别是第28—29页。

③ 图宾根学派引用了尼采《柏拉图讲义》的作品如下：Reale (2001) "Alles，was tief ist，liebt die Maske". in：*Platonisches Philosophieren*，hgg von Th. A. Szlezák und Karl-Heinz Stanzel，Zürich&New York：Olms，第88页；Szlezák (2002) "Friedrich Schleiermacher und das Platonbild des 19. und 20. Jahrhunderts"，in：*The Internet Journal of the International Plato Society* (2)：http://www.nd.edu/~plato/plato2issue/Szlezak.htm； (2010) "Von Brucker über Tennemann zu Schleiermacher. Eine folgenreiche Umwälzung in der Geschichte der neuzeitlichen Platondeutung". in：Neschke-Hentschke & Howald (hgg.). *Argumenta in dialogos Platonis*. Basel：Schwabe 第431页注124；Hösle (2004). *Platon Interpretieren*，Paderborn. 第43页注释30。此外斯勒扎克(Szlezák，2002，第83—85页)从学术史的角度讨论了尼采的内传主义(Esoterik)。但他们从没有以尼采本人为中心探讨其柏拉图观与其哲学之关联。

④ 除了大量专书，比较值得关注的有 Brill 出版社的 *Orality and Literacy in the Ancient World* 此书，以及 Narr Verlag 的 Script Oralia 系列等。

作者简介

（按姓名字母顺序）

程　炜，柏林洪堡大学哲学系博士生

CHENG Wei, Doctoral student

Department of Philosophy, Humbolt Universität zu Berlin

邓晓芒，武汉大学哲学学院教授

Prof. DENG Xiaomang

School of Philosophy, Wuhan University

福克尔·格哈特，德国科学院联盟科研委员会主任，柏林一布兰登堡科学院主任。

Prof. Dr. Volker Gerhardt

Vorsitzender der Wissenschaftlichen Kommission der Deutschen Akademien der Wissenschafte, Vorsitzender des Ausschusses der Akademienvorhaben der BBAW

玛丽-路易丝·哈泽，尼采著作和书信全集编辑部主任，柏林洪堡大学

Marie-Luise Haase

Humbolt Universität zu Berlin

韩水法，北京大学哲学系教授，北京大学外国哲学教研室主任

Prof. Dr. HAN Shuifa, Director of the Study of Foreign Philosophy,

Department of Philosophy, Peking University

黄裕生,清华大学人文学院哲学系

Prof. HUANG Yusheng

Department of Philosophy,School of Humanities and Social Sciences, Tsinghua University

瓦尔特·耶施克,波鸿大学教授,黑格尔档案馆馆长

Prof. Dr. Walter Jaeschke

Ruhe-Universität Bochum, Hegel-Archiv

杰奎琳·卡尔,康德作品集编辑部主任,柏林-勃兰登堡科学院

Dr. Jacqueline Karl

Kant's gesammelte Schriften, BBAW

李　猛,北京大学哲学系副教授

Associate Prof. Dr. Li Meng

Department of Philosophy, PKU

李秋零,中国人民大学哲学院教授

Prof. LI Qiuling

School of Philosophy, Remin University of China

李文潮,莱布尼兹著作编辑部主任,柏林科学院教授

Prof. Dr. Wenchao Li

Leibniz-Edition Potsdam,BBAW

南　星,慕尼黑大学博士生

NAN Xing, Doctoral student,

Department of Philosophy, Universität München

曼弗雷德·诺伊豪斯,柏林科学院马恩全集编辑部主任

Prof. Dr. Manfred Neuhaus
MEGA, BBAW

聂锦芳,北京大学哲学系教授
Prof. NIE Jinfang
Department of Philosophy, PKU

蕾吉娜·罗特,柏林科学院马恩全集编辑部
Dr. Regina Roth
MEGA, BBAW

哈特穆特·鲁道夫,柏林科学院波茨坦莱布尼茨编辑部前主任
Dr. Hartmut Rudolph
Leibniz-Edition Potsdam, BBAW

路德维希·西普,北威州科学艺术院黑格尔委员会主任,明斯特大学教授。
Prof. Dr. Ludwig Siep
Westfälische Wilhelms-Universität Münster

孙周兴,同济大学德国哲学与文化研究所教授
Prof. SUN Zhouxing, Institut für deutsche Philosophie und Kultur

王凤才,复旦大学哲学学院教授
Prof. WANG Fengcai
School of Philosophy, Fudan University

吴增定,北京大学哲学系副教授
Associate Prof. WU Zengding
Department of Philosophy, PKU

俞吾金,复旦大学哲学学院教授

Prof. YU Wujin
School of Philosophy, Fudan University

张　慎,中国社科院哲学所教授
Prof. ZHANG Sheng
Institute of Philosophy, Chinese Academy of Social Sciences

张志伟,中国人民大学哲学系教授
Prof. Dr. ZHANG Zhiwei
School of Philosophy, Remin University of China

后 记

从会议结束到写完序言、审阅完文集清样，已经又过去了五年多的时间。这足以表明，它是一颇为繁复的工作。会议之后各位学者修改论文，德国学者论文完成之后还需要翻译，而每一篇德国学者论文的译文都至少校对两遍以上，这是颇费时间的劳务。不过，无可讳言，期间亦因忙于其他工作而耽搁了若干时间。而现在，当最终的清样确定之后，我只觉得如释重负，而没有其他的情绪。

除了发起和组织会议，编辑文集于我就是另一项颇有压力的事情。会议的议程以康德为第一场，这个安排自然出于康德的重要性和德语哲学的因素，但文集的编排体例则以历史为纬，这样比较符合大家理解的和历史的习惯。因“从文本到学术”的思路，关于文本编纂及其研究的文字放在每一组的前面，随后是学理的研究文字。现在看来，论文集中思想研究的文字与文本研究的文字并不平衡。不过，前者多数是以文本考证和结构分析为根据的研究，因而亦可谓兼及两者。

这个文集中的论文我都读过几遍，而于译文尤其用心，找出了译文中若干不清楚、不通顺、不适当的部分，然后请译者再做修改。我亦做了一些具体的工作，比如将《经典中的经典——〈马克思恩格斯全集〉历史考证版(MEGA)的历史、编辑语文学基础与视角》一文中尚未译成汉语的人名随手译出。

论文集中介绍文本编纂和研究的文字涉及相当专门的知识,而译者多为德国哲学研究领域的新手,这对他们既是挑战,也是很好的训练。若干译文的修改跨越了两三年,而译文的不断完善很可以体现出他们的学术成长和进步。这是令人相当欣喜的事情。在这里,我要对所有的译者表示衷心的感谢。

这部论文集的初步编辑工作,是由我的学生吕超承担的。她为此审读了所有文章和译稿,并发现了许多问题,在与我交流和商量之后,商请译者重译或核对,并且与北大出版社的编辑初步接触和交流。在她去卢汶大学深造之前,将本论文集大体编就。我要感谢她为此论文集做出的贡献。

在今年决计将此文集付梓出版之后,我又请方博来负责最后的编辑工作。方博本是译者,亦受我委托与柏林-勃兰登堡康德编辑室和MEGA编辑室多次联系,处理一些具体的问题。在此,我也要对他的工作表示感谢。田炜编辑是我多年合作的伙伴,认真而负责。在她做了母亲重返工作岗位之后即重新开始本文集的编辑工作,我更要表示深深的谢忱。王晨玉编辑为这部文集的出版亦付出辛勤的劳动,在此一并致谢。

最后,我要提到是"德国哲学:文献与文本"会议成功召开的各位人士。首先我感谢李文潮教授,他为"2009年德国科学院哲学学科旗舰项目访问团"做了大量的联络、安排和协调工作,使得这些一流的编纂专家能够以整齐的阵容来到北京等地与中国学者交流。其次,我要感谢各位德国学者和教授,他们认真和高质量的论文让我们深受鼓舞;我也要感谢参加会议并为论文集提交论文的各位国内同行,他们是中国德国哲学研究的中坚。本次会议得到了时任北京大学哲学系主任赵敦华教授,北京大学外国哲学研究所所长尚新建教授两位的大力支持,谨致谢忱。最后,我要感谢徐龙飞、先刚、吴天岳、王歌、伦伟、胡惊雷和李石等各位会务组成员，他们为会议的事务和翻译所承担的工作使得会议得以高质量和顺利地进行。

2014 年 12 月 3 日写于、2014 年 12 月 5 日

修改于北京圆明园东听风阁